中世における信仰と知

上智大学中世思想研究所編

知泉書館

序　文

本書は、キリスト教古代から近世初頭——思想史的に「中世」とされる時代——における「信仰と知」をめぐる思索の展開を、時代に沿って追っていくことを主題としている。古典古代の知の探求構造を聖書理解においていかに受け継ぐか、信仰から与えられた問題意識にいかに理性で迫り、またそれ自体としては言表しきれぬ超越的な事態を理性を基盤としていかに間主観的理解へともたらすか、こうした模索がこの時代に通底している。この根本的関心事がいかなる問題提起のもとで考察されるかは、その都度の思想史的状況と個々の思想家の関心によって異なるが、まさにこの問題の諸相を解明していくことこそが「中世思想史」を辿ることともなり、また人間の精神活動の多様性の根拠を浮き彫りとしていく哲学的営為ともなるのである。

「信仰と知」の関係は、キリスト教が古典古代の思想と対峙した時期つまり二世紀には、護教論者たちによって抜き差しならぬ問題として取り上げられた。まずユスティノスは、ストア派的な概念枠に依拠しつつ、人間理性を種子的ロゴスの発現とする一方でロゴス・キリスト論を掲げ、双方の思惟世界を、真理概念と理性・言葉《ロゴス》概念で架橋した。だがテルトゥリアヌスはこれを神的次元の哲学的理性への矮小化であると批判する。こうした信仰の伝統と哲学に共通する根本概念と理性の働きへの顧慮が、その後のキリスト教思想の発展に資するのである。実際、クレメンスはヘレニズム的テキスト解釈の聖書解釈への移入を基調に、アレクサンドリアの文化的状況のなかで古代の知恵を信仰理解と信仰生活に活かそうとする。オリゲネスはさらに徹底した聖書解釈に基づき、中期プラトン主義を用いつつ、救済史的神学体系を構築した。また、四—五世紀における三位一体論およびキリスト論の教義確立に際しては、カッパドキアの教父たちを中心に「実体・本質《ウーシア》」「力《デュナミス》」といった概念への入念な考察がなされ、古典古代的な本質的存在論を、「自存者《ヒュポスタシス》」「位格《ペルソナ》」という新たな概念を軸に、まさに存在者の自存性を主題としうる次元にまで深化させる道筋をつけるに至る。アウグスティヌスは、新プラトン主義を背景として、至福の生への実存的憧憬から遂行される哲学のうちに自己認識と神認識が真理において不可分的なものであることを示し、その後のラテン的キリスト教思想の基礎を築いた。他方、ギリシア教父の伝統のなかで偽ディオニュシオス・アレオパギテスは、超越へと向かう思惟と言語の反省を通して「否定神学」という形で神の神秘を強調すると同時に、人間側に神的働き《エネルゲイア》の分有に基づく神への希求という動的な類比《アナロギア》があることを主張する。この思索は、アウグスティヌスの影響とも相俟って、カロリング期のエリウゲナによるきわめて独創的な精神形而上学的体系の形成に寄与することとなる。

十一世紀に至りラテン中世では、カンタベリーのアンセルムスの言葉どおりに、信仰内容を「理性のみによって」探求し、これを理解へともたらそうとする初期スコラ学が形づくられていく。ここにおいて「信仰と知」は、自らに目覚めた理性と聖書理解および教会の伝統との関係として、「理性と権威」という地平のもとに主題化される。十二世紀に入ってこの問題は、アベラルドゥスに代表される論理的思考法を高く掲げる知識人とベルナルドゥスに代表される瞑想的で情動を重視する修道院神学の対立のもとで、諸学派において活発に議論されていく。とくにサン・ヴィクトール学派においては、独自の聖書読解法に基づく救済史理解のうちに信仰の愛を涵養することが目指された。これらいずれの場合にあっても、個人の自己反省が考察上の支点に据えられ、この理性の自律的活動は啓示への傾聴と有機的に結びついているのである。

こうした知的状況が、イスラム世界を経由したアリストテレス哲学の受容のうちに変化する。十三世紀の盛期スコラ学において「知」は、アリストテレスに見られるような経験的認識に基づいた「学知」となり、さらに信仰理解そのものがアリストテレス的な学の方法により「大全」へと纏め上げられていく。ここで「信仰と知」の問題は、盛期スコラ学を支えた大学において、「学知」の射程を見極めようとする「神学と哲学」の問題として提起されることとなる。グローステストは、照明と恩恵に重点を置くアウグスティヌス的人間論と、アリストテレス的な自然探求を「創世記」解釈の伝統に依拠しつつ結びつけようとした。しかし経験的・自然学的認識の位置づけの問題を超えて、トマス・アクィナスは、信仰自体に理解可能性が備わることを強調し、アリストテレス的な学問理念にしたがって信仰理解を体系化していくのである。

だが、アラブ哲学の註解を通して理解されたアリストテレスの形而上学と知性論は、キリスト教の教えとは相いれない要素（「世界の永遠性」と知性単一説）を含み、これといかに対峙すべきかが、当時の喫緊の問題であった。「アヴェロエス主義」に対する一二七〇年と一二七七年の「禁令」を契機として、「哲学」と「神学」の密接な関係が「神学」の優位性の標榜のうちに解体されていく過程が、その後の中世思想の道行となる。スコトゥスは「神学」を信仰と学問に対する反省知として捉えていた。またスコトゥスにおいてすでに顕著であったが、霊魂の基本的な働きが抽象ではなく直観にあるという主張から、オッカム的な唯名論と主意主義が醸成される。そこでは超越の理解可能性は著しく限定され、超越との関係は意志の自由によるものとなる。だがすでにスコトゥスと同時期にエックハルトは、聖書解釈に用いる類比論《アナロギア》を基盤としつつ、神と被造物との直接的な関係を存在論的・精神形而上学的に強調することで、ドイツ神秘思想の礎を築いていった。この流れのなかで、クザーヌスにあって「信仰と知」の問題は、聖書理解の伝統に裏打ちされた神観想における自己意識の生成の場面で主題化される。経験と個体を重視するスコトゥスとオッカムの思惟の展開、また思弁的知性論を基軸とするエックハルトからクザーヌスへの潮流を、前者はイギリス経験論の、後者は大陸合理論およびドイツ観念論の先取りとして理解することも可能であろう。

本論文集は、三〇年（一九七四―二〇〇四年）の長きにわたり上智大学中世思想研究所所長を務められた、クラウス・リーゼンフーバー先生の定年（二〇〇九年三月）の記念論文集として企画された。記念論文集刊行の声は、御定年の後に学内外の研究者から上げられた。研究所はこれを承け、先生御自身から本書のタイトルともなっている「中世における信仰と知」というテーマをいただいた。執筆者各位には改めて謝意を表する。編集に惜しみなく協力して下さった当研究所臨時職員諸氏、またひとかたならぬご尽力を賜った知泉書館社長小山光夫氏に、心より御礼を申し上げる。

二〇一二年一一月

上智大学中世思想研究所所長

佐藤直子

目次

第Ⅳ部　後期スコラ学から中世末期の思想

中世における信仰と知

第Ⅰ部　教父の思想

一　護教論者における信仰と知の問題

出村みや子

序論　古代キリスト教における護教論の展開

この論文の主題は、「護教論者」と呼ばれるキリスト教古代における三人の中心的な思想家を取り上げ、中世思想の問題点であり続けた信仰と知に関する神学的思索がどのようにキリスト教神学の成立時に展開したかを明らかにすることにある。一般に護教論とは、自らを取り巻くより大きな文化と関わろうとするマイノリティグループの中から生まれた文学類型であり、護教論者は同時代人に説得的に呼び掛けながら、自らのグループと外部世界との関連を探し求めることによって、双方の発展に作用を及ぼす。その際護教論者は両方のグループの境界線上に身を置き、どちらのグループとも自らを完全に同一化することはない(1)。こうした護教論の試みは、すでにプラトン（Platon 前四二七―三四八／四七年）の『ソクラテスの弁明』（Apologia）以来ヘレニズム世界に広く知られていたが、教会史においては、使徒たちの時代に後続する二世紀から三世紀初頭にかけてキリスト教信仰の弁明と教理の確立のために貢献した神学者たちの総称として用いられている。彼らはいまだ少数者のグループとしてローマ帝国による迫害の状況下で民衆の様々な誤解や知識人の批判を受けながら、自らの教えの正当性を擁護し、キリスト教の真理性を広くローマ世界に弁明することにより、後の中世キリスト教世界への道備えをした。この論文ではローマで活動した殉教者ユスティノス（Ioustinos 一〇〇頃―一六五年頃）、カルタゴで活動したテルトゥリアヌス（Tertullianus 一六〇頃―二二〇年以降）、アレクサンドリアのクレメンス（Clemens 一五〇頃―二一五年以前）の三人の教会著述家を取り上げ、各々の護教論において信仰と知の問題がどのように論じられているかを概観したい。

一　真の哲学としてのキリスト教――殉教者ユスティノス

原始キリスト教が地中海世界に伝道を開始した当初より、自らが置かれていた非キリスト教的環境に対して自らの信仰と実践とを明晰に表明せざるをえなかったことは、「使徒言行録」第一七章のパウロがアレオパゴスで行ったとされる弁明説教や第一九章のエフェソでの出来事の記述からも知られる。『ペトロの宣教』やアリステイデス（Aristeides 二世紀前半）の『弁明論』（Apologia）などの最初期のキリスト教の護教論には、近親相姦や人肉食、無神論、国家への不服従といった、キリスト教に加えられた反社会的グループとしてのイメージを払拭しようとする弁明的意図が認められる。信仰と知の問題をめぐる護教論に関しては、すでに一世紀の初期ユダヤ教において『ソロモンの知恵』（新共同訳では「知恵の書」）やフィロン（Philon 前二五／二〇頃―後四五／五〇年頃）の『観想的生活』（De vita contemplativa）、『アリステアスの手紙』（Aristeas Philokratei）、ヨセフス（Flavius Josephus 三七―九五年頃）の『アピオン反駁』（Contra Apionem）などの先例がある。これらは異教の偶像崇拝を批判すると共に、ギリシア世界から自分たちの宗教に加えられた様々な非難に応える神学的試みであるが、二世紀中頃には信仰と知の問題をめぐるキリスト教の護教論がユスティノスによって着手された。

（1）　ユスティノスの思想遍歴と回心について

ユスティノスはシリア・パレスティナの都市フラウィア・ネアポリスで生まれている。その後の詳しい経歴は不明であるが、エフェソで回心し、ローマで哲学学校を開設して教え、ローマで殉教の死を遂げたと伝えられる。(2) ユスティノスにおける信仰と知性の関係を解明する上で、彼の思想遍歴と回心のエピソードは重要な出発点となる。彼は『ユダヤ人トリュフォンとの対話』（Dialogus cum Tryphone Judaeo）序論において、自分自身の若い時代の思想遍歴を語っている。

真理を求めてユスティノスがまず門を叩いたのはストア派の学者であったが、彼はこの学者が神に関する十分な知識を持っていないことに失望し、次にペリパトス派の学者のもとに行った。しかし数日間の交際の後に報酬が要求されたために、この学者が哲学者であることに不信を抱いた彼はこの学者のもとを去る。次にピュタゴラス派の学者のもとを訪ねたが、音楽や幾何学、天文学などの予備的学問を修めていないとの理由で弟子入りを断られてしまい、ユスティノスは腹を立てる。これらの予備的学問に長い時間を費やすことは彼にとって耐えがたかったからである。その後彼は、最近この町にやって来たプラトン主義の賢者のもとを訪ね、彼のもとで長い時を過ごして進歩を遂げたという。その後ユスティノスは一人の老人と出会い、彼はその時点で受け入れていたプラトンの思想をめぐってこの老人と対話を交わす。老人は魂の不滅を批判し、生命が創造主なる神に依存していることを説き、この学問的対話を通じて彼は、魂の問題に関するピュタゴラス（Pythagoras 前五八〇頃―五〇〇年頃）やプラトンの理解も不十分であることに気づかされる。預言者たちは「証明の力を借りて所説を開陳したのではなく、あらゆる証明を超越して真理の最も信頼すべき証人であった」ことを告げて老人が立ち去ると、ユスティノスは直ちに回心を経験した。彼は回心の経験について、魂に火が転じられ、「預言者たちとキリストの友なる人々への愛」に把えられ、「これこそ唯一の確実で有益な哲学であることを見出した」と記述している。

ユスティノスのこうした思想遍歴の記述は、遍歴と賢者との出会いを描く同類の文学形式に則ったものであることが研究者によって指摘されており(3)、ある程度の歴史的要素が含まれているとはいえ、理想的対話者の老人を登場させるユスティノスの手法は、二世紀中葉のローマの知識人たちに対する弁明の効果を十分考慮に入れたものである。というのも、オリゲネス（Origenes 一八五—二五四年頃）の『ケルソス駁論』（Contra Celsum）に収録されたケルソス（Kelsos 二世紀後半）の批判から、この時代のキリスト教護教論の重点が、キリスト教会が無教養な下層の人々の集まりであるというイメージを払拭し、キリスト教徒にとっても哲学的教養が重視されていることを当時の知識人階級に向けて訴えることにあったことが推察されるからである。ドッズはキリスト教が置かれたこの時代状況について、「二世紀の教養ある異教徒が、彼自身の人生観とキリスト教徒のそれとの違いを、一言か二言で述べるよう求められたとすれば、それはロギスモスとピスティスとのあいだの、すなわち理性に基づく確信と無分別な信仰とのあいだの違いである、と答えたであろう。古典ギリシア哲学の素養を身に付けた者にとって、ピスティス（信仰）は最も低級な認識であった。それは無学な人々の精神状態であった」と述べている(4)。

ユスティノスの時代にキリスト教の真理性を弁明するには、思想遍歴の動機や当時のプラトン主義との関わりに訴えることが有効であったと考えられる。こうしたローマの文化的状況や読者層を考慮すれば、ユスティノスがキリスト教信仰に帰依した後も、哲学者であることを放棄するどころか、キリスト教において真の哲学を見出したと論じたことには護教的意味があったことがわかる。彼はやがて皇帝アントニヌス・ピウス（Antoninus Pius在位一三八―一六一年）の時代にローマに定住し、パリウムを常に身にまとってキリスト教を真の哲学として教える哲学の私塾を開き、あらゆる訪問者を相手に議論をすることになった。ユスティノスの護教論においては哲学者としての生き方がキリスト者の生き方と無理なく結びつき、キリスト教こそ「真の哲学」であると弁明することが異教徒の知識人に対して有効であった。

（2）ユスティノスにおける信仰と知性の関係

キリスト教信仰と哲学をつなぐのがユスティノスのロゴス（λόγος）理解である。(5) ユスティノスによれば、ギリシアの哲学者や古代イスラエルの指導者などキリスト到来以前の知者たちも、ロゴスに参与していた限りはキリスト教徒の名で呼ばれることが可能であるという。

私共はキリストが神の初子であるとの教えをうけましたし、彼は人類がそれに関与したロゴスなのです。ですからロゴスに与って生活した人々は、たとえば無神論者と見なされた場合でも、キリスト教徒なのです。たとえば、ギリシア人のなかではソクラテス、ヘラクレイトスおよび同傾向の人々。また夷人のなかではアブラハム、ハナンヤ、アザルヤ、ミシャエル、エリヤその他多くの人々がそうです。……かくて、キリスト以前に生まれた者達も、ロゴスなしに生活した者は善からぬ者（ア・クリストス）、キリストに敵対する者であり、ロゴスに与って生活する者の殺害者であったのです。(6)

ユスティノスが哲学者たちや古代イスラエルの父祖たちを「キリスト教徒」と呼ぶことができたのは、ギリシア語のロゴス（λόγος）には「言葉」や「理性」、「理論的根拠」などの意味があったからであり、またストア派に起源を持つ「共通観念」によって、神に関する信仰は万人の中に植え込まれたある共通の観念に根ざしていると考えられていたからである。ロゴスの理解と共通観念を通じて古代ギリシア哲学の伝統と旧約聖書の信仰とを接合する試みは、すでに一世紀の初期ユダヤ教の『ソロモンの知恵』やフィロンの『観想的生活』などに先例があり、これらにはプラトン主義の影響も認められる。さらにユスティノスが哲学的伝統とキリスト教を矛盾なく受け入れることができた背景には、ユダヤ教の護教論から受け継いだ借用理論があった。彼は、プラトンがモーセや預言者から学んだという有名な借用理論を展開しており、『第一弁明』（Apologia Prima）第五九—六〇章ではプラトンが無形の質料からの神の世界創造を語るのは、預言者モーセの世界創造の記事から学んだからだと述べられているのである。

それではユスティノスはキリストの到来をどう考えていたのだろうか。彼はロゴスの受肉を不必要とみなしてはおらず、ロゴス・キリストと知者たちとの関係を全体と部分の関係としてとらえている。

こういうわけで私共の教えは、確かにあらゆる人間的な教説よりも偉大であると思います。その理由は、全体者なるロゴスが、私共のために出現したキリストとして生れ、身体とロゴスとになったからです。「全体」というのはこういう意味です。何時の時代にも、愛知者や立法家達が語り、見出してきた良質なものがありますが、これらはすべてロゴスの部分による発見と観照を通じてえられた努力の結果なのです。しかし彼らは、ロゴスについての全体すなわちキリストの知識をえていなかったので、その言葉はしばしば自己矛盾に

陥ることもあったのです。(7)

ロゴスの理解を通じて古代哲学の伝統とキリスト教信仰を無理なく接合したユスティノスは、「ヨハネによる福音書」が伝えるロゴスの受肉の出来事こそが、それに先立つロゴスの探求の不完全さを補う、完全な知識を人類にもたらしたことを告げているのである。

(3) ユスティノスにおける反異端論の問題

護教論の進展によってキリスト教が自らのアイデンティティを自覚するにつれて問題として浮上してきたのが、正統的教会とその外側のはっきりと非キリスト教的な環境との境界に立つ人々との関係であった。教会とは異なる教えを語る自称キリスト者との苦闘の中で、教会はだんだんと精密度の高い、明晰な信仰表現を余儀なくされた。ユスティノスがキリスト教の真理と異教哲学を接合し、これを全体と部分の関係としてとらえたことは、キリスト教が当時の知識人に受け入れられる高度な哲学とみなされる重要なきっかけとなった。キリスト教会と外部との境界領域に位置しながら、当時の神話的世界観や哲学的思弁を積極的に採用した異端的グループの存在はどのように問題となっているのだろうか。

彼の反異端論駁として知られる『シュンタグマ』(Syntagma)は現存せず、失われているためにグノーシス主義異端に対する彼の立場を正確に知ることはできないが、その手掛かりが『第一弁明』に見られる。(8) シモン(Simon 一世紀中葉)、メナンドロス(Menandros 一世紀末)、マルキオン(Markion 八五/九〇―一六〇年)という三人の異端者を扱った部分で彼は「私がこれまでのすべての異端に対してまとめた総覧(シュンタグマ)もあります。もしお読みになりたければ提出いたします」(9)と述べている。かつて幾度か研究者たちがこの作品を他の文書や引用をもとにして再構成しようと試みたが、大きな成果は得られず、近年になってこの試みは放棄されている。分かっているのは、ユスティノスが異端は教会内の問題というよりは、真理に敵対する悪霊の影響によって生じた問題ととらえており、悪霊たちはキリストの昇天後も地上で悪行を続けていると考えていたことである。その後の教会の歴史には、哲学を異端の源流として警戒する傾向が見られるが、現存する資料に依る限りでは、ユスティノスにおいては異端の起源の問題は哲学と結び付けられておらず、知的な探求を信仰にとって有害とみなす議論も見られないのである。

二　「愚かであるが故にこそ信じられねばならない」——テルトゥリアヌス

一五五年頃にローマ属領のカルタゴでローマ軍の百卒長の家庭に生まれ、二世紀末から三世紀初頭に著述活動を行ったテルトゥリアヌスは、(10)ユスティノスがキリスト教と古代哲学の伝統を無理なく接合することに努めたのとは異なり、キリスト教信仰と異教哲学とをラディカルに対立させたことで知られる。その後の教会史においてキリスト教が古代哲学の価値をどのように評価するかをめぐって二つの両極端の立場が現れるが、テルトゥリアヌスはユスティノスとは相反する立場をとったと言える。彼が古代哲学の伝統に批判的であったことについては彼自身の多くの証言が残されているゆえに、ここでは哲学に対するテルトゥリアヌスの批判とその文脈を検討しつつ、信仰と知に関する彼の理解を明らかにしたい。

（1）テルトゥリアヌスの哲学批判の問題

テルトゥリアヌスが哲学的伝統の学びを通じてキリスト教の真理を探求することを断固として斥けたことは、「一体哲学者とキリスト教徒との間にいかなる類似性があるだろうか。ギリシアの学問の徒と、天の教えの徒の間に」[11]や、「アテナイはエルサレムと何の関わりがあるか。アカデメイアは教会と何の関わりがあるか。異端者とキリスト教徒と何の関わりがあるのか」[12]といった有名な言葉から知られる。テルトゥリアヌスは彼に先立つ護教論の伝統とは異なり、どうしてキリスト教の弁明において哲学的伝統を断固として斥けたのだろうか。その手掛かりをまず、当時の哲学との関係が主題となっている『護教論』（Apologeticum）第四六—四七章に求めたい。

第四六章の冒頭で彼は、これに先立つ箇所でキリスト教迫害の不当性を訴え、キリスト教徒に対して加えられた様々な中傷や神聖冒瀆罪、皇帝崇拝を否定する不敬罪の嫌疑、キリスト教徒をローマ国民の敵とみなす具体的な罪状に対する弁明をすべて行ったことを告げている。だがこうして「すべての人々にキリスト教の真理が明らかにされている」と述べられているにもかかわらず、さらに彼が新たに弁明を開始するのは、「実生活や交わりによって知られるようになったこの派の長所については浸透している」ものの、なおこの宗教を「神に関係したものではなく、一種の哲学の類に属するものと判断する」（non utique divinum negotium existimat, sed magis philosophiae genus）ような不信仰（incredulitas）があるからだという。実際に不信の徒は「同じことを哲学者たちも教え、公言している」と言い、その具体例として「潔白」（innocentia）、「正義」（justitia）、「忍耐」（patientia）、「節制」（sobrietas）、「純潔」（pudicitia）を挙げている。彼が新たな議論の対象としている人々は、これまで彼の『護教論』が対象としてきた、明らかにキリスト教に敵対し、迫害する人々とは異なり、キリスト教の教説について比較検討した上で、これを当時の哲学諸派と同類とみなす人々である。テルトゥリアヌスはこれらの人々の言説が、キリスト教の教説の持つ宗教的次元とその独自性を否定する危険をはらんでいることに警戒感を抱き、当時の人々のこうした批判に対する反論を三段階に分けて構成しているが、ここには法律家としての素養と修辞的手法が存分に発揮されている。

第一の議論は、論敵の主張のように哲学者とキリスト教徒が同じ主張をしているのであれば、キリスト教徒のみが迫害されて、哲学者が咎められないのは不当であるとの告発に充てられている。それは、哲学者のように自由に教えを伝えることが許されず、神々に犠牲を捧げる義務をキリスト教徒だけが負わねばならないことの不当性の告発に始まり、哲学者が神々や民衆の迷信を批判し、場合によっては皇帝に対する攻撃すら許容されるのに、キリスト教徒が迫害される不当性、さらには神々の存在を否定したにもかかわらず、死に際して医神アスクレピオスに犠牲をささげたソクラテス（Sokrates 前四七〇／六九―三九九年）の行為の矛盾の指摘に及んでいる。

第二の議論は、「従ってわれわれは知識においても、生き方においても、あなた方が考えるように、同じではない」（Adeo neque de scientia neque de disciplina, ut putatis, aequamur）(13) ことを具体的に証明することに充てられており、キリスト教を一種の哲学とみなす不信の徒の主張を斥けることに充てられている。彼は当時の著名な哲学者の名を挙げて、不信の徒が挙げたいくつかの倫理的項目について、哲学者たちの教説と生き方との不一致を具体的に指摘することによって反論を行っている。キリスト教徒は神について人々に直ちに明らかにするのに、タレス（Thales 前六二四頃―五四六年頃）やプラトンは神の探求を引き延ばしていることや、ソクラテスが「青年を堕落させた」との判決を受けたこと、哲学者にまつわる様々な性的問題やその高慢さなど。その際彼は、キリスト教徒の中にも戒律に違反する者がいるとの反論がある場合には、そうした人々はもはやキリスト教徒ではないと断言する。後に彼がモンタノス派に加わって、正統的教会の倫理的堕落を攻撃するようになる素地はすでにあったと言えよう。
そして第三に彼はこれらの批判を受けて、キリスト教徒と哲学者との違いを、両者の生き方と真理への関わりにおいて鋭いアンチテーゼを構成しつつ示している。

一体哲学者とキリスト教徒との間にいかなる類似性があるだろうか。ギリシアの学問の徒と、天の教えの徒の間に。名声を求める者と、生命を求める者の間に（famae negotiator et vitae）。言葉の人と、行動の人の間に（verborum et factorum operator）。建設する者と破壊する者の間に。虚偽の愛好者と虚偽の敵対者との間に。真理の改竄者と、真理の表現者との間に。真理の簒奪者と、真理の番人の間に。(14)

このように彼は当時の哲学的伝統に対する批判を、両者の教えの起源（ギリシアと天）、両者の目的（名声と生命）、言葉のみの人々と実践を伴う人々、建設的教えと破壊的教え、真理と虚偽に対する関わりの点で、キリスト教との鋭いアンチテーゼによって示したのである。
このようにテルトゥリアヌスが『護教論』において哲学を断固として斥けた背景には、本書執筆の前後に教会指導者として活動したカルタゴにあっては、キリスト教が急速な広がりを見せていた状況がある。テルトゥリアヌスにも彼に先立つ護教論をある点で継承し、キリスト教徒をローマの敵とみなすことへの弁明を行っているような記述が認められる。

われわれは船で旅もするし、あなた方と共に軍隊にも行くし、畑も耕せば、商売もする。更にあなた方と技術の交換もしている。私たちの労働もあなた方に利用してもらっている。われわれがあなた方と共に暮らし、あなた方に依存している以上、なぜわれわれがあなた方の商売にとって利益とならないというのか、私にはわからない。(15)

しかし彼はキリスト教が市民生活にとって無害な存在であることを弁明するにとどまらず、その独自のアイデンティティと社会的意義をローマ世界に対して繰り返し主張している点に注目する必要がある。

われわれは教義を一つにわかちあい、希望のきずなで結ばれた宗教的連帯感を持つ一つの「結社」である。その連帯意識の中で、われわれは集まり、一体になっていて、あたかも祈りによる軍隊の如く、祈りつつ神に向かって集まっているのである。このような勢力を、神は喜ばれるのだ。また、われわれは皇帝や役人や権力の座にある者のために祈り、この世の安寧、地上の平和、世の終わりの延期されることを神に祈るのである。(16)

従ってキリスト教が地中海世界で発展を遂げ、カルタゴでもキリスト教徒がかなりの勢力となっていた状況下で、教会の有力な指導者であったテルトゥリアヌスは、異教の哲学的伝統に優越するキリスト教の独自性を内外に広く示す必要を認識していたと推測される。そのために彼は伝統的な哲学に対する痛烈な批判を、法的知識や修辞学的手法を駆使しながら展開することになったが、それはこれまでユダヤ・キリスト教が古典的伝統との連続性を弁明するために用いていた借用理論ないし剽窃論が、テルトゥリアヌスの時代には反対に不信の徒によってキリスト教批判のために用いられていたからである。そのような状況にあって、彼は哲学とキリスト教の教えを比較する不信の徒に対して、まずは論敵が主張するように両者が同じことを教えているのであれば、キリスト教のみが迫害されるのは不当であることを主張し、次に彼は哲学者の神探求や倫理性を徹底的に批判することに向かった。というのも哲学者の教説が不完全であれば、それは哲学がその手本たる聖書の伝統の模造にすぎないことを証明することができるからである。従ってテルトゥリアヌスは両者の共通性に訴える従来のユダヤ・キリスト教の護教論の方法を採らずに、むしろ両者の連続性を断ち切る方向に向かったのである。

(2)　テルトゥリアヌスの哲学批判における異端の問題

テルトゥリアヌスがキリスト教の真理の探究に際して哲学的伝統を批判した背景には、外部世界からのキリスト教批判が大きく作用しただけではない。彼が哲学を批判するもう一つの原因はキリスト教内部の異端者の存在であった。彼は『異端者への抗弁』、『マルキオン駁論』(Adversus Marcionem)、『ヴァレンティノス派駁論』(Adversus Valentinianos)、『肉体の復活』(De carnis resurrectione)、『キリストの肉体』(De carne Christi) など数多くのグノーシス主義異端への反論を手掛けている。そこで次に『異端者への抗弁』を見てみよう。

彼は『異端者への抗弁』第七章第九節で、「アテナイはエルサレムと何の関わりがあるか。アカデメイアは教会と何の関わりがあるか」と述べて哲学的伝統とキリスト教会を分離する言葉を述べた後に、「異端者とキリスト教徒と何の関わりがあるのか」という項目を加えている。彼は『護教論』に見られた哲学者とキリスト教徒との関係を示す議論に、新たに異端者の要素を加えることにより、異端の温床という新たな点から哲学を批判し、哲学がキリスト教とは相いれないとみなしている。

異端が哲学的探求からどのように生じるかについて、彼は『異端者への抗弁』第九章において以下のように説明している。

……ある確実な一つのことがキリストによって制定された。それは、諸国民がなんとしてでも信じなければならないものであり、それを発見したとき、信ずることができるよう探求しなければならないものである。しかしながら、制定された唯一確実なことを無限に探求することはできない。発見するまで探求しなければならない。そして、発見したところで信じなければならない。あなたが信じたことを保持すべきであった。それ以上するべきことは何一つとしてない。これを信じたからには、他に信じなければならないものは何一つとしてないのである。従って、ご自分が制定した以上のことを探求してはならないと命じられた方によって制定されたことをあなたが発見し信じたなら、それ以上探求してはならないのである。(17)

『異端者への抗弁』においては異端の問題と共に、信の問題が浮上する。哲学者が真理を限りなく探求するのに対して、キリスト教においてはすでに探求の目標は与えられている。真理は「キリストによって制定された」ものである限り、それを発見して信じる対象となる。信仰の対象は、哲学者による探求の果てにいつか見出されるような真理ではなく、「すでにキリストによって制定された」唯一確実なものである。キリストが制定した真理を超えて探求することは許されないのである。

テルトゥリアヌスはキリスト教と哲学との相違が、信仰のみを重視し、哲学のような調査や研究を要しない態度にあることを、「彼らは望むならストア派の、プラトン主義の、弁証術のキリスト教を持ちだすがいい。われわれの方は、イエス・キリスト以来、福音が告げ知らされて以来、調査も必要としない。われわれが信じるならば、われわれは信仰の他に何物をも望まない。なぜならわれわれが信じる第一の事項は、信仰の他にわれわれが信じるべきものは何も存在しない、ということなのである」[18]と表現した。これは「信仰定式の他に何も知らないということが、すべてを知っているということに他ならない」[19]との逆説的表現に帰着する。それはキリストからその使徒たちに継承された正統的教会の教えが、どの異端よりも古く、教会と教会の聖書解釈にとって唯一の権威となるゆえに、それと一致する教えはすべて真理であり、それと異なる教えはすべて虚偽であることを意味する。実際グノーシス派と呼ばれる人々は、キリストが秘かに教えた真理を保持していると主張することで当時の正統的教会に対抗していたが、テルトゥリアヌスはキリスト教の教えの占有権は教会のみにあり、その後に成立した分派は真理から隔たっていると主張するのである。

　真理を哲学的探究の対象から、キリストによって制定された信仰の対象とみなしたことは、キリスト教に新たな表現形式や固有の神学定式を生み出すことになった。キリスト教の真理は理性的認識には到達不可能な、もはや逆説でしか表現できないものとなり、たとえばそれは次のような逆説的表現をとる。

> 神の子が十字架につけられた。恥ずべきことであるが故に、恥じることはない（non pudet, quia pudendum est）。神の子が死んだ。愚かであるが故にこそ信じられねばならない（prorsus credibile, quia ineptum est）。そして彼は葬られ、復活した。不可能であるが故に確かなのである（certum est, quia impossibile）[20]。

ここには、十字架の言葉と知恵の言葉を鋭く対比させた使徒パウロの言葉の反響が認められる。テルトゥリアヌスが哲学的伝統を否定しつつ、キリスト教の独自性を主張する際に用いた鋭いアンチテーゼや逆説的表現は、その後の中世神学において見られる様々な神学的表現の端緒となった。その意味で彼は「古代の思想の形式と表現方法を徹底的に用いながら、その思想内容そのものは否定することによって、ローマ人にとって了解可能であるとともに、全く新しい生き方として、キリスト教を提示した」(21)と言えよう。

三　哲学の女主人としての知恵——アレクサンドリアのクレメンス

テルトゥリアヌスの場合に見られるように、グノーシス主義異端が教会内部にもたらした影響は甚大であり、キリスト教会は次第に理知的なものに対して警戒的になっていった。哲学は異端の源泉であり、教会の定める信仰定式を超えて探求を行うことは異端者の業とみなされたのである。クレメンスが取り組んだのは、教会においてこのような信と知との分裂を防ぎ、キリスト教の真理探求において哲学に一定の役割を与えることであった。

アレクサンドリアのクレメンスについては資料が決定的に不足しており、確実に知られるのは彼が一五〇年頃にアテナイに生まれ、ギリシアで哲学の学びを始め、二〇〇年頃にアレクサンドリアに落ち着くまで遍歴の哲学者としてシリア、パレスティナで過ごし、キリスト教に回心したことである。その後彼はパンタイノス（Pantainos 一八〇年頃活動）の跡を継いでアレクサンドリアの私塾の哲学学校の校長となったと伝えられるが、彼の聴衆は主として哲学的探求に従事する力のある富裕な教養人たちであった。彼は二一一年に洗礼志願者と教理教師に対して行われた迫害を逃れるためにアレクサンドリアを去り、カッパドキアで二一一—二一五年頃死去したと推定されている。(22)

クレメンスの著作『ストロマテイス』(Stromateis) は、キリスト教の観点から神学の根本的問題に接近し、体系的に神学を構築する最初の試みの一つであり、ヘレニズム文化と哲学の関係を一方で論じつつ、もう一方で聖書とキリスト教信仰との関係を扱っている。本書は未完である上、聖書のアレゴリー解釈と共に彼が入手した様々な資料を随所に織り交ぜながら様々な問題を扱っており、複雑な構成のために理解に困難が伴う。本書はこれに先立つ『ギリシア人への勧告』(Protrepticus ad gentes)、『教導者』(Paedagogus) と共に三部作として構想されたと考える研究者もおり、それは異教の「入会―秘儀伝授―観照」の三階梯に対応して、人々を救済へと招き、正しい行動へと導き、真理の認識へと導く神的ロゴスの三つの働きに対応するという(23)。絨毯のような織物を連想させるギリシア語の表題 στρώματα が暗示するように、『ストロマテイス』には聖書の言葉と古典ギリシアの知恵との綴れ織りが驚嘆すべき仕方で見出される。ここではクレメンスにおける哲学的知と信仰との関係について、『ストロマテイス』一巻を手掛かりに探ることにしたい。

(1)　クレメンスにおける思想的遍歴

『ストロマテイス』の冒頭で彼は、自らの思想遍歴を知者たちとの様々な出会いの記述を通じて辿っているが、ここから異教の人類の古典としての聖書とヘレニズム文化がクレメンス以前の時代にすでに高度に接合していたことを読み取ることができる。彼らの一人はギリシアのイオニア人であり、次にマグナ・グラエキアの地ではシリアとエジプトから来た知者たちから学び、彼はまたオリエント地方のアッシリア人とパレスティナのヘブライ人たちからも学んだという。クレメンスは最後にヘブライ人の知者との出会いについて語り、彼を「シチリアの蜜蜂」と呼んでいる。彼は才能の点で最も優れており、この最後の出会いによってクレメンスは憩いを得たという。「預言者および使徒の牧草地の様々な花を摘み取って、混じり気のない知識に耳を傾ける人たちの魂のうちで生えるようにしてくれた」と語られるこの知者はパンタイノスと言われている。また彼は他の知者たちについても「永続的に受け入れられている優れた教えの伝統を、きちんと守ってきたのです。この伝統は、ペトロ、ヨハネ、パウロなどの聖徒たちのように、御父からこれらの教師たちに継承されています。そして、これらの教師に対する神の恵みは、彼らが、先祖および使徒の種子を我々のもとに蒔き付けるまで、垂直線のように与えられていきます」と述べている(24)。

クレメンスの思想的遍歴の記述をユスティノスの場合と比べると、まずこれらの教師たちがユダヤ・キリスト教の「優れた教えの伝統」の継承者であったことが特徴的である。さらにユスティノスが遍歴の過程を当時の文学形式に則って記述し、まずは哲学諸派の指導者たちへの失望に始まり、プラトン主義との出会いを通じてキリスト教に回心するという段階を経ているのに対して、クレメンスの場合には優れた六名の匿名の教師たちとの出会いを記憶にとどめるための覚書とすることが本書執筆の動機となっており、以下のように哲学的探求の記述とキリスト教への回心の記述が一つに織り交ぜられて表現されていることも重要である。クレメンスは「実に、御言葉に従って歩みをなす者にとって最初の学びとは、〔自らが〕無知であるということに気づくことである。無知であることから出発し、人は探究を行う。探究を行ううちに彼は師を見出す。見出すと同時に信じ、信じることによって希望を抱き、そこから愛して愛の対象に似る者となる。これこそ、愛し始めたものを追究するということなのである(25)」と述べている。

クレメンスは、自らの無知の自覚から出発した知的探求が同時に、師との出会いを通じて信仰と希望と愛というキリスト教の三元徳へとつながっていることを示している。彼にとって師とは、彼が遍歴時代に出会った具体的な知者たちであると同時に、彼らにおいて継承された知の源泉なる教師イエス・キリストに他ならないことがここに暗示されている。

(2) クレメンスにおける哲学の効用の問題

クレメンスは『ストロマテイス』第一巻第五章で哲学と信仰との関係を、「箴言」の解釈を通じて論争的に展開している。[26] 彼は冒頭で哲学の効用について、「主の到来以前に哲学は正義のためにギリシア人に必要であったが、今やそれは、論証を通じて信仰に到達する人々のための一種の予備教育として、敬神に役立つものとなった」[27] と述べ、箴言に依りながら哲学の効用について一連の弁明を行っている。

さてソロモンは言う、「知恵を守りなさい。そうすれば知恵はあなたを高め、優美な王冠であなたを守護するだろう」(箴四・八―九)。というのもあなたが哲学による壁によって、正真の華麗さによってそれを強めるなら、それはソフィストの攻撃から守られるだろう。[28]

クレメンスは、「箴言」のアレゴリー解釈として、哲学の効用はキリスト教の知恵をソフィストの詭弁の攻撃から守ることにあると主張している。彼は第六巻第八一章第四節でも弁証論(ディアレクティケー)について論じており、彼はこれを、真理がソフィストによって足で踏みつけられないようにする壁のアレゴリーとみなしているが、これらの解釈には弁証法ないし哲学は修辞学に対する防御であるとみなすプラトン主義の立場が前提されている。[29]

クレメンスが哲学に対するこのような弁明的記述を行った背後には、「箴言」第五章第三節および第五章第二〇節に基づいてヘレニズム文化や哲学を批判するキリスト教徒たちの存在があった。これらの論敵の主張は後続の幾つかの箇所から推測される。彼は第一巻第二九章第六節で「悪い女に注意を払うな（μὴ πρόσεχε φαύλῃ γυναικί）。蜜が快楽の女の唇から滴るのだから」という「箴言」第五章第三節の言葉を、ギリシア文化を批判するアレゴリーとして解釈した人々が存在することを示して、「もしも誰かが強引にも（βιαζόμενος）、それをギリシア文化に言及したものだと言うならば」と述べている。さらに第一巻第二九章第九節で彼らは「よその女にあまり関わるな」（μὴ πολὺς ἴσθι πρὸς ἀλλοτρίαν）という「箴言」第五章第二〇節の言葉を、世俗的教育（κοσμικὴ παιδεία）と関わらないように警告するアレゴリーとみなし、予備的教育を否定することの根拠として論争的に用いていた。これに対してクレメンスは、彼の論敵が聖書を誤って解釈していることを示し、「これは世俗的教育を用いるように勧告する一方、それにあまり多くの時間を費やすべきではないとも勧告している」と述べている。その理由は後続の同第一〇節で、フィロンからの引用を通じて語られている。

というのも既に（ἤδη）ある人々は、侍女たちの魅力に誘惑され、彼女らの女主人である哲学を軽蔑して年老いてしまった。ある者たちは音楽に、ある者たちは幾何学に、ある者たちは文法学に、大部分の者たちは修辞学に。[30]

クレメンスはギリシアの文化や哲学の学びに反対する人々への反論として、前半ではフィロンの『予備教育』（De Congressu）第七七章をほぼそのまま引用しているが、「既に」（ἤδη）の副詞を付け加えることによって、このような状況がすでに生じたことを暗示している。また後半の世俗的学問の例についても、フィロンとはやや異なっている。フィロンは『予備教育』において、「創世記」第一六章におけるサラとハガルの物語を、予備教育と哲学の関係を示すアレゴリーとして解釈し、両者が侍女と女主人の関係にあることを主張しており、クレメンスは以下に見るように彼の解釈を採用している。

　こうしたアレゴリー解釈は当時よく知られており、その背後にはホメーロス神話のアレゴリー解釈が前提されている。キュニコス・ストア派サークルでは、ペーネロペーの周囲の嘆願者たちが女主人自身から結婚の承諾を争奪する代わりに、その侍女たちで我慢していたことを、予備教育の段階で立ち止まる人々に譬えていた(31)。さらに哲学の学びに着手する以前に予備的教育に手間取ることは、ユスティノスがピュタゴラス派の学者のもとを去ることを決意した理由でもあった。続いてクレメンスは予備的教育と哲学、知恵の関係の議論に移っている。

> 一連の一般教育の諸学が彼らの女主人である哲学に（φιλοσοφίαν τὴν δέσποιναν αὐτῶν）貢献するように、哲学それ自体も知恵の獲得に協働する（συνεργεῖ）。というのも哲学は〈知恵の〉学びであり、知恵は神的および人間的事柄についての知識であり、それらの原因なのだから。それゆえ知恵は、ちょうど哲学が予備的教育の女主人であるように、哲学の女主人である(32)。

　クレメンスはフィロンの『予備教育』第七九—八〇章に依りながら、一般教育・哲学・知恵の三つ組の関係を明らかにしており、ここには中世哲学における神学と哲学との関係（「神学の侍女としての哲学」）につながる表現（「哲学の女主人としての知恵」）が認められる。最初の文章はフィロンからの引用であるが、「一般教育が哲学の受容に貢献するように、哲学も知恵の獲得に〔貢献する〕」というフィロンのテクストにいくつか修正を加えている。目立った変更は、哲学に「彼らの女主人」を付加していることと、二つの動詞を使い分けていることである。

実際に彼が哲学の女主人である知恵に独自の意味を付与したことは、女主人たる知恵をソフィストの攻撃から守る役割を哲学に与えたことと、キリストの到来の前後で哲学に異なる役割が与えられているとの主張に具体的に示されている。さらに「従って哲学は、キリストによって完全な者となる人の道備えとなるために（προοδοποιοῦσα）、予め準備する（προπαρασκευάζει）[33]」と述べている文章に用いられた二つの動詞からも、彼が哲学に予備的役割しか与えなかったことが確認される。なお二番目の文章はクレメンスによる敷衍的解釈であるが、ここに見られる哲学と知恵の定義は古代において広く普及しており[34]、クレメンスは他の箇所でもしばしば用いている。また三番目の文章もクレメンスによる敷衍的解釈であるが、フィロンとは逆に知恵・哲学・一般教育の順番で、それぞれ女主人と侍女の関係に置かれている。

こうしてクレメンスは彼に先立つ聖書解釈の伝統に依拠しつつも新たな強調点を与えることによって、当時の教会に見られた反知性主義的傾向に対して予備的教育や哲学に一定の役割を与え、キリスト教における信と知との分裂を防いだのであった。

結　論

以上の箇所から、予備的教育や哲学に否定的で、聖書のアレゴリー解釈を通じてこれらを批判する教会内の論敵に対して、クレメンスがやはり聖書解釈を通じてそれらを擁護する議論を展開していることを確認した。予備的教育は必要だが、長くそれに時を費やすべきではないことや、哲学は予備教育の女主人であり、哲学の効用はキリスト教の知恵をソフィストの詭弁の攻撃から守ることにあることが示された。彼が「箴言」の言葉のアレゴリー解釈を通じて予備的教育・哲学・知恵の三つ組の位置づけを示す際に、フィロンが重要な役割を果たしていることも確認された。

ルニアは、哲学的概念と聖書テクストを結び付けることを可能にしたフィロンのビジョンは多大な影響を及ぼしたことを指摘し、「思想史における記念碑的な重要性の一歩であり、著者が予見し得た以上の結果を伴う一歩であった」と評価する。[35] それは予備的教育・哲学に対し、キリスト教の知恵の獲得のために一定の役割と限界をはっきりと示した点でユスティノスとは違い、また異端の温床として哲学的探求を断固拒否したテルトゥリアヌスとも異なっていた。特に哲学に対するこの種の否定的態度の影響は長期にわたって執拗に尾をひき、それは後に四世紀のサラミスの主教エピファニオス（Epiphanios 三一五頃―四〇三年）において頂点に達するが、アレクサンドリアではこれとは異なるキリスト教と哲学との関わりが進展した。[36] それはクレメンスにおいて、キリスト教の知恵の探求が聖書解釈を通じて行われたことであり、聖書解釈とキリスト教神学の体系的叙述はオリゲネスにおいて完成を見た。[37] クレメンスが聖書の言葉と古典ギリシアの知恵とを織り交ぜながらキリスト教の知恵を探求する手法は、古代文献学の進展に伴い両者がすでに高度な接合を遂げていたアレクサンドリアの文化的状況の中から生まれたものであった。

註

（1）　R. M. Grant, *The Greek Apologists of the Second Century*, Philadelphia,1988; John A. McGuckin, *Patristic Theology* (The Westminster

Handbooks to Christian Theology), London, 2004, p. 23 の 'Apologists' の項目参照。

（2）ユスティノスについて詳しくは、柴田有『教父ユスティノス　キリスト教哲学の源流』勁草書房、二〇〇六年を参照。

（3）N. Hyldahl, *Philosophie und Christentum*, Kopenhagen, 1966, pp. 148-159. この点について『ユスティノス　第一弁明、第二弁明、ユダヤ人トリュフォンとの対話（序論）』（柴田有・三小田敏雄訳）教文館、一九九二年、二二二—二二三頁の訳注1を参照。

（4）E・R・ドッズ『不安の時代における異教とキリスト教』（井谷嘉男訳）日本キリスト教団出版局、一九八一年、一四四頁。

（5）ユスティノスのロゴス論について、詳しくは柴田有前掲書、一九七—二一七頁、および『ユスティノス　第一弁明、第二弁明、ユダヤ人トリュフォンとの対話（序論）』（前掲訳）、一八六—一九二頁を参照。

（6）Justinus, *Apologia Prima*, 46, 2-4.　翻訳は前掲翻訳書に従う。

（7）Id., *Apologia Secunda*, 10, 1-3. 翻訳は前掲翻訳書に従う。

（8）クルト・ルドルフ『グノーシス　古代末期の一宗教の本質と歴史』（大貫隆・入江良平・筒井賢治訳）岩波書店、二〇〇一年、五頁参照。

（9）Justinus, *Apologia Prima*, 26.

（10）テルトゥリアヌスについて詳しくは、『テルトゥリアヌス1　プラクセアス反論　パッリウムについて』（土岐正策訳）教文館、一九八九年の冒頭の土岐正策による解説、および『テルトゥリアヌス2　護教論（アポロゲティクス）』（鈴木一郎訳）教文館、一九八七年、一五五頁以下の解説を参照。

（11）Tertullianus, *Apologeticum*, 46, 18. なお翻訳は一部、『護教論（アポロゲティクス）』（鈴木一郎訳）教文館、一九八七年に従った。

（12）Id., *De praescriptione haereticorum*, 7, 9.

（13）*Ibid.*, 46, 8.

（14）*Ibid.*, 46, 18.

（15）*Ibid.*, 42, 3.

（16）*Ibid.*, 39, 1-2.

（17）*Ibid.*, 9, 3-4. なお翻訳は、一部、小高毅編『原典古代キリスト教思想史1　初期キリスト教思想家』教文館、一九九九年、一六七―一六八頁に従っている。

(18) *Ibid.*, 7, 11-13.

(19) *Ibid.*, 7, 13.

(20) Id., *De carne Christi*, V, 4-5.

(21) 『テルトゥリアヌス1　プラクセアス反論　パッリウムについて』（土岐正策訳）教文館、一九八七年、訳者解説、一〇―一一頁。

(22) Attila Jakab, *Ecclesia alexandrina: Evolution social et institutionnelle du christianisme alexandrin (IIe et IIIe siècles)*, Bern, 2001, pp. 123-126.

(23) クレメンスの三部作の構成をめぐるこれまでの議論について、H・クラフト著『キリスト教教父事典』教文館、二〇〇二年、一七二―一七五頁、および Eric Osborn, *Clement of Alexandria*, Cambridge, 2005, pp. 5-15 を参照されたい。

(24) Clemens, *Stromata*, I, 1, 1.

(25) *Ibid.*, I, 3, 17.

(26) 以下の叙述に際して Annewies Van Den Hoek, *Clement of Alexandria and His Use of Philo in the Stromateis: An Early Christian reshaping of a Jewish model*, Leiden, 1988; A. Henrichs, Philosophy, the Handmaid of Theology, *Greek, Roman and Byzantine Studies* 9, 1968, pp. 437-450 を参照した。

(27) Clemens, *op. cit.*, I, 5, 1.

(28) *Ibid.*, I, 28, 4.

(29) Cf. Van Den Hoek, *op. cit.*, p. 28 ; H. I. Marrou, *A History of education in Antiquity*, London, 1956, p. 210 ; p. 415, note 47.

(30) Clemens, *op. cit.*, I, 29, 10.

(31) *Stoicorum Veterum Fragmenta*, I, 350, p. 78 (Ariston of Chios) ; Plutarchus, *Moralia*, 7C (Bion of Borysthenes) ; Diogenes Laertius, *Vita philosophorum*, II, 79.

(32) *Clemens, op.cit.*, I, 30, 1.

(33) *Ibid.*, I, 28, 3.

（34）　Cf. Cicero, *De officiis*, II, 5; Seneca, *Epistulae morales*, 88; 89, 4; Plutarchus, *op. cit.*, 874E; et al.

（35）　D. T. Runia, *Philo of Alexandria and the Timaeus of Plato*, Leiden, 1986, p. 544.

（36）　この点に関して詳しくは、拙論「エピファニオスのオリゲネス批判――『パナリオン』64の伝記的記述の検討を中心に」『東北学院大学論集　教会と神学』四八号（二〇〇九年）、二七―四五頁を参照。

（37）　オリゲネスについて、拙論「古代アレクサンドリアの聖書解釈の系譜――フィロン、クレメンス、オリゲネス」『エイコーン』四一号（二〇一〇年）二七―四九頁を参照。

二　カッパドキア教父における信仰と知の問題

土橋　茂樹

カッパドキアの三大教父であるカイサレイアのバシレイオス（Basileios 三三〇頃—三七九年）、ナジアンゾスのグレゴリオス（Gregorios 三二九—三八九年）、ニュッサのグレゴリオス（Gregorios 三三五頃—三九四年）は、周知のように、共にニカイア信条を信奉し、エウノミオス（Eunomios 三二〇年代末頃—三九四年）らの新アレイオス主義者やその他の反ニカイア陣営の論敵たちと熾烈な教義論争を繰り広げながら、三位一体の神にかかわる正統教義確立に向けて決定的な影響を及ぼした。その際、彼らがギリシア伝来の哲学に何らかの形で（しかも相当に深く）依拠せざるを得なかったことは、テキストの端々に明らかに見てとれるのであるが、にもかかわらず、彼らにおいて少なくとも表向きは、異教の哲学を蔑むのが通例の語り口であったこともまた否み難い事実である。このように三位一体論における哲学への錯綜した両義的関わりこそが、カッパドキア教父における信仰と知をめぐる問題に特徴的な様相の一つであると思われる。そこで本稿では、まず始めにこうした問題の出自と解釈上の限界を見定めた上で、バシレイオスにおける「ウーシア」（οὐσία）概念、ニュッサのグレゴリオスにおける「デュナミス」（δύναμις）概念を例にとって、彼らが三一神信仰の問題を哲学的概念によってどのように言説化していったか、またその一方で、ギリシア哲学出自の鍵概念がそのような過程を経てどのように変容していったかを見ていきたい。こうした教義論争によって得られた神理解の深まりが、同時に人間の自己理解の深化にも繋がるものであることを、本稿を通じてわずかなりとも示すことができれば幸いである。

一　キリスト教信仰とギリシア哲学の関係をめぐる問題

パウロが「世の知恵《ソフィア》」を「神の知恵」と対比して論じるとき、「ギリシア人が探し求める」世の知恵として彼の念頭にあったのは、ギリシアの哲学であった。(1) 彼は、時には哲学を「人間の言い伝えによる、虚しい偽り」(コロ二・八)と激しく非難したが、時には自らの主張の例証として詩人(哲学者)の言葉を引くこともあった。(2) しかし、たとえ世の知恵(＝哲学)の言葉がどれほど「説得力に富む」(πειθός)(3) ものであろうと、我々の信仰はまずもって「神の力」によらねばならない(一コリ二・四)。つまり、パウロにとって信仰とは、神の知恵をただひたすら神の力によって受け入れることであって、説得力に富む哲学の言葉を通して理解することではなかったのである。信仰と知に関するこのようなパウロの態度は、教父たちにも継承されたが、二世紀後半に入ると、徐々にキリスト教信仰とギリシア哲学との融和が求められ、ハルナックによる限り、「アレクサンドレイアのクレメンスにおいて、キリスト教会は、フィロンにおいてユダヤ教が到達したのと同じ段階」すなわちギリシア哲学の内に神の啓示による根本的真理を見出し得るとみなす立場にいたった。(4) この点でフィロン(Philon 前二五／二〇―後四五／五〇年頃)がクレメンス(Clemens 一五〇頃―二一五年以前)に大きな影響を及ぼしたことは疑いない。こうしたキリスト教のギリシア化・哲学化の理由として、ウォルフソンは、哲学的教養をもった異教徒によるキリスト教への改宗の増加、哲学のもつ護教的効用、さらにグノーシス主義的異端に対して哲学が発揮する解毒的効果、以上の三点を挙げている。(5) とはいえ、たとえ哲学に親和的な教父たちであっても、キリスト教の教えが神的起源をもつがゆえに絶えず真であるのに対し、哲学がその人間的起源と本性のゆえに、真理のみならず虚偽をも許容し、学派相互の間にしばしば見解の矛盾対立をもたらすものであることを認めないわけにはいかなかった(6)。やがて、過度に哲学に接近していく者が異端視されるようになっていくのも、ごく自然な成り行きと言えるだろう。

しかし、四世紀に入ると、教父たちの思考様式から修辞学その他の教養に至るまで深くギリシア化し、三位一体論のような根本教義でさえ哲学的な語彙によって語られざるを得ない状態になっていた。そうした状況のいわば象徴とも言い得るのが、三二五年開催のニカイア公会議において、子・キリストを被造物とみなしてその神性を否定するアレイオス主義を断罪し、信仰の規範を打ち立てんとして作成されたニカイア信条である。この信条に現れる「〈父〉とホモウーシオス（ὁμοούσιος 同一本質）であるその方〔つまり子・キリスト〕」という文言は、それ自体が〈父なるヒュポスタシス（ὑπόστασις いわゆる位格）と子なるヒュポスタシスがウーシア（存在本質）において同じである〉という極めて哲学的な言説であり、その解釈をめぐってニカイア公会議以降のキリスト教世界を揺るがす一大論争となっていくわけである。こうした三位一体論の教義確立期にあたる四世紀カッパドキアにあって、父なる神と子イエスのウーシアの非相似（ἀνόμοιος アノモイオス）を鋭利な哲学的分析によって主張するエウノミオスとの対決から、相似本質（ὁμοιούσιος ホモイウーシオス）派やサベリオス主義的なニカイア右派（同一本質派）、さらには聖霊の神性を認めないプネウマトマコイ（πνευματομάχοι）たちとの論争に至るまで、ひたすら三位格（三つのヒュポスタセイス）が一なるウーシアであることの意味解明に取り組んだのが、カッパドキアの三教父たちである。

しかし、彼ら三教父たち、とりわけニュッサのグレゴリオスに対する研究者たちの評価は二十世紀に入ってからも大きく揺れ動いた。一方では、教義論争においてあくまで親ニカイア派の立場からエウノミオスらの新アレイオス主義と闘ったにもかかわらず、彼に対して、過度に哲学に接近することでキリスト教をギリシア化し貶めたとみなす解釈が少なからぬ影響力をもっていた。たとえば、ハルナックはグレゴリオスをキリスト教のヘレニズム化（Hellenisierung）を体現したオリゲネス主義者と断じ、チャーニスもまたグレゴリオスの教説がプラトン哲学をキリスト教神学と呼んでいるに過ぎない非キリスト教的なものとみなした。(7) 対して他方では、そうした非難からグレゴリオスを擁護するために、彼の著作を教義的著作群と神秘的著作群とに分け、後者の神秘神学においてこそ彼の神認識の真髄があると主張するダニエルー(8)や、グレゴリオスとオリゲネス（Origenes 一八五頃―二五三／五四年）との神学上の隔たりを強調するイエーガー(9)のような論者たちが現れた。しかし、理性的・哲学的認識に神秘的認識を対比させ、前者にエウノミオス（さらにその背後にオリゲネスやアレイオス〔Areios 二五〇頃―三三六年〕）を配し、後者にグレゴリオスを置くことで、後者の正統性を擁護しようとする解釈動向は、当時、三位一体論をめぐって親ニカイア派陣営と新アレイオス主義陣営との間で為されていた論争の歴史的文脈を捨象することによって、事の真実を見失い、硬化した図式主義に堕しかねない。(10) むしろ我々が採るべきは、哲学への理解の深さをもって、即異端とみなす短絡的図式化でも、神秘的神認識を強調することで現実に展開された教義論争史の意義を見損なうことでもなく、カッパドキアの教父たちが、教義論争において、哲学的語彙を駆使しつつ自らの信ずる三一神観をどのように言説化し、そのことによって同時にギリシア伝来の哲学的諸概念をどのように新たに展開していったかを追跡していくこと以外にはないだろう。そこで本稿では、紙幅の制約上、もっとも重要な「ウーシア」と「デュナミス」という二つの概念に的を絞り、バシレイオスとニュッサのグレゴリオス各々のケースを順次考察していくことにする。

二　バシレイオスにおける「ウーシア」論の展開

まず「ウーシア」という語は、もともと「人が所有するもの、財産」を意味する一般的な語彙であったが、動詞 εἰμί との明確な語源的繋がりによって、もっぱら存在の意味を問い続けてきた哲学の術語としても使用されるようになったものと思われる。[11] その際、個体性と普遍性、あるいは物質・質料性と本質・形相性の両極の間での緊張を保留したまま、「実体《ウーシア》」としての哲学的な意味区分を明確に示したのは言うまでもなくアリストテレス（Aristoteles 前三八四―三二二年）である。しかし、ヘレニズム期に入り、ストア学派ではまったく異なった存在論が立てられていく。すなわち、彼らにとってウーシアとは、質料的基体（τὸ ὑλικὸν ὑποκείμενον）としての実体を意味していた。これは、「性質づけられていない質料」（ἄποιος ὕλη）あるいは「性質づけられていない実体」とも呼ばれ、あらゆる変化を通じて揺るぎなく持続する基体として前提されているが、性質づけられない限り物体としては独立自存し得ないとされた。さらに、アリストテレス哲学に対するプラトニスト注解者らの影響も相俟って、ペリパトス派の衰退後は、アリストテレスの体系的なウーシア観は必ずしも正確に継承されたわけではなかった。その一方で、二世紀のグノーシス主義派キリスト教徒によって「ホモウーシオス」（普通、「同一実体の」〔consubstantial〕あるいは「同一本質の」〔coessential〕などと訳される）という「ウーシア」系列の語彙が導入され、やがてオリゲネスによってそれが初めて三位一体論に適用された後、ニカイア信条作成の際、「〈父〉とホモウーシオスであるその方〔主イエス・キリスト〕」という後の大論争の火種ともなる文言に組み込まれることとなる。

このような状況にあって、ウーシアとヒュポスタシスの語義区分をバシレイオスとエウノミオスに明瞭に動機づけたのが、彼ら各々に固有の「エピノイア」（ἐπίνοια:「思考」あるいはその所産である「概念」）解釈である。周知のように、ギリシア哲学において、人間の思考活動を、思考対象から独立し客観的現実《ヒュポスタシス》に対峙する人間精神に固有の自律的領域として確保することを可能にしたのは、ストア学派による「エピノイア」概念の形成に拠るところが大きい。ヒュポスタシスとエピノイアのストア的根本区分は、キリスト教圏における三位一体論争においても様々な立場から有効に用いられた。まず、サベリオス主義者によって、「〈父〉と〈子〉はエピノイアにおいては二であるが、ヒュポスタシスにおいては一である」(12)という形で自説を強化するためにこの区分が利用された。これに対し、オリゲネス、盲目のディデュモス（Didymos 三一三頃—三九八年頃）、アタナシオス（Athanasios 二九五頃—三七三年頃）、そしてカッパドキア教父たちは、父、子、聖霊という三つの神的ヒュポスタシス（位格）の個別性を認め、サベリオス主義的一神論を退けた上で、むしろ各々の神的位格とその神的属性との関係にストア的区分を活用した。しかし、このように三位格の個別性が確立されることでかえって露になったのは、三位格をいかに統一し多神論を回避し得るかという問題である。(13)多神論にもサベリオス主義的一神論にも陥ることなく第三の途を模索するというこの難題を前に、新たに議論の焦点となったのがエピノイア、すなわち人間の思考の神認識における位置づけ、役割である。この点でエウノミオスとバシレイオスは真っ向から対立する。

まずエウノミオスは、人間の思考《エピノイア》によって（κατ᾽ ἐπίνοιαν ἀνθρωπίνην）語られるもの、すなわち名（ὀνόματα）は、名自身とそれが発話された音声の内において以外にその存在を保ち得ず、したがってそれらの名は音声と共に消滅する、と考えた。(14)なぜならば、そのような名は、人間の思考が生み出す概念に一致してはいるものの、そうした呼応・一致関係は真の実在性に即した（κατ᾽ ἀλήθειαν）ものではないからである。換言すれば、エピノイアとは非賢者のもつ真なるドクサ（δόξα）を意味するのに対し、「真理」とは賢者のみが知りうる存在根拠たる神のウーシアの知とみなされるのである。その限りで、前者は有限な被造物を対象とする虚偽の可能性を常に内包した認識であるのに対して、後者は永遠の存在根拠である神から啓示されたまったき真理認識であると言えるであろう。

したがって、そのような真理に即した仕方で神を称えようとするならば、「神にもっともふさわしいもの」（ἀναγκαιότατον ὄφλημα）すなわち「神がそれであるところのものであることの告白」（ἡ τοῦ εἶναι ὅ ἐστιν ὁμολογία）を神にささげなければならない。この「神がそれであるところのものであること」こそ神のウーシアであり本性（φύσις）であって、「生まれざるもの」（ἀγέννητος）という名がそのウーシアと真理に即した仕方で一致するのである。もしそうであるならば、「生まれたもの」（γέννημα）である限り独り子キリストは、そのウーシアを父なる神と共有しておらず、それゆえ、ウーシアにおいて〈父〉とは非相似である、と結論できよう。

以上のようなエウノミオスの主張に対して、バシレイオスはあくまでエピノイアの神認識における重要性を擁護し、人間の思考がもつ本質構成的な機能を確保しようとする。まず、彼は思考《エピノイア》の身分を問い直す。「語られるものは、思考《エピノイア》によって考察される。つまり、思考は音声と共に立ち消えたりはせず、思考する人の魂の内に定着する」(15)。それゆえ、一見すると独立自存するものとして認知される対象も、思考《エピノイア》を介して様々な位相で分析可能となる。次いでバシレイオスは、ヘテローニュモス（ἑτερώνυμος）、つまり意味は異なるが同一のものが指示される語法に訴え、思考を介してウーシアに漸近する方途を示す(16)。たとえば、小麦が思考を介してヘテローニュモスに「種子」「実」「パン」という多様な位相で把握されるように、子イエスも、「光」「葡萄」「道」「牧者」という多様な概念《エピノイア》を介してヘテローニュモスに、[17]つまり一つの現実の多様なアスペクト、多様な意味として把握され、ウーシアの理解へと漸近していくことになる。言うまでもなく、バシレイオスにとって神のウーシアは不可知であるがゆえに、このように三つの神的ヒュポスタシスから始めて、各々のエピノイアを介して限りなく漸近していく先のウーシアがはたして同一本質《ホモウーシオス》となるのか、相似本質《ホモイウーシオス》となるのか、それが彼にとってまさに喫緊の問いとなる。

そもそもバシレイオスを相似本質派《ホモイウーシアン》とみなすかどうかは解釈が分かれるところであるが、三六〇年頃に書かれたと推定されるラオディケイアのアポリナリオス（Apollinarios 三一〇頃―三九〇年頃）宛ての書簡三六一では、旧弊なニカイア右派的同一本質《ホモウーシオス》理解から相似本質《ホモイウーシオス》派への移行とも取れる叙述（「ウーシアにおける、まったく変わらざる相似」）がはっきり見て取れる。つまり、この段階では、〈父〉〈子〉〈聖霊〉はあくまで個体（実体）として理解される限りで異なるのであって、位格特性における異なりとしては明確に説明されておらず、したがって、それらの統一も同一性によるのか類似性によるのか不明のままである。

しかし、もし、具体的な個体《ヒュポスタシス》のうちに存在性をもたないウーシアは現実には存在し得ないのだとすれば、それ自体、一つの統一体として分割不可能なはずのウーシアは、三つの独立固有の位格《ヒュポスタシス》において、すでに予め分割された仕方でしか存在し得ないことになる。それゆえ、〈父〉と〈子〉の実体同士が異なると主張するエウノミオスら新アレイオス派に対して、少なくともバシレイオスはウーシアの個別特殊面からその共通面へと強調点をシフトせざるを得ない事情にあったと言えるだろう。その要請を満たしてくれたのが先に見たストア派のウーシア説であるが、ストア派への依拠が取り沙汰されるバシレイオスにあって、少なくともウーシア概念に関しては、『エウノミオス論駁』（Contra Eunomium）における彼の態度はきわめて両義的であり一貫性に欠ける。それどころか、明らかにアリストテレス的なウーシア観、すなわち本質形相のロゴス（ὁ τοῦ εἶναι λόγος）あるいは抽象的な普遍としてのウーシア概念を用いる場合もある。(18) このように、三つの位格（ヒュポスタシス）の固有性を保持しつつ、それらを一つのウーシアへと統一しようというバシレイオスの試みは、ギリシア哲学をその都度の手段としつつ、かえってその手段の思考的枠組みに囚われて、ややもすると一なる神のウーシアが備えるべき力動性を見失い、静態的な図式的理解に陥りがちであった。彼がこうした窮状を脱するには、晩期の『聖霊論』（De Spiritu Sancto）を俟たねばならない。

『聖霊論』という、聖霊の神性を認めないプネウマトマコイと呼ばれた人々に対する論難の書にあって、きわめて思弁的な語り口による第九章は、何らかの異教哲学から、とりわけプロティノス（Plotinos 二〇五頃—二七〇年）の『エンネアデス』（Enneades）V 1からの影響が詮索され続けていた個所である。たとえば、その典型的な個所が以下である。

> 聖化を必要とするものはすべてそれに向かっており、徳に従って生きるものはすべてそれを希求している。……それは他を完全ならしめるものとして、……「生命の付与者」（ζωῆς χορηγόν）であり、付加によって増大するのでなく、そのままに充満であり、自らの内にとどまり、しかも至るところにある。それは「聖化の原因」（ἁγιασμοῦ γένεσις）であり、……あらゆる理性的能力に、真理を見出すために一種の明るさを与える叡知的光（φῶς νοητόν）である。(19)

「生命の付与者」という、アレクサンドレイアのクレメンスやオリゲネス、さらにグレゴリオス・タウマトゥルゴス（Gregorios Thaumatourgos 二一三頃―二七〇／七五年）らに見いだされる定型表現がポイントとなる。プロティノスによれば、魂は自己自身を全体として与えるのであって、その力はあらゆるところに遍く現在すると言われるが、同様に『聖霊論』においても、生命の付与者は自らを部分としてではなく全体として与え、その働きは至るところに臨在していると述べられる。とりわけ注目すべきは、〈父〉や〈子〉のようにいわば実体視しやすい位格と異なり、その非物体的遍在性が取り沙汰される聖霊を論ずるにあって、プロティノスの当該テキストにおける魂の非物体的な存在性格が必要となった点にある。ストア学派やアリストテレス哲学の語彙によって自説を補強してきたバシレイオスにとって、このことのもつ意味は決して小さなものではなかったと思われる。

とはいえ、非物体的遍在性をいきなり三一論にもち込むのは早急に過ぎる。そもそも、「いかなるものも自分自身とホモウーシオスではなく、あるものは別の何かとホモウーシオスなのである」[20]。その限りで、三つのヒュポスタシスの離存・個体性は予め前提されている。にもかかわらず、同時にそれらをいかにして「共に数える」（συναριθμεῖν）か、つまり一つのウーシアとして把握するのか。この極めてパラドクシカルな問いに対し、バシレイオスは神の超越の観念に訴え、慎重に答えていく。まず、そのウーシアが人間知性には語ることも思考することもできない不可知な神は、同時に数を超えた加算不可能なものでもあることを彼は強調する。可能な方途は、「語り得ないものを沈黙の内に称えるか、あるいは聖なるものとして敬虔な仕方で数える」[21]しかない。結論から先に言えば、バシレイオスの解決策は、この二者択一を一つに合致させることにある。すなわち、敬虔な仕方で数えるとは、沈黙のうちに父と子と聖霊に対し一なる崇敬をささげることにあるといえる。

すでに見たように、三一の神を前にしてギリシア哲学諸派のウーシア論は悉くその限界を露呈し潰え去った感があるが、もっとも素朴な物質的実体観の残滓は容易に消えることがなかった。そもそも神的位格が三つと数えられるのは、たとえば三人の人との類比によるものに過ぎない。バシレイオスは数え挙げ行為そのものにメスを入れる。数とは「基体の多さによって測られた記号[22]」、「量の認識のための記号[23]」であり[24]、数え挙げは、数え挙げられる事物と共通の「種」を単位《メトロン》とすることによって成立する。たとえば、ペトロとパウロは単位としての「人」によって一人一人と数え挙げられ、合計二人となる。それゆえ、特殊位格に共通な普遍である「神性」を単位にする限り、われわれは三つの神々を認めざるを得ない。個体・実体性の残滓がウーシアの伏在的なイメージとして払拭しきれずに残っている限り、「共に数える」こと、つまり一つのウーシアとして把握することは叶わない。

そこでバシレイオスが最後に採った途は、「ホモウーシオス」理解からそこに伏在していた個体・実体的な含意を取り除き、三つのヒュポスタシスの関係性を脱実体化し、力動的な関係へと変容させることであった。彼は神的な権威、栄光、神への賛美、崇敬に焦点を合わせ、物体的な実体《ウーシア》の代わりに非物体的な力、いわば生命付与の根拠をウーシアとして導入した。同様に、『聖霊論』において、誤解を生じやすい「ホモウーシオス」という鍵語が消えて、「ホモティモス」（ὁμότιμος 同じ栄光）という語が新たに神的なヒュポスタシス間の非物体的統一を表すべく登場する。この限りで、「共に数える」ことは限りなく「共に崇める」ことへと重なっていく。すなわち、「聖霊は、同じ栄光に値する仕方で（ὁμοτίμως）、〈父〉と〈子〉と共に数えられ（συναριθμεῖται）、共に崇められる（συλλατρεύεται）[25]」限り、「三つのヒュポスタシスを告白してなお、〈一つの神〉（μοναρχία）の真なる教えが失われることはないのである[26]」。かくして、光源とそこから出た光が同じ光であるように、「〈父〉から出て独り子を経て聖霊に至る[27]」かかる同一の崇高で神的な力こそが、三つのヒュポスタシスを統一するウーシアである、そうひとまずは結論できよう[28]。

以上を顧みるに、ひたすら「三つのヒュポスタシスが一なるウーシアであること」の理解をめぐってなされた数々の議論が、同時にバシレイオスのウーシア理解をも深めていったことは想像に難くない。すなわち、『エウノミオス論駁』期には、アリストテレス実体論にストア的意味論を無理やり接ぎ木することによって、限りなく相似本質派《ホモイウーシアン》に近づきつつも、辛うじてなお親ニカイア派であり得たバシレイオスが、その後の『聖霊論』において、プロティノスからの影響のもと、聖霊を〈全体として遍く現在する生命付与の非実体的力〉と解することで、「ホモウーシオス」という概念に伏在していた個体・実体性および本質・実体性の含意を払拭し、三位格《ヒュポスタセイス》を関係づける神的な力《デュナミス》という力動的なウーシア観にまで至る、そのおおよその経緯が明らかになったものと思われる。

三　ニュッサのグレゴリオスにおける「デュナミス」論の展開

バシレイオスの実弟であるニュッサの主教グレゴリオスは、五十歳になるかならぬうちに帰天した兄からエウノミオスとの論争を引き継いだものと思われる。三六三年ないし三六四年に公刊されたバシレイオスの『エウノミオス論駁』に対するエウノミオスの応答の書は、『弁明の弁明』（Apologia Apologiae）という名で知られているが、その刊行年については二つの説がある。ニュッサのグレゴリオスによれば、バシレイオスにその存在が知られて即座に論難されることを恐れて、彼の死後（三七九年）まで公にされなかった。他方、エウノミオス派の歴史家フィロストルギオス（Philostorgios 三七〇頃—四二五／三三年）によれば、それ以前に公刊された同書がバシレイオスをひどく動揺させ、それがもとでバシレイオスは死期を早めたとされる。いずれにせよ、バシレイオス亡き後、『弁明の弁明』とエウノミオス第三の書『信仰論』（Expositio Fidei）とを併せて論駁し、再び『エウノミオス論駁』(Contra Eunomium) と題して公刊したのは、兄の後を継いだグレゴリオスであった。グレゴリオスの三一神観を端的に表しているのは、『聖三位一体について』[29] における次の信仰告白、すなわち「我々は三つの位格《ヒュポスタセイス》、……一つの善、一つの力《デュナミス》、一つの神性を信じる」[30] であろう。とりわけ、三位格を「一つのウーシア」としてではなく、「一つのデュナミス」として関係づけようとする点で、(本稿の解釈による限りでの)晩年のバシレイオスとの深い繋がりを感じずにはおれない。

そもそも「力《デュナミス》」概念は、新・旧約(七十人訳)聖書において神認識に欠かせぬ重要な概念であった。たとえば、「知恵は神の力の息吹」(知七・二五)、「神の力、神の知恵であるキリスト」(一コリ一・二四)、「御子は……万物を自身の力ある言葉によって支えた」(ヘブ一・三)といった個所の注釈に、オリゲネスを始め教父たちは精力的に取り組んできた。その一方で、ギリシア哲学において教父たちに大きな影響を与えたのは、プラトン『国家』(Respublica) 篇中、太陽の比喩の最後に語られる以下の言葉である。

> 〈善〉は実在《ウーシア》とそのまま同じではなく、位においても力《デュナミス》においても、その実在のさらにかなたに超越している。[31]

「三つのヒュポスタシス、一つのウーシア」という語彙的にはきわめて存在論的な教義上の大命題に翻弄され続けた教父たちにとって、キリスト教的神認識に固有の位置をもつ「力」概念をあたかも「ウーシア」に優る超越的根拠として示唆するかのようなこのテキストが、教義論争という新たな文脈において強い影響力をもったであろうことは想像に難くない。その意味で、「力」概念は、キリスト教の伝統とギリシア哲学の伝統とが交叉

し相互貫入することによって、三位一体の神をめぐる教義論争において新たな生命を得た概念の典型といえよう。(32)

そのことを如実に物語るテキストが、グレゴリオスの『人間の創造』（De opificio hominis）に見出される。「創世記」（七十人訳）第一章第二七節では、「神は人間を創った。神の像にしたがって（κατ᾽ εἰκόνα）人間を創った」と記されている。しかし、なぜ、アダムのような特定の個人ではなく、「人間」（ὁ ἄνθρωπος）を創ったと言われるのか、あるいは「神の像」とは一体何か。そうした問いに答えようとしたのが、『人間の創造』における以下の個所である。多少長くなるが、引用してみたい。

> 「神が人間を創った」と言われるとき、全人類は〔この特定の誰かという意味で〕特定化されずに示されている。なぜなら、歴史が語るように、〔人間は、この特定の〕被造物としてアダムと呼ばれたのではないからである。むしろ、そのとき創られた人間の名は、個別的（ὁ τὶς）ではなく普遍的なもの（ὁ καθόλου）である。〔人間の〕自然本性の普遍的な名によって、我々は、全人類が、神的予知（θεία πρόγνωσις）と力（δύναμις）によって、第一の創造に含まれたのだと考えるようになった。神にとって、自身から生まれたものの中で、この特定の何かと特定されないものは何一つあり得ない。むしろ、存在するものはすべて、創造する知恵によってもたらされた限定と量化の単位をもつ。ある特定の人間は、身体によって量的に限定され、その特定の存在を一人の人間とみなす単位となるのは、その者の身体的外貌によって一つと見積られる大きさである。そのように、全人類の総体（ὅλον τὸ τῆς ἀνθρωπότητος πλήρωμα）は、神による全体を予知する力によって、一つの身体に含み込まれているように私には思われる。さらにこのことが、「神は人間を創った」（創一・二六）という言葉の意味を教えてくれる。す

わなち、その像とは〔人間の〕自然本性の部分にあるのでもなければ、同じような人間たちの一部に見出される恩恵なのでもない。むしろ、その言葉の意味するところは、〔神のもつ〕そのような力が人類全体に等しくゆきわたっているということなのである。その証拠として、すべての人の内に同じように理性（νοῦς）があることが挙げられる。すべての人は、思考し、企図する力をもち、さらにそのほかに神の像にしたがって生まれたものの内に神的な本性を反映させるようなものをも備えもつのである。……全人類が一人の人間（εἷς ἄνθρωπος）と名指されたのは、神の力にとって、過去も未来もなく、すべてを含みこむ働き（ἐνέργεια）によって、眼前に存するものと同様にそこから予期されるものさえもが支配されているからである。それゆえ、最初から最後までにゆきわたる人類の本性は、存在するものたる神の一なる像なのである。(33)

グレゴリオスのここでの解釈によれば、神は、過去から未来にわたる「全人類の総体」を始まりの時において「一人の人間」として創ったと言われる。もちろん、アダム、エバ、モーセといった個々の人間を数え挙げた結果が「一人の人間」になることなどあり得ない。なぜなら、個々の人間は身体によって量的に限定され、複数化されているからである。むしろ、ここで想起されるべきは、神の三位格を「共に数える」ことで一つのウーシアとして把握できるとしたバシレイオスの主張である。もし仮に、バシレイオスの考えをこのテキストに適用するなら、全人類の総体をいわば「共に数える」ことによって、一つの身体の内に全人類を「一人の人間」として創り込むことが可能になったのではないだろうか。しかも、このことが可能であるのは、「神の力が人類全体に等しくゆきわたっている」からだと言われる。それは言い換えれば、三位一体の神が一つの力となって全人類の一人一人に遍くゆきわたっているということであり、またそうであるがゆえに、三位格が一なる神として「共に数えられる」ように、全人類も一なる人間として「共に数えられる」ことができるのである。「神の像にしたがって人間が創られた」とは、まさにこのことを意味している。つまり、三位格が一つの力として働くという神の三位一体のあり方が、我々人間の各々のうちに自然本性として刻み込まれるということこそ、「神の像」によって意味されていることに他ならない。その際、すべての人にゆきわたる「一つの力」とは「理性《ヌース》」のことだとも言われる。聖書において、神の力が神の知恵と絶えず相即し合う形で語られていたことを思い起こせば、神の知恵と人間の理性は「力《デュナミス》」とその「働き《エネルゲイア》」を介した一致の可能性に常に開かれていることになるだろう。その点においてこそ、父と子と聖霊を一なる力、一なる神として崇敬する我々の信仰は、その一なる力の我々における発現に他ならない理性を駆使した真の哲学と限りなく調和していくに違いない。グレゴリオスが『エウノミオス論駁』において「力」の概念をおそらく意図的に多用するのも、アリストテレスやストア派の哲学で理論武装したエウノミオスに対して、まさにこの点を強調せんがためだと思われる。

結びに代えて

バシレイオスは、哲学者を「外部の人たち」（οἱ ἔξωθεν）と呼んでは、修辞的な技法に依拠した哲学を神学（θεολογία）と対照させて「テクノロギア」（τεχνολογία）と揶揄し、神の知恵に由来する真の学知に反する「空しい哲学」（ματαία φιλοσοφία）として非難した。(34) その一方で、ニュッサのグレゴリオスのように「あらゆる証拠よりも堅固な信仰(35)」を称揚する姿勢は、カッパドキア教父に共通したものであった。しかし、そのように哲学への蔑みを明言する一方で、本稿で見たように彼らのテキストには、ギリシア哲学に深く根差した議論が散見される。四世紀カッパドキアにあって、キリスト教のギリシア化というような一方通行的な単純な図式はもはや現実離れしていると言えよう。知人宛てに書かれた書簡から説教や教義論争の書物に至るまで、カッパドキア教父たちが紡ぎだすギリシア語文書においては、キリスト教と哲学を含むギリシア的教養《パイディア》、あるいは信仰と知とも言い得る二つの根が、テキストの深層において相互に複雑に絡み合っているのである。そのような条件の下で三位一体の神をめぐる教義論争がなされた以上、異端の側に哲学、正統の側に信仰を割り振ることは何ら意味をなさない。むしろ、信仰（聖書）と哲学の緊張関係を強く自覚し、いずれか一方に偏することなく、絶えず両者の動態的均衡の持続の上に解釈の基盤を据えようと努めることこそが極めて肝要ではないかと思う。そうすることによって、本稿で見たように、「ウーシア」や「デュナミス」といった枢要な哲学概念さえもが、本来適用されるべき領野とは異なる文脈において、新たな意義を獲得し、より豊かな理路への展開が動機づけられるのではないだろうか。約言するなら、バシレイオスからニュッサのグレゴリオスへと継承された「ウーシア」から「デュナミス」への教義論的展開は、静態的・本性的神認識から力動的神認識へと踏み出すことによって、限りなき神へのエペクタシス的接近へと信仰を深めることに他ならなかったが、それは同時に、哲学的理解の深化とも言い換え得る展開だったのである。

註

（1）一コリ一・二〇、二二、二四、使一七・一八。

（2）使一七・二八。パウロによるアレオパゴスでの演説に、ストア派の詩人哲学者アラトス（Aratos 前三一五―二四〇／三九年）のものと推測される詩句が引用されている。

（3）形容詞形 πειθός を避けようとする異読の多い個所であるが、ここでは「説得力に富む」と素直に読みたい。

（4） A. v. Harnack, *Lehrbuch der Dogmengeschichte*, Bd. I, Tübingen, 1909[4], S. 643.

（5） H. A. Wolfson, *The Philosophy of the Church Fathers —Faith, Trinity, Incarnation*, Cambridge, Mass. & London, 1970[3], pp. 11-14.

（6） たとえば殉教者ユスティノス（Ioustinos 一〇〇年頃―一六五年頃）は、フィロンと同様に、プラトンや他の哲学者の教えが預言者の教えと一致すると考えたが、同時に哲学者が自らの教説に含意される真理を必ずしも常に正確に理解できるとは限らず、むしろ歪曲してしまうことも多々あり、しばしば自己矛盾することすらあると主張した（*Apologia prima* 44; *Apologia secunda* 10; *Dialogus cum Tryphone* 2）。

（7） Harnack, *op. cit.*, Bd. II, S. 292; H. F. Cherniss, *The Platonism of Gregory of Nyssa*, New York, 1971 (rpt. of Princeton, 1930), p. 62.

（8） J. Daniélou, *Platonisme et théologie mystique: Doctrine spirituelle de Grégoire de Nysse*, Paris, 1953[2].

（9） W. Jaeger, *Two Rediscovered Works of Ancient Christian literature: Gregory of Nyssa and Macarius*, Leiden, 1954, pp. 120f.

（10） こうした批判的見地から新たに推し進められた研究の例として以下を参照せよ。R. Heine, *Perfection in the Virtuous Life*, Cambridge, 1975; M. Canévet, *Grégoire de Nysse et l'herméneutique biblique*, Paris, 1983; M. R. Barnes, *The Power of God — Δύναμις in Gregory of Nyssa's Trinitarian Theology*, Washington, D.C., 2001.

（11） ウーシア概念の基本構造に関しては、以下の拙稿を参照されたい。「ウーシア論の展開として見た三位一体論――バシレイオス研究序説」『中世哲学研究 VERITAS』二七号（二〇〇八年）、一―七頁。また、本稿第二節の論述が拙稿「バシレイオスのウーシア―ヒュポスタシス論」『中世思想研究』五一号（二〇〇九年、二五―四一頁）と重なる部分のあることをお断りしておく。

（12） Basilius, *Ep.* 210（R. J. Deferrari〔tr.〕, *Basil, Letters*, vol. 3, Cambridge, Mass., 1953, p. 208）. 論敵に対する修辞的表現としてグレゴリオス・タウマトゥルゴス（Gregorios Thaumatourgos 二一三頃―二七〇／七五年頃）がサベリオス主義の典型を定式化したものを、さらにバシレイオスが引用したもの。

（13） Cf. Basilius, *Ep.* 210（R. J. Deferrari, *op. cit.*, p. 210）:「ウーシアの共有（τὸ κοινόν）を認めない者が多神論に行きつくように、ヒュポスタシスの個別性（τὸ ἰδιάζον）を認めない者はユダヤ主義に陥る」。

（14） Cf. Eunomius, *Apologia* 8（Richard P. Vaggione〔ed.〕, *Eunomius: The Extant Works*, Oxford, 1987, pp. 40-42）:「『生まれざるもの』（ἀγέννητος）と語られるとき、人間の思考《エピノイア》のみによって名だけで神を称えるのではなく、真理によって、あらゆるもののうち

でもっとも神に帰すべきもの、すなわち『〔神が〕それであるところのものであること』の告白を神に返すべきであると思われる。なぜなら、思考によって語られるものは、名と音声のうちにその存在をもち、音声と共に消失する本性のものであるが、神は、そうした音声のあるなしにかかわらず、あらゆるものが生じる以前に『生まれざるもの』であったし、また、そうあるからである」。

（15） Basilius, *Contra Eunomium*, I, 6, 51-54. なお、本稿で使用した校訂版は、Basile de Césarée, *Contre Eunome*, eds. B. Sesboüé, G.-M. de Durand, and L. Doutreleau, 2 vols. (Sources chrétiennes 299, 305), Paris, 1982-83.

（16） 対して、エウノミオスはポリュオーニュモス（πολυώνυμος）すなわち意味も指示も同一の語法に訴え、「私は存在するものである」（ἐγώ εἰμι ὁ ὤν）（出三・一四）や「唯一の主」（申六・四）、さらに「生まれざるもの」といったエピノイアがすべて、同一の意味（σημασία）で一なるウーシアを指示すると主張する。Cf. Eunomius, *Apologia*, 16-17 (Vaggione, *op. cit.*, pp. 52-54). 因みに、「父」という名はエウノミオスにとっては、神のウーシアではなくその活動《エネルゲイア》を意味する語であるために、ポリュオーニュモスな神名とはみなされない。

（17） Cf. Basilius, *Contra Eunomium*, I, 7, 10ff.

（18） たとえば、Basilius, *Contra Eunomium*, I, 19 や *Ep.* 236.

（19） Basilius, *De Spiritu Sancto*（以下 *DSS* と略記）, ch. 9, 22. なお、本稿で使用した校訂版は、H. J. Sieben, *Basilius von Cäsarea, De Spiritu Sancto, Über den Heiligen Geist*, Freiburg, 1993.

（20） Basilius, *Ep.* 52, 3; 3-4.

（21） Id., *DSS*, ch. 18, 44.

（22） *Ibid.*, ch. 17, 43.

（23） *Ibid.*, ch. 18, 44.

（24） バシレイオスによるこの数の規定は、ピュタゴラス派やアリストテレスの規定（「数とは測られた多さ、あるいは単位の多さである」〔Aristoteles, *Metaphysica*, N, 1088a5-8〕）とほぼ同じものである。アリストテレスにとって「一」は数ではなく、数え挙げの単位である。W. D. Ross (*Aristotle's Metaphysics*, vol. II, p. 473) によれば、おそらく最初に「一」を数として扱ったのはクリュシッポス（Chrysippos 前二八〇頃―二〇七年）の後継者だとされる。

（25） Basilius, *Ep*. 90, 2; 23-24.
（26） Id., *DSS*, ch. 18, 47.
（27） *Ibid.*
（28） しかし、「ウーシアが相互に区別され得ないなら力（δύναμις）も区別され得ず、働き（ἐνέργεια）もまた同じである」（*DSS*, ch. 8, 19）とされる限り、ここではすでにウーシアとデュナミス／エネルゲイアをめぐる新たな問題が始まっている。
（29） この文書は、まったく同じ内容でバシレイオスの書簡集にも『書簡』一八九（次注参照）として収録されているが、内容から見て明らかにグレゴリオスの作である。とはいえ、「デュナミス」概念にかかわる両者の近似がもたらした写本継承上の混乱と言えなくもない。
（30） Basilius, *Ep.* 189 (Deferrari, *op. cit.*, vol. III , p. 52).
（31） Plato, *Respublica*, 509b7-9. もっともスタンダードな『国家』篇注解である J. Adam, *The Republic of Plato,* Cambridge, 1963^{2}, p. 62 によれば、善はウーシアの原因であるけれども、それ自体はウーシアではなく、むしろ（新プラトン主義の用語で言うなら）ὑπερούσιος である。
（32） ニュッサのグレゴリオスの三位一体論におけるデュナミス概念の研究に関しては、概念史的研究も含め、Barnes, *op. cit.* が非常に有益である。
（33） Gregorius Nyssenus, *De opificio hominis*（Patrologia Graeca 44, 185B-C）.
（34） Basilius, *DSS*, ch. 3, 5.
（35） Gregorius Nyssenus, In Scripturae verba, *"Faciamus hominem ad imaginem et similitudinem nostram"*, oratio I（Patrologia Graeca 44, 260A）.

三　アウグスティヌスにおける信仰と知

――フィロソフィアの原義に立ち返って――

出村　和彦

一　問題の所在

アウグスティヌス（Aurelius Augustinus 三五四―四三〇年）における信仰と知の問題はどのような特徴を持ち、どのように形成されていたのであろうか。ともすれば、信仰と知とは、「信仰」として受け入れる啓示に関する「神学」と理性的探求としての「哲学」の対比のもとに対立的に考察されがちである。さらにアウグスティヌスの場合、「哲学」といえば、彼が若き日に浸っていたギリシア・ローマ的哲学、とりわけ、プロティノス（Plotinos 二〇五頃―二七〇年）のプラトン主義哲学の影響そのものに他ならないと考えられてしまう傾向がある。しかし、アウグスティヌスの哲学との関わりを古代哲学の側に包摂したり、これとの対比の中に位置づけるだけでいわゆる「神学」的議論を等閑に付したり、ましてや今日大学で「哲学」とされる領域に呼応するものをアウグスティヌスから切り取ることで本当にアウグスティヌスの考えを捉えることが出来るのだろうか(1)。他方、プラトン主義的な哲学との濃厚な関わりのゆえに、彼が神学と哲学を混同していると見るのもやはり行き過ぎであろう。

本稿では、哲学を理性的探求という知の領域の活動に割り振り、信仰を哲学とは別の領域と捉えるような対立的把握を避けて、アウグスティヌスにおいては、真に知恵を愛することという意味での哲学すること（philosophia＝amor sapientiae）のうちに、信仰と知が然るべく位置づけられていることを論じたい。

エチエンヌ・ジルソンは、一九三一年の論文で、アウグスティヌス説に何らかの将来があるかと疑うのはもっともであるとし、アウグスティヌスの哲学には、これを哲学、しかもキリスト教哲学として受け入れるのには固有の障害があると指摘している。(2) 第一に「アウグスティヌス説はキリスト教哲学である。この名称は、ただ、アウグスティヌスの哲学がキリスト者の哲学であることを表示するだけではないのであって、それというのも、キリスト者でありながら、哲学者でありながら、キリスト教哲学を持たない人もあり得る」と押さえ、デカルト（René Descartes　一五九六―一六五〇年）がその好例であるとしている。(3) アウグスティヌスの思想の特徴は「啓示が彼にとって理性的思惟の源泉であり、規則であり、糧でさえあること」、すなわち、「彼は、信仰が理性認識を生み、教義が教義として哲学を生むと信じる」立場に立つと評定している。(4) とはいえ「彼は、信仰と学問を混同するのでは決してなく、また哲学と神学を混同するのでさえもない」と言う。それはいかにして可能か。「彼の理性はキリスト教の信仰のふところにいだかれて自由に活動することができたからである」(5) というまとめは、アウグスティヌスに限らず広く教父たちの哲学（フィロソフィア）に、必要な変更を加えた上で妥当するものである。アウグスティヌスにおいてその「自由」がいかなるものであったか。以下、考察を進めていきたい。

二　信仰と知解

アウグスティヌスは、信仰（fides）と知の問題を、優れて信じること（credere）と知解すること（intelligere＝

intellegere）の問題として捉え、「イザヤ書」第七章第九節（七〇人訳）の「あなたがたは信じなければ知解しないであろう」（Nisi credideritis, non intelligetis）という聖句を手がかりとして、信仰が先行ししかもそれを知解することが求められるという順序を切り開いた。[6] それは「知解を求める信仰」（fides quaerens intellectum）とか「知解するために信じよ」（crede, ut intelligas）というモットーとなって西欧中世に大きな影響を与えたことは言うまでもない。しかしその際、古代末期四世紀のキリスト教の最前線の状況を考慮に入れなければならない。アウグスティヌスの主眼は「信仰」の領域を〈真の哲学〉として確定することであった。『真の宗教』（De vera religione）、『信の効用』（De utilitate credendi）が司祭になる三九一年前後にまず書かれたことはアウグスティヌスの関心の所在を示すものである。

アウグスティヌスのような初期キリスト教思想家にとってキリスト教が〈真の哲学〉であるべきことは、まず、単なる素朴な信仰の持ち主であるモニカについてさえ、そのキリスト教信仰のゆえに「（それだけ）ますます知恵への愛において非常に進歩している」[7] とし称えられていることからも窺われる。むろん、リストも指摘するように、彼女を第一級の哲学者と額面通りに受け取ることはできないであろう。[8] どうしても信仰の単純な真理よりも理性によって明らかにすることのほうが上位に置かれるのである。しかしそうであればこそ、アウグスティヌスの哲学の問題として、信仰を受け入れた上での「知解」の身分をどう捉えるかが問われてくる。と同時に、信仰こそが知恵を愛することとしての哲学（フィロソフィア）の優れた形として捉えられるというアウグスティヌスの独自性があるのである。

さてそれでは、アウグスティヌスは信仰と知解をどのような関係で捉えていたのであろうか。[9]

この「イザヤ書」の「あなたがたは信じなければ知解しないであろう」（Nisi credideritis, non intelligetis）という引用が最初に現れる初期の作品『自由意志』（De libero arbitrio 三八八年）では、マニ教や懐疑主義によって蹉跌していたこれまでの真理探求を振り返えるところで、

もし真理探求の熱愛が神の助けを乞い求めることをしなかったならば、私はそこから立ち直って、最初に持った探求の自由の中にふたたび息づくことはできなかったであろう（in ipsam primam quaerendi libertatem respirare non possem）。……神はわれわれと共にいて、われわれの信じたことを知解できるようにしてくださる。「あなたたちは信じなければ知解しないであろう」と言われている。われわれは、この預言者が記した順序を守ろうと心がけている。(10)

と確認しているのである。また『自由意志』のもう一か所では、

まず信ぜよとすすめた。……彼はまた、すでに信じた者に向かって、「求めよ、そうすれば見出すだろう」（マタ七・七）と言われた。しかし主は、人が知らないでただ信じただけのものが見出される、と言うことはできなかった。だがまた、人は後になって知るものをまず信じるのでなければ、神を見るにふさわしい者とはならないのである。それゆえ、主の戒めに従って熱心に求めよう。(11)

と勧めてもいる。

このように『自由意志』では、信仰と知解が探求の順序として一つの視野のもとに捉えられている。この探求

において、究極的に求められ見出されるべきなのは、真理である知恵の観想であり、そこでこそ幸福は味わわれるというものであった。[12] ここにおける「最初に持った探求の自由」という語は、アウグスティヌスがキケロ(Marcus Tullius Cicero 前一〇六—四三年)の『ホルテンシウス』(Hortensius)を読んで、知恵への愛＝フィロソフィアの探求に燃え上がり、すぐに聖書に向かいさらに合理的キリスト教の衣装を纏ったマニ教に入る以前のその始めに他ならないが、そうだとすれば、信仰は、アウグスティヌスの哲学の出発点となる体験にも深く関わっていることを窺わせる。信仰が知性を自由にして真理の探求へと向かわせると言っているようである。もはや新プラトン主義の知性への超越を求める探求論とは出発点においてすでに一線を画していると言えるのではないか。

同じく初期の作品『教師』(De magistro 三八九年)で引用されるのは、音声としての言葉は、それが指し示す事柄の認識があって始めて言葉として機能するという言葉と事柄(res)との関係についての考察の文脈である。われわれが「知っている」とはとうてい言えない事柄についてそれを示す言葉を「信じる」という仕方で受け入れる。「あなたがたは信じなければ知解しないであろう」(Nisi credideritis, non intelligetis)のイザヤの聖句はまさに、この信じることと知解することとの相違を示すものとして引かれ、ひとまずは、「信じているもののすべてを知解はしない。なぜなら、知解するもののすべてを私は知るのだが、信じているもののすべてを私は知るわけではないからである。しかし、私が知っていない多くの事柄を信じると言うことがどんなに有益であるかを知らないわけではない」[13]と告げる。そしてここから急転して、

われわれが知解することのできる普遍的なものについては、われわれはおそらく言葉によって真理と相談するように促されるのであるけれども、われわれは外に響くところのその言葉に相談するのではなく、内奥に

あって精神そのものを支配する真理に相談するのである。しかしながら、教えるのは、相談されるところの人、内的人間に住むと言われるキリスト、すなわち不変の神の力、永遠の知恵なのである。(14)

という方向を開いてくる。いわゆる照明（illuminatio）説の認識理論の典拠ともされる有名な箇所であり、いきなりキリストが出てくるので、なにか哲学にキリスト教信仰が突出してきて不整合をきたしているように受け止められかねない。しかし、これを「イザヤ書」引用との脈絡を考えてみると、まず信じていることが与えられこれを真なるものへと確証するところに精神の内的な開けという順序が告げられているのである。それはどういうことか。

しるしとしての言葉が指す事柄に真実性を担保させようとすると、その言葉と同名の普遍的なイデアを立ててこれを認識する方途としての想起説的な認識理論が取られることも考えられよう。ここでのアウグスティヌスの了解はそのような途を拒否する。確かに、しるしとしての言葉を受け入れているし、受け入れなければならないのは、事実（factum 造られたこと）である。しかしそれは信じているだけであって知解しているわけではない。これに同名同型のイデアを付加したとしても、言葉がそのように用いられているということを裏打ちするだけであり、それがそうである真実が「わかっている」わけではない。言葉にそのような力がないとしたら、どこに尋ねたらよいのかという探求が促される。イザヤの聖句は、しるしとしての言葉が信に留まっていて知っているわけではないという限界づけを与えるとともに、言葉で表された事態をそうたらしめる、これを知解させる本当の権威を求める向き返りを促すのである。そのものを造った者（創造主）の意志ないし創造の力のある「言」、知恵そのものに遡及しなければ本当にその意味を理解することはできないとしているのである。ここで出てくるのが、内奥、内的人間という「内への」方向性である。すなわち、単に知識を得ること（scire）から知解する（intelligere = inter+legere　内に・読む）ことへと、アウグスティヌスの知の捉え方が移っていることが確認できるのである。

『教師』での対話相手アデオダトゥスの締めくくりの言葉は、「その方の助け、今や、その方を愛すれば愛するほどいよいよ道を進めていける」というものであった。すでに知の行使も「キリストに内的に教えられる」という受動性があってはじめて真理性を獲得するのであり、しかも、その度合いは、彼をより愛するという仕方で高められると理解されている。キリストが「神の力、神の知恵」であることはアウグスティヌスが最も早くから受け入れていたパウロの聖句（一コリ一・二四）である。[15] ここには荒削りながら、この知恵を内的に受け入れることとこれを愛することが重ね合わされている。

してみれば、いわゆる「知解するために信じよ」（crede, ut intelligas）と言われて、信仰と知解を切り離した上で、知解のためにもまず信じることが必要であるということが強調されるように捉えるのはアウグスティヌスの基本理解としては十分ではない。アウグスティヌスの場合は、その知解の内容に信仰の事柄でもある知恵が入っているばかりでなく、知解するということへの態度そのものの中に信仰が与える内的領域と内的に教える真理への愛が不可分なのである。このような愛が、知恵を愛するという意味でのフィロソフィアでなくて何であろうか。

三　フィロソフィアのはじめとしての信仰のあり方

しかし、問題は、その信仰の内容と人間の一つの態度としてのその信仰のあり方である。信仰内容については、もちろん、アウグスティヌスにおいては『信仰と信条』(De fide et symbolo 三九三年)にあるように父・子・聖霊の三位一体の神であり、これからずれてしまっては異端や異教になってしまうのは言うまでもない。アウグスティヌスの場合とりわけその焦点は、神の子キリストの受肉ということにあると考えられる。その受け入れ方はただし吟味を要する。アウグスティヌスは『虚言について』(De mendacio 三九四年)において、「信仰と妄想は、次の点で異なっている。すなわち、信ずる人は自分の信じているものを知らないということを意識している。ただし、固く信じているなら、たとえ無知であってもそのことの真理を疑わない。これに反し、妄想する人は自分の知らないことを知っていると信じているのである[16]」と言う。しかし、信仰が思いこみや狂信にならないという保証はどこで与えられるのか。アウグスティヌスは信仰にまつわる知の問題を三九一年の『信の効用』では、

非難し嫌悪しなければならない三種類の人々の、第一は憶断する人、すなわち、知らないことを知っていると自ら思いなしている人々。第二は、自分が知らないことに気づいてはいるが、真理を発見できるように求めない人々である。第三は、自分がすでに真理を知っていると考えもせず、また求めようともしない人々である。同様に人間の心の中には、互いに隣接してはいるが、区別しなければならない三つのものがある。すなわち知解すること、信じること、憶断することである。これら三者は、それ自体として考えると、第一には常に誤りがなく、第二は時々誤り、第三はいつも誤る。……わたしたちは知解することを理性に、信じることを権威に、憶断することを誤謬に負っている(Quod intelligimus igitur, debemus rationi: quod credimus, auctoritati: quod opinamur, errori)[17]。

という形で「知解すること、信じること、憶断すること」の間の区別として捉えている。

ここには、いきなり「信仰」のあり方が問題となるのではなく、さしあたり知の確実度の段階的差異があることが認められる。ギリシア哲学では、当然「信」（pistis）は「憶断」（doxa）と同分類で「知識」（epistēmē）と対照される。プラトンの『ゴルギアス』（Gorgias）で、弁論術が、「知識をもたらす説得」が成立する本当の教授（didaskein）ではなくて、単に「知識の伴わない、信念だけをもたらす説得」であるとされている。[18] ここではあたかも「哲学する場所を得るためには憶断としての信を廃棄しなければならない」と言われているかのようである。しかし、忘れてはならないのは、フィロソフィアの創始者とも言うべきソクラテスにおいて、「ソクラテスほど知恵のある者はいない」というデルポイの神の神託に対して「神が嘘をつくはずはない」と端的に表明されているのである。ここにソクラテスの「信」があり、この信に基づいた探求の結果「神こそが真に知者である。……〔ソクラテスのように〕知恵に関しては自分は何の価値もない者だと悟った者が〔人間の中で〕最も知恵のある者なのだ」[19]と言われているように了解するに至るのである。

してみれば、「信じる」ということが確実であるためには権威が権威として確かでなければならないことになる。信に関わる権威の問題こそアウグスティヌスが早くから問題にしている事柄である。それはまさにフィロソフィアの端緒に関わる事柄だからである。[20]

アウグスティヌスは権威の問題を、何か制度や権力の問題ではなく、知恵ないし賢者のあり方に求めていく。「自ら知っていると思いこむことと、自ら知らないと理解していることについてある権威に動かされて信じることとの間には大きな相違があること」[21]に注意を促したうえで、「われわれが最善かつ宗教的な生活をめざしているならば、われわれ自身愚者でいる限り、賢者を探して、彼らに従うことによって、われわれの愚かさからいつの日か脱却できるようにしなければならない」[22]とする。

すなわちここでは、自ら賢者となることを求めるヘレニズム的な賢者としての哲学者の理想が求められているようにも見える。しかしより注意深く読み進めると、アウグスティヌスは、賢者をして知性で神にしっかりと結びついている者と規定し、しかも神は真理であるとする。すなわち、知性で神をつかんでいなければ決して賢者ではないのである。この際アウグスティヌスは自らも含め人間をこのような賢者たり得ない愚者に他ならないと規定している。実に不思議なことに、「神のみが知者である」というソクラテスの認識とぴったりと重なるところがある。しかし、その愚者たる人間が神の知恵に近づく唯一の道として、

われわれがたよらなければならない神の純粋で永遠不動の知恵が、人となることを欲したもうたことにまさって、神の深い慈悲と自由な愛とをあらわすものがあり得るだろうか。彼はただ単に、神に従うようにわれわれを招くところの様々なことをなさっただけでなく、われわれが神に従うことを妨げるところの様々なことをも堪え忍ばれた。というのは、最も確実な最高善を完全に愛するのでなければ、誰もそれを獲得することができないからである。[23]

と神の子の受肉を媒介に据える点にアウグスティヌスの特徴がある。アウグスティヌスにおいてはこのように知恵の探求が、神の側からの自由な招きとして見据えられているのである。しかもその受肉のあり方はわたしたち人間に謙遜のあり方を示しこれを実現できる道として与えられているのである。アウグスティヌスの哲学＝フィロソフィアは、このような神である知恵を謙遜（へりくだり）というふさわしい仕方で愛することにあった。

この点は『主の山上の言葉説教』（De sermone Domini in monte 三九三年）において美しく説明されている。知恵を視野に入れた信仰と知の構造として、知恵（sapientia）と知解（intellectus）と知識（scientia）はどのように位置づけられているのであろうか。ここでは、「マタイによる福音書」の真福八端が「イザヤ書」第一一章第二節の主の霊の賜物である「知恵と識別の霊、思慮と勇気の霊、主を知り畏れ敬う霊」に対応させて、知恵を求める探求の七つの段階の上昇として解釈されている。それは、1神への畏れ（timor Dei）に始まり、2敬虔（pietas）、3知識（scientia）、4剛毅（fortitudo）、5助言（consilium）、6知解力（intellectus）、7知恵（sapientia）へと上昇していく過程である。その際注目に値するのは、「シラ書」の「知恵の始まりは神への畏れであり」（シラ一・一六）と「高慢（superbia）はあらゆる罪の始まりである」（シラ一〇・一五）を引いて、これをパウロの「知識は人をふくらませ愛は人の徳を高める」（一コリ八・一）と結びつけて、「知識」の位置づけに限界を与えていることである。これに対して「知解」は「知恵」の手前に位置づけられ、「知識」よりもはるかに上位の営みとされている。

四　宣教者アウグスティヌスにおける信仰と知解

「イザヤ書」第七章第九節（七〇人訳）は中期の作品『ヨハネ福音書講解説教』（In Johannis Evangelium tractatus 四〇七―四一四年）第二七説教および第二九説教ではより徹底した仕方で解釈されている。この作品は、説教として信仰に基づきキリスト者に福音書の使信を解き明かす司教の職務を反映したものであるが、説教とは実は知解の実践に他ならないことをよく示す極めて知的な作品である。興味深いのは、「信仰」そのものが何であるかが知解されるように論述されている点である。

まず、「あなたがたは信じなければ知解しないであろう」という聖句から、

わたしたちは信仰によって結びつけられ、知解によって生かされる。わたしたちはまず信仰によって主に固く結び付こう。それは知解によって生かされることが生じるためである。主に付かない者は抵抗するし、抵抗する者は信じないから。確かに抵抗する者はどうして生かされるであろうか。彼はさし貫かれるべき光線に敵対しており、目をそらしてはいないが、精神を閉ざしている。……彼らは目を開くべきである。そうすれば照明されるであろう(24)。

という順序が確認されている。しかし、そのような信仰も「わたしたちに与えられるものである(25)」ことを強調する。「なぜなら信仰は無ではないから。もし信仰が偉大なことであるなら、あなたが信じたことを喜びなさい。しかし、誇るようにならないように(26)」と言う。そしてここで「いったいあなたの持っているもので、いただかなかったものがあろうか」(一コリ四・七)を引く(27)。この捉え方は中期以降のアウグスティヌスにとって決定的に重要である。アウグスティヌスはさらに、「そしてわたしたちは信じ、また知っています」(ヨハ六・六八)と言ったペトロの例を引いて次のように指摘する。

どのようにしてペトロが神の賜物により、聖霊の再生のわざにより理解するように至ったか。その理由は彼が信じたこと以外にあろうか。……知って信じたのではなく、信じて知ったのである。なぜなら、わたした

ちは知るために信じているからである。実際、もしわたしたちが最初に知り、それから信じようとするならば、知ることも信じることもできないはずである。(28)

アウグスティヌスはこのように、信じることが先でこれを知ることが続くという順序から、「信じる」ということの発端は、単なる個々人の憶断として発動されるのではなく、恩恵として「与えられている」という次元をはっきりと示すに至っている。それでは、何を信じるのか、何を知解するのか。アウグスティヌスはここで、

あなたこそ神の子キリストであること、つまりあなたが永遠の命そのものであられること、そしてあなたの血と肉においてあなたが現にありたもうもの〔永遠の命〕のほか何も与えたまわないこと、(29)

を信じてこれを知解するものであることが明言され、優れて受肉のキリストを受容する信仰に関わる理解であることが確認できる。このことは初期から一貫している。

アウグスティヌスはさらに、「神の御心〔＝神の意志〕を行おうとする者」の意味を明らかにする中で、また「イザヤ書」第七章第九節（七〇人訳）を引いて、

それゆえ、あなたが信じていなかったなら信じなさい。なぜなら、知解は信仰の報酬であるから。それゆえ、あなたは信じるために理解しようと求めてはならない。かえって、あなたは理解するために信じなさい。というのは「あなたがたは信じないならば知解しないであろう」から。……「神の御心を行おうとする者は、

教えについて分かるはずである」と言われている。「分かる」とは何か。それは知解することである。だが「神の御心を行おうとする者は」とは何か。それは信じる者のことである。(30)

ここでの「神の御心を行おうとする者」という言葉が信仰に関係していることについて、アウグスティヌスは、「神の御心を行うことは、神のわざをなすこと」であり、信仰もそのような神のわざであるとする。(31)この「信仰」とは、

彼を心から信じることであって（credere in eum）、彼に信を置くこと（credere ei）ではない。もしあなたが彼を心から信じるならば、彼に信を置いている。だが、彼に信を置いている者が直ちに彼を心から信じているわけではない。なぜなら悪魔でさえも彼に信を置いたが、彼を心から信じなかったのであるから。(32)

この訳文で、「彼を心から信じる」（credere in eum）となっている信仰（fides）とは、私見によれば、〈彼を中心に据えてそれへと一致するように（in eum）信じて受け入れる〉一貫した構え（hexis, dispositio）を持つ人のあり方に他ならない。また「彼に信を置く」（credere ei）というのは、「彼が言っていることがそうだと思う」その都度の判断のことである。アウグスティヌスは、使徒たちも自分たちについて「わたしたちはパウロに信を置くがパウロを信仰するのではない。ペトロに信を置くがペトロを信仰するのではない」というように区別した上で、「不信心な者を義とされるかたを心から信じる人は、その信仰が義と認められる」という「ローマの信徒への手紙」第四章第五節を引用し、

神を心から信じるとはどういうことか。信じることによって神を愛し、信じることによって尊重し、信じることによって彼のうちに入っていき、その体に合体されることである。したがってこれこそ神がわたしたちから要求している信仰であって、神は見いだしたもの〔信仰〕をまずもって与えていないとしたら、要求しているものを見いだすことはない。(33)

という形で「心から信じる信仰」という義しい人のあり方として与えられたものであることを強調し、それによってこそ神との正しい関係が現生するとしているのである。(34) この『ヨハネ福音書講解説教』に前後して著された『霊と文字』(De spiritu et littera 四一二年) でもまた、アウグスティヌスは、罪ある人間を義しい者とする神の恩恵を「神の義」として説いている。(35)

アウグスティヌスは信仰を言う際、常に「愛を通して実行のある信仰」(ガラ五・六) と結びつけて考えている。このパウロの言葉は、「愛の実践を伴う信仰」とか「愛によって働く信仰」とも訳されているが、アウグスティヌスの場合、そのラテン語テクストは fides, quae per dilectionem operatur となっており、この「信仰」が、たんなる (知識だけの) 信仰――これをアウグスティヌスは「死んでいる信仰」「藁くずで建てられた信仰」と言っている――ではなくて、実際にキリスト者にふさわしい「愛の掟の実行に結実している信仰」かどうかを問うているからである。(36) そして、そのような「実行のある」信仰が、決して自力・功績によるものではなく、恩恵として神から与えられるものであり「恩恵による信仰」(fides gratiae) と言われている。その際、アウグスティヌスの「神の愛」は神を愛する愛であり、(37) それは「ローマの信徒への手紙」第五章第五節にあるように「わたしたちの心」に与えられるものである。「心」(cor) というのはまさにわたしたちの中心であり、この「心」から神を愛する

ように働いている信仰こそアウグスティヌスの捉えた信仰なのである。『霊と文字』では、

要するにそれは、愛を通して実行のある信仰である（ガラ五・六）。それは恐怖によって働くのではなく、罰をこわがることによるのではなく、かえって義を愛することによって働く信仰である。それでは、その愛、つまりそれによって信仰が活動する愛は、どこからきたるのか。それは、信仰自体が愛を獲得する源泉以外のどこからきたるというのか。なぜなら、愛がわたしたちに賜った聖霊によりわたしたちの心にそそぎ込まれるのでないなら（ロマ五・五）、わたしたちの中でどんなに小さなものであろうと、愛がそうじてわたしたちのうちに存在し得ないだろうから。とはいえ、わたしたちの心の中に注がれると語られている神の愛とは、それにより神がわたしたちを愛する愛ではなく、かえってそれによって神がわたしたちを神を愛するものとなしたもう愛なのである。(38)

と言われている。このことは『信仰・希望・愛（エンキリディオン）』（Enchiridion ad Laurentium, De fide, spe, charitate 四二〇年頃）では簡潔に次のようにも言われている。

信仰というのは、使徒が「愛を通じて実行のある信仰」とすすめている、キリストに対する信仰である。この信仰は、人がまだ愛の中に持っていないものを与えられるように求め、見いだされるようにたずね、開かれるように叩くのである。信仰こそ、律法の命じるものを獲得する。もし神の賜物がないなら、すなわち「われわれの心に愛が注がれる聖霊」がないなら、律法は命じることができても助けることができない。そ

れだけでなく、律法は律法を犯す者を作る。律法を犯す者は、それを知らなかったからといって免れることはできない。実際、神の愛のないところでは、肉欲が支配するのである[39]。

『神の国』(De civitate Dei 四一三—四二七年)第八巻での「万物を創造したもうた神が知恵(sapientia)であるならば、真の哲学者(philosophus)は神を愛する者(amator Dei)の謂である[40]」という規定と関連づければ、神を愛する者であること自身が、信仰として与えられることが出発点になると言わなければならない。と同時にこの信仰こそわれわれを律法の桎梏から自由にするものであることがこれら中期の作品では明確になってきている。

恩恵の下にある(sub gratia)人間の視野において、アウグスティヌスは、信仰と知を見ていて、知恵である神の子の受肉に焦点を合わせて、彼のへりくだり(humilitas)を出発点に見据えている。『ヨハネ福音書講解説教』では、「彼はへりくだりを教えるためにお前のために十字架につけられたのである[41]」、「なぜキリストはバプテスマを受けなければならなかったのか。なぜキリストは生まれなければならなかったのか。なぜキリストは十字架にかけられねばならなかったのか。キリストは謙遜(へりくだり)の道を示し、また、ご自分を謙遜の道そのものにするために、来臨されたならば、すべての人において、謙遜を成就しなければならなかったからである[42]」と繰り返されている。「〈知識は膨れ上がらせる〉(一コリ八・二)とは何であろう。それは愛のない単なる知識だけのことを言うのである。だから愛を添えよ。そうすれば知識は有益になるであろう[43]」という指摘は「知識のみ」をまさに自己中心的に閉ざされた傲慢(superbia)として退け、しかも、信仰から始まり知解を通して知恵へと至る探求についてのアウグスティヌスの知識観を端的に言い表したものである。

五　「信仰の法則」と知解

さてそれでは、信仰がそれ自体フィロソフィアという探求の動的なあり方を指すものであるならば、知解のあり方はそれ自体どのようなものと捉えればよいだろうか。

三九〇年代以降のアウグスティヌスの自己理解においては、初期の知恵の探求の七段階に加えて、「恩恵の下にある」（sub gratia）人間と回心以前の「律法の下にある」（sub lege）人間との対比が、基軸となってくる。このことを『霊と文字』における「信仰の法則」（lex fidei）という考えは鮮やかに示している。

わざの律法（operum lex）が脅かしながら命じているものを、信仰の法則（fidei lex）は信じることによって実現するのである。前者は「むさぼるな」（出二〇・一七）と告げる。後者は言う「神が与えたもうたものでないなら、何人も節制を持つことができないのを私は知っている。それゆえそれが誰の賜物であるかを知ることも智恵に属していたのであるから、主なる神のみもとに近づき、神に祈願したのである」（知八・二一）。……神はわざの律法によって「わたしが命じることを行え」と告げる。しかし、わたしたちは信仰の法則によって神に向かい、「あなたの命じるものを与えたまえ」と祈るのである。したがって律法が命じるのは、律法が行うべきことを告げ知らせるためである。つまり、命じられた者が、もしまだそれを行うことができないのなら、何を嘆願すべきかを知るためである。だがもし彼がただちに行うことができ、しかも従順に実行するならば、彼はだれの賜物によって行うことができるかをも知るべきである。首尾一貫して徹底的に恩恵を説教しているこの同じ人物は言う、「わたしたちが受けたのは、この世の霊ではなく、神からの霊である。それによってわたしたちに賜ったもの〔恩恵〕を知るためである」（一コリ二・一二）。(44)

信仰の法則は当然祈りと密接不可分である。アウグスティヌスの祈りとして特徴的で、とりわけ、ストア派的・ペラギウス的な倫理観と区別するものとして、『告白』（Confessiones 三九七—四〇〇年）第一〇巻に示された「あなたの命じるものを与えたまえ」（da quod jubes）、「あなたの意志することを命じたまえ」（jube quod vis）という祈りがある。(45)『霊と文字』はあたかも『告白』への注釈になっている。『告白』ではこれに続けて「あなたは慎みを命じられる」(46)と続き、第一〇巻後半では「目の欲、肉の欲、世間的野心からの慎み」が命じられつつ、必ずしも完全にはその命令が実行できないでいる司教アウグスティヌスの現在の告白が続く。(47)一見するとそれは、第八巻の回心直前の二つの意志の葛藤が再度現れているようにも見える。ただし、自らの経験した——そして人間誰でも経験するであろう——あの二つの意志の葛藤の経験が、「ローマの信徒への手紙」第七章の「心の法則とそれとは別の肉の法則との対立」に寄せて、「かつて読んだ〈肉はいかに霊にそむいて欲求し、霊は肉にそむいて欲求するか〉（ガラ五・一七）ということを、自分自身の内なる経験によって、内面から読み取りました」(48)と言及している。「内的に読みとる」とは「知解する」（intelligere）ことである。三八六年の回心を伝える記事ではあるが、そのように知解されるのも、第一〇巻のキリスト者となって神を愛することが彼の「心」（cor）という中心の構えとして受け入れていることから振り返って可能になっているのではないだろうか。回心以前の人間を「律法の下にある」（sub lege）人間と知解できるのは「恩恵の下にある」（sub gratia）人間との対比ができて初めて可能だからである。『告白』第一〇巻は過去を告白する中にもそれができるところまで導かれている恵みへの感謝と喜びがある。与えられていることが必ずしもそのまま実行できなくても、その与えられているところに立ち戻り、神を愛する探求に向かい得る信仰者のあり方がアウグスティヌスによって示されているのである。(49)その信仰から始まる知解を皆に伝えるところに、宣教者（praedicator 説教者）としてのアウグスティヌスの職務があったし、すべての人間はその構えを受け入れ得るとアウグスティヌスは考えている。(50)『霊と文字』では、

「知識をもたらす者は痛みをもたらす」（コヘ一・一八参照）と記されているのも、律法そのものが悪であるからではなく、戒めがその善をただ教示する文字のうちに持っていて、〔それを実行するように〕援助する霊のうちにもっていないからである。もしこの戒めが義に対する愛によらず、罰に対する恐怖によってなされるなら、奴隷的に行われるのであって、自由に行われるのではない。したがって〔完全には〕実行されていない。なぜなら愛の根から生じているのではない実は善ではないから。他方、もし「愛を通して実行のある信仰」（ガラ五・六）が現存するならば、内的人間にしたがって神の律法を喜ぶことが始まる。この歓喜は文字の賜物ではなく、霊の賜物である。たとえ他の法則が肢体の中で今日に至るまで心の法則と戦っているとしても、内的人間において日々増大してゆく新しさへと古い状態の全体は変えられ移ってゆくであろう。(51)

とまとめられているのである。

以上の考察から明らかなように、「信じなければ知解しない」という順序はアウグスティヌスの思考の根幹に根ざしていて、知解を知解だけで取り出すのは極めて困難である。知恵への上昇の七段階説において、さし当たり、知解は知識と知恵の間に位置づけられる。『教師』や『告白』第一〇巻では、外界に見える事物であれ、音

声として聞こえてくる言葉であれ、感覚的に得られたいわば情報を、内なる知恵キリストと「相談する」、内に「真理と比べる」という仕方でその意味が捉えられる認識である。さらに『告白』では自己の経験が、聖書が告げるところの有様として「内的に読まれて」理解されてくることであった。「知解」（intellectus）という語が最も使用される『三位一体』（De Trinitate 四〇〇―四一九年）という著作全体は、「鏡を通しておぼろに」（一コリ一三・一二）見ることしかできないこの世の生において神についての可能な限りの知は、直知（visio）の形ではなく、信仰として受け入れている三一なる神をなんとか知解しようとする探求の試みの形を取る以外にないことを明らかにしている。

結　び

本稿を通じて、アウグスティヌスにおいて信仰が「愛を通して実行のある信仰」として実践的性格に彩られていたことを確認した。他方、知は、究極的には神の知恵を「顔と顔を合わせてみる」（一コリ一三・一二）観想的性格を有しているとしても、知解として、何か内なる真理に照らして理解されてくるという内に曲折した動的なものであった。それは同時に、仲保者としての受肉した神の子の媒介を要するということに他ならない。人間はこの神の子という「神の力・神の知恵」との関わりによって、自ら知恵ではないという制約を持ちながらも、同時に、神である知恵への愛を生きるものとなる。このような知恵の探求としてのフィロソフィアという位相を信仰と知の両面に亙ってアウグスティヌスはよく捉えていると言えよう。

しかしこのように見てくると、アウグスティヌスの知解とは優れて神学的認識を示すものであると言える。確かに古代末期の教父アウグスティヌスは、信仰を括弧に入れてことさら「単なる理性の限界の中で」の営みを提示することはない。しかし、アウグスティヌスは哲学としての信仰という捉え方において、知解そのものを「理性だけ」とは別の仕方で、すべての人に本来開かれたものとして与えられていると見ている。それはすなわち、人間において精神（animus）としての私（ego）の限界を内的に突破した内としての「心」（cor）に読み取られてくる事柄との相関で自他のあり方を解釈していくという方途が、神への愛として与えられているという了解である。知解することは、この内なる心において神を探求するという点においてはまさに恩恵としてすべての人が呼びかけられ招かれていると、アウグスティヌスは考えていたのである。

註

（1）J. M. Rist, *Augustine: Ancient Thought Baptized*, Cambridge, 1994 はそのようなやり方に警告を発している。

（2）E・ジルソン「聖アウグスティヌスと形而上学の将来」、C・ドーソン他『アウグスティヌス――その時代と思想』（服部英次郎訳）筑摩書房、一九六九年、二四九―二八七頁。

（3）同、二五一―二五二頁。

（4）同、二五二頁。

（5）同、二五五頁。

（6）L. C. Ferrari によると、「イザヤ書」はマニ教の影響もあって初期にはあまり用いられなかったが、『告白』執筆時には詩編を除くと旧約では一番引用回数の多いものになっていた。「あなたがたは信じなければ知解しないであろう」という七〇人訳聖書に基づくラテン語の第七章第五節の聖句は四〇〇年頃までの作品に一〇回現れ、（『自由意志』〔*De libero arbitrio* 三八八年〕(1, 2, 4; 2, 2, 6)、『詩編注解』〔*Enarrationes in Psalmos* 三九二年〕(8, 6)、『信仰と信条』〔*De fide et symbolo* 三九三年〕(1, 1)、『八三諸問題集』〔*De diversis quaestionibus 83* 三八八―三九五年〕(81, 2)、『キリスト者の戦い』〔*De agone christiano* 三九五年〕(13, 14)、『キリスト教の教え』〔*De doctrina Christiana* 三九六年〕(2, 12, 7)、『ファウストゥス駁論』〔*Contra Faustum Manichaeum*

三九八—四〇一年」(4, 2: 12, 46; 22, 53))、その後も重要な役割を果たしている。L. C. Ferrari, Isaiah and the Early Augustine, *Collectanea Augustiniana*, t. 2, Leuven, 1991, pp. 739-756, esp. p. 750 を参照せよ。なお、『キリスト教の教え』2, 12, 17 で、アウグスティヌスはヒエロニュムス(Eusebius Hieronymus 三四七—四一九／二〇年)訳が「信じなければとどまらないであろう」(Nisi credideritis, non permanebitis)となっていることを知るにおよび両者を比較して考察している。

(7) Augustinus, *De ordine*, 1, 11, 31-33.

(8) J. M. Rist, *op. cit.*, p. 56.

(9) アウグスティヌスにおける信仰と知、権威と理性についてのこれまでの研究の概観は、Fredrick Van Fletern, Authority and Reason, Faith and Understanding, *Augustinian Studies*, 4 (1974), pp. 33-71 が与えてくれる。

(10) Augustinus, *De libero arbitrio*, 1, 2, 4.(泉治典訳)以下、テクストを示すにあたり、教文館『アウグスティヌス著作集』所収の邦訳がある場合は主としてこれを用い、訳者を示した。なお、必要に応じて原文を添え、用語表現の統一や解釈上の理由から多少変更したところがあることをお断りしておく。

(11) *Ibid.*, 2, 2, 6.

(12) *Ibid.*, 2, 10, 28; 2, 13, 35; 2, 16, 41.

(13) Id., *De magistro*, 11, 37.(茂泉昭男訳)

(14) *Ibid.*

(15) A. M. La Bonnardière, *Saint Augustine et la Bible*, Paris, 1986, p. 44.

(16) Augustinus, *De mendacio*, 3.

(17) Id., *De utilitate credendi*, 2, 11, 25.(赤木善光訳)

(18) Plato, *Gorgias*, 455a.

(19) Id., *Apologia Socratis*, 23a-b.

(20) この『信の効用』では、これまでの自身の探求の生涯を振り返り、一貫して「真理への愛に燃え立っている」自分を九年前にマニ教が捕らえて「子供の時から両親によって植え付けられた宗教から引き離すべく」「理性のみによって神に導き誤謬から解放する」と主張する立場へと引き込んでいたことが明かされている(Augustinus, *De utilitate credendi*, intro., 1, 1-2; 2, 8, 20)。

(21) Augustinus, *De utilitate credendi*, 2, 11, 25.

(22) *Ibid.*, 2, 12, 27.

(23) *Ibid.*, 3, 15, 33.

(24) Id., *In Iohannis Evangelium tractatus*, 27, 7.（金子晴勇訳）

(25) *Ibid.*

(26) *Ibid.*

(27) *Ibid.*

(28) *Ibid.*, 27, 9.

(29) *Ibid.*

(30) *Ibid.*, 29, 6.

(31) アウグスティヌスは第四九説教第二章第二節で、fides（信仰）というラテン語の二音節をfactus（為されたこと）とdictus（言われたこと）に由来すると解釈している。ここから「汝の言うところのことを行え、それが信仰である」としていることに注目して、長沢信寿は「彼は〔信仰〕を単に信ずるという心的作用または態度を意味するだけではなく、また〔行〕もふくむものとして解しようとした」と指摘している。長沢信寿『アウグスティーヌス哲学の研究』創文社、一九六〇年、一八一―一八二頁。

(32) Augustinus, *In Iohannis Evangelium tractatus*, 29, 6.（金子晴勇訳）

(33) *Ibid.*

(34) アウグスティヌスにおいては、神の恩恵の行為を罪の赦しよりも、むしろ人間の新生、つまり聖化のもとに捉えている。ルターの義認論先駆をなしているが、その中心思想は「義認」を「成義」として把握している点が重要である。『アウグスティヌス著作集9』（金子晴勇訳）、教文館、一九七九年、解説三四六頁、および金子晴勇『アウグスティヌスの人間学』創文社、一九八二年、三八九頁参照。

(35) Augustinus, *De spiritu et littera*, 32, 56.

(36) Id., *De fide et operibus*, 14, 21. 拙訳『信仰と行為』（『アウグスティヌス著作集2』所収）教文館、二〇〇三年、註三二（三四八頁）を参照せよ。

（37）アウグスティヌスにおいて「神の愛」（amor Dei, caritas Dei）の「神の」は、objective genitive で「（私たちが）神を愛する愛」を意味する。Cf. John Burnaby, *Amor Dei: A Study of the Religion of St. Augustine*, London, 1938, p. 99.

（38）Augustinus, *De spiritu et littera*, 32, 56.（金子晴勇訳）

（39）Id., *Enchiridion ad Laurentium, De fide, spe, charitate*, 31, 117.（赤木善光訳）

（40）Id., *De civitate Dei*, 8, 1.

（41）Id., *In Iohannis Evangelium tractatus*, 2, 4.

（42）*Ibid.*, 5, 3.

（43）*Ibid.*, 27, 5.

（44）Id., *De spiritu et littera*, 13, 22.

（45）Id., *Confessiones*, 10, 29, 40.

（46）*Ibid.*

（47）*Ibid.*, 10, 30, 41.

（48）*Ibid.*, 8, 5, 11. 山田晶訳『告白』（『世界の名著14　アウグスティヌス』中央公論社、一九六八年）、二六六頁による。二六七頁註（二）参照。

（49）第一〇巻では「私をこえてあなたにおいてある（in te supra me）神」、精神（animus）としての私（ego）が感覚を通じて外界からやってきて記憶に貯えられる情報を内にある真理と比べて知解するという機構が指摘されている（*ibid.*, 10, 6, 9; 26, 37）。

（50）『告白』第一巻冒頭は（1, 1, 1）、造られた者としてのわたしたち人間の心が、神を呼び求める探求に向かって休みなく動いていること（inquietum）が告げられ、その一員であるアウグスティヌスに「キリストの受肉と宣教者の職務を通じて信仰として与えられた」と締めくくられている。

（51）Id., *De spiritu et littera*, 14, 26.

四　神への関与のアナロギア

——擬ディオニュシオスから証聖者マクシモスへ——

谷　隆一郎

一　問題の提示

「神はすべてのものであり、かついかなるものでもない」[(1)]。擬ディオニュシオス・アレオパギテース（Dionysios Areopagites 六世紀はじめ頃）はこうした逆説的な言葉によって、神の徹底した超越と万物における内在とを語っている。

さしあたり言えば、「神はすべてのものである」とされるのは、万物が神の力と働きとをそれぞれのかたち（形相）に応じて受容し宿すことによって、自らの存在根拠たる神を何らか指し示しているからである。そしてそこに、「神の働き（ἐνέργεια, エネルゲイア）の名」としてさまざまな神名が語られるのだ。他方、「神はいかなるものでもない」とされるのは、思惟的ないし感覚的ないかなる名で神が呼ばれても、それらは神（ないし神性、神的根拠）の実体・本質（οὐσία, ウーシア）を捉えたものではあり得ず、神自身はわれわれにとって最後まで「知られざるもの」、「無限なるもの」に留まるからである。（この点、神〔θεός〕という名も例外ではなく、無限なる超越的根拠を指し示すしるしなのだ。）

ただしかし、「神はすべてのものであり、かついかなるものでもない」という表現は、いたずらに逆説を弄したものではなくて、より積極的な意味と志向を含むものであった。つまりそれは、いずれかの極へと逸脱することなく、ある種の緊張の中、いわば秘められたままに問題の真相を守っていると考えられよう。その内実は拙稿全体でもって明らかにしてゆくほかないが、逸脱した両極をまず示しておくとすれば、次のようになろう。

その一方は、神を超越の極みとする余り、人間本性が神に関与するのは原理的に不可能だとすることである。（こうした傾向は、後期スコラ以降に多分に顕著となる。）これはいわば、神を闇雲に祭り上げて、神に与りゆく道などは、諦めつつ、己れを閉ざしてしまうことに通じよう。そしてそれが高じれば、ある種の開き直りや傲りの姿となる。他方は、神の存在を単純に否定し去って、感覚的なもの、有限的なものこそ在るとし、そうした存在領域のみを措定することである。してみれば、これら二つの方向は一見対極的であるが、実は同様の思想態度を帰結させることになろう。つまり、神をいたずらに超越の彼方に祭り上げることも、神を探究の外に排除して有限性に閉じこもることも、恐らくは同根源的な事態なのである。

このように見るとき、「神はすべてのものであり、かついかなるものでもない」という先の言葉は、「超越の極み」、「否定の闇」とも呼ぶべき神とあらゆる被造的事物との微妙な関係性を秘めていると思われる。この点、擬ディオニュシオスはまず次のように言う。

われわれに開示される神的なものはすべて、分有（関与）によって知られる。しかし、神的なもの自身は、それがいかなるものであれ、固有の根拠と礎に関しては、知性（νοῦς, ヌース）を超え、すべての実体と知とを超えている。(2)

言い換えれば、諸々の被造的存在物は、自らの有限なかたち（形相）と存在様式に従って無限なる神の働きを類比（ἀναλογία, アナロギア）的に分有している。そうした把握の中心に漲っていることをあらかじめ一口で言うならば、諸々の神名は――善、美、存在、正義といった神名も、またむろん、太陽、木、水、雲などの神名も――、「神の実体・本質（ウーシア）を示す名」ではなく、「神の働き（エネルゲイア）を何らか受容し宿した名」である。つまり、神名はすべて「エネルゲイアの名」なのだ。そしてその際、さまざまな神名はそれぞれの事物における「神的エネルゲイアの分有」にもとづいて取ってこられるが、そのことには、事物の存在様式に従っての度合、類比が存在しよう。それゆえそこに、「分有のアナロギア」とも言うべき構造が語られることになる。

しかるに、そうした分有のアナロギア構造は擬ディオニュシオスにあって、単に事実的に静止した完結したものとは看做されていない。かえってあらゆる存在物は、基本的には神性ないし善性を希求する度合に従って、アナロギア的に自らの存在様式の変容を蒙り、より高い位階秩序（ἱεραρχία, ヒエラルキア）へと上昇し関与してゆくべく招かれているのだ。そして恐らく、そうした変容のダイナミズムの中心に（あるいは媒介者として）人間が立っているのである。

そこで以下、拙稿においては、神的エネルゲイア（ないし神性、善性）の「分有と希求のアナロギア」に注目し、ひいては人間のいわば「神への関与のアナロギア」について、その中心的場面を少しく問い披いてゆきたいと思う。その際、主に擬ディオニュシオスに即して問題点を浮彫りにしてゆくが、擬ディオニュシオスの一つの継承・展開のかたちとして、証聖者マクシモス（Maximos Homologetes; Maximus Confessor　五八〇―六六二年）の文脈についても少しく言及することにしよう。

二　善の分有・希求のアナロギア

擬ディオニュシオスにあって「善」（ἀγαθόν）という神名は、殊のほか重要な意味を担っている。（以下、単にディオニュシオスと記す。）その理由は、根拠からの万物の発出（生成ないし創造）とそれへの還帰という動的自己還帰的構造を問題にしようとするとき、「根拠＝目的」なる存在（神）を表すものとして善という言葉が最もふさわしいからであろう。

善とは、ディオニュシオスの文脈では（古代ギリシアおよび新プラトン主義の伝統におけるのと同様）、「万物の希求するところのもの」である。(3) この意味での善は、「実体」（οὐσία）を超えたものであって、「存在」（ὄν）よりも意味射程の大きい言葉であった。というのも、善は「自らは形相なくして形相を与え、実体なきものとして実体を過剰に持ち……在らぬもの（τὸ μὴ ὄν）すら善を憧れ、求めるからである。(4)」

そこで逆に言えば、万物は善の分有・関与（μέτεξις）に従って秩序づけられることになる。(5) より正確には、万物は善性の力と働きを分有する度合に従って、アナロギア的に存立しているのだ。有限な被造的事物はこうした構造のもとに捉えられているが、それは、「善の分有のアナロギア」と呼び得るものであろう。

ところでディオニュシオスは、その全体としての秩序をこう意味づけている。

> 万物は善を、自らの根拠（原因）として、統合として、そして目的（完成）として希求する。すなわち聖書が語るように（ローマ一一・三六）、善とは、そこから万物が存立してくるところのものであり……善のうち

に万物は統合されており……そして万物は、各々に固有の限度（目的）として善を志向しているのである。(6)

善はこのように大局的な観点から、万物の「存立」、「統合」、「目的」として語られている。そしてこれらはそれぞれ、「能動因」、「範型因」、「目的因」といった古代ギリシア以来の用語に対応せしめられている。(7)

詳細はさて措き、右のことはさらに個々の事物の存在様式に即して、次のように説き明かされている。すなわち、「知性的なものとロゴス（λόγος, 言葉）的なものは知的に、感覚的なものは感覚的に、感覚なきものは生命的欲求の固有の動きによって、そして無生物は単に実体的分有への適合性によって(8)」、それぞれの仕方で善を希求しているという。それゆえ万物は、それぞれに固有な形相、存在様式に従って、アナロギア的に善を希求し、憧れ求めているということになろう。

ここに注意しておきたいのは、次のことである。ディオニュシオスにあって善という神名が主題化されるとき、「分有」という言葉は、むしろ「希求」という言葉に道を譲ることになる。つまり、分有という言葉は多分に静止した存在様式を示すであろうが、希求という言葉は「善へのより大なる関与」（自らの存在様式の開花・成就）を憧れ求めるということを意味しよう。そこにおいて、静止した分有から意志的な希求へと論点が展開してゆくのである。

ただし、人間以下の存在物の場合は、善の分有と希求とはほとんど同じことであり、それぞれの形相において定まっている。それらの事物にあっては勝義の希求は発現していない。そこでの希求とは、それぞれの形相ないし自然・本性（φύσις, ピュシス）が自らの完成への「動き」のうちにあるということにほかならない。それゆえ、個体というものは未だ真に顕現していないのである。

しかるに、ロゴス的存在者たる人間の場合は、善をすぐれて希求することは各人の自由・意志に依存し、それに応じて希求の度合が異なってくる。そして、さらに踏み込んで言っておくとすれば——それは証聖者マクシモスにおいてより明確に論究されることであるが——、人間以外の被造的事物（動物、植物、生物、無生物など）は、恐らくはすべてが相俟って、人間における「善への希求のアナロギア」へと収斂せしめられよう。言い換えれば、人間は「自然・本性的な紐帯」[9]として、他の被造的事物における「善への希求」を顕在化させ、自らのうちに包摂して全一的な交わりのかたち（ἐκκλησία, エクレシア）を形成してゆく役割を担っているのである。

それはともあれ、ここまでの一つの見通しとして次のように言っておこう。

ディオニュシオスの論述は一見するところ、超越的な善（神）からの万物の発出（創造）と、それへの上昇・還帰という壮大な体系を語っているかに見える。そして否定神学的な観点からして、思惟的感覚的な諸々の神名は、結局はそれについてのすべての述定が限りなく否定されて、知られざるもの、無限なるものへと突破され、否定の闇へと没入してゆく。してみれば、全体としては始まり（根拠）も終わり（目的）も定かならぬ空・無の構造が示されているのであろうか。

しかし、そうした類のいわば対象的な評価が、もしわれわれの主体・自己の「在ること」を問題の局外に措定したうえで為されるならば、それは恐らくディオニュシオスの真意から、そしてその指し示そうとしている問題位相から外れたものとなろう。とすれば、ディオニュシオスの論は、対象ならぬ超越的対象たる神を志向し、神名たる善への「希求のアナロギア」を問題化することによって、われわれ人間の「真に成り行くべき姿」、「神への関与の道行き」を語り出そうとしているのではなかろうか。

三　超越的な善と、「浄化、照明、脱自」の道

ディオニュシオスの文脈は基本的動向としては、必ずしも単に諸々の存在物の固定した位階秩序（ヒエラルキア）を語っているのではない。むしろそこでは、より上位の（より善き）姿への上昇と変容との機微が問題とされている。確かにディオニュシオスにあって、天使（知性的存在者）とその位階といった事柄がさまざまに論じられているが、それは、人間と掛け離れた存在者を単に外なる対象として言挙げするためではなく、ほかならぬ人間の成りゆくべき境位を見つめるためであったと思われる。主たる関心は天使的存在そのものの方にではなく、あくまで現実の人間の方にあるのだ。つまりディオニュシオスの眼差しは、とりわけ「人間が本来的に何に成り得るのか」、「その道行きが可能となるのは何によってなのか」ということに向けられていたと考えられよう。実際、『神名論』（De divinis nominibus）のはじめに、次のように言われている。

神的根拠（原理）のロゴスの光が自らを与えれば与えるほど、それだけいっそうわれわれは上方を仰ぎ見る。そして神的なものについての節制と敬虔によって、われわれは高次の光へと引き寄せられるのである。(10)

この文において注目されるのは、「与えれば与えるほど、それだけいっそう」という相関的表現が用いられていることである。神的根拠の働きを受容する度合・類比に従って、われわれはより高次の姿へと与らしめられるのだ。そしてそこには、「神的ロゴスの光が注がれること」と「われわれの側で敬虔と聴従の姿勢があること」

いるということでもある。)

との、ある種の協働が認められよう。(が、そのことは同時に、それとは背反する頽落と罪との方向につねに晒されているということでもある。)

そこで基本線として、次のことを確認しておこう。神的なものが開示され、さらには神的根拠たる善性が働きかけるということは、「各々の人の知性(νοῦς)に応じてアナロギア的に」現出してくる。(11) すなわち、善性の超越的な働き(エネルゲイア)はそれ自身としては、有限なもの(量られるもの)によって局限されてしまうことはあり得ないが、人間の知性的かつ意志的な働きが謙遜に自らを開き、善性の働きに聴従する度合に従って、アナロギア的に受容され顕現してくるであろう。この点に関しては、同様にまた次のように語り出されている。

善はいかなる存在者にとっても、全く交わり得ぬものではない。善は自らに留まったまま、〔存在者を〕基礎づける超実体的な光線を、各々の存在者に対してアナロギア的照明によって、善にふさわしく放射する。そして善は、能う限り善に身を捧げている聖なる知性(ヌース)を、彼らが到達し得る観想と交わりと〔神の〕類似性へと上昇させるのだ。(12)

ここには「アナロギア的照明」という言葉が用いられているが、改めて押えておくべきは、善に(そして神に)与りゆく道が、善からの一方的な力によるのでも人間の側の自力のみによるのでもなく、両者の微妙な協働によるということである。つまり「善の光による照明」、「善への関与」は、われわれが善の働き(エネルゲイア)に身を捧げることに応じて、アナロギア的に成立してくるであろう。自由な応答と聴従という契機が、そのことのうちに働いているのだ。そこでディオニュシオスは、簡明にこうも言っている。

神的根拠（θεαρχία）のくびきに従うことによってわれわれは、諸々の聖なる言葉のうちでわれわれを照らす光へと高められ、神的根拠を讃美するようにその光によって導かれるのである。[13]

ところで、右に見たようなアナロギア的照明と上昇の道は、ディオニュシオスにあって「浄化」（κάθαρσις）、「照明」（ἔλλαμψις）、そして「脱自・没我」（ἔκστασις）という三段階を為すものとして語られている。[14] そうした叙述は、かのモーセのシナイ山登攀における一連の出来事を範としているが（出エジプト記第一章から第三四章など）、それはとくに、ニュッサのグレゴリオス（Gregorius Nyssenus 三三五頃—三九四年）の『モーセの生涯』（De vita Moysis）での霊的象徴的解釈を継承したものだと考えられよう。

ここではそれについて、基本的なことのみ押えておく。万物の善なる原因は超実体的に万物を超えているが、次のような人々に対してそれぞれの仕方で何らか開示されるという。すなわち、（i）まず浄と不浄とのすべてを乗り超えた人々に対してであり、（ii）次にあらゆる聖なる頂を超え出て、神的な光と天上の音、言葉を凌駕した人々に対してである。（iii）そしてさらに、万物の彼方にある方（神）の在ます「闇のうちに」（出二〇・二一）入っていった人々に対してである。これら（i）から（iii）がそれぞれ、浄化、照明（上昇）、脱自（神秘への参入）という三つの階梯を示していることは明らかであろう。

このように、モーセのシナイ山での経験が、およそ人間の歩むべき範型として普遍的に解釈されている。そしてとくに、モーセが神の在ます闇に入っていったくだりについては、さらに次のように洞察されている。

それは真に神秘的な無知の闇であるが、そこにおいてモーセはあらゆる知的な把握を無みして、触れることも見ることもできないものに関わる。モーセは全体として、万物の彼方なるもの、しかも何ものでもないものに属し、自分自身にも他のものにも属さず、あらゆる知を無知によって完全に静止させることによって、より善きものになるのだ。そして何も知らぬことによって、知性（ヌース）を超えて知ることになる。(15)

意味深長な一文であるが、そうした文脈から次のことを読み取ることができよう。

（i）モーセの登攀の道行きは無限なるものへの超出であり、あるとき完結した知（限定）に達してしまうのではない。教父の伝統は、「神との端的な合一（知）」などを安易に語らないのだ。かえって、無限に己れを超え出てゆく動的かたち（ダイナミズム）にこそ、人間的自然・本性の完成が存するであろう。(16)

（ii）「より善き者となる」という言葉によって、人間の本性的な道が対象知の次元に留まるものではなく、存在の次元での自己変容に関わることが示されている。

（iii）神的な光に導かれて「神の在ます闇」に脱自的に参入してゆくとあったが、そのことには「自らの浄化」と「神的光（善性の働き）への聴従」という、人間の側での主体的意志的働きが介在しているであろう。それなくしては恐らく、神性、善性の働きがこの世（この身）に現出することもないのだ。そしてそこには、微妙な関係性が秘められているのである。

そこで次に、『神名論』の中心的部分（「善という神名」について論じられた第四章）に即して、くだんのアナロギアに関する文脈を吟味することにしよう。

四　善への関与における意志的アナロギア

魂・人間が自らの自然・本性（ピュシス）をより善く開花させてゆく道を問うとき、改めて注目さるべきは次の表現である。それは、先に引用したアナロギア的照明についての文と同様の観点によるものであるが、いっそう奥行きの深い内容を含んでいる。

> 善ははじめに適度の光を送り、魂の眼が光を味わった後でより多く渇望するならば、より多く自らを与え、遙かにゆたかに輝く。《なぜなら、彼らはより多く愛したからである》（ルカ七・四七）。善の光は、魂が上方を見ることのアナロギア（類比、度合）に従って、魂をつねに高みへと引きつけるのである。(17)

ここに善の光とは、ディオニュシオスにあって「善性ないし神性の働き」を示すとしてよい。そうした善の光は、必然的に流出してそのまま全体としてこの世界、この身に顕現するのではなく、魂のいわば意志的アナロギアに従って、それだけの度合で輝き出るのだ。そしてこのことは、世界の生成（創造）が、（新プラトン主義に見られるような）必然的流出ではなく神的意志によるものだという把握と、微妙に通底しているのである。

この点、探究の一つの指標として言うなら、神の意志による世界創造とは、単に過去のある時点で完結した出来事と看做されてはなるまい。むしろ神の世界創造というものは、勝義には今も何らか持続しており、しかも「人間の意志的応答を介して」、また「それとして」現に生起しつつあると考えられる。

ところで、ディオニュシオスはパウロの周知の言葉を、右に述べたことと同様の文脈で問題にしている。それによれば、神的な愛は脱自的に働いて、その愛する人々のうちに宿るという。（なお、そこではエロース〔ἔρως〕という言葉が用いられているが、神にあってはアガペー〔ἀγάπη〕と同一だとされる。）[18] すなわち、

偉大なパウロは神的な愛に心奪われ、その脱自的な力に与って神に浸り切った口でこう語る。「もはやわたしが生きているのではなく、わたしのうちでキリストが生きている」（ガラテア二・二〇）と。つまりパウロは真に愛する者として、また彼が自ら言うように、神において正気を失った者として語っているのだ。そして彼は、もはや彼自身の生命を生きるのではなく、愛する神のどこまでも愛すべき生命を生きる者となったのである。[19]

してみれば、パウロにあって神の脱自的な愛に貫かれたことが真の愛の成立となり、またそれが神的生命を生きることともなっている。それゆえ、いわば受動の極みが真に能動的な愛を成り立たせると言えよう。ただそのことは、後に証聖者マクシモスの言葉に即して吟味するように、単に必然的な出来事ではなく、また自由の放棄でもないのである。

ともあれ、そこに不思議な循環が潜んでいることが認められよう。つまり、神的働きと人間的自由の働きとは、単に二者択一として対峙しているのではなく、何らか循環的かつ相互的に働いているのだ。ディオニュシオスにあって、神が人間愛によって世界を創造したのは、そのように「神が動かされた」ことだという。他方、神的愛を受容した魂・人間を神は自らのもとに動かし、引き寄せる。かくして、神は「動かされ」かつ「動かす」とさ

れる。前者は創造の場面において言われ、後者は神への上昇・還帰の場面において言われるのである。[20]

しかしそれにしても、その根底に潜むより内なる契機は何なのか。あるいは、次のように問うてもよい。人間的な自由・意志の働きは、いかにして神的エネルゲイアにより善き仕方で与り得るのか、そして善く意志すること（善く生きること）が真に実現するための根拠は何なのか。

このように問うとき、それは恐らく、「ロゴス・キリストの働き（神的ないし神人的エネルゲイア）への与り」という問題位相と密接に関わっていると考えられよう。だが、このことについては以下、まずはディオニュシオスのテキストを吟味し、そしてさらにその展開のかたちとして、証聖者マクシモスの文脈の基本線を多少とも見定めてゆくことにしたい。

五　神人的エネルゲイアの現存

ディオニュシオスは『書簡四』において、「神人的エネルゲイア」（θεανδρικὴ ἐνέργεια）という言葉を用いて、イエス・キリストの神人的なわざを洞察している。[21] それは用例は少ないが、「キリストの受肉存在（神人性）」の「働き」（エネルゲイア）を表わす言葉であった。

そこでの問題点を明らかにするためには、まず次のような区分に注意しておかなければならない。（それは実質的には、既述の「神におけるウーシアとエネルゲイアとの峻別」に通じる。）ディオニュシオスはこう言っている。

すべての神的な言葉（神学）によって最も明瞭に開示されたこと、つまりイエスがわれわれ人間のかたちに神によって形づくられたことは、いかなる言葉によっても知性によっても……語られ得ず知られ得ない。そしてわれわれは、イエスが人間的に実体化されたこと（存在を得たこと）を神秘的に受け容れたが、いかにして彼が乙女（マリア）の血から〔通常の〕自然・本性とは異なった法則によって形成されたかを、われわれは知り得ない。……そのほかにも、イエスの超自然・本性的な自然性（φυσιολογία）については、何も知り得ない。(22)

これは言い換えれば、イエス・キリストの受肉（神人性）の姿を知られざる神秘として受容しつつ、今度は自らがその現存へと全体として開かれゆくことであろう。それは、イエスの神人的な姿、その存在様式を人間的知（限定）へと引きずり降ろすのとは反対の方向であり、脱自的な愛と言ってもよい。

そこでディオニュシオスはさらに、「神的な事柄についての共感・同苦（συμπάθεια）によって、教え学ぶことのできない神秘的一性と信へと完成される」(23)とも語っている。つまり信・信仰（πίστις）とは、神的エネルゲイアの確かな経験であり、神的エネルゲイアを受容し宿したかたちなのだ。そして、その名に値する信は、自らのうちに静止し閉じていることはあり得ず、己れをどこまでも超え出て脱自的愛として働き出すのである（ガラテア五・六参照）。

さてディオニュシオスは『書簡四』のはじめに次のように主題を提示している。

すべてを超えたイエスが、いかにしてあらゆる人々と実体的に交わるのか（同じ秩序のもとにある者となるのか）とあなたは問うのか。それは、イエスが人間の原因として人間と言われるからではなく、〔イエスの〕

実体（οὐσία）全体に即して真に人間であるからである。(24)

これによればイエスは、単に人間の原因として人間とは掛け離れた次元に存在しているのではない。かえって、「イエスは際立って人間を愛する者として、人間を超えて、かつ人間に即して……超実体的に実体化され、人間を超えて人間に属することを働かせている」(25)という。これはむろん、さまざまな奇蹟的な出来事とわざを念頭に置いた言葉である。そして、とりわけ注目すべきは次の表現である。

イエスは単に人間だったのではなく、人間でなかったのでもなく、人間から、しかし人間を超えた者として人間を超えて、人間的に人間となった。またさらに、〔単に〕神として神的なことを為したのではなく、人間として人間的なことを為したのでもなく、神が人間となってわれわれに何らか新たな神人的エネルゲイアを働かせたのである。(26)

ここに見られるように、イエス・キリストには神人的エネルゲイアが全き仕方で充溢し、現存している。それは、キリストの言葉とわざが証示するところであった。が、同時に、そこにはキリストにまみえた使徒たちの経験が介在しているのだ。すなわち、使徒たちは神人的エネルゲイアに心貫かれ、キリストへの限りない愛に促された。言い換えれば神人的エネルゲイアの経験が、神人性存在そのもの（ロゴス・キリストの受肉）への愛を現出させ、神人性存在を遥かに指し示しているのである。

すでに述べたように、ロゴス・キリストの受肉存在の実体・本質（ウーシア）は、人間的知（限定）の次元のうちには捉え得ぬもの、無限なるものと言わざるを得ない。従って本来は、われわれの志向と愛の全体が、キリストの無限性の次元へと開かれ、脱自的に上昇してゆかなければならないであろう。

とすればここに、ロゴス・キリストの受肉という事態について、次のような二つの「関係の方向（順序）」を区別しておく必要があろう。

（ｉ）いわば「発見（経験）の順序」としては、「イエスにおける神人的エネルゲイアの現存」（つまりは、それにまみえた使徒たちの経験）が、「神人的エネルゲイアの発出する源泉（主体）」としての「ロゴス・キリストの受肉（神人性）存在」を指し示し、証示している。

（ii）しかし他方、「実在の順序」（本質的関係）としてはあくまで、「神人性存在そのもの」――それは実体・本質（ウーシア）としては、人間的知の彼方なるものであるが――から、「神人的エネルゲイア」が発出し、それがわれわれの経験の領域に現出し働く（つまり何らか知られる）のである。

では、そうした神人的エネルゲイアがこの世界、この身に具体的に現出してくる機微は何なのか。これは拙稿の主題に直結してくる問いであるが、改めて注意すべきは次のことである。

神人的エネルゲイアというものは、ある意味で時と処とを超えてつねに働いているとしても、それが実際にこの身に顕現してくるのは、それに対してわれわれの意志が聴従してゆく度合による。つまり、意志的聴従のアナロギアに従って、それだけ多く神人的エネルゲイアの受容・宿りが現出してくるのだ。そして、そのことによって魂・人間は、神人的エネルゲイアの源泉（主体）たる神人性存在（ロゴス・キリストの受肉存在）への愛に促され、上昇の道をゆくことになろう。

以上、ディオニュシオスの広義の否定神学的文脈に拠りつつ、とくに「善（＝神の名）の顕現に関わる意志的アナロギア」や「その根底に働く神人的エネルゲイア」などの論点を吟味してきた。こうした主題は思想史上、とりわけ証聖者マクシモスに継承され、独自の展開を見せることになる。

そこで次節においては、残された紙数の中で、そうしたマクシモスの文脈の中心的動向を僅かながら見定めておくことにしよう。

六　意志的聴従ないし信のアナロギア

有限な被造的自然・本性（ピュシス）は証聖者マクシモスによれば、完結し静止したものではなく、自らの本性としての広義の「動き」のうちにある。[27] 人間本性も同様であるが、とくに人間にあっては、単に「在ること」（τὸ εἶναι）から「善く在ること」（τὸ εὖ εἶναι）（つまりは、善く生きること）へと開かれ定位されているという。[28] そしてそこに不可欠の媒介を果たし得るのが、自由な意志の働きであった。

このことに関して一つの規範とされるのが、すでに言及したパウロの言葉である。すなわち、「もはやわたしが生きているのではなく、わたしのうちでキリストが生きている」（ガラテア二・二〇）というくだりであるが、それを承けてマクシモスはこう喝破している。

〔パウロの言に〕心騒がせてはならない。なぜならば、パウロはその際、自由の廃棄が起こると言っているのではなくて、自然・本性に即した確かで揺るぎない姿、あるいは意志的な聴従（ἐκχώρησις）を語っているからである。それは、われわれの〔善く〕在ることがまさに実現し、似像（εἰκών）が原型へと回復する

動きを現実のものとするためであった。(29)

とすればここに、ディオニュシオスと証聖者マクシモスとに共通の洞察として、次のように言うことができよう。人間が神的エネルゲイア（神の働き、恵み）に対して己れを明け渡し、いわば器となり切るとき――それは神的な狂気とも言われるが――、そこに神的エネルゲイアないしプネウマ（πνεῦμα, 霊）がゆたかに注ぎ込まれよう。

ただし、それはむろん身体（σῶμα, ソーマ）から切り離された魂にのみ関わることではなくて、魂と身体相俟っての人間本性全体の、より善き変容に関わることなのだ。そしてそのことは、必然的な出来事としては生じ得ず、意志的聴従のアナロギアに従って生起してくるであろう。その際、キリストが父なる神に従うような聴従こそが、われわれすべてにとっての範型だとされている。すなわち、「もはやわたしの意志するようにではなく、あなたの意志するように為したまえ」（マタイ二六・三九）というイエスの言葉は、全き聴従の姿を如実に示しているのである。(30)

ただ、もとよりわれわれは、それとは反対の方向、つまり「神への背反（頽落、罪）」に陥る可能性にもつねに晒されている。それは、人間的自由の抱えている宿命でもあろう。ここに罪（ἁμαρτία）とは、マクシモスによれば「自然・本性に背反して」（παρὰ φύσιν）人やものに関わることであった。(31)そして自然・本性（ピュシス）に反することは、自然・本性の成立根拠たる神への背反でもある。従って、人間は自らの自然・本性に背反するわざを、ほかならぬ自らの自由・意志によって為してしまうということになる。それはもはや真の自由とは言えない姿であるが、そこに自由の不可思議な深淵が窺われよう。

周知のごとくパウロは、そうした「深き淵」から次のような叫びを上げている。「(イエス・キリストによるのでなければ)誰がこの死の体からわたしを救い出してくれようか」(ローマ七・二四)と。これは先の言葉で言うなら、神人的エネルゲイアを渇望し、それに与るべく身を差し出している姿であろう。

ところでマクシモスは、右に問題にしてきた「意志的聴従のアナロギア」の内実を、次に示すように、「信・信仰(πίστις)のアナロギア」という言葉を用いてさらに説き明かしている。

各人は自らのうちなる信・信仰(πίστις)のアナロギアに従って、聖霊の明らかな働きを獲得する(ローマ一二・三)。つまり各人は、自分自身の恵みのいわば執事なのだ。(32)

各々人の信の測り・度合いは、諸々の神的な善きものが現出し存続するための原因だという。すなわち、自らが信じているその仕方に従って、われわれは行為の熱心さにおいて進歩するのだ。実際、行為する人は、実践のアナロギアに従って信の測りを証示している。信じたその度合に従って恵みを享受しているからである。(33)

ここに信のアナロギアという言葉は、神の呼びかけに聴従してゆく度合・類比を意味するとしてよい。この意味での「信のアナロギアに従って」、神的エネルゲイアないしプネウマ(霊)が魂・人間に宿され、顕現してくるであろう。そこで今一度強調しておくとすれば、神的ないし神人的エネルゲイアは、一方では、たしかに時空を超えて無限に働いているとしても、他方、意志的聴従と信とのアナロギアに従って、その都度の「今」、有限なかたちでこの身（この世界）に顕現してくるのだ。そしてそこに、「無限と有限」、「神的働きと人間的自由の働き」との、ある種の協働的関係が潜んでいるのである。

そうした「神と人との協働」とは、むろん二つの働きの対等な並存ではなく、端的な合一でもない。その微妙な関係を問う際、やはり一つの規範となるのは、パウロの次の言葉である。

あなたたちが〔神に〕つねに聴従したように、わたしがともにいるときだけでなく、いない今もなおさら聴従し、恐れおののきつつあなたたちの救いを達成するよう努めるがよい。なぜならば、あなたたちのうちに働いて、御旨を為さんために〔善きことを〕意志させ、かつ働かせているのは、神だからである。（フィリピ二・一二―一三）

われわれは自らの自由な意志によって神に背反し、罪に陥るが、他方、自由な意志的聴従と信との働き、そのアナロギアに従って、神的エネルゲイアが具体的に発見してくるという。しかるにその際、右の引用にあるように、神は、われわれが「（善く）意志すること」と「働くこと」とをまさに働かせ、根拠づけているのである。

それゆえ、次のように言うことができよう。「神に背反すること」（罪）は確かに人間的自由に固有な働き・わざであろうが、他方、「神に聴従し、善く意志すること」は、根底において神の働きに根拠づけられた限りでの人間的自由によって、はじめてこの身に実現してくるのだ。だがそこには、甚だ逆説的な性格が見て取れよう。なぜなら自由・意志は、神に己れを捧げゆくような聴従と自己否定を介してこそ、その名に値するまことの自由を与えられるからである。そしてそれは、自由の謎・神秘と呼ぶべき事態であり、人間という存在者の真の成立

（人間本性の開花）の、まさに真相に触れることであろう。

してみればわれわれは、神への背反という罪の方向にも晒されつつ、神の憐れみの前にその都度立たされよう。なぜならマクシモスに即して言うなら、今もいつも働いている神人的エネルギイアは、「われわれに対する摂理（οἰκονομία, オイコノミア）を神人的に働かせ」、神人的エネルギイアを帯びた「新たな生のかたち」へと、われわれをつねに招いているからである。(34)

七　結語に代えて

以上のように拙稿においては、ディオニュシオスの否定神学的文脈の中から、とくに「善（＝神名）への関与」と、そこに働く「意志的聴従のアナロギア」といった事柄を問題にしてきた。思うにディオニュシオスは、「神」（テオス）という名で指し示される存在を、単に否定の彼方に祭り上げたのではなく、また逆に、人が神秘的合一に一挙に達する道を標榜したのでもない。かえってディオニュシオスの真意は、この被造的世界における神の摂理（オイコノミア）の働きを凝視し――神名はすべて、「神的エネルギイアを分有した名」であった――、人間が神に与りゆく道の成立根拠を問い披くことに存したであろう。

そのような探究の中心的位相に、「神人的エネルギイアの現存」という事態が見出されたが、それは恐らく、ディオニュシオスの文脈と証聖者マクシモスの文脈とが最も深く呼応し共鳴する問題場面であったと思われる。そして、かかる神人的エネルギイア（つまり神の恵み、愛）は、意志的聴従の、そして信・信仰のアナロギア（類比、度合）に従って、この世界、この身に具体的に顕現してくるとされるのであった。（ちなみにこのことは、新プラトン主義の問題射程を大きく超え出た事態であり、そこにあっては身体性と時間性が中心軸を担うことになる。)

ところで、右のような問題はむろん、ロゴス・キリスト論とも密接に重なっている。それはふつう、特殊な教理に属するものと看做されよう。が、その内実を虚心に問うてゆくならば、それは、「善く意志すること」(善く生きること)の可能根拠への問いとなるのであり、それゆえにまた、愛智の道(=哲学)や意志論の最前線に位置することが見出されよう。

ともあれ、拙稿において実際に論じ得たことは僅かであり、なおも吟味・探究してゆくべきことが余りに多く残されている。ただ、擬ディオニュシオスから証聖者マクシモスへと展開してゆく重要な問題の一端を見定めたことでもって、ここにひとまず筆を擱くことにしたい。

註

(1) Pseudo-Dionysius Areopagita, *De Divinis Nominibus*, I, 6, 25(トマス・アクィナス『神名論註解』の Marietti 版〔Roma,1950〕による項番号);PG 3, 596A; Marietti, Romae, 1950.(熊田陽一郎訳『神名論』、『キリスト教神秘主義著作集1 ギリシア教父の神秘主義』教文館、一九九二年、一三七―二六二頁)。なお、論述の都合上、拙稿での訳文は必ずしも既刊の書のものと同じではない。以下、ディオニュシオスの他の著作についても同様。引用文の主語は θεαρχία(神的根拠・原理、神性原理などと訳される語)と読めるが、ここでは(実質的には同等のものとして)、単に「神」(θεός)と記した。なお θεός と θεαρχία の用法の違いについては、註(10)を参照。擬ディオニュシオスからの引用は、著者名を省く。

(2) *De Divinis Nominibus* II, 7, (55), PG 3, 645A; II, 7, 55.

(3) *Ibid.*, III, 4, (120-122); PG 3, 700AB.

(4) *Ibid.*, IV, 3, (111); PG 3, 696D.

(5) *Ibid.*, II, 7, (55); PG 3, 645A.

（6）*Ibid.*, IV, 4, (121); PG 3, 700AB.

（7）*Ibid.*, IV, 7, (140); PG 3, 704A. このことは、神名たる「美」（καλόν）について述べられているが、神名を語る文脈では、「善」（ἀγαθόν）と「美」（καλόν, κάλλος）はほとんど同義としてよい。

（8）*Ibid.*, IV, 4, (122); PG 3, 700B.

（9）Maximus Confessor, *Ambigua*, PG 91, 1305-1308C.

（10）*De Divinis Nominibus*, I, 1, (5); PG 3, 588A. ここに見られる θεαρχικός の元となる θεαρχία という言葉は、ディオニュシオスにあって多用されるもので、神的根拠、神的原理、神性原理などと訳され得るが、θεός（神）、θεότης（神性）、ἀγαθότης（善性）などとの用法と違いについては、ほぼ次のように考えられよう。θεός（神）の徹底した超越性と不可知性（つまり、その実体・本質〔οὐσία〕が知られ得ぬこと）に対して、神の摂理（οἰκονομία, オイコノミア）（万物に及ぶ神の働き、恵みなど）の根拠ないし原理（ἀρχή）として、θεαρχία という語が導入されている。それゆえそれは、オイコノミアの名として用いられており、この点、神性、善性なども同様である。拙稿は、神的なオイコノミアの働きに呼応してゆく人間の「神への関与」を主題化しているが、右のことを踏まえた上で、全体として「神」という言葉を用いる。なお、θεαρχία, θεός など根源語についての緻密な吟味・探究として、大森正樹「ディオニュシオス『神名論』における〈テアルキア〉について」南山大学『南山神学』四〇号、二〇〇九年、一一一―一三三頁を参照。

（11）*De Divinis Nominibus*, I, 1, (6); PG 3, 588A.

（12）*Ibid.*, I, 1, (10); PG 3, 588CD.

（13）*Ibid.*, I, 1, (11); PG 3, 589AB.

（14）*De Mystica Theologia*, I, 3, etc.; PG 3, 1000B-1001A etc.

（15）*Ibid.*; PG 3 1001A. なお、『神秘神学』の邦訳、およびその基本的動向についての解釈として、宮本久雄「偽ディオニュシオスの言語表現〈神秘〉をめぐって――否定詞 οὐδέ,οὔτε を送りつけてくる全体（ホロン）」、『宗教言語の可能性――愛智の一風景・中世』勁草書房、一九九二年、三一―一四九頁を参照。

（16）これは、つとにニュッサのグレゴリオスの洞察するところであった。Gregorius Nyssenus, *De Vita Moysis*, I, 56; II, 167; etc.; Sources Chrétiennes, Paris, 1968.（谷隆一郎訳『モーセの生涯』、『キリスト教神秘主義著作集1　ギリシア教父の神秘主義』五頁一三六頁）。

（17）*De Divinis Nominibus*, IV, 5, (129); PG 3, 701A.

（18）*Ibid.*, IV, 12, (169); PG 3, 709CD.

（19）*Ibid.*, IV, 13, (170); PG 3, 712A. こうした言葉についての注目すべき解釈として、A. Louth, *The Origins of Christian Mystical Tradition*, Oxford, 1981, pp.175-178.（水落健治訳『キリスト教神秘思想の源流――プラトンからディオニシオスまで』第八章「ディオニシオス・アレオパギタ」教文館、一九八八年、二〇六―二九九頁を参照）。

（20）*Ibid.*, IV, 13, (171)-IV, 14, (178); 712AC.

（21）*Epistola* 4; PG 3, 1072AC.

（22）*De Divinis Nominibus*, II, 9, (59); PG 3, 648A.

（23）*Ibid.*, II, 9, (60); PG 3, 648B.

（24）*Epistola* 4; PG 3, 1072A.

（25）*Ibid.*; PG 3, 1072B.

（26）*Ibid.*; PG 3, 1072C.

（27）Maximus Confessor, *Ambigua*; PG 91, 1217BC.

（28）*Ibid.*; PG 91, 1116B.

（29）*Ibid.*; PG 91, 1076AC.

（30）この言葉はマクシモスにあって、いわゆる「キリスト両意説」が論じられるとき、一つの典拠となる言葉であった。すなわち、ゲッセマネでのイエスの言葉「父よ、この〔受難の〕杯を取り去りたまえ」（マルコ一四・三六）が人間的意志を示すのに対して、「あなたの意志するように為したまえ」という言葉は、神的意志との全き調和を示している。それゆえ、そこにあって人間的意志は神的意志と交流し、神のオイコノミアへの全き聴従の姿へと形成されているとされる。Maximus Confessor, *Opuscula Theologica et Polemica*; PG 91,48C.

（31）Maximus Confessor, *Ambigua*; PG 91,1044A; *ibid.*, 1164AD; *Epistola*, 10, PG 91, 449B etc.

（32）Maximus Confessor, *Capita Theologica et Oeconomica*, V, 34, *ΦΙΛΟΚΑΛΙΑ, ΑΘΗΝΑΙ*, 1957-1963.（谷隆一郎訳『神学と受肉の摂

理とについて』、『フィロカリアⅢ』新世社、二〇〇六年、二六三頁）。
（33）　*Ibid.*, V, 35.
（34）　本節での証聖者マクシモスについての叙述について、詳しくは、拙著『人間と宇宙的神化――証聖者マクシモスにおける自然・本性のダイナミズムをめぐって』知泉書館、二〇〇九年を参照。

第Ⅱ部　初期スコラ学と修道院神学

一　エリウゲナにおける信仰と知

今　義博

一　二つの書物

エリウゲナ（Eriugena; Iohannes Scottus 八〇〇年代初頭―八七七年以降）の『ヨハネ福音書序文講話』（Omelia Iohannis Scoti）に次の言葉がある。

「永遠の光〔神〕は聖書（diuina eloquia）[1]と被造物によって二通りの仕方で自分自身を明らかにしている。神についてのわれわれの知は聖書の文字と被造物の姿形によってのみ新たにされるのです。聖書を学んで、その意味をあなたの精神で理解しなさい。そうすれば、あなたはそこに御言葉を知るでしょう。体の感覚で可感的事物の形象や美しさをごらんなさい。そうすればあなたはそれらのものにおいて神の御言葉を理解するでしょう[2]」。

「真の権威と正しい理性は神の御言葉という同じ源から流れ出ているのだから、真の権威が正しい理性に対立することはないし、正しい理性が真の権威に対立することもない[3]」と言われているように、エリウゲナは神をあらゆる真理の源泉と見、聖書と被造物（世界）はともにその同じ真理の表現であると見ているのである。つまり、真理である同一の神が聖書の文字と自然の形象とにおいて自らを啓示したのであるから、聖書と自然は同一の真理を蔵し、表しているのである。そして、「物事の真理を発見するすべての力は理性と権威の二つにあり(4)」、人間は神についての知と真理を聖書の文字と自然の形象の読解によって得ることができるのであるから、人間による聖書的啓示と自然的啓示の二方面の探求によって見出される真理は一致するはずである。だから、われわれの真理の発見と享受は聖書的権威と理性的理解の両方に依らなければならず、われわれは理性と権威の両方に従わなければならないのである。

権威には聖書の権威のほかに教父たちの権威というものがある。前者は「欺くこともなく誤ることもない」(nec fallit nec fallitur)(5)。したがって、聖書の権威にはあらゆる物事について従わなければならない、というのがエリウゲナの立場である(6)。しかし、後者については理性と対立することもありうるし、権威同士の間での矛盾や対立もありうる。その場合には理性はどう振る舞うべきか。その対立や矛盾の理由は少なくともどちらかが真理に適っていないことにある。エリウゲナによれば、人間にとって神与の本性である理性は自分の推論と努力により真理を探し出すことができる。したがって、「いかなる権威であれ、権威を恐れて、正しい熟考に基づく理性の勧告が教えるものを抑止してはならない(7)」とエリウゲナは断言する。

エリウゲナの『ヨハネ福音書序文講話』は、聖書解釈と自然研究の関係を具体的に説明し、聖書解釈の四段階(信仰、実践、知識、観照)が自然研究の四段階(歴史、倫理、自然学、神学)に対応して人間の完成への階梯をなすことを示して、聖書と自然が一致するという思想を表明している(8)。

そのあらましを述べれば、聖書解釈の四段階は地、水、風、火の四元素とのアナロジーで理解されており、しかもそれら四元素は聖書の四つの意味を表していて、それらの意味は相互に関連している。つまり、歴史は聖書の文字通りの意味(地)を表し、しかもそれは最下のものだが、残りの三つの意味の基礎でもある。次に、倫理的意味（水）、さらに自然学的意味（風）、最後に最も高貴な意味である寓意的あるいは神学的な意味（火）が来る。

エリウゲナによれば、「聖書の限りなく偉大な創作者」（infinitus conditor sanctae scripturae）たる聖霊は聖書に「限りない意味」（infinitus intellectus）を記した。[9] それゆえ聖書の文字は無限の意味を蔵するのであり、それはあたかもわれわれが孔雀の羽の一斑にも驚くべき美しい無数の色を見るようなものである。[10] したがって、われわれ人間のもとでは聖書の文字に対して絶対的で排他的な解釈はないことになる。

では、ある解釈が排除されないための正当性を保証する基準は何か。エリウゲナによれば、それは解釈がカトリックの信仰および信条と一致することである。この一致を確保しさえすれば、他人のものであれ、神に照らされて自分自身のうちに見出したものであれ、異なる複数の解釈が同等の資格で正当とされるのである。

聖書がわれわれに神の本性について教える場合、動詞や名詞を常に本来の意味で使うわけではなく、われわれの理解力の弱さに対して謙って、寓喩を使ったり動詞や名詞の意味を様々に転換したりして、分かりやすい教え方によって、未熟で幼稚なわれわれの理解力を鼓舞するのである。[11]

エリウゲナにとっては、目に見える被造物も見えない被造物も、「諸々の光の父」（ヤコ一・一七）によって創造された「光」（lumen）であり、神現（theophania）である。聖書が啓示する諸々の形象も、世界にある目に見える諸々の形象も、目に見えない真理たる神の像（imaginationes）なのである。[12] 父の光、子の光、聖霊の光という「三つの光」（trina lux）は、万物をその美の愛と知に連れ戻すために万物において輝き、宇宙にみなぎっている。[13] 光としての万物の役割は、自らの存在において神をわれわれに開示し、それによって神への還帰の道を照らすことである。[14] エリウゲナは「可視的で物体的なものであって、非物体的で可知的な何かを表さないものは、何もない」[15]と見ている。すべての可知的なものは可感的なものに反映し、すべての可感的なものは可知的なものを表している。だから、彼によれば、神に属する事柄を知ろうとするなら、被造物の本性から任意の例を採ればよいのである。[16]「神の権威〔聖書〕は、目に見えるものと見えないものの根拠（rationes）の探求を禁じていないばかりか、奨励さえしている。というのは、使徒〔パウロ〕が、神に属する目に見えないものは、造られたものを理解することによって悟ることができる（ロマ一・二〇）、と言っているからである」[17]。

以上のように、聖書には自然に反するものは見出されえず、自然には聖書に反するものは見出されえない、というのがエリウゲナの信念であった。その彼の信念を支えたものの一つはアウグスティヌス（Aurelius Augustinus 三五四―四三〇年）の「善良で本当のキリスト教徒であるならば、どこで真実なものに出会うとしても、それは主のものであることを悟るべきである」[18]という言葉であった。エリウゲナは、キリスト教徒は異教のもとで開発された古代ギリシア・ローマ伝来の学問を自分たちのために利用してもよいと主張したが、それも、ユダヤ人がエジプトから脱出する際にエジプト人から略奪したこと（出一二・三五）を例に挙げて同じことを説いたアウグスティヌスに倣ってのことである。[19]

二　聖書論

エリウゲナによれば、罪を犯す以前の楽園、つまり天上の至福における人間の最初の状態は、天使と等しく、言わば人間は天使と同じ本性であって、[20]人間は自分自身と創造者とについての完全な認識が自分の本性に植え付けられていた、と考えられる。[21]だから、人間は、罪を犯さなかったならば、真理を観続けることができたであろうし、聖書は必要ではなかったであろう。聖書は現世を生きる人間のために作られたのである。[22]「聖書の目的は、言い表し難く、理解し難く、目に見えないものについて何か考えるべきものをわれわれの信仰の養育のためにわれわれに知らせ、教えることである」[23]。聖書は、人間が真理を知り、救済されるための手段である。

使徒パウロの「文字」と「霊」の区別（ロマ二・二九、七・六、二コリ三・六、他）に対応して、聖書の意味を文字通りの意味と霊的意味とに区別する伝統があるが、エリウゲナもそれに従っている。この伝統は信徒に文字から霊への転移を勧める。エリウゲナもまた『ヨハネ福音書注解』（Commentarius in Euangelium Iohannis）で、「谷」に譬えた「文字通りの意味」からイエスが弟子たちと坐っている「山頂」に譬えた「霊的意味」へと大きな懸隔（「文字と霊、比喩と事実、影と物体の違いは大きい」[24]）を超えて行くべきであると言う。

エリウゲナは、「律法はモーセを通して与えられたが、恵みと真理はイエス・キリストを通して現れた」（ヨハ一・一七）という聖句は、旧約聖書と新約聖書の関係、つまり律法とキリストとの関係を象徴するものとして理解している。また彼は、「キリストの内には、満ちあふれる神性が見える形をとって宿っている」（コロ二・九）という聖句について、その句の中の「満ちあふれる神性」は律法の諸々の神秘的意味を表すと解することによって、その句は、肉となって来たキリストにそれらの意味が見える形をとって宿ったということを示している、と理解する。それゆえ右の二つの聖句の意味するところは結局、「律法というしるしの真理はキリストにおいて満たされた」[25]ということになる。

聖書によれば律法とキリストとの関係は文字と霊の関係にほかならないが、エリウゲナは律法の文字の霊をキリストと解することによって、旧約聖書と新約聖書を関係づけている。[26]

三　信仰の第一位性

エリウゲナは信仰に関する事柄について述べるときには常に聖書に依拠しているが、その際の注意深さには特別なものがある。彼にとって信仰は基本的に「聖霊の賜物」（dona sancti spiritus）に基づいて理解され[27]、また信仰と理解の関係は、「イザヤ書」第七章第九節の「あなたがたは信じなければ、理解しないであろう」（nisi credideritis, non intelligetis）[28]に基づいて理解されている。したがって、信仰は神の賜物として成り立ち、そのように信仰が成り立つことによって理解が可能となる、というのがエリウゲナの考え方である。

エリウゲナはこのことを説明するためにペトロとヨハネという二人の使徒を象徴として使う。キリストの復活の最初の朝、二人はキリストの墓に駆けつける（ヨハ二〇・四）。墓は聖書を、ヨハネは理性あるいは観照的知識を、ペトロは信仰を表す。ヨハネはペトロよりも速く走った。理性はより活発で、信仰は遅いからである。ヨハネはペトロより先に出かけたのではないが、ペトロより前に墓に着いた。ヨハネは待ってペトロが自分より先に入るのを許した。ヨハネ（観照的知識）はより鋭くより速く見抜くが、ペトロ（信仰）が先に入るのである[29]。信仰が必ず先行して理性を準備し、理性はその後から従うのである。

すでに指摘したように、信仰は聖書解釈の出発点であるが、エリウゲナによれば、信仰は洗礼の秘跡を通して与えられ表され[30]、自分の創造者に還帰する理性的魂に「明けの明星」（stella in matutinis）のごとく最初の照明として与えられる。理性的魂は「信仰に始まって、〔神の〕直観に向かう」[31]のである。喩えれば、現世での信仰は夜明けであり、来世での直観は真昼である。信仰者は信仰により直観の明るみへ導かれるのである。

四　理性の第一位性

聖書的権威と理性は、ともに神という同じ源泉に由来するものとして本来は互いに合致し、互いに優劣はない。しかし、理性は、原罪の結果として現世では真理の無知という闇の中を歩くがゆえに、真理に適うためには聖書的権威に従わなければならない。他方、教父的権威と理性（知性と理性とを含む広義の理性）の関係については理性の方が優先する。つまり、エリウゲナは、理性は聖書の権威には必ず従わなくてはならないが、教父の権威には必ずしも従わない場合もある、と考えている。というのは、本性において先なるものは、時において先なるものよりも勝れているが、理性は本性において教父的権威よりも先なるものであって（なぜならば、本性は時とともに創造されたのであるが、理性は本性と時とともに生じたのに対して、教父的権威は本性と時の始まりにおいて存在し始めたのではないからである）、教父的権威は時において理性よりも先なるものであるから、理性は教父的権威に勝るのである[32]。

同じ結論はほかの仕方でも論理的に導き出される。すなわち、「〔教父的〕権威は正しい理性から出て来るけれども、しかし理性は〔教父的〕権威からは出て来ない。正しい理性に承認されないどのような権威も無力だと思われるが、他方、正しい理性はそれ自身の力で確実に揺るぎなく守られており、何らかの権威の同意によって強められる必要はない。正しい権威とは理性の力によって見出され、後世の人々の利用のために聖なる教父たちによって書き伝えられてきた真理にほかならないと思われる[33]」。要するに、エリウゲナにとって権威とは正しいものでなければならず、権威の正しさは理性によって見出されるべきものである。

とはいえ、エリウゲナは決して単純な合理主義者ではなく、どのような権威に対しても敬虔と謙遜の態度を崩すことはない。彼の思索全般において、神と聖書に対して、教父たちと哲学者たちに対して、敬虔と謙遜の姿勢が彼の著作の随所に顕著に見られる。彼の権威に対する敬虔は第一に神の権威である聖書に対して、次いで人間の権威に対して示される。彼は聖書と信仰に反しないどのような見解も受け入れる反面、聖書と信仰に反する見解はすべて拒否する。彼はそれらの諸権威の間に対立があると思われる場合に敬虔と謙遜をもって解釈を施す。例えば、アウグスティヌスによれば罪を犯す前の最初の人間の体は動物の体で、死すべきものであったとされるが、他方、ニュッサのグレゴリオス（Gregorios 三三五頃—三九四年）の見解では、外的な体は堕落の結果として人間に付け加えられたとされ、両権威の見解は一致していないように思われる。しかしエリウゲナは、両者を対立へ持ち込んだり、一方を他方に対して正当化したりすることは自分の仕事ではないとした上で、グレゴリオスはアウグスティヌスの思いつかなかったことを付け加えてより完全なことを言ったにすぎないとして、グレゴリオスの見解を採りつつも、結論としては両者は同じことを言っていると見る(34)。要するに、エリウゲナは諸権威の間に見られる対立や矛盾は、より注意深く慎重な解釈によって、あるいは寓意的な解釈によって、あるいは浅い解釈を深い解釈で再解釈することによって、回避され調停されうるものと見る。しかし、自分の見解が諸権威に合致しない場合は、自分の見解を放棄するのである。

五　神の知と無知

エリウゲナによれば、神は四つの点で無知である。第一は、神の知は単純であり、かつ実体的な善だけから成る（神だけが自分自身によって実体的な善である）から、神は悪を知らない。この意味で神は無知である。神の知が、存在するすべてのものの原因である。それゆえ、もし神が悪を知るとすれば、悪が何かあるものにおいて善を分有して存在することになり、悪徳と邪悪が徳と善から発出することになる。しかし正しい理性はそういうことはあり得ないと教えている。それゆえ、神は悪を知らないのである。

第二の無知は神の自己内部における無知である。神は自分の内部においては自分自身（御言葉＝知恵）のうちに永遠に創造して知っているイデア的諸根拠（全被造物の原初的諸原因）以外のものを知らない。つまり、神のうちにあるすべてのものは神の創造したものであり、神はそのすべてのものを知っているが、しかしそのすべてのもの以外のものは、つまり自分が創造しないものは、神は知らない。その意味で神は無知である。

第三に、たとえ神が事物の諸原因を自分自身で造り、それを自分自身で知って、自分自身において所有しているとしても、その諸原因がまだ原因のままに留まっていて諸結果に顕現していない限りでは、諸結果として現れたものを知らない。この無知は、神は自分が直接創造した原初的諸原因を知っているが、その諸原因から生じる諸結果については関知しないということではない。神は原初的諸原因とその諸結果を永遠に知っているが、つまり、やがて時間のうちに生起するであろう諸結果を諸原因の創造において予め永遠に知っているが、しかし時間的にまだ顕現していない諸結果を時間的には知らない。その意味で神は無知である。

第四に、神は自分が被造物ではなく、全被造物を超えていることを知っているが、そのことは、裏返せば、神は自分が被造物に属していることを知らないということである。[35] この意味で神が自分を知らないことは、神は自分自身についてよく知っているということである。それゆえ、この意味での神の無知とはむしろ神の知であり、神の真の理解である。エリウゲナはこの意味での神の無知という考えをアウグスティヌスの「神は知らないことによってかえってよく知られる[36]」と、偽ディオニュシオス（Dionysios Areopagites 五〇〇年頃）の「神の無知は真の知恵である[37]」という言葉から引き出した。

一方、神はすべてのものを超越していて、いかなる存在するものにおいても考えられないがゆえに、「無」（nihil）と呼ばれる。この無は、消極的には、被造的本性において存在するすべてのものの否定と不在を意味するが[38]、しかし積極的には、言い表しえず理解しえない神の善性の卓越性を意味している。つまり、神は「卓越性のゆえに捉えられないと理解されている限りで、無と呼ばれる[39]」のである。ここにわれわれはエリウゲナにおいて第五番目の神の無知の思想を指摘することができる。すなわち、彼はこう述べている。「神の本性は無なのだから、自分について自分が何であるかをどうして知ることができるだろうか。……神は何かではないから、自分が何であるか（quid sit）を知らない。実際、自分自身にもあらゆる知性にも、何かあるものにおいて把握できないのである。神は自分が何かあるものにおいて知られるもののうちの何ものでもないことと、それについてともかくも存在するものであると語られたり理解されたりできるもののうちの何ものでもないことを知っているので、神は自分が何であるかを知らない、つまり自分が何であるとは知らない[40]」。

神が自分を存在するもののうちの何ものでもないと理解することは、神は自分を「何か」として理解するのではないから、その理解はむしろ自己意識と言うべきであろう。

六　神の自己意識

神による創造が原初的には永遠の次元でのことだとしても、われわれとしては論理的に創造以前を考えることができる。創造以前には神は創造者でも万物の原因でもなく、何ものでもない（無）であろう。神は発出以前には自分自身に止留する（permanere）「無」であろう。創造以前にいかなる異他性も含まない絶対的に純粋な自己同一性に止留する限りでは、神には意識の対象はないはずだから、自己意識はないであろう。その神が自己に止留しつつも自己内に発出することによって差異性が生じ、自己意識が生じるであろう。創造以前、一なる不可分の神性（una et inseparabilis deitas）の内部での父・子・聖霊の三位格への自己内発出という自己分化において、神の自己内に自己以外のものを含まない差異性が生起すると考えられる。つまり、神的一性は自分自身において自分自身から自分自身へ自分自身を惹き起こして、「父と子と聖霊は一であり、かつ一は三である」という「一性にしてかつ三性」（unitas et trinitas）が成立すると考えられる。

一性から三性への分化においては、父の子と聖霊とに対する不可逆的な一種の先行性（quaedam praecessio）が認められる。「神性は一にして不可分であるとはいえ、生んで発出させる神性〔父〕は、生まれた神性〔子〕よりも、また生む神性と生まれた神性とから発出する神性〔聖霊〕よりも先行する」(41)。三位格それぞれの働きの固有性にも差異性が認められる。「もし聖なる三性において本質の一性と諸実体の差異があるならば、そこに共通の働きと異なる働きとが信じられず理解されない理由は見あたらない。したがって、共通の働きは共通の本質に帰せられるし、三なる実体の三つの働きは否定できない」(42)。

三位格は実体的に相互に他者を意識し合うが、しかし本質的な同一性によってその他者意識は同時に自己意識である。その神の意識は最初、父からの子の産出において生起すると考えられる。すなわち、「生んだもの〔父〕だけが自分が何を生んだか、生まれたもの〔子〕がどのように生まれたかを知るのであり、また、生んだものが自分自身について自分が何であるか、自分から生んだものを自分がどのようにどんなふうに生んだかを知る。同様にまた、生まれたものは自分自身について自分が何であるか、どのように、どんなふうに自分が生まれたかを知り、また自分を生んだものがだれであり、何であるかを知る(43)」。

ここでいわれた「何」（quid）とは被造的なカテゴリー的な限定を意味するのではなく、無限定な神性の実体的固有性として超カテゴリー的な無限定の限定性と言うべきであろう。父と子はそれぞれが自己を知るのみならず、相互に他者を知り、相互関係を知る。つまり自己意識と他者意識と自他関係意識という三様の意識が同時に生起している。このような意識の構造は子が父の知恵（sapientia）として性格づけられることによって明示される。すなわち、「父は、自分が自分自身をそれによって知るところの自分の知恵である自分の子を自分自身から生むのであるが、子は父自身の全体を理解するがゆえに父に等しいのであり、父は自分が生むものを自分自身から生むがゆえに、子は父と本質を等しくしているのである(44)」。

父は「自分の知恵」として子を生み、子は父を意識する。父と子の「等本質性」（coessentialitas）によって、子である知恵は父にとって自分の知恵であり、子は父の自己であるがゆえに、父に対する子の意識はそのまま父の自己意識である。父の自己自身の全体を意識するこの意識は、父と子の等しさ（aequalis）によって父の意識と等しくなる。父が子を媒介として自己を意識することが、神性の本質的一性によって、子による父の意識が父の直接的な自己意識となるのである。

エリウゲナにおける神の創造の初めは、御言葉（神の知恵）における原初的諸原因（causae primordiales）の創造である。これは発出という観点からすれば、神の原初的諸原因への発出であり、神の自己外への発出である。神は被造物という他者を創造することによって、神は自分が被造物ではないことを知る（意識する）のであるから、神は創造によって自己を「他ならざるもの」（non aliud）として意識するのである。

七　神についての人間の知識と知恵

人間は、体、栄養的生命、外的感覚、可感的事物の記憶、非理性的欲求という動物的部分（すべての動物と共有する部分）と、内的感覚、理性、知性という人間的部分（動物と異なる部分で、天使と共有する部分）から成る。人間の動物的部分に関しては「地から造られた」と解釈され、それは動物であって、「肉」（caro）、「外なる人」（homo exterior）と言われる。それに対して、人間的部分は「神にかたどって、神に似せて造られた」と解釈され、それは動物ではなく、「精神」（mens, animus, intellectus）、「内なる人」（homo interior）と言われる。[45]

人間の魂（anima）はエリウゲナにおいてはアウグスティヌスの場合と同様に広義の生命原理であって、動物的な生命活動から知性的活動まで含む。ここで述べたように、人間を肉と精神、外なる人と内なる人と区別することはできるが、その区別は一人の人間のうちに二つの魂があることを意味するのではなく、魂そのものは単純であって、いかなる複合もない。人間においては理性を有する一つの同じ魂が人間の体に言い表し難い仕方で結合しているのである。「魂全体がそれ自体において全体としていたるところに存在する。というのは、魂は全体として生命であり、全体として知性であり、全体として理性であり、全体として感覚であり、全体として記憶であり、全体として体を生かし、栄養し、保持し、成長させるからである」[46]。

単純なる魂は、運動の多様性に応じて区分され、神の周りを回転するときには知性、被造物の本性と原因を考察するときには理性、体の感覚を通して可感的事物の心象を受け取るときには（内的）感覚と名づけられる[47]。知識と知恵はエリウゲナにとってはたんに実在者の機能ではなく、実在そのものであり、全実在の体系の中に位置づけられている。彼はプラトン以来の類種関係に基づく総合と分割の弁証法によって全実在を秩序づける。その頂点にある善（bonitas）を類とする種が存在（essentia）であり、存在を類とする種が生命（uita）であり、生命を類とする種が広義の理性（ratio）であり、理性を類とする種に知恵と知識がある。

知恵と知識は論理的にはともに理性に属する種であるが、存在論的には同列ではない。知恵は人間や天使の観照的精神（contemplatiuus animus）が神の永遠不変なるもの（万物の第一原因と、第一原因が御言葉のうちに永遠に創造した事物の原初的諸原因と）を観照する力であり、「神学」（theologia）とも呼ばれる[48]。知識は、人間や天使の観想的精神（theoreticus animus）が、原初的諸原因から類や種を通して発出され分割されるもの（この世界の被造物）の本性について考察する力であり、自然学（physica）とも呼ばれる。つまり、知恵は万物の第一原因たる神と、その神のうちに創造された万物の原初的諸原因とを観照するのに対して、知識は原初的諸原因の諸結果（世界のうちの被造物）の本性を観想する[49]。

神は無限であり、むしろ無限以上に無限であるがゆえに、神は「何か」としては規定されえない。それゆえ、神は自分が「何であるか」（quid sit）を知らない（神の自己無知）。知性は神が何であるかを知らないが、神が存在していること（quia est）は知る。被造的知性が神に属する事柄を知るのは、神の恵みにより自らのうちに生じる一種の「神現」（theophania）を観照することなのである。「神の存在はそれ自体としては捉えられないが、被造的知性と結合した場合には不思議な仕方で現れる」[50]。知性は神的真理について最も単純に、最も普遍的に、最も一様に認識する。

八　知識から知恵へ

人間の魂の働きは内的感覚、理性、知性という三つの認識機能に区分され、それぞれの機能に応じて神についての知も感覚的知識、理性的知識あるいは学的知、知性的知恵の三つに区分される。それら三つの知識は階層的秩序をなしている。つまり、聖書に対する素朴な信仰による神についての知識があり、次いで理性による神についての知識、最後に脱自と無知において知性によって把捉される神についての知恵である。

感覚的知識はわれわれの知識のうち最低のもので、知識の出発点でもある。神についての感覚的知識は素朴な信仰と聖書の文字通りの意味の受容により形成される。「私はあなたがたに乳を飲ませて、固い食物は与えませんでした」（一コリ三・二）というパウロの言葉は、神に関する事柄が、素朴で信心深い人々によって受け容れられる可感的事物の象徴で与えられることを示している。そういう人々は可感的事物を見るだけで、文字を超えた意味を見出さない。しかし、エリウゲナは、まず可感的事物の象徴で養われなければ、だれも観想の高みに昇ることはできないとする。感覚的知識にとどまって、真の知識に至らない人々の典型として、エリウゲナは『ヨハネ福音書注解』で「ヨハネ福音書」の登場人物であるニコデモとペトロとフィリポを挙げている。彼らは教義の乳で養われているが、真の知識の食物を受け取ることができない。彼らをはじめ多くの民衆は「信仰の素朴さ」(simplicitas fidei) を持っているだけであり、たんに文字と可感的な外見を知っているだけである。神は、正しい熱意で自分を尋ねる人々に自分が知られるように、可感的事物と感覚によって自分を示すのである[51]。すべての知識や知恵はエリウゲナの体系の中では物質から神に至る還帰の八つの過程のうちに弁証法的に位置づけられ関係づけられている。すなわち、還帰において、物質的な体は生命運動に変わり、生命運動は感覚に、感覚は理性に、理性は知性（精神）に変わる。第五段階で人間の本性の諸部分は魂に統一され、続いて魂はすべてのものの知識に変わり、知識は知恵に変わり、ここにおいて神的真理の観照が成就する。次いで最後の第八段階で、捉え難く近づき難い光（神）の闇への魂の超本性的な還没（occasus）が起こる。ここで「夜は昼のように輝くであろう、つまり最も密かな神の神秘はある言い表し難い仕方で祝福され照明された知性たちに開示されるであろう[52]」。ここにはエリウゲナの描いた魂の究極の目標が示されている。

九　アナロギアと自由学芸

堕落以前、人間は神と自分自身について、被造物に許される最も完全な知性を持っていたが、堕落によって人間は自分自身と自分の創造者を忘却した。原罪と人間の認識能力との関係を指摘することで、エリウゲナは理性の可謬性を示している。体の快楽の愛好と肉的感覚と肉的思考の欺瞞など、人間は様々な仕方で間違うが、彼は人間の誤りの根本原因は神からの離反であると考えている。それは人間の理解の限界についての彼の基本的な理解を示している。それゆえ、誤りを避けるために人間には神からの照明が必要である。

神はあらゆる知性と理性を超えているので、神はそれ自体としては知られえない。しかし、被造物の本性と原因を考察する人間の本性的能力である理性は、被造物を考察して、万物の原因として神が存在することを推論する。この理性的推論においてアナロギアが重要な役割を果たす。エリウゲナにおけるアナロギアとは神と被造物との間の比例関係、因果関係、分与と分有の関係であり、また特に被造物が神から分与されたそれぞれの被造物の限度である。「いかなる被造物も自分の限度（アナロギア）に応じた最高善の分有を完全に奪われているわけではない」(53)。「万物は神から創造されたので、知性、理性、感覚、生命運動、存在と所有の機会のいずれによってであれ、万物は神を限度に応じて分有する」(54)。アナロギアは被造物が神の照明を分有するそれぞれの限度を指している。われわれはアナロギアによって神についての知識に到達しうるのであり、理性が得る神についての知識はアナロギア的な知識である。

われわれの理性は自由学芸を学び、それによって神についての知識を獲得することができる。自由学芸のうちエリウゲナにとって弁証法は「諸学芸の母」（mater artium）(55)である。というのは、すべての学芸は弁証法から流れ出、弁証法に流れ入る、支流のようなものだからである。そして「弁証法は人間の発明から起こったのではなく、最初に全学芸の創設者〔神〕によって本性のうちに植え付けられたのである」(56)のだから、知性は学芸を自分の外ではなく、自分の内部に見出すのである(57)。人間本性の「秘奥」（archana）に植え付けられた学芸はそこから知性に下降し、そこからさらに理性へ、理性から記憶へ、記憶から体の感覚へ、感覚から可視的形象へと下降する(58)。

弁証法は異端説を論駁してキリスト教の正しい信仰を守ることに役立つのみならず(59)、「物事の真の観想」（uera rerum contemplatio）(60)と呼び習わされているように、理解を高めることに役立つのである。エリウゲナにとって自由学芸は神的真理の観照に資するものとして重要なのである。「様々な泉から流れ出たたくさんの水が一つの河床に合流して流れ下るように、本性的な自由学芸は内なる観照という一つの同じ意味に統合される。すべての知恵の最高の泉――それはキリストである――が至る所で神学の様々な観照によって知られるのである」[61]。かくてすべての自由学芸はキリストに集約される。そしてエリウゲナにとって自由学芸はたんに理性の学にとどまらない。自由学芸は聖書と関係づけられ、しかもすべての自由学芸は聖書のうちに見出されるのである[62]。自由学芸はたんなる予備的学問ではない。哲学は天国に至るための、したがって救済のための意義を持つのである。「哲学によらざれば、何人も天国に入るべからず」[63]。哲学と神学との合致の思想はエリウゲナに一貫している。すでに最初期の著作『予定論』（De diuina praedestinatione）で「真の哲学は真の宗教であり、逆に真の宗教は真の哲学である」[64]と表明されている。したがって、自由学芸の習得と研究は聖書を理解するために必要であり、かつそのために自由学芸を自由に使用することが許されるのである。

一〇　魂の自己知と自己無知

「創世記」の記述に従えば、人間は神にかたどって、神に似せて造られた（創一・二七）。しかもそのように創造されたのは全被造物のうちで人間だけなので、人間は優れた意味で神の像なのである。人間存在の全体が神の像であるが、特に魂が聖三一性を担う神の像であり、体はその魂の像である。したがって、人間本性は神との存在論的な類似性を有するのである。理性的本性であれ知性的本性であれ、神は自分が何であるかを知らないように、人間は自分が何であるかを知らない（ただし、自分が存在していることは知っている）[65]。アウグスティヌスに倣って、エリウゲナは人間の魂が自己認識を通して神に至る直接の道であるとする。「われわれが父自身の理解するところのわれわれの精神と、われわれがそれによって父を理解する真理との間には、いかなる被造物も介在していない」[66]。エリウゲナはこのアウグスティヌスの言葉を、人間本性が堕落後でも神を直観する原初の知性的能力を完全には失っていないことを証言するものと解した。エリウゲナは、人間が至福を渇望する事実から、人間の魂にはかつての至福の記憶が何らかの仕方で残存しており、したがって人間には神を直観する可能性が残っているに違いないと考える[67]。「われわれの本性の理性的部分は、神の御言葉が現存することで、自分で可知的事物や自分の神を知るのではなく、自分のうちに植え付けられた神の光を通してそれらを知るのである」[68]。この人間に植え付けられた神の光が人間の魂に神の観照を可能にする。「根源的範型〔神〕のすぐあとにある、それの像の最も確かな知識のほかに根源的範型の最も純粋な観照に至る道はない」[69]。

確かに被造物の知識は理性が創造者について知るための出発点となるが、しかし被造的本性の考察が創造者の知識よりも先行する場合は、可感的事物の妄想や誘惑から免れない。したがって、神の光線の輝きを浴びて、自分自身と自分の神を探し求める以外に安全な道はない[70]。

一一　脱自と還没

エリウゲナによれば、人間の最高能力である知性は原罪によって完全に失われたわけではないが、現実的な力としては働いていない。しかし神から特別な恩恵を受けた人々は知性が回復されて神的真理を直観することができる。そういう人々は、諸事物が存在していることから、神の本性が存在することを、諸事物の驚くべき秩序から、それが知恵あるものであることを、諸事物の運動から、それが生命であることを理解するのである。それゆえ、万物の原因であり、万物を創造する本性であるものは存在し、知恵があり、生きているのである[71]。

人間本性は知恵を働かせることができるが、それは自分自身が知恵であるからではなく、知恵を分有することによって知恵あるものとなるからである。人間の理性は神の御言葉が現存するとき、自分のうちに植え付けられた神の光〔御言葉〕[72]を通して知るのである[73]。

エリウゲナが一般論として観想ないし観照について語るのは、天使の場合と、この世における義人の脱自（excessus）[74]の場合と、来世における神への還帰の場合であるが、ここでは神的真理の観照にあずかった特例の人々として使徒パウロと福音書記者ヨハネについて触れておこう。

使徒パウロは「コリントの信徒への手紙二」第一二章第二節で自分が第三の天にまで引き上げられた不思議な体験を語っている。エリウゲナはパウロの昇ったその第三の天を楽園、つまり人間本性の原初の完全性、あるいは世界過程の終わりに還帰すべき人間のイデア、と解釈する[75]。しかしエリウゲナは、ヨハネは楽園に還帰したにとどまらず、パウロの体験を超えて神との合一に達した、つまりヨハネは自分自身と存在するすべてのものを超越して、人間以上のものとなって、神的な三つの実体の唯一の本質であって唯一の本質における三つの実体の秘密に帰入した、と解する[76]。エリウゲナによれば、ヨハネが聖書で「初めに御言葉があった」（ヨハ一・一）と宣言できたのは、彼が神へ移り行き、真理の分有者となったからである。ヨハネは神学的観想から神秘的観照の充足に至ったのである。

ヨハネの神秘的観照は、神への還帰の終極における人間本性の神への還没（occasus）のことであろう。「三番目の最高段階は、最も浄化された魂の神そのもののうちへの、いわば万物の諸原因が隠されている捉え難く近づき難い光の闇への超本性的な還没である。そのとき夜は昼のように輝くであろう（詩一三八・一二）、つまり最も密かな神の神秘は祝福され照明された知性たちにある言い表し難い仕方で開示されるであろう[77]」。それは人間が本性を超えて、しかし人間としての実体を保持したままで、神と一体化したかのごとくにただ神のみを見る事態である。それをエリウゲナは人間を熔解した鉄に譬え、神を火に譬えて、あるいは人間を空気に譬え、神を光に譬えて描く。「鉄が火に熔かされて液体に熔解する場合、感覚には鉄の本性に由来するものはまったく何も残っていないように見え、全体が火の性質に変化したのであるが、しかし、たとえ鉄は熔かされてもその本性を保持していることはただ理性によってのみ認識される。それゆえ、述べたように、空気全体が光に見え、熔解した鉄全体が火のように、いやまったく火そのものに見える――その場合それらの実体は保持されているが――。この世の終わった後には、物体的であれ非物体的であれ、すべての本性はその本性全体を保持しながらも、ただ神としか見えず、その結果、それ自身としては捉えることができない神も、何らかの仕方で被造物に捉えられ、その一方で、被造物自体は言い表し難い不思議によって神に変わるということを聡明な知性ならば是認しなければならない(78)」。

＊　註

エリウゲナの著作の略号は以下の通りで、以下の版の箇所とともに Patrologia Latina (=PL) 122 の頁数と段記号を並記した。

De diuina praedestinatione (=*DP*), Corpus Christianorum, Continuatio Mediaevalis (=CCCM) 50, G. Madec (ed.), Turnhout, 1978.

Annotationes in Marcianum (=*AM*), C. E. Lutz (ed.), Cambridge Mass., 1939.

Periphyseon (=*P*), ed. É. Jeauneau, Liber primus, CCCM 161, Turnhout, 1996; Liber secundus, CCCM 162, Turnhout 1997; Liber tertius, CCCM 163, Turnhout 1999; Liber quartus, CCCM 164, Turnhout 2000; Liber quintus, CCCM 165, Turnhout 2003.

Expositiones in hierarchiam coelestem (=*Exp*), CCCM 31, J. Barbet (ed.), Turnhout, 1975.

Omelia Iohannis Scoti (=*Omelia*), É. Jeauneau (ed.), *Homélie sur le Prologue de Jean*, Sources Chrétiennes (=SC) 151, Paris, 1969.

Commentarius in Euangelium Iohannis (=*CEI*), É. Jeauneau (ed.), *Commentaire sur l'évangile de Jean*, SC 180, Paris, 1972.

Praefatio ad uersionem operum s. Dionysii Areopagitae (=*PrD*), PL 122, pp. 1031-1036.

（1） diuina eloquia は、文字通りには「神のことば」の意だが、「聖書」を表現する言葉としてすでにアウグスティヌスなどにも多くの用例があり、またラテン語聖書では「ローマの信徒への手紙」第三章第二節に eloquia dei の用例もあって、ラテン語世界では聖書を表す一般的な表現の一つである。エリウゲナは偽ディオニュシオスの著作をラテン語に翻訳した際、ギリシア語の ἱερὰ λόγια を diuina eloquia と訳している。

（2） *Omelia* XI, SC 151, p. 254; PL 122, 289C. 後のスコラ哲学において聖書と自然（被造的世界）を二つの書物と見る見方に通じる。それに関する彼の発想の元はアウグスティヌスと証聖者マクシモス（Maximos Homologetes〔Maximus Confessor〕五八〇—六六二年）であろう。なお、本文中の〔 〕は筆者の補いである。Cf. *CEI* I, 29, SC 180, p. 154; PL 122, 307A-B; Augustinus, *De Genesi ad litteram* 5, 1; Maximus Confessor, *Ambigua*, PG 91, 1128B-C. エリウゲナによるそのラテン語訳は PL 122, 307A-B.

（3） *P* I, CCCM 161, p. 96; PL 122, 511B.

（4） *Ibid.* I, CCCM 161, p. 13; PL 122, 499B.

（5） *Ibid.* V, CCCM 165, p. 139; PL 122, 959C-D.

（6） *Ibid.* I, CCCM 161, p. 92; PL 122, 509A.

（7） *Ibid.*

（8） *Omelia* XIV, SC 151, p. 270; PL 122, 291B-C.

（9） *P* III, CCCM 163, p. 102; PL 122, 690B.

（10） *P* IV, CCCM 164, p. 13; PL 122, 749C.

（11） *Ibid.* I, CCCM 161, pp. 92-93; PL 122, 509A.

（12） *Exp* I, 3, CCCM 31, p. 15, 510ff.; PL 122, 138D.

（13） *Ibid.* I, 1, CCCM 31, p. 2, 54ff.; PL 122, 128A-C.

（14） *Ibid.*, CCCM 31, p. 3, 76ff.; PL 122, 128C.

（15） *P* V, CCCM 165, p. 10; PL 122, 866A.

（16） *Omelia* X, SC 151, pp. 246-247; PL 122, 288D.

（17）*P* III, CCCM 163, p. 148; PL 122, 723B.
（18）*De doctrina christiana* II, 18, 28.
（19）*Ibid.* II, 40, 60.
（20）*P* II, CCCM 162, p. 67; PL 122, 575A.
（21）*Ibid.* IV, CCCM 164, p. 53; PL 122, 777C-D.
（22）*Exp* II, 1, CCCM 31, p. 44; PL 122, 146C.
（23）*P* I, CCCM 161, p. 93; PL 122, 509A-B.
（24）*CEI* III, 5, SC 180, p. 228; PL 122, 320B.
（25）*Omelia* XXIII, SC 151, p. 314; PL 122, 296D.
（26）*CEI* IV, 1, SC 180, p. 280: PL 122, 331B.
（27）*Ibid.* III, 3, SC 180, p. 212; PL 122, 317B. エフェ二・八、二テモ一・六、Augustinus, *De dono perseuerantiae*, 14, 35ff. を参照。
（28）エリウゲナの使ったラテン語訳聖書はSeptuagintaからラテン語訳されたもので、ウルガタ聖書（si non credideritis non permanebitis）ではない。ちなみに新共同訳では「信じなければ、あなたがたは確かにされない」である。
（29）*Omelia* II-IV, SC 151, pp. 210-220; PL 122, 284B-285C.
（30）*Exp* II, 5, CCCM 31, p. 45; PL 122, 165C.
（31）*Omelia* XII, SC 151, p. 262; PL 122, 290B.
（32）*P* I, CCCM 161, p. 98; PL 122, 513B.
（33）*Ibid.*
（34）*Ibid.* IV, CCCM 164, p. 89; PL 122, 804Cff.
（35）*Ibid.* II, CCCM 162, pp. 96-97; PL 122, 596A-C.
（36）Augustinus, *De ordine* II, 16, 44. *P* II, CCCM 162, p. 99; PL 122, 597D-598A; *ibid.* III, CCCM 163, p. 96; PL 122 687A; *ibid.* IV, CCCM 164, p. 45; PL 122; 771C; *CEI* I, 25, 98, SC 180, p. 126; PL 122, 302B.
（37）エリウゲナのラテン語原文はCuius ignorantia uera est sapientiaであるが、偽ディオニュシオスの著作にこれにぴったり対応するギリシア語原文は見出せない。エリウゲナは偽ディオニュシオスの言わんとするところをそのようにまとめたのである。*P* I, CCCM 161, p. 94; PL 122, 510B; *ibid.* II 593C, CCCM 162, p. 94; PL 122, 594A; 597D-598A; *ibid.* IV 771C, CCCM 164, p. 45; *CEI* I, 25, SC 180, p. 126; PL 122, 302B. このエリウゲナの言葉に文意として対応する偽ディオニュシオスの原文については Dionysius Areopagita, *De diuinis nominibus* 7, 3 (ed. B. Suchla), p. 198; PG 3, 872A; *Epistula* I (eds. G. Heil, A. M. Ritter), p. 157; PG 3, 1065A-B; PL 122, 1177B; *De mystica theologia* II (eds. G. Heil, A. M. Ritter), p. 145; PG 3, 1025B を参照。

（38） *P* III, CCCM 163, p. 25; PL 122, 635A.

（39） *Ibid.*, CCCM 163, p. 88; PL 122, 681A.

（40） *Ibid.* II, CCCM 162, p. 87; PL 122, 589B-C.

（41） *Ibid.*, CCCM 162, p. 49; PL 122, 562A-B.

（42） *Ibid.*, CCCM 162, p. 55; PL 122, 566C-D.

（43） *Ibid.*, CCCM 162, p. 57; PL 122, 557C.

（44） *Ibid.*, CCCM 162, p. 107; PL 122, 603B.

（45） *Ibid.* IV, CCCM 164, pp. 17-18; PL 122, 752D-754B.

（46） *Ibid.*, CCCM 164, p. 20; PL 122, 754C.

（47） *Ibid.*, CCCM 164, p. 19; PL 122, 754A.

（48） ここからわかるようにエリウゲナの theologia は現在、われわれが一般的に理解している意味での「神学」と異なり、観想や観照と呼ばれる働きという意味が強い。

（49） *P* III, CCCM 163, pp. 16-17; PL 122, 628C-629B. ここでは contemplatiuus を「観照する」、theoreticus を「観想する」と訳した。観照も観想も本来は仏教用語で、観照が「智慧をもって観じ、明らかに知ること」の意で、観想が「深く思いをこらすこと」の意である（中村元編『佛教語大辞典』上巻、一九六—一九七頁）。これにもとづいて両者を訳し分けた。

（50） *Ibid.* I, CCCM 161, p. 14; PL 122, 450B.

（51） *Ibid.*, CCCM 161, p. 20; PL 122, 454A.

（52） *Ibid.* V, CCCM 165, p. 225; PL 122, 1020D-1021A.

（53） *Exp* II, 3, CCCM 31, p. 39; PL 122, 160A.
（54） *P* III, CCCM 163, p. 34; PL 122, 641C.
（55） *Ibid.* V, CCCM 165, p. 16; PL 122, 870B.
（56） *Ibid.* IV, CCCM 164, p. 12; PL 122, 749A.
（57） *Ibid.* III, CCCM 163, p. 57; PL 122, 658B.
（58） *Ibid.*, CCCM 163, pp. 57-58; PL 122, 658B-659A.
（59） *DP* I, 2, CCCM 50, p. 6; PL 122, 358C.
（60） *P* I, CCCM 161, p. 62; PL 122, 486B.
（61） *Exp* I, 3, CCCM 31, p. 16; PL 122, 139D-140A.
（62） *Ibid.* I, 3, CCCM 31, p. 16; PL 122, 140A.
（63） *AM* 57, 15, p. 64.
（64） *PD* I, 1, CCCM 50, p. 5; PL 122, 358A.
（65） *P* I, CCCM 161, p. 67; PL 122, 490B.
（66） *Ibid.* II, CCCM 162, p.11; PL 122, 531B. Cf. Augustinus, *De uera religione* I, 7, 13.
（67） *Ibid.* IV, CCCM 164, p. 53; PL 122, 777C-D. この考え方はアウグスティヌスの至福概念を想起させ、さらにプラトンのイデアへの渇望の概念を想起させる。
（68） *Omelia* XIII, SC 151, p. 266; PL 122, 290D.
（69） *P* V, CCCM 165, p. 114; PL 122, 941C.
（70） *Ibid.* IV, CCCM 164, p. 146; PL 122, 844C.
（71） *Ibid.* I, CCCM 161, p. 22; PL 122, 455B.
（72） 「心に植え付けられた御言葉を受け入れなさい」（ヤコ一・二一）を参照。
（73） *Omelia* XIII, SC 151, pp. 262-266; PL 122, 290C-D.
（74） *P* I, CCCM 161, p. 12; PL 122, 448B.

(75) *Omelia* IV, SC 151, pp. 218-220; PL 122, 285C.
(76) *Ibid.* IV-V, SC 151, pp. 220-222; PL 122, 285C-D.
(77) *P* V, CCCM 165, p. 225; PL 122, 1020D-1021A.
(78) *Ibid.* I, CCCM 161, p. 16; PL 122, 451B.

二　カンタベリーのアンセルムスにおける信仰と理性

矢内　義顕

はじめに

カンタベリーのアンセルムス（Anselmus 一〇三三／三四―一一〇九年）は、『プロスロギオン』（Proslogion）第二章において神の存在証明を開始するにあたり、次のように神に祈る。「主よ、あなたは、私があなたを記憶し、あなたについて思索し、あなたを愛するために、あなたの似像を私のうちに創造して下さったことを、私は告白し、感謝いたします。けれども、この似像は、悪徳によって摩滅し、罪の煤煙によって黒ずんでいるため、あなたがそれを新たにし、創りかえて下さらなければ、それが創造された目的を果たすことができません。主よ、私は、あなたの高みに到達しようとは思いません。私の理解をそれに比べることなど決してしないからです。けれども、私の心が信じ、愛するあなたの真理を、いくらかなりとも理解したいと切に願います。私は、信じるために理解することを求めるのではなく、理解するために信じるからです。というのも、〈信じないならば、私は理解しないだろう〉ということも、私は信じているからです(1)」。

「信じなければ、あなたがたは理解しないだろう」という「イザヤ書」第七章第九節の言葉を(2)、一人称で語ることによって信仰的な確信とし、アンセルムスは「理解するために信じます」（credo ut intelligam）と言う。この姿勢は彼の全著作を貫いている。[3] 信仰は「信仰の根拠」（ratio fidei）[4] の探求を促す。「信仰は理解を求める」（fides quaerens intellectum）[5] のである。『神はなぜ人間となったか』（Cur Deus Homo）において、彼は、対話の相手ボソー（Boso 一〇六五―一一三六年）の口をとおして、「正しい秩序は、私たちがキリスト教信仰の深みを理性によって論ずることを企てる前に、まずそれを信じることを要求しますが、それと同じく、もし私たちが堅固な信仰を得た後に、信じることを理解しようと努めないならば、怠慢であると私には思われます」[6] と述べる。それゆえ、まず信仰から検討することにする。

一　信　仰（fides）

アンセルムスは、アウグスティヌス（Auelius Augustinus 三五四―四三〇年）のように[7]、後世に取り上げられるような信仰の定義を残してはいないが、幾つかの箇所で信仰について述べている。ここでは、主として彼の最後の著作『自由選択と神の予知、予定、恩恵の調和について』（De Concordia praescientiae et praedestinationis et gratiae dei cum libero arbitrio）を取り上げることにする。本書の「問題三」は、自由選択が恩恵と共存し、共働することを論証するが[8]、彼は、その中で「ローマの信徒への手紙」第一〇章の言葉を、『真理について』（De Veritate）で定義された「真理」（veritas）・「正しさ」（rectitudo）などの概念を用いて解釈することにより、信仰が恩恵をとおしてどのように人間の心に生じるかを明らかにする。[9]

信仰は、神の言葉を聞くことに始まる。神の言葉とは、「すべての真理のための権威を包含する」聖書である。[10]

神は、その言葉を、人を介せずに奇跡的な仕方で、預言者、使徒そして福音に与え、聖霊の奇跡によって救いに役立つすべてのことを明らかにした[11]。そしてこの聖書の言葉を宣教するために神から派遣された者たちがいる。ここに教会の役割があるが、アンセルムスは教会論を展開することはない[12]。人は彼らをとおして神の言葉を聞く。この場合、それが単に音声として聞かれるなら、精神の内にいかなる意味も構築しない。また、何らかの意味をもつものとして聞かれたとしても、救いのために信ずべき「真理」・「正しさ」として捉えられないこともある。だが、聞くこと、読むこと、推論などをとおして、そのことが理解されたとき[13]、言い換えると、精神がそのことを「懐く」（concipere）とき、この理解は信仰が生じるための「種子」（semen）となる[14]。誰でも、心の内に懐かなかったことを望むことはできないからである[15]。そして意志には、意志が望むべきこととして神が望むこと[16]、すなわち「正しさ」を望む「傾向性」（affectio）が備わっている[17]。だが、人は、聞いたことが真理であると理解しても、それに「服従すること」（oboedire）、それへと「向かうこと」（convertari）を、望まないこともある[18]。それゆえ、信ずべきことを信ずべきこととして理解し、意志が望むべきことを正しく望むとき、つまり「意志の正しさ」（rectitudo voluntatis）が恩恵によって与えられるとき、信仰が成立する[19]。

さらに、人はここだけに留まるべきではない。正しく理解し、それを正しく望むだけでなく、それに従って「正しく生きることを望まない者は、死んだ信仰（ヤコ二・二六）しかもっていない[20]」。「死んだ信仰」とは『モノロギオン』（Monologion）によると、「信ずべきことだけを信じることである[21]」。これに対して、「正しく生きることを望むこと」とは、意志の正しさを、他のことのためではなく、それ自体のために保持する「義人（正義の人）」として生きることである[22]。彼は「愛によって働く信仰[23]」、「生きた信仰」をもち、全思考と行為において愛によって向かうべき唯一の目標としての最高の真理・神へと向かい[24]、この目標に「信じ入る」（credere in）[25]のである。

ここまで述べたことは、「信ずる」という意味での「信仰」(fides qua creditur)だが、「信じられる内容」としての「信仰」(fides quae creditur)[26]、つまり、信仰の対象である「権威」(auctoritas)についても簡単に触れておこう。アンセルムスは、書簡を除く全著作をとおして、様々な文脈において「権威」という語を三六回使用している[27]。彼が権威と呼ぶものの中で最も重要なのは、神と「すべての真理のための権威を包含する」聖書である[28]。さらに、アタナシウス信条も含めた公同教会の信条[29]、アウグスティヌスをはじめとしてアンブロシウス(Ambrosius 三三九頃—三九七年)、ヒエロニュムス(Hieronymus 三四七—四一九/二〇年)、グレゴリウス一世(Gregorius I 在位五九〇—六〇四年)などの教父[31]、これにヌルシアのベネディクトゥス(Benedictus 四八〇頃—五四七/六〇年頃)の『戒律』(Regula)も加えることができる[32]。また教皇[33]、彼の師ランフランクス(Lanfrancus 一〇一〇頃—八九年)を含む大司教も[34]「権威」のうちに数え入れられる。

「愛によって働く信仰」をもつ者は、これらの「権威」が語る真理に従順に傾聴し、それを生きることによって経験し、理解しようと努めるのである[35]。次にこの「理解」において主導的な役割を果たす「理性」(ratio)[36]について述べることにする。

二　理　性(ratio)

アンセルムスの最初の著作『モノロギオン』は、理性の自己自身との対話、つまり理性の自己認識をとおして、自らの存在と認識の根拠である神を理解しようとする[37]。この思索は、ときに「無」(nihil)に脅かされながらも[38]、最高の存在としての神とこの神によって創られた理性的本性の存在・認識との類似性と差異を明らかにする。

神によって創造され、この世界に存在する事物は、この神との類似性に従って、単に存在するもの、生存するもの、感覚をもつもの、そして理性的本性をもつものという存在の段階を構成する[39]。そしてこの存在論的な類似性のゆえに、理性的本性は神の認識により近づくことができるのである[40]。アンセルムスは、人間の精神が自らを記憶し、理解し、愛することができることのうちに、三位一体の神の似像を見出す。それは、記憶としての父なる神、理解としての子なる神、両者から発出する愛としての聖霊なる神を映し出す「鏡」のようなものである[41]。むろん、それは、物体的な鏡とは異なり、自らの意志の努力によらなければ、神の似像を映し出すことはできない[42]。人間の精神は、自己を記憶し、理解し、愛すると同時に、自己の原像である神を記憶し、理解し、愛さねばならない。理性的精神は、このために自己の存在を神に負っており（debere）、まさにそのゆえに、全能力と意志とを、神の探求に向けなければならない（debere）のである[43]。冒頭に引用した『プロスロギオン』の言葉は、『モノロギオン』における思索の結論を簡潔に表現したものである。

人間のうちにあって「君主また審判者」（princeps et iudex）であり[44]、推理の能力[45]、正と不正、真と偽、善と悪、そして善の諸段階を区別し判断する能力をもつ理性が神の似像であることに依拠し、アンセルムスは、『モノロギオン』『言の受肉に関する書簡』（Epistola de Incarnatione Verbi）そして『神はなぜ人間となったか』において「理性のみによる」（sola ratione）という大胆な方法を採用する[46]。それは、「聖書の権威によらず」（sine scripturae auctoritate）あるいは「キリストを除外して」（remoto Christo）[47]、理性の推理から得られる「必然的な諸根拠」（rationes necessariae）によって論証を進める方法である[48]。上述の諸権威は、論証の根拠・手段として用いられるのではなく、理解の対象となる。

アンセルムスにとって、この理解の営みは、諸権威の語ることを忠実に理解することに留まるものではない。「すべての真理のための権威を包含する」聖書であっても、人間的な言語の制約を免れず、「本来的な真理」(proprietas veritatis) が隠蔽されていることもある。[51] また教会の教父・博士にとっても「真理の根拠は広大、深淵であるため、死すべき者たちには汲み尽くすことができず」、「信仰の根拠」のすべてが論じられたわけではない。[52] それゆえ、彼は『モノロギオン』『プロスロギオン』について、教会の博士たちの書物において「読んだことのないこと、あるいは読んだ記憶のないことを記した」[53] と述べ、『神はなぜ人間となったか』は、彼以前の神学が十分に論じなかったキリストの業を主題的に取り扱い、その際、彼は教父神学が成熟させたキリストの位格の教理から様々な含蓄を引き出す。[54] アンセルムスの探求は、これらの諸権威が究極的に指し示す、最高の真理、真理の根拠に向けられたのである。

もちろん、「堅固な信仰を得た後に、信じることを理解しようと努める」以上、その理解の内容は、信仰と一致、調和するものでなければならない。事実、彼は『モノロギオン』『プロスロギオン』について、教会の博士たちが語らなかったことでも、彼らの言葉と「おそらく衝突せず、むしろ調和することを表現した」[55] と述べ、『神はなぜ人間となったか』では、「新約と旧約聖書に含まれていることはすべて立証されたと理解する」[56] と述べる。そして『自由選択と神の予知、予定、恩恵の調和について』においては、理性的な論証の真偽性の判定基準を、聖書を規範として明示する。第一に、聖書が理性的論証の結論を明確に肯定する場合、その結論は真である。第二に、論証の結論が聖書には明示されていない場合でも、それが聖書と矛盾しないか、あるいは聖書のうちにこの結論に対するいかなる反対理由も見出されない場合は、その結論は真である。第三に、論証それ自体としては正しくても、それが聖書と矛盾するならば、その結論は偽とみなされる。[57] 彼が、最後の著作において、このような基準を明示していることは注目すべきだろう。

三　理性の限界

アンセルムスは、十三世紀のトマス・アクィナス（Thomas Aquinas 一二二四／二五―七四年）のように、理性の到達しうる限界を定める原則を明確に提示していない[58]。実際、『モノロギオン』では三位一体を、『神はなぜ人間となったか』では神の子の受肉の必然性を、理性のみで論証しようとしており、彼の理性に対する信頼、その理解の到達範囲には限界がないように思われる[59]。

けれども、彼の著作においては、その限界が明らかとなる箇所がある。例えば、『モノロギオン』における三位一体の理性的な探求は、最高の本性が一でありながら、しかもそこに「表現を超えた複数性」[60]が存在するという神秘の事実を確認したことに満足し、それが「どのようであるか」を究明する努力は控える[61]。『プロスロギオン』の第一五章では、神が「それより大なるものが考えられえない方」であるばかりでなく、「考えられうるよりも大である」と述べ[62]、続く第一六章では、神が「近づき難い光」であり、人間の理解は、その光に照らされるけれども、その光に到達することはできないと述べる[63]。三位一体については、いかなる論証もなされず、第二三章において信仰告白として語られるに留まる[64]。

神の探求において、このように理性が挫折せざるをえない理由は三つある。その第一は、神と人間との間の存在論的な差異である。確かに、上述のように理性的な被造物は、被造物のうちで最も神に類似した存在ではあるが、「それ自体で存在する」神と「他（神）を通して存在する」人間[65]、「真に存在し、存在しないとは考えられえない」神と「存在しないと考えられうる」人間との間には、超えることのできない深遠が横たわっている。「存在の根拠」（ratio existendi）を異にする二つの存在を比較したとき、一方は「それのみが純一、完全、絶対的に存在し、他のすべてのものは、ほとんど存在せず、かろうじて存在していることが分かるだろう」[68]とアンセルムスは述べる。第二に、こうした存在である人間の言葉とそれを用いてなされる思考にも限界があることは明らかである。「私の精神が言葉の貧弱な意味によって理解しようと努力しているものと比較すると、言葉がその意味によって私の精神のうちに作り上げようとするものは、非常に小さく、いや、それとはるかに異なるものでさえある」[69]。それゆえ、人間の言語は、神を「その本質の特性を通して」（per essentiae suae proprietatem）あるがままに表現することはできず、常に「ある類似性によって」（per aliquam similitudinem）しか表現できないのである。[70]

第三に、冒頭に引用した『プロスロギオン』の一節が示すように、人間の堕落により神の似像が著しく曇らされていることである。むろん、キリストの贖罪の業はこの似像の刷新をもたらし、信仰は心を清め、聖書に従順に従う霊的な生活によって「知性的に満足を与えるものへと、さらに深く導かれていくことは真実である」と彼は言う。[71]しかし、「あなたは私のうちに、あなたの愛すべき似像を新たに創られましたが、私はその上に憎むべき像を重ねてしまいました」[72]と悲痛な心情も吐露する。救われた後も「各人の犯す罪」（peccatum personale）[73]は、新たに創りかえられた似像を曇らせるのである。

それゆえ、アンセルムスは『プロスロギオン』において「私の心が信じ、愛するあなたの真理を、いくらかなりとも（aliquatenus）理解したいと切に願います」[74]と述べ、またこの理解の結果が「よりよい啓示が何らかの仕方で与えられるまでの」暫定的なものであることは、彼が常に自覚していたことである。[75]そして、同書の最終章では、「神よ、あなたを知り、あなたを愛することで、あなたから喜びを得ることができるように、私は祈ります。もしこの世で完全な喜びを得ることができないのなら、満ち足りる日まで、少なくとも日々進歩しますように。この世において私のうちにあなたの知識が増し、かの世で完成されますように。あなたへの愛が成長し、かの世で完成されますように[76]」と祈る。彼にとって「この世において得られる理解は、信仰と至福直観の中間に位置する[77]」のである。

四　理性的な対話への開き

上述のように、すべて人間が神の似像として理性を与えられている以上、キリスト教信仰の有無に関わらず、その信仰の理性的な説明に関しては、誰もが理解することができることになる。実際、神の言葉を「宣教するために派遣された者たち」の言葉を聞き、それを理解する者たちは、まだ信仰をもっているわけではない。それゆえ、アンセルムスの思索は、信仰をもたない者たち、すなわち、無神論者、ユダヤ人、異教徒（イスラーム）、さらに、ギリシア教会との対話に開かれており、これを「理性的寛容」と呼ぶこともできよう[78]。

彼は、『モノロギオン』の冒頭で、キリスト教の信仰について「聞いておらず、あるいは信じていないために知らない者がいるとしても、彼が平均的な知力の持ち主でさえあったならば、その大部分については少なくとも理性による推論だけで、認めることができると考える[79]」と述べ、彼が、すでに最初の著作において非キリスト教徒を念頭に置いていたことは明らかである。『プロスロギオン』の場合は、「信じていることの理解を求める者の立場から」執筆されており[80]、護教論的な意図はないと見なすこともできる。だが、彼自身が『言の受肉に関する書簡』で、『プロスロギオン』も「理解しないことを信じようとはせず、信じる者たちを嘲笑する者たちに対して、私たちの信仰を擁護しようと応答するために」執筆されたと述べている。[81] 実際、神の存在を否定する「愚か者」も、信じることを望まない者も、論証それ自体は理解できると考えられている。[82] むろん、これらの場合、彼が特定の無神論者や非キリスト教徒を考えていたかどうかは不明である。聖人伝などの宗教文学に登場する人物が念頭にあったとも考えられる。[83]

しかし、一〇九〇年頃に始まる、ロスケリヌス（Roscelinus 一〇五〇頃―一一二〇／二五年）の異端との論争において、彼は、異端者だけでなく、具体的な「異教徒」に対するキリスト教信仰の弁証という課題をより強く自覚する。しかも、その自覚を促したのがロスケリヌスだった可能性もある。「私の聞くところによると、三位格は、三人の天使あるいは三つの霊魂のようなものだと主張すると言われているこの人物〔ロスケリヌス〕は、〈異教徒は彼らの法を弁護し、ユダヤ人は彼らの法を弁護する。それゆえ、われわれキリスト教徒もわれわれの信仰を弁護しなければならない〉と言っているということである」と述べられているからである。[84] ただし、ロスケリヌスがどのような文脈でこの発言をしたのかは不明である。さらに、「もし三位格が一つのものでしかなく……意志と能力においてまったく同じであるなら、父と聖霊は子と共に受肉した」[85]と主張するロスケリヌスの異端説との遭遇は、アンセルムスの思索において、神の子の受肉が主題となる契機の一つを提供したかもしれない。むろん、『神はなぜ人間となったか』を執筆するきっかけとなったのはこれだけではない。

アンセルムスは、一〇九二年、イングランドを訪問した際、彼の旧友・弟子であったウェストミンスター修道院長ギルベルトゥス・クリスピヌス（Gilbertus Crispinus 一〇四五頃―一一一七年）のもとに滞在する。当時、ギルベルトゥスは、マインツからロンドンにやって来た学識のあるユダヤ人によって提起された受肉についての論争に関係しており、彼らがこの件について何らかの意見を交わしたと思われる。そして、このことが、アンセルムスに『神はなぜ人間となったか』を執筆させるきっかけの一つになったことは十分に考えられるし[86]、またギルベルトゥスの『ユダヤ人とキリスト教徒の討論』（Disputatio Judaei et Christiani）にも影響を与えたことは言うまでもない[87]。

アンセルムスは、『神はなぜ人間となったか』の冒頭で、本書の執筆が受肉に関する理性的な説明を求める多くの人々に促されたものであり、「彼らがこう要求するのは、理性によって信仰に到達するためではなく、彼らが信じる事柄を理解し、観想することによって喜ぶためであり、またできる限り〈われわれの内にある希望に関して、説明を求めるすべての人に満足を与えることができるように備えておく〉ためである[88]」と述べる。ここで、アンセルムスは、「理解を求める信仰」の立場と同時に、キリスト教の護教家が「標準的な典拠」（locus classicus）とする新約聖書の「ペトロの手紙一」第三章第一五節を引用して、本書の護教的な目的を明確に表明する。この受肉の問題は、「キリスト教徒の純朴を愚かだと嘲笑する不信仰者が、キリスト教徒に対する反駁として提起するのが常だからである[89]」。アンセルムスは、この目的のために、『真理について』など一連の著作で用いた教師と生徒との対話形式を採用するが、本書ではそれがキリスト教徒と不信仰者との対話となる[90]。そして対話の相手ボソーがこの不信仰者の役割を引き受け、「私が不信仰者の言葉を用いることをお許しください。それは、私たちが信仰の理性的根拠を究めようとするさいに、理性的根拠がなければこの信仰を決して受け入れようとしない人々の論難を、私が提出するのが妥当だからです。と申しますのも、彼らは信じないから理性的根拠を求め、私たちは信じるから尋ねるとはいえ、彼らも私たちも求めているのは一つの同じことだからです[91]」と述べる。この「不信仰者」（infideles）と言われている者たちは、本書の最後で「ユダヤ人」そして「異教徒」と呼ばれており[92]、後者が具体的には、サラセン人（ムスリム）である可能性も否定できない[93]。ボソーの言葉は、キリスト教徒であれ非キリスト教徒であれ、受肉の理性的根拠を探求する対話に参加し、それについて理解ができるという確信を表明している。ただ、キリスト教徒は、信じるからこそ、その理性的根拠を求め、非キリスト教徒は信じないからこそ、その理性的根拠を問い、各々の動機は異なるが、その探求の対象は「一つの同じこと」なのである。

アンセルムスのこうした意図は、キリストが何らかの必然性によって死んだのではないことを証明する際に、アリストテレス（Aristoteles 前三八四―三二二年）の名を引き合いに出していることからも窺われよう。[94] 彼が、全著作の中でこの名を出すのは、弁証論理学の入門書として書かれた『グラマティクスについて』（De Grammatico）を除くと他にはない。[95] ここでは、護教論的な視点で本書の論証の有効性を論ずることは省略せざるをえないが、[96] 彼自身がそれに満足していたことは、本書の末尾でボソーの口をとおして「あなた（アンセルムス）は、ユダヤ人のみならず異教徒も満足させました」[97] と述べていることから明らかである。

最後に『聖霊の発出について』（De Processione Spiritus Sancti）にも触れておこう。一〇九八年の一一月、アンセルムスは、教皇ウルバヌス二世（Urbanus II 在位一〇八八―九九年）に従ってバリの教会会議に出席し、ギリシア教会の人々に対してラテン教会の「フィリオクェ」（Filioque）を擁護する。[98] そのときの彼の演説も討論の記録も残っていない。しかし、一一〇二年頃、この時代の「卓越した詩人」（egregius versificator）としても知られるル・マン司教ヒルデベルトゥス（Hildebertus 一〇五六―一一三三年）の強い要望により、本書を執筆する。[99] したがって、本書は直接的にはギリシア教会に向けて書かれたものではない。しかし、アンセルムスは、ギリシア教会の人々も、ラテン教会と共通に信じ告白する事柄を土台とし、理性的に導かれて、「フィリオクェ」の信仰に至ることができるという希望を真摯に表明している。[100] それは、一〇五四年にコンスタンティノポリスで、東西教会の分裂を加速させた、枢機卿フンベルトゥス（Humbertus 十世紀末—一〇六一年）による無分別な行為とはまったく対照的である。

結　語

神の似像としての人間理性の限界を自覚しつつ、「理解を求める信仰」によって遂行された「信仰の根拠」に関するアンセルムスの思索の成果が、現代に至るまでその意義を保ち続けていることは、『プロスロギオン』の神の存在証明、『神はなぜ人間となったか』の贖罪論などから明らかである。また、この「信仰の根拠」に関して、ユダヤ人、異教徒との理性的な対話の可能性を開き、キリスト教徒も非キリスト教徒も「求めているのは一つで同じことである」と語った言葉は、第一回十字軍（一〇九六—九九年）というイスラーム世界への軍事行動が行われているさなかにあって、ひときわ輝きを放っているのみならず、今日もなおその光彩を失ってはいない。

註

（1）*Proslogion* (=*P*), c. I, 100, 12-19. Cf. *Monologion* (=*M*), c. XLIX, 64, 18-21; c. LXVIII, 79, 6-9. 以下、テクストは *Sancti Anselmi Opera Omnia*, F. S. Schmitt, Stuttgart-Bad Cannstatt, 1968 に拠る。なお、出典を示すにあたり、同版の頁、行数を記した。

（2）Cf. *Epistola de Incarnatione Verbi* (=*In*), I, 7, 11-12; *Cur Deus Homo* (=*Cu*), Commendatio operis, 40, 8.

（3）Cf. *De Veritate* (=*V*), c. I, 176, 4-6; *In*, c. I, 6, 5-6; c. IV, 20, 16-21, 4; *Cu*, l. I, c. I, 48, 16-18; *De Processione Spiritus Sancti* (=*Pr*), I, 177, 7-9.

（4）*P*, Prooemium, 94, 6-7; *Cu*, Commendatio operis, 39, 5-40, 2; l. II, c. III, 50, 16-17.

（5）*P*, Prooemium, 94, 7.

（6）*Cu*, l. I, 48, 16-18.

（7）Cf. Augustinus, *De praedestinatione sanctorum*, c. II, n. 5.

（8）*De Concordia praescientiae et praedestinationis et gratiae dei cum libero arbitrio*（=*C*）, q. III, [I.], 246, 10-13.

（9）*C*, q. III, [VI.], 270, 11-271, 19.

（10）*Ibid*., 272, 6-7.

（11）*Ibid*., 271, 20-26.「奇跡」については、*De Conceptu virginali et de originali peccato*（=*Co*）, c. XI, 153, 24-154,16 を参照。

（12）Cf. Y. Congar, L'église chez saint Anselme, in: *Spicilegium Beccense* I, Paris, 1959, pp. 371-399.

（13）Cf. *V*, c. XI, 191, 19-20: ...veritas est rectitudo mente sola perceptibilis.

（14）*C*, q. III, [VI.], 270, 24-27. Cf. *M*, c. X, 24, 29-25, 9; *P*, c. IV, 103, 18-104, 4.

（15）*Ibid*., 270, 28.

（16）*L*, c. VIII, 221, 2-3; *C*, q. I, [VI.], 256, 24-27.

（17）*C*, q. III, [XI.], 281, 5-16. Cf. *Cu*, l. I, c. I, 48, 19-20.

（18）*C*, q. III, [VI.], 272, 8-27. Cf. *Regula Benedicti*, c. LVIII, 17.

（19）*C*, q. III, [VI.], 271, 8-9. Cf. *V*, c. IV, 181, 4-8.

（20）*Ibid*. [II.], 265, 10-12.

（21）*M*, c. LXXVIII, 85, 8-9.

（22）*C*, q. III, [II.], 265, 12-18. Cf. *V*, c. XII, 194, 26: Iustitia igitur est rectitudo voluntatis propter se servata.

（23）*M*, c. LXXVIII, 85, 6.「ガラテヤの信徒への手紙」五章六節を参照。

（24）*Ibid*., c. LXXVII, 84, 9-11.

（25）*Ibid*., c. LXXVIII, 85, 8.

（26）Cf. Augustinus, *De Trinitate*, l. XIII, c. II, n. 5.

（27）Cf. C. E. Viola, Authority and Reason in Saint Anselm's Life and Thought, in: eds. D. E. Luscombe, G. R. Evans, *Anselm Aosta, Bec and*

Canterbury, Sheffield, 1996, pp. 175-181.

(28)　この点については、拙稿「Studium sacrae scripturae――アンセルムスと聖書」『中世思想研究』（中世哲学会）第四一号（一九九九年）一―一五頁を参照。

(29)　*Epistola* (=*Ep*.) 136, 280, 16-26; *Pr*, II, 185, 30-186, 2, 189, 17-22; XIII, 211, 6-10, 211, 11-212, 8.

(30)　*M*, Prologus, 8, 8-14; *Ep*. 77, 199, 17-26.

(31)　Cf. *Ep*. 23, 130, 8-13. グレゴリウス一世については、A. Stolz, Das Proslogion des hl. Anselm, *Revue Bénédictine*, 47(1935), S. 331-347を参照。

(32)　Cf. *Oratio* XV (ad sanctum Benedictum), 61, 1-64, 63.

(33)　*In*, I, 3, 7-4, 4; *Cu*, Commendatio operis, 41, 1-5.

(34)　*Ep*., 72, 193, 3-194, 24; *Ep*. 109, 241, 1-242, 19; *P*, Prooemium, 94, 8-13.

(35)　*In*, I, 9, 5-6. Cf. *Dicta Anselmi*, in: eds. R. W. Southern, F. S. Schmitt, *Memorials of St. Anselm*, c. III, p. 120, 26-33 London, 1969.

(36)　アンセルムスにおける ‘ratio’ の多様な意味については、S. Gersh, Anselm of Canterbury, in: *A History of Twelfth-Century Western Philosophy*, ed. P. Dronke, Cambridge, 1988, pp. 260-262を参照。

(37)　*M*, c. I, 14, 5; c. XXXII, 51, 9-15. Cf. Augustinus, *Soliloquia*, I, c. II, n. 7. この点に関しては、K・リーゼンフーバー「信仰と理性―カンタベリーのアンセルムスにおける神認識の構造」、『中世における理性と霊性』知泉書館、二〇〇八年、四七―六五頁。

(38)　*M*, c. VI; c. XIX.

(39)　*Ibid*., c. XXXI, 49, 12-50, 10; c. LXVI, 77, 15-17.

(40)　*Ibid*., c. LXVI, 77, 4-24.

(41)　*Ibid*., c. LXVII, 77, 25-78, 11. Cf. Augustinus, *De Trinitate*, l. X, c. XI, n. 17-c. XII, n. 19; l. XIV, c. VIII, n. 11, c. XIV, n. 18.

(42)　*M*, c. LXVIII, 78, 13-15.

(43)　*Ibid*., c. LXVIII, 78, 16-18; 79, 7-9.

(44)　*In*, I, 10, 1.

(45)　*C*, q. III, [X.], 279, 4-5.

（46）*M*, c. LXVIII, 78, 21-23; *Cu*, l. II, c. I, 97, 5-7.

（47）*M*, c. I, 13, 11; *Cu*, l. I, c. XX, 88, 5,8; l. II, c. XI, 111, 28; c. XXII, 133, 8. なお『プロスロギオン』第二章から第四章における神の存在証明については、K. Riesenhuber, Die Selbsttranszendenz des Denkens zum Sein. Intentionalitätsanalyse als Gottesbeweis in »Proslogion«, Kap. 2, in: *Philosophie im Mittelalter*, J. P. Beckmann, L. Honnefelder, G. Schrimp, G. Wieland (Hgg.), Hamburg, 1987, S.39-59.

（48）*In*, VI, 20, 19. Cf. *In*, II, 11, 5-6; *M*, Prologus, 7, 7-8.

（49）*Cu*, Praefatio, 42, 12. Cf. *Cu*, l. I, c. X, 67, 12-13; c. XX, 88, 4-5; l. II, c. X, 107, 10-11.

（50）アンセルムスが、『モノロギオン』でこの方法を採用した理由の一つに、「序」が記すとおり、若い修道士たちの強い要望があったことは事実だが（*M*, Prologus, 7, 2-12）、それ以上に、アウグスティヌスの『三位一体論』の特に第一五巻、またおそらくはボエティウス（Boethius 四八〇頃—五二五年頃）の『三位一体論』の影響があるだろう。また、後者のキケロ（Cicero 前一〇六—四三年）『トピカ』の註解を通じて紹介される、権威からの引用による論証が薄弱であるという点（*In Topica Ciceronis*, l. VI〔PL 64, col. 1166〕; *De differentia Topicorum*, l. III〔PL 64, cols. 1199〕. Cf. Thomas Aquinas, *Summa Theologiae* I, q. 1, a. 8）が何らかの影響を及ぼしたかもしれない。Cf. Gilbertus Crispinus, *De Altaris Sacramento*, 4（*The Works of Gilbert Crispin*, eds. A. S. Abulafia, G. R. Evans, Oxford, 1986, p. 125）. 同時代のベレンガリウス（Berengarius 一〇〇五—一〇八八年）も、権威による根拠づけより神の似像としての理性を優位におくが、彼の場合、この「理性」は、アンセルムスの「理性」よりもはるかに狭く「弁証論理学」（dialectica）と同義である。Cf. Berengarius, *Rescriptum contra Lanfrancum*, ed. R. B. C. Huygens (CCCM 84), I, pp. 85-86, 1795-1803. 十一—十二世紀の「理性」に関する体系的・包括的記述は、K・リーゼンフーバー「初期スコラ学における〈理性〉の問題——諸類型と諸論争」、前掲書、六七—九五頁。

（51）*De Casu diaboli* (=*Ca*), c. I, 235, 8-12; *Pr*, V, 196, 2-4.

（52）*Cu*, Commendatio operis, 40, 2-5.

（53）*In*, VI, 20, 21-22. Cf. V, c. I, 176, 21-177, 2.

（54）Cf. J. Pelikan, *The Spirit of Medieval Theology*, Toronto, 1985, pp. 12-16. なお、アンセルムスの論敵であったロスケリヌスが、後に『アベラルドゥスへの手紙』（上智大学中世思想研究所編訳・監修『中世思想原典集成7 初期スコラ学』〔本巻監修 古田暁〕、平凡社、一九九六年、三六九―三七〇頁）の中で、この書の新しさを非難している点は注目してよい。

(55) *In*, VI, 20, 23-24. Cf. *M*, Prologus, 8, 8-9.

(56) *Cu*, l. II, c. XXII, 133, 4-5.

(57) *C*, q. III, [VI.], 271, 28-272, 7.

(58) Thomas Aquinas, *Summa contra gentiles*, l. I, c. 3.

(59) Cf. É. Gilson, *History of Christian Philosophy in the Middle Ages*, London, 1955, p. 129.

(60) *M*, c. XXXVIII, 56, 15-16. Cf. *M*, c. XLIII, 59, 15-17.

(61) *Ibid*., c. LXIV, 74, 30-75, 3.

(62) *P*, c. XV, 112, 14-15.

(63) *Ibid*., c. XVI, 112, 20-25.

(64) *Ibid*., c. XXIII, 117, 11-19.

(65) *M*, c. V, 18, 14-17.

(66) *P*, c. III, 102, 6-8. Cf. *M*, c. XXVIII, 46, 10-31; *Quid ad haec respondeat editor ipsius libelli*, [IV.] 134, 2-6.

(67) *M*, c. VI, 18, 24-25.

(68) *Ibid*., c. XXVIII, 46, 2-3.

(69) *Ibid*., c. LXV, 76, 26-29.

(70) *Ibid*., c. LXV, 76, 21-24.

(71) *In*, I, 8, 7-9, 1.

(72) *Oratio* VIII, 27, 31-33.

(73) *Co*, c. I, 140, 28-141, 5.

(74) *P*, c. I, 100, 17-18.

(75) *Cu*, l. I, c. II, 50, 7-8; c. XVIII, 82, 5-8; *M*, c. I, 14, 1-4; *Co*, c. XXIX, 173, 4-7.

(76) *P*, c. XXVI, 121, 14-17.

（77）*Cu*, Commendatio operis, 40, 10-11.

（78）この点については、拙稿「カンタベリーのアンセルムスにおける寛容の思想」、『「いのち」の流れ——峰島旭雄先生傘寿記念論文集』北樹出版、二〇〇九年、二四六—二六五頁を参照。

（79）*M*, c. I, 13, 8-11.

（80）*P*, Prooemium, 94, 1-2.

（81）*In*, VI, 21, 1-2.

（82）*P*, c. IV, 104, 6-7.「それより大なるものが何も考えられえない何か」（aliquid quo nihil maius cogitari possit.〔*P*, c. I, 101, 5〕）に関して、アンセルムス全集の校訂者シュミットがセネカ（Seneca 前四頃—六四年）の『自然学の諸問題』（*Naturales quaestiones*, l. I, Praefatio）を指示している点は示唆的である。これにキケロの『トゥスクルム荘談義』（*Tusculanae disputationes*, l. I, 26, 65）も加えることができるかもしれない。Cf. Augustinus, *De libero arbitrio*, l. II, c. VI, 14.

（83）Cf. Wolfram von Den Steinen, *Vom Heiligen Geist des Mittelalters. Anselm von Canterbury, Bernhard von Clairvaux*, Breslau 1926 (Darmstadt 1968), S. 39-44.

（84）*In*, II, 10, 19-21. この言葉は、ロスケリヌス関連の書簡（*Ep*. 128; 129; 139）にはない。

（85）*In*, II, 10, 20-11, 1.

（86）R. W. Southern, *Saint Anselm. A Portrait in a Landscape*, Cambridge, 1990, pp. 198-201.

（87）Cf. Gilbertus Crispinus, *Disputatio Iudei et Christiani*, 90-91; 100-101.（*The Works of Gilbert Crispin*, eds. A. S. Abulafia, G. R. Evans, Oxford, 1986, pp. 9-61）

（88）*Cu*, l. I, c. I, 47, 8-11. もちろん、『神はなぜ人間となったか』を執筆するように促したのは、これまで指摘した外的な要因だけではない。『モノロギオン』『プロスロギオン』が受肉について論じていないことは、彼自身も自覚していた（*In*, IV, 20, 17-19）。また、『モノロギオン』が、その方法の制約上、魂の不滅は論証することができても（*M*, c. LXIX-LXXIII）、肉体の復活は論証できなかったこと（*Cu*, Praefatio 42, 15-16; l. II, c. III, 98, 12-26）、また『プロスロギオン』における神の慈しみと正義に関わる諸問題（*P*, c. IX-XI）、そして能力、必然性、意志などの予備的な概念の考察（*Cu*, l. I, 49, 7-10）等々がキリストの贖罪の思索へと必然的に発展していく契機である。この点については、拙稿「カンタベリーのアンセルムス『神はなぜ人間となったか』の成立について」『中世哲学研究』（京大中世哲学研究会）第三〇号（二〇一一年）、一—二〇頁を参照。

（89）*Cu*, l. I, c. I, 47, 11-48, 1.

（90）この点について、M. M. Adams, Anselm on faith and reason, in: eds. B. Davies, B. Leftow, *The Cambridge Companion to Anselm*, Cambridge, 2004, pp. 39-42を参照。

（91）*Cu*, l. I, c. III, 50,16-20.

（92）*Ibid.*, l. II, c. XXII, 133, 8.

（93）拙稿「アンセルムスと十字軍」『文化論集』（早稲田大学商学同攻会）第二五号（二〇〇四年）、八八—九四頁を参照。

（94）*Cu*, l. II, c. XVII, 125, 21-22.

（95）Cf. *De Grammatico*, [XI.] 154, 1-5 ; [X.] 154, 26-155, 1 ; [XVI.] 162, 12-14; [XVII.] 162, 20-23; 163, 2-4, 26-28; 164, 3-6.

（96）この点については、K. Kienzler, Cur deus homo—aus der Sicht des mittelalterlichen jüdisch – christlichen Religionsgespräches, in: *Gott ist größer. Studien zu Anselm von Canterbury*, Würzburg, 1997, S. 122-140を参照。

（97）*Cu*, l. II, c. XXII, 133, 8.

（98）Cf. Eadmerus, *Historia Novorum in Anglia*, ed., M. Rule, Cambridge, 1965, pp. 104-106.

（99）*Ep*. 239, 240, 241.

（100）*Pr*, I, 177, 5-10.

三　ペトルス・アベラルドゥスにおける理性と信仰

K・リーゼンフーバー
（村井則夫訳）

一　問題設定

哲学史の中では、ペトルス・アベラルドゥス（Petrus Abaelardus 一〇七九―一一四二年）は、すでに青年時代に唯名論者コンピエーニュのロスケリヌス（Roscelinus Compendiensis 一〇五〇頃―一一二〇／二五年）と実念論者シャンポーのギヨーム（Guillaume de Champeaux; Guillelmus Campellensis 一〇六〇頃―一一二一年）と異なった独自の路線を貫き、自らの師である神学者ランのアンセルムス（Anselmus Laudunensis 一〇五〇頃―一一一七年）をも論破した鋭利な論理学者として登場する。[1] 周囲を騒がせたエロイーズ（Héloise; Heloissa 一一〇〇頃―六四年）との恋愛事件[2]（一一一五／一六年以来）を切っ掛けにサン＝ドニ修道院に入り（一一一八年）、そののちは神学へ転向したものの、その最初の神学的著作『〈最高善〉の神学』（Theologia ‘summi boni’ 一一二〇／二一年）によってソワッソン教会会議（一一二一年三月）で糾弾され、神学者たちの不信を招き、ついにサンス教会会議（一一四〇年〔おそらく通説の一一四一年ではない〕）で異端として断罪、[3] 次いで破門されることになったが、一年後に破門が解かれ教会と和解したのちに世を去った（一一四二年四月二一日）[4]。

神学者としてのアベラルドゥスの挫折は、教父以来の伝統に忠実な修道院神学が、都市の学校で展開された革新的な神学――アリストテレス的・スコラ学的論理学を基盤とした思弁的神学――に対して抱いた反撥の現れでもある。クレルヴォーのベルナルドゥス（Bernardus Claraevallensis 一〇九〇―一一五三年）は、アベラルドゥスの神学的著作に関するサン＝ティエリのギヨーム（Guillaume de Saint-Thierry 一〇八五頃―一一四八年）の批判的分析にもとづいて、アベラルドゥスを次のように非難している[5]。「天にあっては上方に、地にあっては下方に存するあらゆるもののなかで、〈私は知らない〉ということ以外のことを知らずにすませることができない者は、天に自らの口を据え、神の内奥を探究し、われわれのほうに戻り、人間には語ることが許されていない言いえざる言葉を伝えている。理性を超えているあらゆる事柄についても理性で説明する用意があると言うなら、それは理性に反し、信仰に反するものである。それというのも、理性によって理性を超えようとすることほど、理性に反するものがあるだろうか。そして、理性によって誰も到達しえないものを一切信じないということほど、信仰に反するものがあるだろうか[6]」。アベラルドゥスの影響は、残された写本が極端に少ないことを見ても、彼の死後二〇年ほどで、直接の弟子たちの世代が終わるとともにほぼ完全に衰え、再び息を吹き返すのは十四・十五世紀になってからのことであった[7]。こうした事実は、ベルナルドゥスの強力な批判が歴史的に大きな力をもっていたことを物語っている。

近代になってからは、論者が啓蒙的・批判的立場を取るか、保守的で教会に忠実な立場を取るかによって、アベラルドゥスに対する賛否が分かれることはあっても、そのアベラルドゥス像は、ベルナルドゥスによって定着した傲慢な合理主義者というイメージをそのままなぞるものにすぎなかった[8]。十九世紀末に新たな動向が生じたのち、二〇世紀後半において、アベラルドゥス研究が進展し、大半の著作の校訂版が公刊され、年代順の整理や詳細な解釈が行われたことによって、アベラルドゥスの思想をその意図や歴史的発展に即して跡づけ、哲学的・神学的議論の中でアベラルドゥス自身の考えを直接に反映することがようやく可能になった。いまや、アベラルドゥスの思想が、包括的な洞察と体系的な意図に一貫して導かれていることが裏づけられるばかりか、その思想が、発展段階に応じてどのような派生的な表現形態を取ったかといったことが——歴史的に追証可能な限り——確認できるようになっている。(9)

アベラルドゥスの思想は、正統信仰の枠組みを堅持しようとしながら理性と信仰を媒介し、しかも自己責任を有する自律的な主観性を確立するために、理性に対して根本的で広範な独自の活動領域を認めようとする努力に突き動かされている。「彼の哲学的・神学的な認識過程は、信仰と知、信心と言語論理の緊張関係にその重点が置かれている」(10)のである。すでにカンタベリーのアンセルムス（Anselmus 一〇三三／三四—一一〇九年）が、理性に対して、信仰の真理をその真理性に即して解明する課題を立て、理性的に根拠づけられた信仰理解の内に信仰と理性の統一を求めたのを承けて、アベラルドゥスはその同じ課題を、存在論的というよりは、論理的・反省的で、主観的側面に留意した問題意識によって取り上げている。そのためアベラルドゥスにおいては、理性は思弁的な構成の機能を果たすというよりは、批判的な問いの担い手となり、伝統的な思考の枠組みを破壊することで、思考による多様な構築の可能性を創造的に提示しようとするのである。

アベラルドゥスの主導的動機をあとづけるに当たって、本論ではまず時系列的に、論理学の研究から始まった彼の経歴に即して、その初期の著作に見られる理性概念を検討するところから出発し、さらには、円熟した後期(11)の主要著作である神学的・倫理学的著作での問題意識に照らして、その理性概念を信仰という根本問題との関係に即して考察する。アベラルドゥスは一〇九〇年代以降、ロスケリヌスのもとで論理学の研鑽を積み、一一〇二年から一一〇四年のあいだにアリストテレス（Aristoteles 前三八四—三二二年）、ポルフュリオス（Porphyrios 二三四—三〇五年頃）、ボエティウス（Boethius 四八〇頃—五二四年頃）に関する最初の論理学上の註解書を著し、論理学に関する体系的な主著『弁証論』（Dialectica）を、おそらく一一一七年以前に完成させている。[12] 後年になっても、少なくとも一一三六年頃までは、引き続き論理学の講義を行っているのは間違いないが、著作活動においては、遅くとも一一二一年以降、つまりソワッソン教会会議での断罪以降は、（倫理学を含む）神学的問題に専念している。アベラルドゥス自身は、この第二の時期においては、自らの著作全体を神学的な目的設定に導かれたものと理解しており、論理学的著作を不可欠のものとみなしてはいるものの、その意図の点では——知的関心の高い学生を神学的問題へと招き入れるための単なる機縁とまでは言わないにしても——神学者としての自身の活動にとって予備的なものと考えている。

しかしながら、アベラルドゥスの研究活動の出発段階では、神学的動機ではなく、真理をその合理的・哲学的形態において発見しようとする決意、すなわち論理学、および弁証論的な討論における論理学の適用こそが関心の中心となっている。「私は哲学のあらゆる教えよりも、弁証論の理性の武器を好んだため、他の武器の代わりにこの武器を選び、戦争の戦利品より議論のうえでの争いを好んだのである」。[13] 二〇年にわたる弁証論の研究を経て、ようやくアベラルドゥスは著名な神学者ランのアンセルムスのもとで、『エゼキエル書註解』（Glossae super Ezechielem 一一一四年頃、現存せず）においていくらか神学的な主題に取り組んでいる。一一一七年からおよそ一一二一年までのあいだには、「旧論理学」に関する大部の註解『〈入門者のための〉論理学』（Logica 'ingredientibus'）あるいは『〈われわれの仲間の懇請による〉論理学』（Logica 'nostrorum petitioni sociorum'）が書かれているが、これらの論理学的著作は、神学的問題とは関わりのないものであった。神学的思索への転向は、学問的な研究の文脈で生じたのではなく、エロイーズとの恋愛関係から息子アストララビウス（Astralabius）の誕生、秘密結婚、そして伯父の一派によって去勢されたのち修道院に入るといった人生の危機に直面して、深い宗教的回心を経験したことによる。こうした新たな方向の最初の著作は、その内容的観点から、歴史的に最初に『〈最高善〉の神学』（Theologia 'summi boni'）と名づけられた。[14] この著作は、ソワッソン教会会議で――かならずしも明確な理由によるものではないが――神学者たちによってこぞって非難されることになったにもかかわらず、アベラルドゥスはその後の二〇年間も、この新たに獲得された神学的・倫理学的問題設定を忠実に追いつづけた。[15] 特に一一二〇年代から一一三〇年代、つまりサンス教会会議に先立ちその前夜に二度目の断罪を受けるまでの晩年の期間には、『キリスト教神学』（Theologia christiana 一一二五年）、『〈スコラリウム〉神学』（Theologia 'scholarium'）において、[16]『〈最高善〉の神学』での思想の拡張や変更を試み、あるいは宗教的対話編である『討議』（Collationes 一般的に『哲学者・ユダヤ教徒・キリスト教徒の対話』[17] [Dialogus inter philosophum, Iudaeum et Christianum] と呼ばれる。一一二〇年代後半の著作と思われる）、神学的倫理学である『汝自身を知れ』（Scito te ipsum 一一三九年頃）、神学的・倫理学的著作『ローマ書註解』[18]（Commentaria [Expositio] in Epistolam [Pauli] ad Romanos 一一三四―三六年頃）、さらに神学的・司牧的・霊的小品、そして詩的作品などを公にしていった。[19]

一一三〇年代の論理学者としての教授活動を見ても、この時期のアベラルドゥスは、神学的な関心を中心に据えながらも、論理学に関する研究を放棄することはなく、むしろ論理学の研究の内に、極端な弁証論者たちの攻撃から信仰を護るのに必要な手立てを求めていた。「例えば、神の助力を信じて、少年ダビデが巨大で激昂したゴリアトをその者の剣で打ち倒したように、われわれは、その愛好者がわれわれの素朴さを攻撃してくる弁証論という同じ剣を使って、逆に彼らの議論の威力と鋭さを、主に守られながら論破するのである[20]」。「われわれが主に哲学的な論拠によって攻撃されるのである以上、われわれもとりわけそれを追求するのである[21]」。

アベラルドゥス自身は、優秀な論理学者という評判は、専門の神学者たちの不信を招くという自覚をもっていた。「論理学は、世間的には私に悪評をもたらした[22]」。専門の神学者からは門外漢として冷遇される状況に対して、のちのアベラルドゥスは彼自身のひたむきな信仰を、エロイーズに対して吐露している。「邪悪な者は事実を曲げて、……私が論理学に関して最も卓越した者ではあるが、パウロに関してひとかたならず不完全であると言っている。彼らはそう言うことによって、知力の鋭さを賞讃しても、キリスト教信仰の純粋さを貶めるのである。……私は断じてパウロに逆らうかたちで哲学者であるつもりはないし、アリストテレスの徒であることによって、断じてキリストから離れるつもりはない[23]」。この告白の内には、哲学と神学、聖書的・教会的信仰とギリシア的理性の際立った緊張関係が示されているとともに、アベラルドゥスがこの緊張を自らの思考の内で耐え抜き、生涯をかけてそれと格闘しようとする心構えが窺える。

二　理性の偉大さと限界

信仰の解釈において理性にその働きの余地を認めるために、アベラルドゥスはまず、教父たち、とりわけアウグスティヌス（Aurelius Augustinus 三五四―四三〇年）、次いで大グレゴリウス（Gregorius Magnus 五四〇頃―六〇四年）、そしてヒエロニュムス（Hieronymus 三四七―四一九／二〇年）の神学的方法に遡って検討を行っている。なぜなら、教会内部で論理学的・合理的方法に反対する人びとにそうした方法の正当性や必要性を説得するには、彼ら自身が依拠する教父の伝統にもとづくほかはないからである。アウグスティヌスは弁証論という「諸学科のなかの〔最高の〕学科」[24]（disciplina disciplinarum）を、単に技芸（ars）としてではなく、「学」（scientia）とみなしている[25]。なぜなら、「その他の技芸と比べると、これだけが知ることへ導くものと認められる」[26]ためであり、それゆえ方法としては、あらゆる学科にとって有益だからである。アベラルドゥスが共感をもって引用しているように、アウグスティヌスによれば、理性は弁証論においてそれ自身の本質と活動を実現するため、弁証論とは知識論であり、すなわち知そのものについての知なのである。「そこ〔弁証論〕においては、理性自身は、理性が何であり、何を目指すかを示し、明らかにする。理性は知ることを知っており、ただ弁証論のみが、知者を作り出そうと望むだけでなく、実際にそれができるのである」[27]。

真なる論証に取り組む弁証論者は、偽なる論証に用いられる詭弁術の知識をも併せもつ必要がある。なぜなら学問そのものは善なるものであるが、それが傲慢や誤った目的に導かれると、悪用されることがありうるからである。「何らかの学問が——それが悪についてのものであったとしても——悪いものであるということを、われわれはけっして認めない。……詐欺や姦通を知ることは悪いことではなく、それを実行することが悪いのである」[28]。とりわけ論理学は、哲学と同様に、キリスト教信仰と親密な関係にある。神の知恵（sophia）であるキリストは、知への愛、すなわち「哲学」（philo-sophia）の根源であるのと同じく、「ヨハネによる福音書」の冒頭で「言葉《ロゴス》」と呼ばれ、「言葉とは理性を意味することもあるため」[29]、論理学の根源的次元にして、その主題でもあるとみなされうるのである。「その〔ロゴスの〕学は、その名称によって彼〔ロゴス〕と結びつき、いわばロゴスからの派生によって論理学《ロギカ》と呼ばれているように、きわめて多くの点で彼に属していると思われる。キリストにもとづいてキリスト教徒がそう呼ばれるように、論理学はロゴスにもとづいてそう呼ばれるように思われる」[30]。それゆえに、信仰に反するような論証を反駁するために、キリストは、「自ら〔ロゴス〕への愛——そこから真なる哲学者〔愛知者〕がそう言われるべきである——に次いで、それによって討論するときに彼らが最高の論理学者となるような諸論考の武器を、公然と彼らに約束する」[31]。論理学と弁証論は真理の発見に役立つため、それらに習熟することは、キリストに倣うひとつの道である。「われわれは、討論によって真にあの詭弁家たちを論駁することになると、われわれ自身を弁論家として実証するとともに、われわれが諸々の論拠の真理によってより強力であればあるほど、真理であるキリストの真なる弟子となるであろう」[32]。

理性に対するこのような神学的な正当化は、ユスティノス（Ioustinos 一〇〇頃—一六五年頃）やアレクサンドレイアのクレメンス（Clemens 一五〇頃—二一五年以前）など、二世紀の護教家たちにおいて、神的ロゴスとしてのキリストという「ヨハネによる福音書」の理解に根差したロゴス概念の発見にもとづいて、哲学的思考が根本的にキリスト教に属するものとされたことを想起させる。こうした捉え方によって、信仰と神学の全領域が、根本的に論理的論証に対して開かれるのである。このような理解は、キリスト論的な基盤をもつため、そこにおいては、あくまでも信仰、および神学的典拠が規範として先行する。それゆえこの理解は、啓示を理性的洞察に還元したり、宗教を超越にもとづかない世俗的な地盤に立って、それ自身で完結した人間的思考能力と捉えられた理性——例えば啓蒙主義的な意味での理性——から新たに構成したりするような試みをあらかじめ防いでいるのである。

このような神学的な枠組みの内にある以上、アベラルドゥスが考える理性は、確かに思弁的な能力ではあるが、けっしてそれ自体が構成的原理となりうるものとは理解されていない。理性はむしろ、それ自身によっては把捉不可能でただ信仰の内でのみ受け入れられる超越に根差していることを自覚しており、それとともに、自らの性格を神学的範例に即した思考能力として理解している。理性の働きである合理的方法は、まずはあらゆる学問において、学知の領域を形成する源泉として機能し、その成果を批判的に吟味することを可能にする。したがって理性は、知性に内在する操作を反省し、無批判的な実念論を克服して、唯名論的な思考可能性へ向かうものではあるが、その一方で反省の領域を存在論的に超出し、事物の真理を目指すものなのである。「学とは実際、存在する事物の真理の把握である(33)」。しかしながら、存在者の真理へと向かう理性のこの自己超出は、人間が神によって創造されたものとして、神の似像たる「内的人間」において神へと関わり、その自発性において神に開かれるという、人間のそうした本質にもとづいている。「〔使徒は〕法が命じることを喜び、それを理性によって熱望する〔と言っている〕。――この理性を〔彼は〕この個所で〈内的人間〉と呼び、すなわち神の霊的で不可視の似姿――人間が理性的なものとして創造されている限り、そこにおいて人間が魂に即して創られたもの――と呼ぶ(34)」。

理性は、人間の自然本性的な能力として、啓示や諸々の権威にも依存しない独立した能力であるため、たとえ宗教的権威による見解であっても、それを批判的に疑うことができる。アベラルドゥスは、『哲学者・ユダヤ教徒・キリスト教徒の対話』として知られる『討議』――アベラルドゥス自身はこの『討議』という標題しか与えていないと思われる(35)――において、理性と権威とのこうした対決を展開している。ここでは、宗教間対話に近い体裁で、アベラルドゥスが対話の参加者から委任された裁定者となって、第一の対話では「哲学者」とユダヤ教徒が、第二の対話では再び「哲学者」と今度はキリスト教徒が、ユダヤ教およびキリスト教それぞれの信仰の妥当性を、哲学的理性の要求に照らして論じていく。こうして、信仰を詭弁によって論駁しようとする似非《えせ》弁証家、および信仰の命題を理性的に扱うことをはじめから拒絶する反弁証家という相反する立場を超えて、理性と信仰の関係についての問いが対話の中心に据えられる。ただし、この著作は、おそらくは未完であるため[36]、そこで提示された諸々の立場について、裁定者たるアベラルドゥスがどのような判断を下すかは示されていない。「哲学者」の見解のうちには、アベラルドゥス自身の他の著作、例えば『キリスト教神学』第二巻で述べられている主張に一致する点が少なからず見出せるのは確かである。しかしながら、「哲学者」と裁定者アベラルドゥスが別個に設定されている以上、その区別を戦略上の手立てと理解して、アベラルドゥス自身が公言しないまでも、内心に抱いていた合理主義的見解を「哲学者」の口を借りて、試験的に代弁させていると考えるのでないならば、アベラルドゥス自身は、やはり自らが「哲学者」と同一視されることを望んでいなかったということになるだろう。このように捉える限り、この著作が、アベラルドゥスの最終的な裁定を欠いている点で未完成と見えるのは、実は著者自身の意図的な見せかけであって、著作としては完成したものとみなすこともできる。この対話における「哲学者」は、アラブ人であるにもかかわらず、ユダヤ教徒やキリスト教徒のように、あるいはイスラーム教徒として、特定の集団を代表するものではなく、何らかの権威に縛られたり、特定の宗教に帰属したりすることのない純粋理性を表していると言えるだろう。

「哲学者[37]」の態度はけっして、尊大で、徹底的に宗教に対して敵対的な考え方によって最初から規定されているわけではなく、真理を目指す真摯で実存的な意欲に貫かれている。「私が真理を探究することに努力し、傲慢さを見せびらかそうとしているわけでないこと、そしてソフィストのように口論するのではなく、哲学者として論拠を検討しようとしていること、さらに最も大きなこととしては、自分の魂の救いに努めている者であると、あなた方は疑うことなくそうみなしていただきたい[38]」。思弁的体系的および思想史的な哲学的思考に関して研鑽を積み、「そうして長いあいだわれわれの学校の考察法を心掛け、そうした理性的思考と権威の教えに習熟した[39]」

ため、「哲学者」は、「哲学者の理性的思考によって真理を探究し、すべての事柄に関して、世間の人びとの意見にではなく、理性の導きに従うこと」[40]を自らの主要な課題とみなしている。宗教の多数性に関しては、「いまや世界が分裂している宗教的教派の多様性を慎重に考察することを自ら決心し、すべてを探究し、相互に比較して、理性に最も協和するものに従う」[41]ことを主張する。それというのも、宗教の事実上の多数性は、真理の洞察にもとづくものではなく、ただ無反省な思考の習慣、つまり正当な理由をもたない伝統にもとづいているにすぎないと思われるからである。そこで問われなければならないのは、「あなた方をその教派の信仰に導いたのは理性であるのか、それとも、あなた方はここでただ人びとの意見に、そしてあなた方の教派の嗜好に従っているだけなのか」[42]という問題である。そのことは、人間の知識は歴史の進行につれて増大しているにもかかわらず、「誤謬が最も危険である信仰においては、進歩が見られない」[43]という点から、すでに納得される。宗教の正しさは、その信奉者の熱意によって正当化されるのではなく、「最も重要なのは、その意図が正しいか、それとも間違っているかということなのである」[44]。ここにおいて理性は、ある想定された信仰の内容が「どれほど理性から離れているか」[45]を示すことで、その批判的機能を果たすことになる。「何らかの法を告白するのではなく、ただもろもろの理拠のみに従う」[46]哲学者は、「もろもろの理拠の競合において」[47]、「理拠の識別」[48]、「哲学的理拠の証明の効力」[49]を判定する。そのため、信仰者と非信仰者、あるいは異なった宗教の信仰者同士の対話においては、対話者双方の側から、理性による根拠づけが妨げられることなく展開されなければならない。「理性を適用することが許されていない場合、何ものも理性によって反駁することはできない」[50]。「理性は権威に優先する」[51]ものであるため、権威に訴えることは、「あらゆる哲学的議論において最も軽薄であるか、まったく意味がないものとみなされる」[52]。「キリスト教徒」は、「哲学者」のこの議論に賛同している。「われわれのなかで分別をもった者なら、信仰を吟味し議論することを禁ずることはないし、なぜ同意すべきなのかという理由が前もって提起されないならば、つまり信仰を疑わしい事柄へ転じる理拠が提起されること――それこそまさしくあなた方によって論証と呼ばれているものであるが――がなければ、疑わしい事柄を理にかなった仕方で納得することはできない」[53]。

合理的な根拠づけを問題にする「哲学者」の批判的観点はこうして受け入れられることになるが、ただしそれは、裁定者の立場、つまりアベラルドゥス自身の見解と同一視されるわけではない。なぜなら理性の位置づけは、アベラルドゥスにとって、哲学的論争や論理的証明の実行におけるその働きのみによって決まるものではなく、知性的認識そのものの哲学的・神学的問題全般に照らしてのみ解明されるべきものだからである。そしてこうした問題をアベラルドゥスは、自らの神学にとって根本的で、幾度も再考された著作である『〈最高善〉の神学』において明確に提起し、『キリスト教神学』や『〈スコラリウム〉神学』でそれをさらに掘り下げることになった。それらの考察においても、その問題意識は、権威と理性の位置づけに関する問いに導かれてはいるが、それはもはや領域の境界をめぐってなされる『討議』とは異なり、諸々の宗教のあいだや、宗教と純然たる理性とのあいだに立って、純粋な理性の主導のもとに展開されることはない。そのような純粋理性の一面性は、すでに『討議』においても、「キリスト教徒」によって、「哲学者」に対して指摘されていた点でもある。「あなたとの論争は、私たちの互いの論争とは異なっている」[54]。『〈最高善〉の神学』においては、もはや異なった権威の理性的吟味や限界づけを行うのではなく、同一の（キリスト教的）信仰内部で、つまり理性と伝統的な権威のあいだで、（真理の）洞察を目指して対話が遂行されることになる。このような積極的な課題設定においても、理性の批判的機能は排除されることはないが、その役割は二次的なものに抑えられることになる。問題となるのは、権威の要求に対して理性を押し通すことではなく、信仰理解の内で両者が協調し、相互に補完し合うということなのである。

こうした問題は、アベラルドゥスの体系的・歴史的関心にとって中心的な課題であり、そのことは、神学的伝統という権威に正面から取り組んだ著作『然りと否』(Sic et non 一一二一—二四年頃)——少なくとも表現上は対立し合っているように見える教父の文言を蒐めた引用文の集大成——を、「(一) 信仰は人間的理拠によって裏づけられなければならないか、否か[55]」といった問いから始めているところからも窺える。なぜなら、ここではまさしく、理性的考察が信仰を根拠づけうるかが問われているからである。

この問題意識は、神学的考察においても主導的なものである。「傑出した賢者たちの著作からは、われわれの信仰を固める権威が添えられること、そして反論が非理性的に行われるとは思えない場合、その権威を理拠によって支えることが妥当だと思えた[56]」。ここにおいて、信仰の内容に対する理性の関わりは、信仰の権威を外部から疑問に付すものではなく、その妥当性を前提とするものだが、その場合に理性は、明晰な洞察を遂行する能力という自らに固有の性格を放棄することなく、信仰を理解する努力を貫こうとする。こうして理性は、神学的・超越的真理に向けて自らを超出する以上、論理的に証明可能な領域を踏み越えて、認識の可能性に関して、拡がりと深さを獲得することになるが、それと同時に理性は、神学的真理に照らして、自らの認識の努力があくまで暫定的で試行的なものであることを認める。そのため理性は、信仰の問題においては、厳密な証明は不可能であり、ただ「適切な理拠によって[57]」、および「適切な類似の例によって[58]」、論証を進めることを承認するのである。

信仰を理解するために理性的認識が積極的な貢献を果たすに先だって、理性的認識はまず、信仰に対する攻撃を防ぐ防禦のために用いられる。似非弁証家たちは、ただ論理的論証にしか証明の効力を認めないため、彼らを打ち負かすには、権威による証明ではなく、ただ弁証論という手段に訴えるほかはない。「まったく論証の不適正さは――人間は理拠によって迫ってくる者たちに対しては、人間的理拠をもって抗うほかない以上――聖人の権威によっても、哲学者の権威によっても反駁されえないので、われわれは愚か者に対してはその愚かさに見合った仕方で応答し、その攻撃を、彼らがわれわれを攻撃する技術でもって破るよう決心したのである[59]」。アベラルドゥスは、その卓越した弁証論の実力ゆえに、こうした論理的な対決に堪えうるものと自任していた。「われわれは、こうしたもの〔さまざまな類似〕を取り上げるのは、何よりも似非弁証家の不適正を論駁するためである。というのは、われわれも彼らの学問をある程度身に着け、その習練に熟達し、そのためこのことに関して、彼らがただそれのみを望んでいる人間的理拠によって、主〔神〕の助けのもとで、彼らに満足を与えることができるのを確信しているからである[60]」。攻撃が向けられるのは、「それに答えることが彼らには不可能と思えるような[61]」問い、すなわち三位一体論の問題であるため、アベラルドゥスの弁証論的探求は、とりわけこの信仰箇条の合理的な解明、つまり「一にして、まったく分割不可能かつ単純で神的な実体の内での諸位格の多数性、および御言葉の生成と霊の発出[62]」をめぐって展開される。こうして理性は最高の思弁的問題に直面するため、「彼ら〔敵対者〕のつまらない論証によって把握されたり解明されたりできないものは何もないと思っている彼らの傲慢さ[63]」を克服しうるが、それと同時に理性自身の制約と限界を自覚することにもなる。

「理性の知解[64]」は感覚的認識から始まる。「人間のすべての認識は感覚から生じるため、理性は可視的事物の類似から、不可視のものの本性を探究した[65]」。こうして理性は、「最善の仕方で起こるようにと意志され、采配された、この世の業《わざ》を通して[66]」世界の創造者の認識にまでいたる。それは、プラトンが『ティマイオス』(Timaeus)篇で記しているように、「原因なくしては何事も生じることはないのだから[67]」である。その際に理性は、存在論的な原因性を遡及的に辿っていく。それもまさに、プラトンの『ティマイオス』（28a）において、「生じるものすべて……は、何らかの必然的原因ゆえに生じる。そもそも正当な原因や理由が先行しなければ、何事も起こることはない(68)」と述べられている通りである。しかし、すでに世界内の領域においても、理性は早くも限界に遭遇する。「彼ら死すべき者たちは罪の汚辱にまみれ、自分のつまらない論証で、不可捉の方を捉えようと努める。彼らは、自己自身を、あるいはどんなわずかな被造物の本性をも、理性によって解明するにはいたりえない(69)」。アベラルドゥスは「ローマの信徒への手紙」（ロマ一・二一以下）にならって、「自然な理性が暗くなり(70)」、人間から「自然な認識が奪われている(71)」とみなす(72)。

救済史の制約によるこのような普遍的な堕落よりもさらに根本的に、神の本性との相違によって、人間の理性の限界が生じる。あらゆる現実の超越的根拠は、人間の理性の対象であるばかりでなく、その根拠でもあるため、人間の理性は一方で、自らを神の根拠づけの解明に適したものとして理解する。「それというのも、理性そのものの創設者は、人間的理拠をも有するのだから(73)」。いずれにしても神認識の真理内容のすべては、人間の力によるものではなく、神自身が自らを認識させるということにのみもとづいている。「もし神が自らを顕さないのだとしたら、われわれの本性は、神を見るのに十分なものではない(74)」。とはいえ、「単一なるものとしてある(75)」神は、対象的な仕方では「言表不可能」で「把握不可能」である(76)。なぜなら言語とは、「共通で一般的な語りによって(77)」対象化を行い、思念された内容を把握可能なものへと「制限して」しまうからである(78)。それゆえ神は、存在者のなかに入れて「数えられる(79)」ことはありえないし、実体として分類されることもありえない。「神は実体ではないということは明らかに示される(80)」。したがって、弁証家が思い上がって、「言語を絶した最高の善について論理的に考え、語る(81)」なら、それは過度の傲慢ということになるだろう。神は第一の根源として、概念把握する思考の一切の可能性を超越する以上、それ自身が適切に把握されることはありえない。「したがって、神が一切のものを言語に尽くせぬほど超越しているがゆえに、人間の作りなす言述のすべてを超えているというのは、どうして不思議であろうか。またその卓越性が知解の一切をはるかに超えているので、知解ゆえに言葉が作りなされたのである以上、原因をも超越している彼が結果をも凌駕するのが、どうして不思議であろうか[82]」。

それゆえ、理性的に概念把握され、言語的に表現されうるものは、すでにまさにそのような有限性ゆえに、神そのものではありえないということになる。「ところで、人間の些細な理拠によって把握し、死すべき者の舌でそれを論じることができるような神を告白する以上に、信仰者にとって大きな侮辱となるものがあるだろうか[83]」。したがって、あらゆる言葉は、神に対して適用される際には、それが元々備えている意味を保持することはない。「ゆえに神においては、いかなる言葉も、本来の内容を保持することはないように思える[84]」。そのために神についての言述においては、「明示というより示唆という仕方で」、暗示や比喩、概念の転義という形式が用いられる。「彼〔神〕について語られる一切は、転義や譬喩的な謎に包まれており、何らかの観点から導入された何らかの類似によって探求されるが、それはわれわれが、言語に尽きせぬかの偉大さについて、何らかのことを、知解するよりも推察するかたちで味わうためである[85]」。

「人間の理拠」の限界に対するこうした反省が、認識内容に対する唯名論的な相対化の傾向をもつように見えるとしたら、それはむしろ、唯名論的な根本的態度[86]そのものがすでに、人間の理性の有限性に対する超越論的反省と結びついて、神学的な超越理解を基盤としているためである、と考えるべきだろう。なぜなら、まさに理性的思考の証明効力に対するこうした留保は、アベラルドゥスが、神の本質についての自らの考察、とりわけ三位一体についての思弁的・護教論的な解明を評価する際に顕著になるからである。「われわれは、われわれであろうがいかなる死す者であろうが、知りうる状態にはないような真理を教えることを約束しないが、いずれにせよ、人間の理拠によって信仰を攻撃するのを光栄とする者たちに反対して、蓋然的なものや、人間の理性に近くて聖書に反しない事柄を提示するというのは喜ばしい[87]」。同様の言葉によって、アベラルドゥスは『〈最高善〉の神学』を締め括っている。「神性についての至高で不可捉な哲学に関して、不信仰な者たちの厚かましさにたびたび強いられ、挑発されて、われわれはこれを大胆に書いたつもりだが、われわれの述べることの何ものをも固く強調することもなければ、われわれが知ることのできないと公言する真理を〔教える〕つもりもない[88]」。アベラルドゥスにおいては、護教論的な目的設定によって、哲学的神学をあえて試みることが正当化され、それと同時に、その仮説的で比喩的な語り方も容認される。「ところで、われわれには、聖なる信仰に対する最大の敵対者の主力を何らかの仕方で散らすことで十分なのであり、それはとりわけ、人間的理拠でもって満足させる仕方によるのでなければ、他の仕方ではありえない。したがって、われわれがこの至高なる哲学について論じるものは何であれ、真理ではなく影であり、事柄そのものではなくいわばその何らかの類似であると告白する。一方で、何が真なるものであるかを、主〔神〕は知っている。他方で私は、何が蓋然的なもので、哲学的理拠に最大限に適したものであるかを、あるいはわれわれがそれによって攻撃される理拠をもって、私が叙述しうると信じる[89]」。

こうしてアベラルドゥスは、自らの哲学的・神学的思考の真理要求を限定することによって、人間の理性を、類比による形而上学的思考の積極的な可能性に向けて開くだけでなく、自らの思弁的な思考に否定神学的な性格を与えている。そのためにアベラルドゥスは、旧約・新約聖書と同様に[90]、プラトンの『ティマイオス』にも依拠している。「このことはまた、哲学者たち自身にも隠されてはいない。なかでも最も偉大な者〔プラトン〕が、その『ティマイオス』において明言している。〈宇宙の製作者および創造者を見出すのが困難であるのと同様に、見出されたものを適切に語ることは不可能である〉」[91]。アベラルドゥスは、マクロビウス（Macrobius 四世紀後半―五世紀前半）に従って（『スキピオの夢について』[In Somnium Scipionis] 第一巻第二章第一五節）、プラトンのこの立場を強化している。「マクロビウスの証言によれば、彼〔プラトン〕は神が〈何であるか〉は〈あえて語ることはなかったが、それというのはもっぱら、神に関して、神がどのようなものであるかは、人間によっては知られることがないということだけを知っていたということである〉」[92]。アベラルドゥスはさらにこのような伝統を、アウグスティヌス、およびディオニュシオス・アレオパギテス（Dionysios Areopagites 五〇〇年頃）の内に見出している。「それゆえ、神は〈知られざる者〉と呼ぶのがふさわしいのであり、ただ浄らかな心によってのみ見つめることができるのである。このような知られざる神の祭壇を、かの偉大なる哲学者ディオニュシオス・アレオパギテスが使徒パウロに示していると書かれている」[93]。

しかしながらアベラルドゥスは、学問的認識が、現実との関係を有し、真理を把握するという点は明確に堅持している。なぜなら学問は、創造の秩序によって人間に可能となっているものであり、つまりは神によって付与されたものだからである。「ここからしたがって、いかなる学問も能力も悪いものでないというのは確かである。……なぜなら、神があらゆる学問を授けるのだから。……それゆえわれわれは学問を賞讃し、悪用する者たちの誤謬に反対するのである」[94]。こうした神学的な根拠づけは、倫理学の根拠づけにおける理性的認識の機能によって補完される。なぜなら倫理的な場面においては、人間の自由、および善・悪の規範的な真理が認識され、感覚的現実に関わる行為が理性によって導かれるからである[95]。アベラルドゥスは、信仰内容の合理的な理解可能性と真理性を示すことで、信仰内容を、思考する限りのあらゆる人間にとって受容しうるものとするという護教論的な目的に従って、信仰の真理を可能な限り合理的に導出しようとする。その際に、さまざまな便宜的な理由も用いられることで、事実的な信仰と理性は、認識を求める努力の内で相互に支えあう。「したがって、……反論が非理性的に行われると思えない場合、権威を理拠によって支えることが、われわれにはきわめて有利なことのように思えた」(96)。信仰の問題において理性を用いるということは、人間の理性的本質によって正当化されるというだけでなく、むしろそのような「人間的理拠」(97)は最終的に、純粋理性としての神、「理性の創設者」(98)としての神によって保証される。

アベラルドゥスは、信仰と理性そのものとの合致を目指すにしても、人間の理性的思考に対して一定の明確な限界を設けている。人間の認識が神に到達できるのは、神が自らを認識へと差し出す限りにおいてであり、そうした自己開示はキリストの受肉、そしてイエスの受苦の内で無比の完成にいたるものであり、さらにそれらの出来事はその歴史的事実性ゆえに純粋な思考によって把握することはできない以上、信仰は純粋理性および哲学に対して、決定的な優位をもつということになる。「こうしたことを正しく教えることは、受肉する知恵に残すべきであった。というのも、神は自らによって自らを自らについての認識へと差し出すのであり、つまりいかなる被造物も、その認識にまで上昇するには不十分だからである」(99)。すなわち、三位一体は、歴史に依存せず、その意味で形而上学的な真理として、思考によって解明可能であり、あるいは少なくとも合理的に再考可能である一方、受肉は、歴史的事実として、神の自由な決断にもとづく以上、必然的な本質連関を基盤とする合理的思考に対しては閉ざされているのである。

思弁的な理性的認識の射程を、アベラルドゥスはとりわけ三位一体の問題に即して示している(100)。とはいえ、そのような証明がただ信仰ある神学者によってなされる場合、アベラルドゥスは、それが見かけだけの合理性にすぎないという疑念があることを明確に見抜いている。「それ〔信仰〕は、異邦人においてその学識者、すなわち哲学者の証言によって明確に裏づけられるなら、より容易に受け入れられる」[101]。そこでアベラルドゥスは、キリスト教が信仰の真理として伝えていることが、すでにキリスト教以前、あるいはキリスト教以外においても、純粋に哲学的な理性によって見出されていたのを示すことを重視する。「こうして、信仰を……哲学者たちが告知している」[102]。アベラルドゥスが『キリスト教神学』[103]において挙げる非キリスト教徒の思想家としては、しばしば言及されるアリストテレス、プラトンといった古典的哲学者以外に、キケロ（Marcus Tullius Cicero 前一〇六―四三年）、ヘルメス（メルクリウス）、ルカヌス（Marcus Annaeus Lucanus 三九―六五年）、マクロビウス、オウィディウス（Publius Ovidius Naso 前四三―後一七年）、プロティノス（Plotinos 二〇五頃―二七〇年）、ポルフュリオス、プリスキアヌス（Priscianus 四世紀）、（偽）セネカ（Pseudo-Seneca）、スタティウス（Statius 四五頃―九六年）、スエトニウス（Suetonius 六五／七〇―一三〇年以降）、テミスティオス（Themistios 三一七―三八八年）、ウェルギリウス（Publius Vergilius Maro 前七〇―前一九年）、クセノフォン（Xenophon 前四三〇頃―三五四年頃）などが含まれる。「こうして主が、ユダヤ人の預言者を通じて、また卓越した哲学者や詩人を通じて、諸民族にキリスト教信仰の主旨を告げたため」[104]、哲学的理性は信仰の形而上学的・倫理的真理をそれ自身によって発見しうるということが、そこでは実際に示されているのである。アベラルドゥスが合理的に認識可能なもの、あるいはギリシアの哲学者によって認識されたものとみなした形而上学的な信仰命題のうち、彼にとってとりわけ重要であったのは、神的位格の三性、父なる神からの子の誕生、聖霊の発出である。それというのも、「哲学者たちのほうが、預言者たちより明確に」[105]そうしたことを示すことがしばしばあるためである。アベラルドゥスの弟子であるポワティエのベレンガリウス（Petrus Berengarius 十二世紀）はこうした判断に従っている[106]。「驚くべきことに〔哲学者たちは〕多数の点において預言者たちさえよりも入念にこの信仰の総体全体を叙述しているほど、明白に三位一体の信仰について論じたのである」[107]。

ここまで、理性的認識の本質と射程に関するアベラルドゥスの考察を概観してきたが、そこからは彼の考察の内容の豊かさが窺える。理性は現実に関わるものでありながら、概念・判断・推論における論理的規則に従って思考を進め、その認識を論述として展開し、議論において堅持し、それに逆らう見解を論理的に論駁することができる。理性は、超越に関わる人間のありさまに根差し、それゆえに自らが神に関わることを理解しているため、言表不可能な神秘へ向かう自己超越の内に自らの最高の可能性を見出すと同時に、理性の単なる論理的使用の限界を反省的・超越論的に洞察するものでもある。また理性は、形象的・類比的な語りの可能性を自らの内に見出してており、アベラルドゥス自身も、詩・歌・讃歌の内で理性のこうした表現を育んではいるものの、理性が詩作の内に解消してしまうということはない。むしろ理性は、形而上学的思弁の最高の問いにまで突き進み、それによって信仰の洞察と少なくとも部分的に合致すると同時に、その論理性に従いながら、人間の思考の多様な歴史的形態への洞察を反映し、そのつど固有の理性的特質を理解させるようなあり方を獲得する。理性がまさにこうした宗教的な真理の発見の次元において、人間それ自身に対して最も包括的な存在論的領野を開くものであるため、理性はその理性的洞察にもとづいて、宗教と信仰の基本的方向に導かれた人間の自己理解をも呼び覚ます。こうして信仰と理性は、形而上学的な根本問題、および——のちに示すように——倫理的・実践的な根本問題において相互に触れ合うか、限りなく接近していくものである以上、信仰は——理性が人間の本質を成す限り、その理性的性格にもとづいて——人間の理性的な自己遂行の内に含まれるものとして、またはそうした理性的遂行を少なくとも潜在的には導くものとして理解される。それによって、付随的な成果として、非キリスト教徒の救いの可能性もまた、神学的に根拠づけられうるということになる。

さらに理性そのものは、人間論と実践的に遂行された神学とに共通の焦点として、護教論的および思弁的・神学的な使用を超えて、人間の自己理解と自己遂行における中心的役割を有している。こうした関心はアベラルドゥスにとってかならずしも顕在化しないながらも、実際に正当で根本的な動機となっているという点を示すためには、人間存在の神学的・超越的次元が、理性的・人格的な――すなわち倫理的な――自己実現の次元と不可分に結びついていることを立証する必要がある。このような基盤にもとづいてはじめて――そして再びアベラルドゥスとともに――顕在的な信仰の意義がその非形而上学的な歴史的次元において示され、したがってイエスの歴史的な形姿の意義が明らかとなる。そこで以下では、アベラルドゥスの倫理学的著作での根本的主張に即して、神学的であると同時に、人間論的・人格的である問題設定を考察していくことにしたい。

三　理性的・人格的行為の理論としての倫理学

アベラルドゥスは人間の行為に関する考察を、『汝自身を知れ』(108)（別称『倫理学』［Ethica］）や、すでに言及した『討議』（『哲学者・ユダヤ人・キリスト教徒の対話』）、および『ローマ書註解』において展開しているが、そのほかの著作――エロイーズへの手紙、修道院規則など――においても、倫理学にとって重要な論究を行っている。(109)その際にアベラルドゥスは総じて、人間の自己意識的な主観性を中心に据えた人間像を手引きとしている。そのためアベラルドゥスの狙いは、キリスト教信仰上の根本諸概念を、人間によるその実現可能性という観点から考察し、それら諸概念を人間論的な諸範疇へと移すことで、普遍的な、すなわち哲学的な理解を高次の段階で保証するところにあった。

自由な意欲は、人間の固有の活動であるため、倫理学の内にこそ、信仰と人間の自己実現との接点、つまり神学と哲学との接点が、求められる。『討議』の第二対話において、キリスト教徒と「哲学者」のあいだで交わされる討論では、両者の関連と区別は、「最高善」の概念を出発点として考察されるが、それというのもこの概念が、二人の対話者にとってともに受け入れられるものだからである。「キリスト教徒：さて、いま私に分かる限りでは、われわれはすべての学科の目的で完成であるところへ向かおうとしているが、それはあなた方が倫理学、つまり道徳、われわれが神性と呼び習わしているものである。われわれがそう呼ぶのは、それが把握しようと目指しているところ、すなわち神に由来する。あなた方がそう呼ぶのは、それらを通してそこに達するもの、すなわちあなた方が徳と呼んでいる善い習慣に由来する(110)」。したがって最高善は、それ自体として考えられれば神であり、それを把握するための道は徳にあるというのである。「思うに、この学科全体の目標は、次のようにまとめられる。すなわち、この学科の目標は、何が最高の善であるのか、およびどのようにわれわれがそこに到達しなければならないかを、われわれに明らかにすることにある(111)」。神との真正な関係に関する（神学的）問いを徳についての（倫理学的）問いに移行させるこうした転換によって、アベラルドゥスは、救済史の内での人間の自発的活動の働きを全面的に容認することになるが、その一見無難に思える転換は、クレルヴォーのベルナルドゥスが提起したペラギウス主義の批判――「彼はペラギウスと同じく、自由意思を恩寵よりも優位に置いている(112)」といった嫌疑――にさらされることになった。アベラルドゥスは、例えば「ローマの信徒への手紙」第九章第二一節を手がかりにこの問題に取り組み、独自の解釈によって、倫理的に善なる行為にとって恩寵が必要であることを主張している。しかしそれは、そのつど新たな恩寵ではなく、つまり「神の恩寵の新たな贈り物が先立つのではなく(113)」、また「新たな他の恩寵が付け加わるのでなく(114)」、人間に常に提供されて持続する恩寵、すなわち信仰の恵みと同一の恩寵が不可欠である点を強調している。恩寵の受容もまた、神の恵みによって支えられているが、それは、人間の自由を無効にしてしまうような作用因的な先行的規定という意味においてではなく、人間の行為についての神の予知にもとづく「予定」(praedestinatio)という意味においてである[115]。

人間は自分自身を意識する存在として、神との関係を意識的な意図において遂行するように促されているため、こうした救いに関わる行為を、倫理的行為の本質にもとづいて解明することは可能である。ただし、倫理的行為の主題は善であり、そして善は、「哲学者[116]」の言葉で言うなら、人間との関係に即して、「それに達したとき、ひとがそれによって幸福になるところのもの」と定義される[117]。

本質的に善に関わる人間の活動は、一般的に、意志の内的行為と外的な行動から構成される。こうして構成された活動を倫理的行為として、善なり悪なりの行為にするのは、もっぱら意志の内的行為である。なぜなら、外的行動は、善・悪といったその倫理的な質を意図から受け取るのであって、それ自体としては中立的なものだからである。そのため意志の「意図[118]」(intentio)は、倫理的な形相を付加する内的行為であり、外的で質料的な行動とは明確に区別される。その考え方はまさに、アベラルドゥスが論理学において、理性に内在する意味内容としての概念を、それが適用された意義[119]と区別し、それによって実念論(シャンポーのギヨーム)と同時に、内容空虚な唯名論(ロスケリヌス)をも克服し、それ自体において有意味な内的・精神的行為の独立性を、現実とその志向的関わりとともに思考可能にしている。「ところで行動は、意図という根源によるのでなければ、善とも悪とも判定されない。行動の一切は、それ自体からは中立的であり、注意深く考察するなら、功績に寄与することはなく、それ自体で善でも悪でもない。それというのも、同じ行動が、断罪された者にも、選ばれた者にも、同じように具わっているからである[120]」。したがって、意図のみが倫理的な価値を実現するが、それは自律的な主観的価値設定によるものではなく、その意図が――カンタベリーのアンセルムスの「真正さ」（rectitudo）の意味で――「真正に」（recte）整えられ、そのために透徹して、善を受容的に了承しうる状態にあることによる。

そのうえに、「精神の眼、すなわち意図が、単純で、いわば汚れから浄められ、よく見えるようになった状態と、反対に曇った状態[121]」とが区別される。真正さは、外的な行動にではなく、ただ志向的で精神的な行為そのものに具わる。「なるほどわれわれは、善いとわれわれが言うものは、意図、つまりそれ自体として正しい意図のことであり、何らかの善をそれ自身において受け入れる行動ではなく、善い意図から生まれる行動を正しいと言う[122]」。「やはり、意図の相違に応じて、同じことが異なった人によって、良くも悪くもなされる[123]」。それゆえ、外的な行動、つまり意志の意図とそれを導く認識に対して区別された行いは、中立的であり、すなわち「中立的なもの、つまり、善悪のどちらでもないものと私が判断するものは、それが存在することでそれらが生じたり、あるいは妨げられたりする必然がないものである[124]」。殉教者を迫害する者や、キリストを十字架にかけた兵士、あるいは不信仰者でも、彼らが自らの行動の真正さを確信しているのであれば、「彼らがその点において罪を犯したとわれわれは言うことはできない[125]」。

意図は意志の内に存するため、功績が成り立つのは、けっして外的行動、あるいは――キリストの磔刑の場合であっても――身体的受苦ではなく、意志の内においてであり、それは、仮にそこから外的な行動が何も生まれない場合でも同様である。「こうして、キリストについてさえ、彼が刑に送られ、木に磔にされたときも、それによって、受胎のときからよりもより多くの功績を得たのではないと、われわれは主張する。……実際のところ、彼〔神〕を心から愛すること以外により大きな功績はほかに存在しない。それゆえ、善い人と悪い人に共通する行動においてではなく、意志においてあらゆる功績が成り立っている[126]」。予定と自由との関係について詳細に検討したのち、アベラルドゥスはアウグスティヌス（『八三問題集』〔De diversis quaestionibus LXXXIII〕二四）を引用し、倫理的な価値・無価値は、自由意思の活動の内に存することを明言している。「したがって、罪と正しい行いは、意思の自由の内に存する」[127]。終末における自由の完成に関しても、それを単に存在論的な状態としてではなく、自らの意志に対する自由な所有として理解しなければならない。「何かが自らの意志に反して自分に起こることがないため、いかなる抑圧もない、かの生の栄光を、〔使徒は〕自由と呼んでいる」[128]。

善なる行為における自律性を強調するこうした見解において特徴的なのは、アベラルドゥスにおいてはそうした行為が、クレルヴォーのベルナルドゥスの場合のように、「合意」（consensus, consentire）の概念によって、つまり善への合意に即して特徴づけられてはいないという点である。むしろアベラルドゥスの場合、この「合意」の概念は、文字通り他なるもの――それがたとえ「善」であっても――による規定を表しているため、もっぱら罪ある行為との関係で用いられている。こうした捉え方もまた、自由を真正な意志の自己同一性にもとづいて定義したカンタベリーのアンセルムスの見解にきわめて近いものとなっている。「意思の自由は、意志の真正さを、その真正さ自身のために保持する能力である」[129]。そのためアベラルドゥスにとっては、「合意」はまさしく罪の特徴とみなされる[130]。「したがって、行動のいかなる実行も、罪の増大に影響を及ぼすことはないし、また魂自身のもの――つまり合意――でないものは、魂を汚すものではない。合意、ただそれだけをわれわれは罪と呼ぶ――それに先立つ意志や、それに続く行動の行いではなく[131]」。「実際われわれは、この合意を本来の意味で罪と呼ぶのであり、これは、断罪に値し、神の前で犯罪者となるような魂の負い目である。この合意こそ、神に対する侮辱と攻撃にほかならない[132]」。

行動の道徳的な質は、自由な意志の志向的意図において、つまり善の規範との合致と悪しき傾向への同調のどちらかによって決まるとすれば、行動のこうした肯定的または否定的な質は、各人それぞれの「良心」（conscientia）の内に示されることになる。初期中世から十二世紀半ばまでの「贖罪規定書」（libri poenitentiales）においては、行動の倫理的性格が、自由な決心に先立つ傾向性や行動の外的な結果を含めて、行為の客観的内実から法的に判定される傾向が主流であったのに対して、アベラルドゥスにおいては、ある行動の倫理的価値の認識は、そうした行為を決断した当人の良心の内に求められる。そのためにアベラルドゥスは、「自らの良心」（conscientia propria）、つまり各人それぞれの良心といったことを語るのである(133)。「それというのも、誰であっても、自らの良心ほど、しっかりと把握できるものはないからである」(134)。それゆえ良心の判断は(135)――それが外的行動に先行するものであれ、随伴するものであれ、あるいは後続するものであれ――交換不可能な自己意識に厳密に結びついているが、その良心の判断は、それ自体として明白でかつ規範的な真理の承認に由来するものである以上、単に主観的な内面性の内にとどまるということはない。

ところで、真理が規範的であるというのは、その論理的必然性にもとづくものではなく、善い意図をもった者を理解させ、同調へと動かすことのできる内容的な「威厳」（honestas）にもとづくものである。このことは、狭義の倫理的真理に当てはまるだけでなく、より根本的に、それ自体がすでに倫理的行為である神認識にも妥当する。「われわれは必然的な理拠より、威厳ある理拠を頼みにする。それというのも、善い人々の場合常に、威厳によってより多く賞讃されるものが、優れたものとみなされ、また必然性よりも威厳に傾く理拠の方がより重要だからである。これは特に威厳のあるものはそれ自体によって喜ばれ、われわれをただちにその何らかの力によって惹きつけるからである。しかし、すべてが一つの最善の指導者また創設者に関係すること、全体が偶然によってよりも理性によって成り立ち支配されることが、どれほど威厳あることであり、健全であるか、理性が自分の良心に勧めない人は誰ひとりとして存在しない」[136]。そのため良心は、ただ倫理的諸問題に関してのみならず、明確に神の働きとして示される出来事についても、聖霊の働きを承認し、それを聖霊に逆らう罪への不当な歪曲──「自身の良心に反して嘘をつくこと」[137]──に対抗する使命を帯びたものであることを自覚するのである。自らの良心の判断に従う者の言葉にもとづく真理の意識は、聖霊によって授けられた神の愛にその根拠をもつ。その点をアベラルドゥスは、「ローマ人の信徒への手紙」第九章第一節を註解しながら述べている。「良心は、精神がその言葉から逸れることなく、つまり語られるがままに自分によって信じられるなら、語る者に証しを与える。それを知る〈私に〉と〈使徒は〉言っているのであって──〈われわれに〉と言っているのではない。〈良心〉、つまり〈私の〉〈良心〉は、聖霊の内に自存し、神の愛にもとづき、そこに根づいた良心と私は言う。すなわちその愛からは、嘘が生み出されることがありえない。そこからそれはまさしく、〈真理の霊〉と言われるのである」[138]。「分別ある者」(discretus)は、『討議』における「哲学者」が述べているように、その良心において、真理の証しに導かれている。この真理の声を、「分別ある人間の誰であっても、良心が否定することはないと、私は思う」[139]。

個々人は良心において、真理を、自分に向けられた呼びかけとして受け取るため、良心の呼びかけは、あらゆる意志の意図にとって直接的で無制約な規範である。その際に良心は、ただ実践的論理において、個別の事例を普遍的な倫理的命令の下に包摂するだけではなく、具体的状況において真理として開示された善に対する本質的な関係によって、なすべきこと、思いとどまるべきことを明らかにする。したがって罪とは、行為に際して、自らの良心の声に逆らうところに成立する。「〔使徒は〕自身の良心に反して悪いことを行っていることを証明する。なぜなら、自ら善いと判断したことを行わずに、それが悪いと疑う余地なく確信していることを行うためである[140]」。

良心の声には、神の正当性が具わっているため、倫理的行為においては、神学的次元と人間論的次元とが不可分に結びあう。「負い目は、創造者の侮辱にほかならない。それは、われわれが良心に背いて彼に嘉《よみ》されないこと、彼によって禁じられていると知っていることを意欲し、または彼に嘉され、彼によって命じられていると知っていることを欲しない場合のことである[141]」。したがって、良心に反してなされたのではないものは、神の前でも罪とみなされることはない。「われわれの良心に反するのでないならば、神の前で負い目を負うものとみなされるのを恐れるのは根拠のないことである[142]」。こうして良心は、自らの意図と業の正しさを確証する。「外的に業において精神の内にもっている善き意志を表す者は、律法の業がその心に書き記されていることを示している、……自らの良心が彼らに善い証しを与え、つまり、自らの善なる良心と正しい意図――これは他の誰にでもなく、彼ら自身に知られるものだが――によって、その業の正義が確かなものとなる。このような意図に従って、神は業を計るのである[143]」。

こうして、倫理的行為の形式的構造が、自由な意志の意図という概念、およびそれ自体としては中立的な行動という概念によって説明されるのに続いて、善い意図の実質的内容についての問いが、アベラルドゥスの倫理学の中心に据えられる。自由な志向性において遂行される行為、つまり倫理的な行為はそれ自体として、善さという規範、すなわち「法」(lex)の下に置かれている。この法は、目的の自己根拠づけによって成立する以上、ただ一つのものとしてのみ存在しうる。アベラルドゥスは、神学者および聖書釈義家として、愛を法の目的としている[144]。これによってアベラルドゥスは律法倫理学が、当為の概念に立脚しなければならないところから生じる限界を、その最初から克服しているということになるだろう。「最終的に、使徒自身が述べるように、〈律法の充満は愛である〉。これについて主は、その掟に触れてから、〈そのように行うなら、生きることになる〉と金持ちに対して言われた」[145]。アベラルドゥスは、「私はあらゆる完成の目的を見た」（詩一一九・九六）[146]という詩編の言葉を次のように解釈する。「愛について与えられたあなたの命令が、あらゆる完成の目的であり、すなわちそれは、あなたのあらゆる命令の意図がそこに方向づけられているところであると理解した」[147]。したがって、律法を与える際の神の意図はただひたすら、人間が神のために愛する者となり、そうすることによって、神の栄光に寄与し、および自己自身と隣人の救いに専心することで自らの存在の意義を実現するところに向けられている。

「愛」（dilectio; caritas; amor）は、その愛の相手の区別――つまりその相手が神なのか、人間なのかといった区別――を考える以前にあっては、論理的な上位規定である類概念とみなされるため[148]、この概念を通して、愛の本質そのものを考えることができる[149]。ところで愛の本質とは、その固有の意図から、愛されるものをそのもののために肯定するところにあるため、愛の根本形態は、神を神自身のために肯定するという点に認められる。「すべての心からの神への愛は、われわれにおいては、神に向かう最善の意志である。それによってわれわれが神に嘉されなければならないと知れば知るほど、神に嘉されるように努めるその意志である。われわれはそのことを、われわれにとって有益なものよりもむしろ神に嘉されるものに注意を向けるほどに、われわれの愛の意図をすっかり神へと方向づけるとき、心と魂をすべてあげて行うのである。そうでなければ、われわれは神よりもわれわれ自身を愛の目的、つまり究極的で最高の原因としてしまうことになるだろう」[150]。

こうして愛には、最高で最も包括的な倫理的価値、つまり「われわれの功績の総体」[151]がある。それゆえ愛は、「誰かが神への愛によって自らの意志を完全に放棄するときに」[152]、最高の仕方で実現される。そこで神への愛は、「純粋に神のために抱かれた」[153]愛である。このような愛が本質的に属すのは、「愛がその内でのみ存在可能な魂の内にであって、外的な行いを見せ物にすることの内にではない[154]」ため、愛は結果の内にではなく、意志の意識的な情愛の内に成立する。そこで、選ばれた者は、「自分のもののためでなく、神のため神と結びつくとき、誠実な情愛によって義とされる[155]」。「ただ愛のみが……永遠の命に値するのであり、……神は情熱の結果ではなく、情愛に注意を払う[156]」。ここで言う「情愛」（affectus）とは、意志の働きに随伴する感情のみならず、自我を超越する最も内的で根本的な心の自己運動を意味する。この情愛は、例えば隣人愛において、他者自身のために、他者の人格に向けられるのであり、「兄弟たちのために魂を捧げ、自らのもののみならず、自ら自身を捧げる用意のある[157]」状態である。それゆえ愛する者は、自身の利益を考慮することなしに、自己自身を他者に対して、他者自身のために捧げるのである。「もし神自身のためよりも、われわれ自身のために、つまりわれわれの利益のために神を愛するなら、実際のところ、それはもはや愛と呼ぶことはできない[158]」。

アベラルドゥスがアウグスティヌスの『詩編講解』（Enarrationes in Psalmos）を手がかりに詳述しているように、このような無私の愛においてのみ、他者はその個人的な人格性において、つまり彼自身のために肯定される。「聖アウグスティヌスのこの言葉から、ある者に対する真実で誠実な愛がいかなるものか、それがその者を、その人の〔所有している〕ものゆえにではなく、その者自身ゆえに愛することであるというのが、明瞭に説明される[159]」。したがって、「もし私が、神が私を愛してくださるという理由で神を愛するのであって、神が私に何をしようとも、神こそ何にもまして愛されるべきであるがゆえに愛するというのではないのなら[160]」、神を純粋に愛することにはならない。純粋な愛とは「無償」（gratuitus）のものである。なぜならそれは、「他のもののためではなく、彼〔神〕を彼自身のために〔愛するからである〕」。もしあなたが、神があなたに何かを与えるということで神を愛するなら、すでに神を無償に愛してはいないことになる。もしあなたの妻が、あなたを財産目当てに愛し、そしてあなたがたまたま貧しい境遇に陥ったら離縁を考えるなら、あなたは恥と思うだろう。したがって、あなたが配偶者から無償に愛されることを望むなら、あなたは神を他のもののために愛するだろうか」[161]。このような諸規定を通じて、アベラルドゥスは最高の人格的働きとしての純粋な「愛」(dilectio)という概念を作り上げていったが、そのような捉え方はその後、十三世紀の盛期スコラ学においては、同一性と自己完成を求める本性といったアリストテレス的概念が支配的となったために、もはや到達されがたいものになった。

人間は神を愛するとき、この愛が神によって報われることを確信しているにしても、かといってその愛の動機そのものが、人間にとっての利益にあるわけではない。「ところで、そのように行う人は、これほど大きな愛に対する最大の報いに関して確かでなければならない。だが彼が完全な仕方で愛するなら、彼はそれを意図してそうするわけではない。そうでなければ、彼は〈自分のもの〉を求め、たとえ霊的なことに関しても、いわば報酬目当ての働き手ということになってしまうだろう」[162]。愛の根源は神自身の善性の内に、それとともに、神が与える一切のものの善性——なぜならそれらはまさに神によって与えられたものであるのだから——についての知の内に存する。「神に心を向けなさい。そして神が与えるものは、その与え手ゆえに善なのである」[163]。それゆえに人間が何かを愛するのは、「それが善いものだからであり、ただ善いものであるから以外ではない」[164]。

したがって、真の意図の基準は、「神愛(caritas 隣人愛)および神への愛(amor)の法」[165]であり、私欲を離れたこの愛が、魂の完成ないし内的生命の内実を成す。「この両者の掟〔隣人愛と神への愛〕によって生命を得るに足る」[166]。愛は、内面から、そして最終的には魂の根底における神の自己譲渡から発するため、魂を生かすものである。「天と地を創られた方は、あなたに地ではなく、自らを譲渡するのである」[167]。「神は、ほかの何ものかによってではなく、神自身によってわれわれに報いるのであり、聖アウグスティヌスもまた言うように、それ以上大なるものがない自分自身をわれわれに贈るのである」[168]。このような終末的な神の自己贈与は、聖霊の内的現前において始まるため、私欲を離れて愛する人間は、すでにその内的生命を、まさに愛という人格的働きの内で受容している。「生命の霊、すなわち聖霊は愛にほかならないがゆえに、魂にとっては生命である」[169]。このような愛において、人間は、神の業《わざ》としてと同時に、人間自身の業として義とされる。「神の正義、つまり神が義として、それによってわれわれが神にとって義とされる正義、すなわち愛は、福音の教えによって現れたのである」[170]。

こうして倫理学が「愛の律法」として示されるのだとしたら、次に問題となるのは、その具体的内容、およびその射程と深さであるが、それについては、哲学的問いと歴史的証言の相互参照が必要となるだろう。愛は、必然的に神の本質、および人間の本質にもとづいて、神への愛と隣人愛の二重構造として示されるが、それは書かれた法としては、聖書の内に、しかも旧約聖書と新約聖書に分かれて記され、またとりわけ人間の心ないし理性の内には、自然法として刻まれている。

『討議』(『哲学者・ユダヤ教徒・キリスト教徒の対話』)は、愛の掟のこのような三重の与えられ方にもとづいて展開されている。その際にまず「哲学者」が、旧約聖書の律法を批判し、そこでは愛の範囲が特定の民族集団に限定されていること[171]、そのような不完全な愛は、現世的な報償に動機づけられていること[172]、そして自然法的に唯一必然的な愛が、そこに加えられる祭儀の掟によって覆い隠されているということを[173]、その理由として挙げている。これに対してユダヤ教徒は、それが神によって正当に与えられ、宗教的生を深めると同時に悪を抑えるために有効であるという理由から、旧約聖書の律法を、救いにあずかるのに十分な、純粋で無制限の愛という意味で解釈しながら、愛の掟に付け加えられた祭儀と掟の意味に固執する[174]。

『討議』においてアベラルドゥスは、ユダヤ教徒の口を借りて、旧約聖書の律法を擁護する最大限の解釈を披露していいるのに対して、『ローマ書註解』においては、『討議』における「哲学者」と同様に、旧約聖書における愛の掟の理解がもつ限界を指摘している。ただしこの場合、その指摘は、文書として記された内容と、ユダヤ人によるその解釈が実際に実現されうるかという点をめぐるものとなっている。「実際のところ、律法の掟は、それが愛についての律法であれ、他のものについての律法であれ、それを完全なものへと導くことはなく、つまり救いに足ることができなかった。律法の終わりにして完成であるキリストが到来することが必要であった。というのは、律法の内で約束されていたキリストなしには、律法は実現されることはまったくないからである[175]」。内容的に見るなら、旧約聖書における隣人愛の掟は、ユダヤ人同士に限られている。「しかし、法の文言をいくら慎重に検討してみても、その律法は、〈隣人〉という言葉を、その民族――すなわちユダヤ人――の人間以外にも広げて用いている例は皆無である[176]」。さらに、律法を言葉通りに読めば、そこで約束されているのは、一時的な財である。「それには不完全な掟があった以上、……報償も完全ではありえなかった[177]」。

しかしながら旧約聖書は、救いを待ち望む人々にとっては、すでに神の受肉、すなわちキリスト自身とその受難までをも透けて見させるものであるため、旧約聖書から少なからぬ人々が、神の啓示の下で、キリストをその到来のときに認識したのである。「ユダヤ民族のなかに、神の受肉と、彼らの救いのための受苦を期待する一群の信仰者たちが常に存在した。例えば、ザカリア、エリザベト、シメオン、アンナ、ナタナエル、ニコデモなど、そしてキリストと同時代のいく人かの人びとである。彼らにとっては、キリスト自身が霊感によって啓示され、はっきりと示されていた。……そしておそらく、その前にすべての聖なる使徒たちがこうした類の人びとであった[178]」。しかしながら、律法についてのユダヤ人の理解は、聖書をただ文字通りの意味で、「肉的に」(carnaliter)ないし「身体的に」(corporaliter)解釈し、その真の意図が覆い隠されていたため、決定的な欠陥をもつものであった。「律法の違反者であるユダヤ人よ、私は〈あなた〉のことを言っているのだ。つまりあなたは、殺すものたる文字による違反者であり、文字通りの意味と身体的なしるしに信頼を寄せ、指示されたものというより、指示するものに最大限に依拠しているのであり、つまり事柄そのものよりもその形に、真理よりもその類似に依拠しているのである」[179]。こうして旧約聖書の信仰心は外的に規定され、神への恐れを生み出し、現世的な財への願望によって動かされているのに対して、キリスト教的な聖書理解は、「愛の自由」において恐れを克服するものである。なぜなら「恩寵において召されているわれわれは……ユダヤ人のような隷属に従って、罰への恐れと現世的な野心からではなく、愛の自由に従って[180]」奉仕するからである。このような考えから、パウロは、「あなた方は、自分たちの家畜を自分で屠るよりも、むしろあなた方自身を生贄《いけにえ》として彼〔神〕に捧げるように[181]」と勧めるのである。

こうして倫理学の原理として、愛が恐れに代わるなら、それはある実定的な掟が他の掟の代わりになるというよりは、「文字」による異質で外的な規定が精神的な自発性へと解消され、それによって、神に仕えようとする霊的欲求が、自らの内的な「正義」（iustitia）ないし自己目的性を自覚する理性の理解と調和することを意味している。「われわれも、外的業によってより、精神に即して、……身体的というより……霊的に、……霊的欲求と理解において神に仕えるのである。……つまり、ただ文字に従ってなされる古《いにしえ》の業、例えば身体的な割礼や、安息日の尊重や生贄やその他多くのもののように……ではない[182]」。これらの外的な業は、「自然法では知られていないものは、誰ひとりとして神の前に義とされることのないものであると、私は言う[183]」。真なる「正義」、あるいはあらゆる倫理学の目的設定は、旧約聖書の内で「先取りされており」、つまり「律法や預言者によって証言されていた[184]」が、実質的には獲得されてはいなかった。ただ愛においてのみ、倫理的行為の自己関係性は、他者や神、あるいは善そのものとの関係と統合されるのである。

愛の自己超越における自己関係は、「黄金律」の内容を成す。それは、その肯定的な形式〔「あなたが人からされたいと思うことを、他者に対して行え」（マタ七・一二）であっても、否定的な形式〔「あなたが人からされたくないと思うことを、他者に対しても行うな」〕であっても同じであり、それらは——アベラルドゥスが強調するように——聖書的には愛の根本的公式であり[185]、人間の理性に対して自然法として本質的に設定されているものである[186]。「ところで、律法の充満が……愛である。この充満は彼〔人間〕に自然からあり、つまり、〈自分自身にとって望ましくないことを、云々〉という愛の二重の掟を内容とする自然法の教えによって〔与えられたもの〕である[187]」。したがって愛の掟は、人間の内に本質的に刻み込まれたものであり、すなわちその自己肯定や、自我の自己意志の内に、自身と等しい存在としての他者との愛の関係が含まれている限り、それは理性の法の自己表現でもある。「それは、神の意志が何であるか、つまりあなた方自身に即して、そして他者に対して善であるには、われわれは神の意志に従って何をなすべきかをあなた方が吟味し、つまり認識することができ、他者においても示し、理性によって吟味することができるようになるためである[188]」。こうして愛において実現される自己関係と他者関係のこのような同等性と一性は、「理性」（ratio）の本質を成す。なぜなら自然法とは、人間の理性そのものの法にほかならないからである。「彼〔神〕は自ら理性を授けることによって、すなわち自然法によって、諸民族〔異邦人〕に対して……自らについての知識を与えた[189]」。

ところでキリストは愛の掟を、安息日の遵守や割礼など、単に実定的に定められた外的行動への拘束から解放し、それによって純粋に精神的な内面的愛を要求したため、自然法と福音の愛の掟が合致することになった。アベラルドゥスは、非キリスト教徒の哲学者の生き方と教えが、修道生活の理念を含めて、多くの点でキリスト教と重なるという理由から、彼らの内にも自然法と愛の掟の合致を見出している。[190]「われわれが福音の道徳的掟を入念に考察すると、哲学者たちがその追随者であったことが確かであり、自然法の改変以外には何ものも見出すことはない。……実際に福音は、入念に諸徳と悪徳を検討し、また哲学者たちもするように、精神の意図に従って、すべてを計る」[191]。「福音と哲学の教えのこれほどの合致」[192]によって、幾人かの（新）プラトン主義者たちは、イエスはプラトンからその教えを受け取ったと推測したことさえあった。[193]哲学者の人生と教えを見るならば、「福音書の教えや使徒的完全性を最大限になぞり、キリスト教からまったく、あるいはほとんど逸脱しないことを見出すだろう」[194]。哲学者たちは、「自らにおいて、現在では聖職者や修道士が実現しているような、節度あり、断念をともなう人の生き方を体現しており」[195]、「公平についてのかの愛の規則――〈あなた自身のように隣人を愛しなさい〉――に従って」[196]生きることを人生の手引きとしている。例えばホラティウス（Horatius 前六五―前八年）[197]のような「哲学者たち」は、徳への愛を自らの倫理的努力の動機と語っている場合、そこにはすでに神への愛が含まれている。[198]それどころか、神に対する明示的な愛でさえも、「哲学者たちのもとに容易に見出される。哲学者たちは、最高善、すなわち神を、万物の原理として、すなわち起源と作動因として、同様に目的、すなわち目的因として設定し、それは、その贈り物から出るすべてがあの方自身への愛によって善いものになるためである」[199]。しかしながら異邦人の哲学者たちは、『討議』における登場人物である「哲学者」もそうであったように、その認識に際しては、ただ理性のみを、したがって「ただ自然法のみを用いていた」[200]。理性と自然法のこの根本的な働きは、理性認識が欲望や罪によって曇らされているにしても、打ち消されることはない。むしろ、真理に対する理解を新たにすることを求めるパウロの警告が尊重されるべきなのである。「罪によってずっと以前から曇らされていた人間の理性の感覚を回復させ、生き返らせるように努めなさい。そうして、何が神の意志であるかを吟味し、つまり認識でき、他の者に示し、理性によって吟味できるようにしなさい[201]」。

このような考察において、理性と自然法によって裏づけられた最高善の洞察は、倫理学的人間論の根拠づけという点で、第一にして最高の愛の掟についての新約聖書の教えと合致する。こうした愛の倫理学においてその二重の源泉にもとづいて、人間の理性と神の権威は重なり合う。それこそ、アベラルドゥスがキリスト教神学の目標とみなしていたものであり、神学と世俗の合理性との対話を可能にするものである。それはまさに、アベラルドゥス自身が『討議』第二部において、「哲学者」とキリスト教徒の対話として実際に試みたことである。人間の理性と神の権威との合致は、他方で、ユダヤ教とキリスト教の出会いを可能にし、そこにおいて旧約聖書の律法理解がその内在的な限界を超えて、とはいえそれ独自の出発点からイエスの教えにおける完成にまで開かれるのであり、こうした交流によって、理想的なかたちで宗教間対話への道が開かれるのである。このような考え方は、合理的で、主体に重きを置いた着想にもとづくとはいえ、それはけっして——クレルヴォーのベルナルドゥスに率いられた伝統を重視する神学者たちによる、ソワッソン教会会議、およびサンス教会会議での糾弾とは異なり——キリスト教を内在主義的な哲学やペラギウス主義的な倫理学に還元することを意味しない。むしろアベラルドゥスの思考は、歴史的事実に根差すキリスト教の特殊性と内容的な規範性を、確信をもって強調しようとしていたのである。この点を理解するためには、愛という中心概念をさらに詳細に検討する必要がある。

四　イエスとの結びつきにおける愛の成立と完成

旧約聖書の律法、新約聖書の愛の倫理学、「黄金律」の内に集約された自然法は、共通の焦点である愛に収斂する。しかしながら、律法が神への愛と隣人愛を内容としているにもかかわらず、隣人愛が普遍的なものとして理解されず、神への愛が現世的な富への欲求を動機としていたり、自然法によって根拠づけられることのない多くの儀礼的戒律によって神への畏れが促されていたりするのなら、律法は、哲学的理解に比して、欠陥や矛盾を曝け出すことになる。これに対して、新約聖書においては、儀礼的戒律は取り除かれており、隣人愛は「キリストによって拡張されたように、……敵にまで拡大されている」[202]のであり、「神の養子」としての人間にとって、父たる神に対する恐れなき愛が可能になっている。[203]「主自身がもたらした福音の教えは、正義を充実させるのに不足していたものを補うことによって、旧約の律法において着手された必要な建徳を成就し、つまり完成した。……無数の外的な〔規定の〕遵守を無視することで、愛の二つの掟の内に公正を集約するのである。……律法と預言者はこの二つの掟にかかっている〔マタ二二・四〇〕からである」[204]。このように、無制約的で無限定的な神への愛と隣人愛を推し進めることによって、キリスト教の啓示はいまや、理性的神認識や自然法の未規定性を——限定的なものとして低く評価するわけではないにせよ——乗り越えるにいたる。「最高の哲学者」プラトンでさえ、理性的認識のこうした限界を認めている。「〔プラトンも神的本性について〕それが何であるかをあえて述べていないが、それは彼が、それ自身について、それがどのようなものであるかは、人間の側から知ることができないということのみを知っていたからである。このことを教えるのは、正しくも、受肉すべき知恵自身に残されるべきであった。それは、神が自分自身をもって、自らについての知識をもたらすためであった。彼の知識に上昇するには、いかなる被造物も不十分だからである」[205]。哲学的認識はいずれにしても普遍概念を操作するものであるため、神ないし善そのものをその唯一性において捉えることはできないし、同じことであるが、その超越において把握することはできず[206]、それについて比較によって間接的に語るほかはないからである。「それ〔神性〕

について哲学者たちは何かを語ろうとする場合、類似像や事例に訴えることになる」[207]。理性的認識の限界をこのように洞察することによって、哲学者にとっては、啓示へと通じる道が開かれるのである。

キリスト教の本質は、ユダヤ教的な律法思想や理性的に根拠づけられた倫理学との比較によるだけでは十分に示すことはできない。なぜならそこには、ある共通な比較の基準が想定されており、それによって、キリスト教信仰の内容に含まれる比類なさが排除されてしまうからである。キリスト教の内には、キリストの受苦による救済の知らせ、そして神の受肉によってその救いが可能になったことこそが、新しくまた一回的なものとして含まれ、この二重の焦点へと考察を集中する点において、アベラルドゥスはまさにパウロに従っているのである。

キリストの受肉と受苦こそが、三位一体とは異なり、偶存的な出来事なのであり、その事実性と意義は、哲学的理性によっては、発見することも証明することもできない。アベラルドゥスによれば、三位一体は、力・知恵・善の三重性において成り立つものである。「最高善の完全性たる神を〔表現して〕、……主キリストは、唯一的で単独であり、まったく不可分で、単一の神的実体を、三重の原因から、父・子・聖霊と呼び、三重の名称を与えることによって区別した。父〔と呼ぶの〕は、全能であるその至高性の一回的な力に従ってのことである。……次いで同じ神的実体を、知恵に具わる分別力に従って、子と名づけた。……さらに、その善良性の恵みに従って、それを聖霊と呼んだのである」[208]。力・知恵・善のこうした三重性は、創造に関して考察するならば、誰にとっても洞察しうる。「神が〔それを〕彼らに告示した。というのも、神が彼らに与えた理性によって、その可視的な業から、その神的な三一性は知られるのであり、その業を通して、その創造主自身が、自らについての知を彼らに刻印したのである」[209]。これに対して、キリストの受肉と受苦は、世界秩序の構造ないし根拠として理性的に示すことは不可能なのであり、したがって哲学的理性の可能性を凌駕するものである。「受肉の神秘は、人間の理性によって、神の力とその知恵と善は、彼らが見ているものから明瞭に把握したように、神の可視的な業から把握することは不可能であった。この三者において、三位一体での区別全体が成立するように、私には思われる(210)」。

神性の形而上学的な本質と、啓示によってのみ信じられる神の自己伝達のあいだの区別に関して、アベラルドゥスはアウグスティヌスに依拠している。そこでアベラルドゥスは、『告白』（Confessiones）第七巻第九章第一三節を用いて、新プラトン主義の著作では、神とその言葉が、それ自身として、また人間との関係において哲学的にどのように扱われているかをまとめている(211)。キリスト教において言葉の神性について語られていることのほとんどすべては、「そこに読み取れた。……しかし、〈言葉が肉となり、われわれのあいだに住まわれた〉ことに関しては、そこで読んだことはない(212)」。同様に、神の子の自己外化や、死にいたるまでの謙《へりくだ》り、そして高揚について、全文が引用される「フィリピの信徒への手紙」の讃歌（フィリ二・六―一一）で述べられるようなことは(213)、「かの書物では語られていない(214)」。「あらゆる時間以前に、そして不可変的に、汝の独り子にして、等しく永遠である子が存在することが、……ここで示される。しかし、彼が不敬虔な者たちのために死んだということは示されていない(215)」。このように見る限り、アベラルドゥスが要約しているように、アウグスティヌスは新プラトン主義者たちにおいて、「ただ言葉の神性に関わることのみを」見出し、そして「受肉の神秘――すなわち、そこにおいて救済の総体全体が成り立つことが確かであり、それなくしては、ほかの一切を信じることは無駄になるもの――については何も(216)」見出さなかったということになる。

神の子の受肉と、受苦による救済というキリスト教の根幹となる教えは、世界の一般的構造、あるいは普遍的な存在論的根拠や哲学的前提から導き出せるものではないため、「この点で、最も大きな問いが生じる。すなわち、キリストの死によるわれわれの救済とは何なのか、いかなる仕方でわれわれは、使徒が語るように、キリストの血において義とされるのかと使徒が語る〔その問いである〕」[217]。このような問いに対しては、救済の本質と目的、次いでこの目的の実現を可能にするのに必要なキリストの受苦、そしてキリストの受苦においてそうした意味実現を可能にするものとしての受肉といったものを把握可能にすることによってのみ、「理性にかなった原因」[218]、あるいは満足のいく解答を見出すことができる。「まず最初に、われわれを肉における死によって救うために、神がいかなる必然性をもって人間を受け入れたのか、あるいは何から救ったのかということを探究しなければならないように思われる」[219]。そこから同様に、カンタベリーのアンセルムスに従って、受肉と義化の内的論理が問われることになる。「またわれわれはいかにして、神の子の死によって義とされ、神と和解すると、使徒は語っているのだろうか」[220]。その際に、救済は悪魔の力からの人間の「〔身代金による〕買い戻し」であり、そしてキリストの血はその「身代金」であるとする説明は、非合理的なものとして、すなわち神の全能・正義・善良性に反するものとしてあらかじめ排除されている。[221]「何者かが無垢の血を何らかの身代金として要求し、何らかの仕方で、無垢な者が殺されることを喜ぶとしたら、それは何と残酷で不当と思えることだろう」[222]。

このような問いの解決に対する示唆を、アベラルドゥスはまず信仰箇条の内に——すなわち、神的な三位格のなかでただ子のみが受肉するのであり、子の特徴である「知恵」は認識内容の伝達を意味するといった教えの内に——見出している。「ただ子のみが……受肉したと言われるのは、……確かに大きな理由もなしに教えられていることではない。このことは、神の知恵の光が受肉を通して肉的な者たちに対して輝き出ているという言葉によって示唆されている」[223]。「神の知恵が受肉したというのは、われわれに真の義の教えを、彼の説教、また彼の肉体的生き方の模範を通じてわれわれに示すために、神が受肉したことを意味する。神の知恵が肉の内にあるとは、肉的な者、すなわち人間がこの受肉を通して知恵の光を真に受け取ったことを意味する」(224)。こうして神は、救いに必要な神自身についての認識、および義化についての認識を、ある人間の言葉と業を通して、したがって神自身の受肉によって最も適切に伝達する。「神の子が人と成るより以上に……優れた仕方で救いが実現されるということはありえなかった。なぜなら、人間が罪から解放されるべきであったため、言葉の説教と業の顕現が実現されなければならなかったからである。しかし人間となった神の子が人を教えることがなかったならば、それほどふさわしく実現されることはできなかったであろう(225)」。

教えと模範によるこうした教示の目的は、もっぱら人間をその生の目的へ、つまり愛へと導くところにある。なぜなら愛によってのみ、人間は義とされて、神と和解するからである。人間は、キリストの教えによって、そして死にいたるまで堅持されたその愛によって、純粋な愛へと導き入れられるため、救いは、キリストの受肉と受難によって、すなわちキリストの愛の啓示と伝達によって実現される。アベラルドゥスが詳細に思い起こさせているキリストの受苦は(226)、あらゆる殉教者の受苦を凌駕し(227)、それによって、キリストの無限定で無制約な「謙遜(228)」の愛を露わにする。「このすべてが実現されたのは、彼が人間に対してどれほどの愛を抱くかを示すためであったこと、そして人間を、自らへの愛へとさらに掻き立てるためであったのは確かである(229)」。キリストの神的・人間的愛の無条件の無私性は、罪ある人間も含め、あらゆる人間に及び、それによって人間は、「愛の自由」へと解放され、そこにおいてまさに救いそのものが成立する。「したがってわれわれの救いは、キリストの受難によってわれわれの内に生じる最高の愛であり、それはわれわれを罪の隷属状態から解放するだけでなく、われわれに対して神の子としての真の自由を獲得させ、〔それによって〕われわれは彼に対する恐れをもってではなく、それよりも大きな恵みはありえないと彼自身が証言しているほどの最高の恵みを示す者に対する愛をもってすべての掟を満たすためであった。……この愛の真の自由を人間の内に広めるために、彼はやってきたと自分で証言している」[230]。したがってキリストは、受肉において、人間本性を有するものとなり、その人生を通じて真の愛を説き、その死を通じて、愛において人間と結びつく。「われわれはキリストの血において義とされ、神と和解するのは、その子がわれわれの本性を受け入れ、言葉と模範によってわれわれを教えながら、それにおいて死にいたるまで耐え忍び、われわれに示されたこの無二の恵みを通して、愛によってわれわれをより深く自らに結びつけたところにあると思われる。こうして、神のそれほど偉大な恵みの善行によって燃え上がった真の愛は、彼のために何ものであっても堪えることをためらうことがない」[231]。

したがって救いは、キリストの愛の受動的な受容によって生じるのではなく、キリストおよび神に対する人間の自発的な愛において実現する。こうした愛は、神およびキリストとの関係という点で、その根底において、隣人に対する無制約の愛を含んでいる。人間にとって根源的に最も近い隣人は神自身であるため、神の愛に応答する人間の愛において、神のための無制約な隣人愛が生じる。「それというのも、われわれが自分自身と善きものすべてを彼から受け取ったわれわれの創設者および救済者以上に、誰もわれわれの隣人や友として理解すべき者はいないからである」[232]。「したがって、神の愛に結びつけられた人が誰であれ、……隣人に関わるものと同じように未知の人びとに及ぶものを実行するように努め、そのどちらにおいても、神の意志に従うことに努める」[233]。このような隣人愛は、キリストに対する愛によって始まるのであり、それというのも、キリストは「善きサマリア人の喩え」(ルカ一〇・三〇―三七)において、負傷した人間の隣人となったからである。「しかし、負傷した人に慈愛を向けたサマリア人が表している人物以上に、隣人ないし友人として理解すべき人は誰ひとりいないのであり、その人物はキリストなのである」[234]。キリストは「隣人になっていった」[235]ため、人間であるイエスに対する愛から、人間の本性という点でイエスに等しいあらゆる人々に対する愛が開かれる。「隣人ということでは、人間本性によってわれわれと結びついているどの者のことをも理解しなさい」[236]。こうして、キリストに対する愛に根差すことによって、隣人愛は、その掟において要求されているように、他者そのものに無制約な肯定をもって向かう動機と力を獲得するのである。

もしこのような構想に対して、ここでキリストの模範は、愛を実現するための単なる心理的な助けにすぎないのであって、愛そのものは人間の自由な意志にもとづくものであるという反論を加えるとしたら、そうした見解は、アベラルドゥスが、人格的な自由な意識を根本的な存在領域として根源的に新たに評価しようとしている点を見過ごしているものと考えられる。すなわちアベラルドゥスによれば、自由意思は、一回的かつ最も優れた仕方で受難において実現されたキリストの愛の啓示によって、はじめて愛の完成の可能性が与えられたものであり、「愛の自由」のこのような根拠づけは、形相の意味で考えられた存在論的な恵みによる根拠づけと比べて、その存在論的内実の点でかならずしも劣るものではない。一般のスコラ神学の見解の内に現れるよりもさらに明確に、アベラルドゥスは、人間の神への愛と隣人愛をキリストの愛によって根拠づけ、同時にキリストを、人間の愛の中核に据えることによって、救い・恵み・倫理の全体をすぐれて人格的な意味で理解する道を開いたと思われる。

このようなキリスト中心的な思考によって、キリストの受肉と受苦という偶存的・歴史的事実は、神および同胞との関係にとって根本的な存在論的・人格的意味を獲得し、救済史——さらに、隣人愛の普遍的な掟にもとづいて歴史一般——は、人間存在の意味実現の具体的な場所として構成される。したがって、歴史の中心点は、人間における無制約な愛の力の源泉であるキリストの死の内に存する。「愛はわれわれの魂に注がれたと私が言ったのは正当である。なぜなら、われわれの内に神の愛をいきわたらせるためでないとしたら、キリストは何のために死んだのだろうか」[237]。アベラルドゥスは、このような解釈こそ、パウロの救済論と倫理学の一体性と、その最も深い意図を明るみに出すものであることを意識していた。「使徒はこの個所で、キリストの死によるわれわれの救いのあり方を公然と示していることに注意しなければならない。なぜなら彼が言うように、キリストが死んだのは、彼がわれわれに示した最高の愛によって、愛の真の自由をわれわれに広めるためにほかならないからである」[238]。愛をその根源と完成において理解するキリスト論的見解は、アベラルドゥスの神学的倫理学のキリスト中心的思考に即したものである。なぜなら信仰者は、キリストへの愛にもとづいて、「神の子らの自由」において、愛を神の根本的に唯一の意志として実現するからである[239]。

註

（1） J. Marenbon, *The philosophy of Peter Abelard*, Cambridge 1997, pp. 340-349.

（2） アベラルドゥスとエロイーズの往復書簡の真正性は、十九世紀以来疑問がもたれていたが、現代では証明されたように思える。Cf. J. Marenbon, *op. cit.*, pp. 82-93; 333.

（3） C. J. Mews, The List of Heresies Imputed to Peter Abelard, *Revue bénédictine* 94, Maredsous 1983, pp. 73-110; reprinted in: id., *Abelard and his Legacy*, Aldershot 2001 (Variorum Collected Studies).

（4） アベラルドゥスの生涯については以下を参照。J. Jolivet, *Abélard ou la philosophie dans la langage*, Fribourg (Swiss), Paris 1994, pp. 1-45; J. Marenbon, *op. cit.*, pp. 7-35; id., *Life, milieu, and intellectual contexts*, in: J. E. Brower, K. Guilfoy, *The Cambridge Companion to Abelard*, Cambridge 2004 (= *Companion*), pp. 13-44; M. T. Clanchy, *Abelard. A medieval life*, Oxford (UK), Cambridge (USA) 1997; C. J. Mews, *Peter Abelard*, Aldershot 1995, pp. 9-20.

（5） E. Gössmann, Zur Auseinandersetzung zwischen Abaelard und Bernhard von Clairvaux um die Gotteserkenntnis im Glauben, in: R. Thomas (Hg.), *Petrus Abaelardus 1079-1142. Person, Werk und Wirkung*, Trier 1980, S. 233-242; T. J. Ficarra, *Bernard and Abelard: An analysis of the elements that led to their conflict at Sens*, (diss.), Ann Arbor, MI 2003.

（6） *Epistola* 190; Op. omn. VIII, 17s., ad Innocentium [II] Papam: Qui dum omnium quae sunt in caelo sursum et, quae in terra deorsum, nihil, praeter solum “Nescio”, nescire dignatur, ponit in caelum os suum et scrutatur alta Dei, rediensque ad nos refert verba ineffabilia, quae non licet homini loqui; et dum paratus est de omnibus reddere rationem, etiam quae sunt supra rationem, et contra rationem praesumit, et contra fidem. Quid enim magis contra rationem quam ratione rationem conari transcendere? Et quid magis contra fidem quam credere nolle quidquid non possit ratione attingere?

（7） アベラルドゥスの著作の伝承史に関しては以下を参照。D. E. Luscombe, *The School of Peter Abelard*, Cambridge 1970, pp. 60-102, 310; J. Marenbon, *The philosophy of Peter Abelard*, pp. 340f.; N. M. Häring, Abelard yesterday and today, in: *Pierre Abélard – Pierre le Vénérable. Les courantes philosophiques, littéraires et artistiques en Occident au milieu du XII*e*siècle* (Colloque international n. 546), Paris 1975, pp. 341-403; A. Vernet, La tradition manuscrite et la diffusion des ouvrages d’Abélard, in: *Pierre Abélard – Pierre le Vénérable*, pp. 405-407; R. Peppermüller, Zum Fortwirken von Abaelards Römerbriefkommentar in der mittelalterlichen Exegese, in: *Pierre Abélard – Pierre le Vénérable*, pp. 557-568.

（8） S. Deutsch, *Peter Abälard. Ein kritischer Theologe des zwölften Jahrhunderts*, Leipzig 1883; A. Hausrath, *Peter Abälard,* Leipzig 1895.

（9） C. J. Mews, On Dating the Works of Peter Abelard, *Archives d’histoire doctrinale et littéraire du moyen âge* 52, Paris 1985, pp. 73-134; reprinted in: id., *Abelard and his Legacy.*

（10） R. Thomas, Einleitung, in: id. (Hg.), *Petrus Abaelardus 1079-1142*, S. 10.

（11） T. Gregory, Considérations sur ratio et natura chez Abélard, in: *Pierre Abélard – Pierre le Vénérable*, pp. 569-575.

（12） 『弁証論』の年代画定に関しては、以下を参照。J. Marenbon, *The philosophy of Peter Abelard*, p. 40; p. 46.

（13） P. Abaelardus, *Historia Calamitatum* [= *Epistola* 1] c.1（一一三二年頃）：Et quoniam dialecticarum rationum armaturam omnibus philosophiae documentis praetuli, his armis alia commutavi, et tropaeis bellorum conflictus praetuli disputationum.

（14） J. Jolivet, *La théologie d’Abélard*, Paris 1997, pp. 19s. Cf. U. Niggi, Einleitung, in: ead. (Hg.), Peter Abaelard, *Theologia Summi boni*, Hamburg (PhB 395), p. XXXIV. 同書によれば、「神学」という標題は、第二稿の写本にのみ記されており、他の二つの写本では『三位一体について』と題されている。

（15） アベラルドゥスの著作リストは以下のものを参照。*Companion*, pp. 336-340; J. Marenbon, *The philosophy of Peter Abelard*, pp.

XVI-XIX; Ph. Steger (Hg.), *Scito te ipsum [Ethica], Erkenne dich selbst*, Hamburg 2006, pp. LXXXIII-LXXXIX.

(16) J. Jolivet, *La théologie d'Abélard*, pp. 19-67; C. Mews, The development of the Theologia of Peter Abelard, in: R. Thomas (Hg.), *Petrus Abaelardus 1079-1142*, pp. 183-198; reprinted in: id., *Abelard and his Legacy*.

(17) R. Thomas, *Der philosophisch-theologische Erkenntnisweg Peter Abaelards im Dialogus inter Philosophum, Judaeum et Christianum*, Bonn 1966.

(18) R. Peppermüller, *Abaelards Auslegung des Römerbriefes* (BGPhThMA, NF 10), Münster 1972; id., Zu Abaelards Paulusexegese und ihrem Nachwirken, in: R. Thomas (Hg.), *Petrus Abaelardus 1079-1142*, S. 217-222.

(19) C. Waddell, Peter Abelard as creator of liturgical texts, in: R. Thomas (Hg.), *Petrus Abaelardus 1079-1142*, pp. 267-286; W. Wetherbee, Literary works, in: *Companion*, pp. 45-64; G. Iversen, Pierre Abélard et la poésie liturgique, in: J. Jolivet, H. Habrias (éds.), *Pierre Abélard. Colloque international de Nantes* (= *Nantes*), Rennes 2003, pp. 233-260; N. Bell, Les planctus d'Abélard et la tradition tardive du planctus, in: *Nantes*, pp. 261-266; N. H. Petersen, Les planctus d'Abélard et la tradition des drames liturgiques, in: *Nantes*, pp. 267-276; M. N. Colette, Un ensemble de planctus attribués à Abélard, in: *Nantes*, pp. 277-294; A. Wouters, Une larme pour Abner: une lamentation de l'Ancien Testament remaniée par Pierre Abélard, in: *Nantes*, pp. 295-306.

(20) P. Abaelardus, *Theologia 'summi boni'* (= *TSB*) II n. 25, 222-226 [CCCM 13, 1987] : Nam et diuino fretus auxilio paruulus Dauid immensum et tumidum Goliam proprio ipsius gladio iugulauit; et nos eodem dialectice gladio, quo illi animati simplicitatem nostram impugnare nituntur, in ipsos conuerso robur eorum aciesque argumentorum suorum in domino dissipemus.

(21) *TSB* III n. 101, 1360-1361: Et quoniam philosophicis maxime rationibus nos aggrediuntur, et nos eas precipue prosecuti sumus.

(22) 引用は以下による。 I. Pagani (ed.), *Epistolario di Abelardo ed Eloisa*, Torino 2004, p. 748: Odiosum me mundo reddidit logica; cf. *Confessio fidei ad Heloissam*, PL 178, 375C.

(23) *Ibid.*: Aiunt enim perversi pervertentes … me in logica praestantissimum esse, sed in Paulo non mediocriter claudicare, cumque ingenii praedicent aciem, Christianae fidei subtrahunt puritatem. ... Nolo, nolo sic esse philosophus ut recalcitrem Paulo; nolo sic esse Aristotiles ut secludar a Christo.

(24) *Letter XIII* (*Epistola* IV), in: Peter Abelard, *Letters IX-XIV*, ed. E. R. Smits, (diss.), Groningen 1983, l. 24, p. 272.

（25） *Ibid.*, l. 22, p. 271.

（26） *Ibid.*, l. 21, p. 271: ut comparatione caeterarum artium eam solam facere scire fateatur.

（27） *TSB* II n. 5, 39-41: In hac [scl. dialectica] seipsa ratio demonstrat atque aperit quid sit, quid uelit: scit scire; sola scientes facere non solum uult, sed etiam potest.

（28） *TSB* II n. 7, 67-73: Sed neque ullam scientiam malam esse concedimus, etiam illam que de malo est; ... Non est enim malum scire, decipere uel adulterari, sed ista committere.

（29） *Letter XIII*, loc. cit., l. 108, p. 275: quippe uerbum significat et rationem.

（30） *Ibid.*, l. 114-118, p. 275: plurimum ad eum pertinere uidetur ea scientia quae nomine quoque illi sit coniuncta et per deriuationem quandam a λόγος logica sit appellata et sicut a Christo christiani, ita a λόγος logica proprie dici uideatur.

（31） *Ibid.*, l. 126-128, p. 275: post amorem sui, unde ueri dicendi sunt philosophi, patenter et illam rationum armaturam eis pollicetur qua in disputando summi efficiantur logici.

（32） *Ibid.*, l. 97-100, p. 274: In qua profecto disputatione cum illos sophistas conuicerimus, nos dialecticos exhibebimus et tanto Christi qui ueritas est, discipuli ueriores erimus, quanto ueritate rationum amplius pollebimus.

（33） *TSB* II n. 7, 78-79: Scientia quippe est comprehensio ueritatis rerum que sunt.

（34） *Commentaria [Expositio] in Epistolam [Pauli] ad Romanos* (= *Rom.*) 7, 22-23, 743-747 [CCCM 11, 1969]: [dicens] ... placere ei [scl. homini], quod lex praecipit et se illud per rationem appetere; — quam [apostolus] hoc loco ‘interiorem hominem’ appellat, id est spiritualem et inuisibilem Dei imaginem, in qua factus est homo secundum animam, dum rationalis creatus est.

（35） R. Thomas, *Der philosophisch-theologische Erkenntnisweg Peter Abaelards im Dialogus inter Philosophum, Judaeum et Christianum*, S. 200-202; M. Kurdzialek, Beurteilung der Philosophie im “Dialogus inter Philosophum, Judaeum et Christianum”, in: E. M. Buytaert (ed.), *Peter Abelard. Proceedings of the International Conference Louvain May 10-12, 1971,* Leuven, The Hague 1974, pp. 85-98; J. Jolivet, Doctrines et figures de philosophes chez Abélard, in: R. Thomas (Hg.), *Petrus Abaelardus 1079-1142*, pp. 103-120; C. J. Mews, Peter Abelard and the Enigma of Dialogue, in: J. Chr. Laursen, C. J. Nederman (eds.), *Beyond the Persecuting Society: Religious Toleration Before the Enlightenment*, Philadelphia 1998, pp. 25-52; reprinted in: id., *Abelard and his Legacy*; M. de Gandillac, Notes préparatoires à un débat sur le

“Dialogus”, in: R. Thomas (ed.), *Petrus Abaelardus 1079-1142*, pp. 243-246.

(36) R. Thomas, *Der philosophisch-theologische Erkenntnisweg Peter Abaelards im Dialogus inter Philosophum, Judaeum et Christianum*, S. 24-26; T. Georges, *Quam nos divinitatem nominare consuevimus. Die theologische Ethik des Peter Abaelard*, Leipzig 2005, S. 79f.

(37) R. Thomas, *Der philosophisch-theologische Erkenntnisweg Peter Abaelards im Dialogus inter Philosophum, Judaeum et Christianum*, S. 166-183; L. Steiger, Hermeneutische Erwägungen zu Abaelards ‘Dialogus’, in: R. Thomas (Hg.), *Petrus Abaelardus 1079-1142*, S. 247-265.

(38) P. Abaelardus, *Collationes* (= *Coll.*) I, 11: J. Marenbon, G. Orlandi (eds., trl.), Peter Abelard, *Collationes*, Oxford 2001 [Oxford medieval texts] : me uidelicet ad ueritatis inquisitionem, non ad elationis ostentationem laborare non dubitetis, nec ut sophistam corrixari, sed ut philosophum rationes scrutari et, quod est maximum, anime salutem me uenari. その他の版に関しては *ibid.*, pp. XII-XIII を参照。

(39) *Coll.*, praefatio, 2: Nostrorum itaque scolis diu intentus et tam ipsorum rationibus quam auctoritatibus eruditus.

(40) *Coll.*, praefatio, 2: philosophorum rationibus ueritatem inuestigare et in omnibus non opinionem hominum sed rationis sequi ducatum.

(41) *Coll.*, praefatio, 2: statui apud me diuersas etiam fidei sectas, quibus nunc mundus diuisus est, studiose scrutari et omnibus inspectis et inuicem collatis illud sequi quod consentaneum magis sit rationi.

(42) *Coll.* I, 7: utrum uidelicet in has fidei sectas ratio uos induxerit aliqua an solam hic hominum opinionem uel generis uestri sectemini amorem.

(43) *Coll.* 8: in fide, cuius erroris summum periculum imminet, nullus est profectus.

(44) *Coll.* 18: sed plurimum refert utrum haec intentio recta sit an erronea.

(45) *Coll.* 19: quantum a ratione sit dissonum.

(46) *Coll.* praefatio, 5: qui nullam professus legem solis rationibus cedis.

(47) *Coll.* 69: in conflictu rationum.

(48) *Coll.* praefatio, 3: rationes discutiens.

(49) *Coll.* praefatio, 3: philosophicarum rationum uires.

(50) *Coll.* 72: nichil licet ratione refellere ubi rationes non licet adhibere.

(51) *Coll.* 73: auctoritati ratio preponitur.

(52) *Coll.* 74: in omni philosophica disputatione ita nouissimum aut nullum obtinere censentur locum.

(53) *Coll.* 77: Nemo certe nostrum, qui discretus sit, rationibus fidem uestigari ac discuti uetat, nec rationabiliter his que dubia fuerint acquiescitur, nisi cur acquiescendum sit ratione premissa; que uidelicet cum rei dubie fidem efficit, profecto id quod a uobis argumentum dicitur ipsa fit.

(54) *Coll.* 78: aliter tecum aliter nobiscum ad inuicem confligendum est.

(55) Id., *Sic et non* I, ed. Henke et Lindenkehl, Marburg 1851 [1981], p. 18: Quod fides humanis rationibus sit adstruenda, et contra.

(56) *TSB* II, n. 2, 5-9: peropportunum nobis uisum est ex scriptis precellentium sapientium ad nostre fidei firmamentum auctoritates contulisse, et insuper ipsas auctoritates rationibus fulcire.

(57) *Rom.* 1, 20, 780: rationibus congruis.

(58) *Rom.* 1, 20, 798: congruis similitudinum exemplis.

(59) *TSB* II, n. 25, 217-222: At quoniam neque sanctorum neque philosophicorum auctoritate importunitas argumentorum refelli potest, nisi humanis rationibus eis obsistatur qui humanis rationibus inuehuntur, decreuimus et stultis secundum stulticiam suam respondere et eorum impugnationes ex ipsis artibus quibus nos impugnant conquassare.

(60) *TSB* II, n. 79, 713-718: Quas [scl. similitudines] tamen possumus aggrediemur, maxime ut pseudodialecticorum importunitatem refellamus, quorum disciplinas et nos paululum attigimus atque adeo in studiis ipsorum profecimus, ut domino adiuuante, ipsis hac re per humanas rationes quas solas desiderant satisfacere nos [correctio: non → nos] posse confidamus.

(61) *TSB* II, n. 25, 228: de quibus praecipue impossibile eis uidetur responderi.

(62) *TSB* II, n. 25, 229-231: de diuersitate scilicet personarum in una et indiuidua penitus ac simplici diuina substantia et de generatione uerbi seu processione spiritus.

(63) *TSB* II, n. 11, 111-112: arrogantia ut nichil esse opinentur quod eorum ratiunculis comprehendi atque edisseri non queat.

(64) *Rom.* 1, 20, 745: intelligentia rationis.

(65) *TSB* III, n. 67, 854-856: cum omnis noticia humana a sensibus surgat, ex rerum uisibilium similitudine inuisibilium naturam ratio uestigauit.

(66) *Rom.* 1, 20, 744-745: per effecta mundanorum operum quae tam optime fieri uoluit ac disponi.

(67) *Coll.* 128: Cum enim nichil sine causa ... fiat; cf. *ibid.* 210; 219-221; 225.

(68) *Theologia 'scholarium'* (=*TSch*) III, n. 31, 437-439 [CCCM 12, 1969]: Omne ... quod gignitur, ex aliqua causa necessaria gignitur. Nichil enim fit cuius ortum non legitima causa et ratio precedat; cf. *Theologia christiana* (=*TC*) I, n. 2, 33-35 [CCCM 12, 1969].

(69) *TSB* II, n. 20, 180-183: mortales omni spurcicia peccatorum pleni ratiunculis suis comprehendere incomprehensibilem nitantur, qui nec seipsos nec quantulecumque naturam creature discutere ratione sufficiunt.

(70) *Rom.* 1, 21, 842: naturalis ratio obtenebrata.

(71) *Rom.* 1, 22, 844: naturali cognitione priuati.

(72) R. Peppermüller, *Abaelards Auslegung des Römerbriefes*, S. 67-78.

(73) *TSB* II, n. 79, 718-719: Habet enim humanas etiam rationes conditor ipsius rationis.

(74) *TSB* II, n. 20, 179-180: Nisi enim se ipse deus manifestet, nec tunc natura nostra eum uidere sufficiet.

(75) *TSB* II, n. 77, 696-697: id quod singulare est.

(76) *TSB* II, n. 77, 697: ineffabile; incomprehensibile.

(77) *TSB* II, n. 77, 697-698: publicis et uulgaribus locutionibus.

(78) *TSB* II, n.77, 699: coerceretur.

(79) *TSB* II, n. 66, 584: connumerarent.

(80) *TSB* II, n. 68, 619: non esse substantia deus aperte ostenditur.

(81) *TSB* II, n. 76, 686-687: de illo ineffabili ac summo bono ratiocinari ac loqui.

(82) *TSB* II, n. 73, 661-665: Quid ergo mirum si, cum omnia ineffabiliter transcendat deus, omnem institutionis humanae sermonem excedat? Et cum eius excellentia omnem longe exsuperet intellectum, propter intellectus autem uoces institute sint, quid mirum si effectus transcendit qui transcendit et causas?

(83) *TSB* II, n. 21, 184-186: Que etiam maior indignatio fidelibus habenda esset quam eum se habere deum profiteri quem ratiuncula humana posset comprehendere aut mortalium lingua disserere?

（84） *TSB* II, n. 78, 706-707: Unde in deo nullum propriam inuentionem uocabulum seruare uidetur.

（85） *TSB* II, n. 78, 707-711: omnia que de eo [scl. deo] dicuntur, translationibus et parabolicis enigmatibus inuoluta sunt et per similitudinem aliquam inuestigantur ex parte aliqua inductam ut aliquid de illa ineffabili maiestate suspiciendo potius quam intelligendo degustemus.

（86） J. Jolivet, Comparaison des théories du langage chez Abélard et chez les nominalistes du XIVe siècle, in: E. M. Buytaert (ed.), *Peter Abelard*, pp. 163-178; P. Vignaux, *Note sur le nominalisme d'Abélard*, in: *Pierre Abélard – Pierre le Vénérable*, pp. 523-529.

（87） *TSB* II, n. 26, 232-236: De quo quidem nos docere ueritatem non promittimus, quam neque nos neque aliquem mortalium scire constat, sed saltem aliquid uerisimile atque humane rationi uicinum, nec sacre scripture contrarium proponere libet aduersus eos qui humanis rationibus fidem se inpugnare gloriantur.

（88） *TSB* III, n. 101, 1352-1356: Hec nos de altissima et imcomprehensibili philosophia diuinitatis, coacti frequenter et prouocati ab importunitate infidelium, scribere ausi sumus, nichil asserentes de eis que dicimus, nec ueritatem [docere] intendentes, quam neque nos posse scire profitemur.

（89） *TSB* II, n. 26-27, 239-246: Sufficit autem nobis quocumque modo summorum inimicorum sacre fidei robur dissipare, presertim cum alio modo non possimus, nisi per humanas rationes satisfecerimus. Quidquid itaque de hac altissima philosophia disseremus, umbram, non ueritatem esse profitemur, et quasi similitudinem quandam, non rem. Quid uerum sit nouerit dominus; quid uerisimile sit ac maxime philosophicis rationibus consentaneum rationibus quibus impetimur, dicturum me arbitror.

（90） Cf. *TSB* II, n. 20, 168-175.

（91） *TSB* II, n. 21, 186-189: Hoc autem nec ipsos latuit philosophos, quorum maximus in Timeo suo ait: 'Opificem genitoremque uniuersitatis tam inuenire difficile est quam inuentum impossibile est profari digne'.

（92） *TSB* II, n. 21, 192-195: Qui etiam, teste Macrobio, 'quid sit' deus, 'dicere non est ausus, hoc solum de eo sciens quod scire qualis sit ab hominibus non possit'. 註（205）を参照。

（93） *TSB* II, n. 22, 201-204: Hinc est enim quod merito deum appellabant ignotum, quem soli mundo corde conspicere possunt; cuius quidem ignoti dei aram magnus ille philosophus Dyonisius Ariopagia apostolo Paulo legitur ostendisse.

（94） *TSB* II, n. 8, 90-92, 95-96: Ex his itaque liquidum est, nullam aut scientiam aut potestatem malam esse, ... cum et deus omnem tribuat scientiam ... Scientias itaque approbamus, sed fallaciis abutentium resistimus.

（95） Cf. *TSB* II, n. 7, 82-87; *TSB* III, n. 98, 1317; *Rom.* 7, 18, 713-714.

（96） *TSB* II, n. 1, 7-9: Unde peropportunum nobis uisum est ... auctoritates fulcire in his in quibus non irrationabiliter uidentur oppugnari.

（97） *TSB* II, n. 79, 719: humanas ... rationes.

（98） *TSB* II, n. 79, 719: conditor ipse rationis.

（99） *TSB* II, n. 64, 561-562: Hoc enim docere recte sophiae ipsi incarnandae reseruandum erat.

（100） S. P. Bonanni, *Parlare della Trinità. Lettura della 'Theologia Scholarium' di Abelardo*, Roma 1996; E. M. Buytaert, Abelard's trinitarian doctrine, in: id. (ed.), *Peter Abelard*, 1971, pp. 127-152; J. E. Brower, Trinity, in: *Companion*, pp. 223-257; S. R. Cartwright, *The Romans Commentaries of William of St. Thierry and Peter Abelard: A theological and methodological comparison*, (diss.), Ann Arbor, MI 2002, pp. 241-248.

（101） *TSB* III, n. 66, 847-849: [fides] facilius a gentibus susciperetur, si aperte testimonio suorum doctorum, id est philosophorum, commendaretur.

（102） *TC* II, n. 26, 368: Fidem itaque ... philosophi praedicant.

（103） T. Gregory, Abélard et Platon, in: E. M. Buytaert (ed.), *Peter Abelard*, pp. 38-64.

（104） *TC* I, n. 136, 1843-1845: Cum itaque Dominus et per prophetas Iudaeis et per praestantes philosophos seu uates gentibus Catholicae fidei tenorem annuntiauerit.

（105） *TSB* III, n. 66, 846: Apertius philosophi quam prophetae.

（106） 『弁明』（Apologeticus; Apologia）においてベレンガリウス（Berengarius 十二世紀中葉に活躍）が行ったアベラルドゥス擁護については、以下を参照。 D. E. Luscombe, *The School of Peter Abelard*, pp. 29-49.

（107） *Epistola Berengarii contra Carthusienses*, PL 178, 1877C: Adeo namque [scl. philosophi] de fide Trinitatis aperte disseruerunt, ut mirabile sit eos quoque in plerisque diligentius quam prophetas ipsos totam hujus fidei summam exposuisse.

（108） D. E. Luscombe, The 'Ethics' of Abelard: Some further Considerations, in: E. M. Buytaert (ed.), *Peter Abelard*, pp. 65-84; Petrus Abaelardus, *Scito te ipsum. Erkenne dich selbst*, Einleitung, Edition, Übersetzung R. M. Ilgner (Fontes Christiani 44), Turnhout 2001,

Einleitung, S. 3-143.

(109) W. E. Mann, Ethics, in: *Companion*, pp. 279-304.

(110) *Coll.* 67: Christianus. Nunc profecto, quantum percipio, ad omnium disciplinarum finem et consummationem profiscimur, quam quidem uos ethicam idest moralem, nos diuinitatem nominare consueuimus, nos illam uidelicet ex eo ad quod comprehendendum tenditur, idest Deum, sic nuncupantes, uos ex illis per que illuc peruenitur, hoc est moribus bonis, quas uirtutes uocatis.

(111) *Ibid.*: (Christianus.) Huius, ut arbitror, disciplinae in hoc tota colligitur summa, ut quid summum sit bonum et qua illuc uia sit perueniendum aperiat.

(112) *Epistola* 330, ad Innocentium Papam, Op. omn. VIII, 268: cum Pelagio liberum arbitrium gratiae praeponit.

(113) *Rom.* 9, 21, 303-304: sine nouo diuinae gratiae praeeunte dono.

(114) *Rom.* 9, 21, 337: absque noua gratia apposita.

(115) Cf. *Rom.* 8, 30, 477-509.

(116) *Coll.* 80: quo quisque cum peruenerit beatus est; cf. *Coll.* 96.

(117) R. Thomas, *Der philosophisch-theologische Erkenntnisweg Peter Abaelards im Dialogus inter Philosophum, Judaeum et Christianum*, S. 51-78.

(118) M. Perkams, Intention et charité. Essai d'une vue d'ensemble sur l'éthique d'Abélard, in: *Nantes*, pp. 357-376; M. de Gandillac, Intention et loi dans l'éthique d'Abélard, in: *Pierre Abélard – Pierre le Vénérable*, pp. 585-610; G. Matino, *Abelardo. L'intuizione della coscienza*, Napoli 2000, pp. 5-81.

(119) appellatio: cf. *Logica nostrorum petitioni sociorum* 527. 34; 528. 15.

(120) *Coll.* 205: Non enim actiones bone vel male nisi secundum intentionis radicem iudicantur, sed omnes ex se indifferentes sunt et, si diligenter inspiciamus, nichil ad meritum conferunt, que nequaquam ex se bone sunt aut male, cum ipse uidelicet tam reprobis quam electis eque conueniant; cf. *Rom.* 2, 15; 3, 12; 3, 22; 3, 31; 14, 23; *Scito te ipsum* (= *Scito*) [ed. Ph. Steger, Hamburg 2006] 34-37.

(121) *Scito* 36: oculum mentis, hoc est intencionem, simplicem et quasi a sorde purum, ut clare uidere possit, aut e contrario tenebrosum.

(122) *Scito* 35: Bonam quippe intencionem, hoc est rectam in se, dicimus, operacionem uero non, quod boni aliquid in se suscipiat, sed quod ex

bona intencione procedat.

(123) *Scito* 17: pro diuersitate tamen intencionis idem a diuersis fit male et bene.

(124) *Coll.* 204: Indifferens uero, idest rem que neque bona est neque mala, illam arbitror per cuius existentiam nec illa conferri neque impediri necesse est.

(125) *Scito* 37: non possumus dicere eos in hoc peccasse; cf. *ibid.*, 36.

(126) *Sententie magistri Petri Abaelardi [Sententie Hermanni]* (=*SH*), ed. S. Buzzetti, Firenze 1983, 34, 27-35: Sic quoque de Christo sane asserimus quod quando ad passionem ductus et ligno affixus est, non plus meruit quam ab ipsa conceptione. ... Nihil etenim aliud est amplius meriti quam ipsum [scl. Deum] toto corde diligere. Sic igitur in uoluntate, non in operibus, que bonis et malis communia sunt, meritum omne consistit. この文献は、アベラルドゥスの教授活動に由来するものであり、アベラルドゥス自身によって書かれ、弟子が手を入れた講義用テクストであるか、アベラルドゥスの講義を学生があとから筆記したものである。

(127) *Rom.* 5, 19, 394-395: Est igitur et peccatum et recte factum in libero uoluntatis arbitrio.

(128) *Rom.* 8, 21, 344-346: Libertatem dicit [scl. apostolus] illius uitae gloriam, in qua nulla erit oppressio, cum nemo aliquid contra uoluntatem suam incurrerit.

(129) Anselmus Cantuariensis, *De libertate arbitrii* 3: libertas arbitrii est potestas servandi rectitudinem voluntatis propter ipsam rectitudinem. 拙論「自由と恩寵」『中世における自由と超越』創文社、一九八八年、所収、四〇—四九頁参照。

(130) M. Perkams, *Liebe als Zentralbegriff der Ethik nach Peter Abaelard*, (BGPhThMA, NF 58), Münster 2001, S. 174-180.

(131) *Scito* 14: Nichil igitur ad augmentum peccati pertinet qualiscumque operum exsecucio, et nichil animam, nisi quod ipsius est, inquinat, hoc est consensus, quem solummodo esse peccatum diximus, non uoluntatem eum precedentem uel actionem operis subsequentem; cf. *Scito* 3; 10; 20.

(132) *Scito* 3: Hunc uero consensum proprie peccatum nominamus, hoc est culpam anime, qua dampnacionem meretur, uel apud deum rea statuitur. Quid est enim hic consensus nisi dei contemptus et offensa illius?

(133) Cf. *Rom.* 3, 13; 8, 16; 14, 2; *TC* V, n. 15, 242.

(134) *Rom.* 8, 16, 273-275: Non enim melius quisque quam propriam recognoscit conscientiam; cf. *Scito* 45; *Rom.* 3, 13.

(135) E. Volk, Das Gewissen bei Petrus Abaelardus, Petrus Lombardus und Martin Luther, in: R. Thomas (Hg.), *Petrus Abaelardus 1079-1142*, S. 297-310; J. Marenbon, *The philosophy of Peter Abelard*, pp. 273-276.

(136) *TC* V, n. 15, 233-245: Magis autem honestis quam necessariis rationibus nitimur, quoniam apud bonos id semper praecipuum statuitur quod ex honestate amplius commendatur, et ea semper potior est ratio quae ad honestatem amplius quam ad necessitudinem uergit, praesertim cum quae honesta sunt, per se placeant atque nos statim ad se sua ui quadam alliciant. Quam honestum vero sit ac salubre omnia ad unum optimum tam rectorem quam conditorem spectare, et cuncta potius ratione quam casu fieri seu regi, nullus est cui propriae ratio non suggerat conscientiae.

(137) *Rom.* 3, 13, 402: contra propriam mentientes conscientiam.

(138) *Rom.* 9, 1, 14-20: Loquenti conscientia sua perhibet testimonium quando non dissidet animus a uerbis, hoc est quando creditur ab ipso sicut dicitur. 'Mihi', inquit, qui eam noui, etsi non 'nobis', conscientia, dico mea existens in Spiritu Sancto, hoc est fundata et radicata in caritate Dei, ex qua scilicet caritate pullulare mendacium non potest. Unde et bene 'Spiritus ueritatis' dicitur.

(139) *Coll.* 7: nullius hominis discreti conscientiam credo negare; cf. *Coll.* 26.

(140) *Rom.* 7, 15, 617-619: probat [scl. apostolus] se male agere contra propriam conscientiam, quia et quod bonum esse recognoscit, dimittit, et quod non dubitat esse malum, facit; cf. *Rom.* 14, 2, 33-34.

(141) *SH* 151, 52-56: Est autem culpa nihil aliud quam contemptus creatoris quod est, dum uel uolumus contra conscientiam que ei displicere scimus et ab eo esse prohibitum, uel nolumus quo ei scimus placere et ab eo esse preceptum.

(142) *Scito* 37: ubi contra conscientiam nostram non presumimus, frustra nos apud Deum de culpa reos statui formidamus.

(143) *Rom.* 2, 15, 305-309: qui exhibent exterius in opere uoluntatem bonam, quam habent in mente, ostendunt opus legis scriptum in cordibus ... bonum eis testimonium reddente conscientia ipsorum, hoc est: securos eos faciente de iustitia operum suorum bona ipsorum conscientia atque recta intentione quae illis, non aliis cognita est. Secundum quam quidem intentionem Deus opera pensat.

(144) M. Perkams, *Liebe als Zentralbegriff der Ethik nach Peter Abaelard*, S. 152-162, 303-309.

(145) *Rom.* 3, 31, 391-393: Denique, ut ipse ait Apostolus, 'Plenitudo legis est dilectio'. De qua etiam, commemoratis eiusdem praeceptis, Dominus ait diuiti: Hoc fac et uiues; cf. *Rom.* 2, 27; 7, 6; 13, 10. Cf. *Mc.* 10, 17-22; *Lc.* 10, 28.

(146) *Ps*. 119, 96: Omnis consummationis vidi finem. 次註（147）と、その出典箇所を参照。

(147) *Rom.* 5, 5, 45-48: intellexi latum tuum de caritate mandatum finem esse omnis consummationis, id est illud esse ad quod uniuersorum tuorum mandatorum intentio dirigitur.

(148) Cf. *Rom.* 13, 10, 156-157.

(149) M. Perkams, *Liebe als Zentralbegriff der Ethik nach Peter Abaelard*, S. 125-137.

(150) *Rom.* 13, 10, 163-170: Dilectio Dei ex toto corde in nobis est optima erga Deum uoluntas qua ei tanto amplius placere studemus quanto amplius ei placendum esse recognoscimus. Ex toto autem corde seu ex tota anima id agimus, quando sic ad eum penitus nostrae dilectionis intentionem dirigimus, ut non tam quid nobis utile sit quam quid ei placitum sit attendimus. Alioquin nos potius quam ipsum dilectionis nostrae finem, id est finalem et supremam institueremus causam.

(151) *Rom.* 13, 10, 158: tota meritorum nostrorum summa.

(152) *Rom.* 6, 9, 114-115: cum amore quis Dei suae penitus abrenuntiat uoluntati.

(153) *Rom.* 5, 5, 41-42: pure propter Deum habita.

(154) *Rom.* 3, 22, 72-73: in anima, ubi tantum dilectio esse potest, non exhibitione operum exteriorum.

(155) *Rom.* 8, 30, 483-484: iustificantur sincerae caritatis affectu, non iam Deo tam propter sua quam propter ipsum adhaerentes.

(156) *Rom.* 8, 18, 318-319: Sola quippe caritas ... uitam promeretur aeternam ... ut non tam passionis effectum quam affectum Deus attendat.

(157) *Rom.* 7, 13, 468-469: uti etiam pro fratribus animam parata sit ponere, nec sua tantum illis sed se ipsam impendere.

(158) *Rom.* 7, 13, 487-489: Nec tam etiam caritas dicenda si propter nos eum, id est pro nostra utilitate ... diligeremus potius quam propter ipsum.

(159) *Rom.* 7, 13, 516-518: Ex his itaque beati Augustini uerbis aperte declaratur quae sit uera in aliquem ac sincera dilectio, ipsum uidelicet propter se, non propter sua diligi.

(160) *Rom.* 7, 13, 518-520: si Deum quia me diligit diligam, et non potius quia quidquid mihi faciat talis ipse est qui super omnia diligendus est.

(161) *Rom.* 7, 13, 550-553: ipse propter se, non propter aliud. Si enim laudas Deum quod det tibi aliquid, iam non gratis amas Deum.

Erubesceres si uxor tua propter diuitias amaret, et forte si tibi paupertas accideret de adulterio cogitaret. Cum ergo te a coniuge gratis amari uis, tu Deum propter aliud amabis?

(162) *Rom.* 7, 13, 482-485: Certus tamen esse debet, qui sic agit, de amplissima tantae dilectionis remuneratione. Nec tamen hac intentione hoc agit, si perfecte diligit. Alioquin ‘sua’ quaereret et quasi mercenarius, licet in spiritualibus, esset.

(163) *Rom.* 7, 13, 510-511: ipsum attende. Et haec quae dedit, propter dantem bona sunt.

(164) *Rom.* 7, 13, 514-515: quoniam bonum est, nihil aliud nisi quia bonum est.

(165) *Rom.* 8, 2, 11: lex caritatis et diuini amoris.

(166) *Rom.* 7, 6, 143: Cum enim haec duo praecepta sufficiant ad uitam.

(167) *Rom.* 7, 13, 508-509: Non tibi terram sed se ipsum seruat qui fecit caelum et terram.

(168) *Rom.* 7, 13, 542-543: Deus se ipso nos, non alia re, est remuneratiuus, et se ipsum quo nihil maius est, ut beatus quoque meminit Augustinus, nobis est daturus.

(169) *Rom.* 8, 2, 15-16: Spiritus uitae, id est Spiritus Sanctus qui est uita animarum, quia amor est.

(170) *Rom.* 3, 21, 53-55: Iustitia Dei, id est quam Deus approbat et per quam apud Deum iustificamur, id est caritas, est manifestata, per euangelicam scilicet doctrinam.

(171) Cf. *Coll.* 22.

(172) Cf. *Coll.* 23-24.

(173) Cf. *Coll.* 25-26.

(174) Cf. *Coll.* 28-47. R. Thomas, *Der philosophisch-theologische Erkenntnisweg Peter Abaelards im Dialogus inter Philosophum, Judaeum et Christianum,* S. 37-64.

(175) *Rom.* 7, 6, 149-154: Reuera quidem praecepta legis, siue de dilectione siue de aliis, ad perfectum non adduxerunt, hoc est ad salutem sufficere non poterant; sed necesse erat ut ueniret Christus qui est finis et consummatio legis, cum uidelicet sine ipso in lege promisso lex adimpleri nullatenus ualeret.

(176) *Rom.* 7, 6, 155-157: Sed si diligenter uerba legis scrutemur, nusquam lex nomen ‘proximi’ nisi ad homines eius populi, hoc est Iudaici,

extendit.

(177) *Rom.* 7, 6, 129-133: quia imperfecta habuit praecepta ..., non potuit eius esse remuneratio perfecta; cf. *Rom.* 7, 5-6.

(178) *Rom.* 11, 16, 208-216: Semper autem in populo Iudaeorum fuit aliqua massa fidelium, incarnationem Dei et passionem in suam redemptionem expectantium, quales Zacharias et Elisabeth, Simeon et Anna, Nathanael et Nicodemus et nonnulli alii in tempore etiam Christi reperti sunt; quibus quidem reuelata est persona ipsa diuinitus et determinate ostensa. ... Et fortasse antea omnes sancti fuerunt apostoli.

(179) *Rom.* 2, 27, 633-638: te, dico, Iudaee, qui praeuaricator es legis, hoc est transgressor per litteram occidentem, id est litteralem sensum et carnale signum in quibus confidis, significantibus maxime, non significatis adhaerens, id est figuris potius quam rebus ipsis et similitudini potius quam ueritati; cf. *Rom.* 11, 9, 87-93.

(180) *TC* II, n. 43, 597-599: secundum caritatis libertatem, qui in gratia uocati sumus, non secundum seruitutem Iudaicam ex timore poenarum et ambitione terrenorum; cf. *Rom.* 3, 26; 4, 6; 6, 17; 8, 2; 8, 14.

(181) *Rom.* 12, 1, 2-4: ut uos ipsos ei [scl. Deo] hostiam praeparetis potius quam pecora uestra ipsi mactetis.

(182) *Rom.* 7, 6, 118-125: ita ut iam seruiamus Deo, mente potius quam opere, spiritualiter ... magis quam corporaliter, ... in spiritualibus desideriis et intelligentia, ... non ... in antiquis operibus quae iuxta litteram tantum fiebant, sicut erat carnalis circumcisio, obseruatio sabbati, sacrificia et alia innumera.

(183) *Rom.* 3, 21, 51-52: praeceptis quae lex naturalis ignorat, [dixi] neminem iustificari apud Deum.

(184) *Rom.* 3, 21, 37-38: iustitia testificata a lege et prophetis quae eam quoque praecipiunt.

(185) *Rom.* 13, 10; cf. *Tob.* 4, 15.

(186) R. Peppermüller, *Abaelards Auslegung des Römerbriefes*, S. 147f.; M. Perkams, *Liebe als Zentralbegriff der Ethik nach Peter Abaelard*, S. 55-61, 111-123.

(187) *Rom.* 2, 27, 628-631: Plenitudo enim legis ... est dilectio, quod uidelicet consummare legem est ei ex natura, hoc est ex instructione naturalis legis, illa quae duo dicimus continentis praecepta caritatis: 'Quod tibi non uis, etc.'.

(188) *Rom.* 12, 2, 17-21: Ut sic probetis, id est cognoscere ualeatis uel in aliis ostendere, et ratione probare possitis quae sit uoluntas Dei, hoc est quid Deus a nobis fieri uelit ut boni simus in nobismetipsis et inde aliis quoque.

(189) *Rom.* 1, 19, 702-704: ipso [scl. Deo] eis [scl. gentibus] de se ipso per rationem quam dederat, hoc est legem naturalem, ... notitiam conferente.

(190) J. Jolivet, Doctrines et figures de philosophes chez Abélard, in: R. Thomas (Hg.), *Petrus Abaelardus 1079-1142*, S. 106-111; M. Perkams, *Liebe als Zentralbegriff der Ethik nach Peter Abaelard*, S. 38-45.

(191) *TC* II, n. 44, 611-617: Si enim diligenter moralia Euangelii praecepta consideremus, nihil ea aliud quam reformationem legis naturalis inueniemus, quam secutos esse philosophos constat. ... Euangelium uero uirtutes ac uitia diligenter examinat, et secundum animi intentionem omnia sicut et philosophi pensat.

(192) *TC* II, n. 44, 618-619: tanta ... euangelicae ac philosophicae doctrinae concordia.

(193) Cf. *TC* II, n. 44, 619-620.

(194) *TC* II, n. 43, 589-592: reperiemus ipsorum tam uitam quam doctrinam maxime euangelicam seu apostolicam perfectionem exprimere, et a religione Christiana eos nihil aut parum recedere.

(195) *TC* II, n. 45, 635-636: in se ipsis continentium atque abstinentium uitam expresserunt, quam nunc clerici siue monachi profitentur.

(196) *Ibid.*, 646-647: iuxta illam de aequitate caritatis regulam: ‘Diliges proximum tuum tamquam teipsum’.

(197) Cf. *TC* II, n. 27, 390-395.

(198) Cf. *TC* II, n. 28, 394-397.

(199) *TC* II, n. 28, 397-402: facile est et hoc apud philosophos reperiri, qui summum bonum, quod Deus est, omnium tam principium, id est originem et causam efficientem, quam finem, id est finalem causam constituunt, ut omnia scilicet bona amore ipsius fiant cuius ex dono proueniunt.

(200) *Rom.* 1, 18, 681-682: gentilium qui sola naturali lege utebantur.

(201) *Rom.* 12, 2, 16-19: studete reparare ac renouare humanae rationis sensum, peccatis iam dudum obtenebratae. Ut sic probetis, id est cognoscere ualeatis uel in aliis ostendere, et ratione probare possitis quae sit uoluntas Dei.

(202) *Rom.* 7, 6, 199-200: usque ad inimicos extenderetur, sicut ... per Christum extensa est.

(203) Cf. *Rom.* 8, 15, 235-242.

(204) *Rom.* 9, 28, 468-479: Euangelica itaque praedicatio quam per semetipsum Dominus attulit, aedificationem necessariam in ueteri lege inchoatam consummauit, id est perfecit, addendo scilicet quae ad plenitudinem iustitiae deerant, ... et praetermissis innumeris obseruantiis carnalibus, abbreuians, in duobus scilicet praeceptis caritatis, ipsam aequitatem .... In his enim duobus mandatis lex pendet et prophetae.

(205) *TSB* II, n. 64, 558-563: ‘nec [scl. diuinitatis natura] quid sit dicere ausus sit, hoc solum de eo sciens quod sciri non possit ab homine’. Hoc enim docere recte sophie ipsi incarnande reseruandum erat ut ipse per seipsum sui noticiam afferet deus, cum ad eius noticiam nulla assurgere creatura sufficiat. 註（92）を参照。

(206) Cf. *TSB* II, n. 64, 548-551.

(207) *TSB* II, 3 n. 64, 572-573: De qua [scl. diuinitas] si quid forte philosophi dicere animati sunt, ad similitudines et exempla se contulerunt.

(208) *TSB* I, n. 1, 4-17: Summi boni perfectionem quod deus est, ... Christus dominus describendo tribus nominibus diligenter distinxit, cum unicam et singularem, indiuiduam penitus ac simplicem substantiam diuinam patrem et filium et spiritum sanctum tribus de causis appellauerit. ... Patrem quidem secundum illam unicam maiestatis sue potentiam, que est omnipotentia ...; filium autem eandem diuinam substantiam secundum proprie sapientie discretionem, ...; spiritum sanctum etiam uocauit ipsam secundum benignitatis sue gratiam.

(209) *Rom.* 1, 20, 735-738: Deus illis reuelauit quia per rationem quam eis Deus contulit, ex uisibilibus ipsius operibus diuina eius Trinitas innotuit et per effecta sua ipse artifex sui notitiam eis impressit.

(210) *Rom.* 1, 20, 725-729: Mysterium quippe incarnationis ex uisibilibus Dei operibus nequaquam concipi humana poterat ratione, sicut potentia Dei et sapientia eius et benignitas ex his quae uidebant liquide percipiebantur. In quibus quidem tribus totam Trinitatis distinctionem consistere credo.

(211) Cf. *TSB* I, n. 58-59, 592-617; Augustinus, *Confessiones* VII, IX, 13.

(212) *TSB* I, n. 59, 615-618: legi ibi. ... Sed quia ‘uerbum caro factum est et habitauit in nobis’, non ibi legi.

(213) Cf. *TSB* I, n. 59, 619-628.

(214) *TSB* I, n. 59, 628: non habent illi libri.

(215) *TSB* I, n. 59, 628-633: Quod enim ante omnia tempora incommutabiliter manet unigenitus filius tuus coeternus tibi, ... est ibi. Quod autem pro impiis mortuus est, non est ibi.

(216) *TSB* III, n. 100, 1348-1351: solum quod ad diuinitatem pertinet uerbi ... et nichil de incarnationis misterio, in quo totam salutis summam consistere certum est, sine quo frustra cetera creduntur.

(217) *Rom.* 3, 26, 124-126: Maxima hoc loco quaestio se ingerit, quae sit uidelicet ista nostra redemptio per mortem Christi? aut quomodo nos in eius sanguine iustificari Apostolus dicat ...?

(218) *SH* 23, 58: rationabilis causa.

(219) *Rom.* 3, 26, 129-131: Primo igitur quaerendum uidetur qua necessitate Deus hominem assumpserit ut nos secundum carnem moriendo redimeret, uel a quo nos redemerit.

(220) *Rom.* 3, 26, 210-211: Quomodo etiam nos iustificari uel reconciliari Deo per mortem Filii sui dicit Apostolus?

(221) Cf. *SH* 23, 41. 58; *Rom.* 5, 6, 58. 63.

(222) *Rom.* 3, 26, 234-236: Quam uero crudele et iniquum uidetur, ut sanguinem innocentis in pretium aliquod quis requisierit, aut ullo modo ei placuerit innocentem interfici.

(223) *TSB* III, n. 44 [XII], 542-547: Quod autem solus filius ... incarnatus dicitur ... non sine magna ratione traditum est. Hoc enim his uerbis ostenditur ..., lumen diuine sapientie per hanc incarnationem carnalibus effulsisse.

(224) *TSB* III, n. 45-46, 554-559: Tale est ergo sapientiam dei esse incarnatam, ac si dicatur ad hoc deum incarnatum esse ut uere doctrina iustitie nos instrueret, tum predicatione, tum etiam exemplo corporalis conuersationis sue. Sapientiam itaque dei in carne esse, tale est: carnales, id est homines, hac incarnatione uere sapientie lumen suscepisse.

(225) *SH* 23, 48-52: Sed nullo meliori modo ... redemptio potuit fieri quam si filius Dei homo fieret. Cum homo namque a peccato liberandus esset, oportebat ut uerbi predicatio et operum exhibitio fieret. Hoc autem tam conuenienter fieri nequiret, nisi filius Dei homo factus hominem instrueret.

(226) Cf. *SH* 23, 63-68.

(227) Cf. *SH* 23, 71-75.

(228) *SH* 23, 58: humilitas.

(229) *SH* 23, 76-78: Et hoc totum ideo factum esse constat, ut ostenderet quantam dilectionem in hominem haberet, ut et hominem magis ad sui

dilectionem accenderet.

（230） *Rom.* 3, 26, 256-261: Redemptio itaque nostra est illa summa in nobis per passionem Christi dilectio quae nos non solum a seruitute peccati liberat, sed ueram nobis filiorum Dei libertatem acquirit, ut amore eius potius quam timore cuncta impleamus, qui nobis tantam exhibuit gratiam qua maior inueniri ipso attestante non potest. ... Ad hanc itaque ueram caritatis libertatem in hominibus propagandam se uenisse testatur; cf. *ibid.*, 264-265.

（231） *Rom.* 3, 26, 242-248: Nobis autem uidetur quod in hoc iustificati sumus in sanguine Christi et Deo reconciliati, quod per hanc singularem gratiam nobis exhibitam quod Filius suus nostram susceperit naturam et in ipsa nos tam uerbo quam exemplo instituendo usque ad mortem perstitit, nos sibi amplius per amorem adstrixit, ut tanto diuinae gratiae accensi beneficio, nihil iam tolerare propter ipsum uera reformidet caritas.

（232） *Rom.* 7, 6, 253-256: cum nemo rectius nobis proximus uel amicus sit intelligendus quam ipse conditor noster et redemptor, a quo tam nos ipsos quam omnia bona habemus; cf. *ibid.*, 272-276.

（233） *Rom.* 7, 6, 285-289: Quisquis ergo caritate cohaeret, ... implere studet tam ea quae pertinent ad alienos quam quae attinent ad proximos; et in utrique pariter diuinam sequi uoluntatem nititur.

（234） *Rom.* 7, 6, 179-182: Sed profecto nemo melius uel proximus uel amicus intelligendus erat quam is quem designabat Samaritanus ille qui misericordiam uulnerato impenderet, hoc est Christus; cf. *Rom.* 7, 6, 192-193.

（235） *Rom.* 7, 6, 193-194: proximus ... factus fuerat.

（236） *Rom.* 13, 8, 87-88: Proximum intellige omnem hominem qui humanitatis natura nobis coniunctus est.

（237） *Rom.* 5, 6, 57-59: Merito dixi caritatem diffusam in cordibus nostris, nam propter quid aliud nisi uidelicet ut in nobis dilataretur caritas Dei Christus mortuus est?

（238） *Rom.* 5, 6, 63-67: Notandum uero est Apostolum hoc loco modum nostrae redemptionis per mortem Christi patenter exprimere, cum uidelicet eum pro nobis non ob aliud mortuum dicit nisi propter illam ueram caritatis libertatem in nobis propagandam, per hanc uidelicet quam nobis exhibuit summam dilectionem.

（239） Cf. *Rom.* 3, 26, 256-261. 註（230）、および本文参照。

四　クレルヴォーのベルナルドゥスにおける愛の霊性

桑原　直己

一　はじめに

クレルヴォーのシトー会修道院長ベルナルドゥス（Bernardus Claraevallensis 一〇九〇―一一五三年）は、十二世紀前半に活躍し、ヨーロッパ中世におけるキリスト教的霊性の方向を決定づけた神学者として知られる。彼は神秘思想家としてのみならず、教会と修道院との指導者としても活躍し、「最後の教父」、「蜜の流れる博士」（Doctor Mellifluus）と称され、たとえばダンテ（Dante Alighieri 一二六五―一三二一年）の『神曲』（La divina Commedia）「天国編」でも言及されるなど、後世にいたるまで絶大な影響力を及ぼしている。特に「愛の世紀」とも呼ばれる十二世紀の時代精神を反映してか、ベルナルドゥスはキリスト教霊性史における独創的な「愛」の思想家として知られている。

この小論では、「愛」について主題的に論じた初期著作『神を愛することについて』（Liber de diligendo Deo）(1) および後期ベルナルドゥスの霊性上の主著とも言うべき大作『雅歌説教』（Sermones super Cantica Canticorum）(2) を題材に、彼の霊性理論を特に愛についての思想を中心に概観することを意図している。

ところでベルナルドゥスの名を霊性史上重要ならしめたのは、その「体験」重視の姿勢であった。そこで本稿ではまずベルナルドゥスの霊的体験論の意義を明らかにすべく、当該両著作における彼の霊的発展段階に関する教説、[3]および「愛」に関する主要なテキストとして知られる第八三説教から第八五説教までに展開されている愛の思想を概観する。[4]その上で、特に第二三説教において要約的に展開されているベルナルドゥスの霊的体験論そのものを概観する。[5]最後に、「知恵」(sapientia)に関するベルナルドゥス独自の思想のうちに、その体験に根ざした霊性思想の一端を明らかにしたい。

二　『神を愛することについて』における霊性段階説

(1)『神を愛することについて』

『神を愛することについて』は、ラ・グランド・シャルトルーズ修道院の修道士たちの求めに応じ、ハイメリクス枢機卿(Haimericus 一一四一年没)に献呈する形で記された小冊子である。しかしながらこの作品の執筆年代については歴史家たちの努力にもかかわらず正確なところは知られていない。一一二六年(同年の第一八書簡に本作への言及がない)から四一年(ハイメリクス枢機卿の死)の間としか限定することができないようである。[6]早い可能性だとベルナルドゥス初期の著作と言うことになるが、最も遅い可能性だと、後述する『雅歌説教』の早い時期に書かれた部分の執筆時期が先行するか重なることになる。

『神を愛することについて』は大きく分けて三部からなる。第一部では、ハイメリクス枢機卿への献呈の辞から説き起こし、神は何故愛されるべきであり、どのように愛されるべきであるのかが論じられている。[7]本稿の課題にとって重要なのは第二部および第三部である。第二部では有名な「愛の四つの段階」が論じられている(8)。そして先行したカルトゥジア会士たちへの書簡より引かれた補論としての第三部(9)において「奴隷」(servus)、「雇い人」(mercenarius)、「息子」(filius)という「別の観点からの三区分」が展開されている。

(2)第二部——「愛」の四段階

『神を愛することについて』第二部で展開されている「愛」(dilectio)の段階説とは、具体的には「自己自身のために自己自身を愛する」(diligit seipsum propter seipsum)、「自己のために神を愛する」(amat Deum propter se)、「神が神ご自身のために愛される」(Deus diligitur propter seipsum)、「神のためでなければ自己を愛することはない」(non diligit seipsum nisi propter Deum)という四段階からなる。

第一段階の利己的な「肉的な愛」から第二段階への移行は、人間が隣人愛の掟に直面して共同体的な広がりにまで視野を拡大し、正義にもとづく社会的な愛を知るようになり(10)、そこでの困難を試練として受け止めることにより愛の根拠としての神を知るようになることによってなされる(11)。

他方、第二段階そのものについてはほとんど解説がなく、ただちに第三段階への移行についての論述に入っている(12)。それはベルナルドゥスがここでの聴衆として修道者、すなわちすでに第二段階にある人々を想定しているからだと考えてよかろう。聴衆にとっての関心は第二段階から第三段階への移行にあることが前提とされているわけである。そしてこの移行に際しては神が「甘美(suavis)であることを味わう」という体験が重要な契機とされている。

「神のためでなければ自己を愛することはない」という愛の第四段階は理念的な段階であり、人間が現世で到達可能であるか否かについてはベルナルドゥス自身も確言しておらず[13]、むしろ後になってその可能性については否定的な言明を残している[14]。ベルナルドゥスの関心は、第四段階が現世において実現する可能性についてというよりは、むしろ人間の魂の死から復活までのあり方を論じることに置かれている。真の第四段階は復活後の栄光に与る人間、つまり「天国」の境位なのである。そしてこの段階においては、神のうちに完全に自己が消失することが示唆されている。

この段階説は、利己的な自己愛から神を怖れる回心の場面を経て神への愛の位相へと至る魂の道程を示している、と言うことができる。

(3) 第三部――「奴隷」「雇い人」「息子」

『神を愛することについて』第三部では、ベルナルドゥスは以前彼がカルトゥジア会士たちに宛てて書いた書簡の中で、愛について「不適切ではないとしても」、第二部まで論じてきたこととは別の内容が語られているために、その書簡の一部に手を加えたものを補論として付け加える、としている。ここでは、神との三通りの関係が枚挙されている[15]。

主が力強いがゆえに主を賛美する人がおり、また主が自分にとって善なるがゆえに主を賛美する人がおり、さらに主が〔端的に〕善なるがゆえに主を賛美する人がいる。最初の人は奴隷(servus)であり、自分のために怖れを抱いている。第二の人は雇い人(mercenarius)であり、自分のために欲望を抱いている。第三の人は息子(filius)であり、父に栄光を帰している。怖れを抱いている者も、〔自己の善を〕欲している者も、結局は自分のために行動している者と言うことができる。息子のうちにみなぎる愛だけが、自分の利益を求めない真の愛と言うことができる。……事実、この愛だけが自我と世に対する愛から魂を引き戻し、神に向かわせるものであるから。怖れも自己愛も魂を引き戻すことはできない[16]。

この第三部における「奴隷」「雇い人」「息子」という区分は、第二部の区分とは別の観点からの区分である。これらの人々は一応は「主を賛美」するが、その動機が異なっている。すなわち、「奴隷」とは「怖れ」を動機とする人であり、「雇い人」とは「欲望」を動機とする人である。これに対して「息子」とは普遍的な律法である「神愛」（caritas）を動機としている人を言い、ここでは霊性の最高段階を示すものとして提示されている。

（4）第二部と第三部との関係と霊的体験

第二部における「愛の四段階説」と第三部における神と人間との関係の三区分とを単純に対応づけることには慎重であるべきであろう。しかしながら、自己の欲望を動機として神と関わろうとする「雇い人」が、「自己のために神を愛する」とされる愛の第二段階にほぼ対応するであろうことは誰もが認めるであろう。だとすれば、「奴隷」とは、第一段階の肉的な自己愛が、威嚇的な強制として律法の掟と直面した場面に対応する、と言ってよいように思われる。問題は「息子」であるが、「自分の利益を求めない純粋な愛」を持つ限りにおいて、少なくとも現世における「息子」は愛の第三段階に対応する、と言ってよいように思われる。第三部における段階理論は神との関係にかかわるものであり、そこでは神が「怖れ」の対象から「愛」の対象へと変わってゆくのに対して、第二部における段階理論は自己愛から神への愛へという「愛」そのものの変容を描いたものである。

ここで、ベルナルドゥスは読者・聴衆の霊的体験を前提として論を進めていることに注意を喚起しておきたい。第二部の段階理論は不信仰者をも含めた広汎な分類となっている。しかし、読者・聴衆として想定されているのは修道者であり、すでに第二段階にあることは前提とされている。彼らは、第一段階の人がいかにして第二段階に移行するのか、という論理については体験的に熟知しており、自分自身に関してはいかにして第三段階に進むかという点に関心が集中している人々であると考えられる。そして、第三段階への移行の契機となるのは神の甘美さを「味わう」体験であることも承知していて、日々その体験を希求していることが前提とされている。

三 『雅歌説教』における霊性の発展段階説

(1) 『雅歌説教』について

『雅歌説教』はカルトゥジア会士ポルトのベルナルドゥス(Bernardus de Portis 一一五二年没)の依頼により、一一三五年から没年の一一五三年にいたるまでの一八年間、断続的に書き継がれたベルナルドゥス畢生の大作である。三六年末までに第一説教から第二三説教が書かれた後、一旦執筆は中断される。三八年から第二四説教以下の執筆が再開され、第六五説教から第六六説教は四三年のケルン教会会議の後とされる。第八〇説教は四八年(ランス教会会議)以後に執筆されたことが知られている。最後の第八四説教から第八六説教はベルナルドゥスの死の直前である五三年頃に書かれ、「雅歌」第三章第一節の説教までで未完に終わっている。この作品では、ベルナルドゥスの霊性思想が完成された形で展開されている。それは聖書および教父に関する広汎にして深い学識と、自らがその観想的生活で得た体験とに支えられており、アレクサンドレイア学派以来の伝統にもとづき、

「雅歌」のテキストの字義的な意味の奥にある神秘的な意味を解き明かすことを目指している。またその文体も周到に彫琢を重ねた格調高いものである。

「雅歌」はラテン語ではCanticum canticorum（歌の中の歌）と呼ばれ、花婿と花嫁との愛を歌った祝婚歌であった。花婿と花嫁との関係は、旧約聖書本来（ユダヤ教）の文脈では神とイスラエルとの関係として理解されていた。キリスト教的文脈ではこの関係は神と教会との関係に移し替えられて理解されるが、同時に「花嫁」は信仰者の魂と理解することもできる。ベルナルドゥスは「雅歌」を特に「御言葉」（Verbum）としての神（キリスト）と魂との関係として捉える視点を強調している。

本稿の課題にとって重要なのは「御言葉への口づけ」の三つの段階に言及する第二説教から第四説教、霊性発展の七つの段階が示される第一八説教、「愛」の理論に関する主要テキストとされる第八三説教から第八五説教、そしてベルナルドゥスの霊的体験論の要約的概観が示されているとされる第二三説教である。

（2）『雅歌説教』第二説教から第四説教における「三つの口づけ」と第一八説教

『雅歌説教』第二説教から第四説教において展開されている「三つの口づけ」の隠喩は一種の霊性発展段階説である。「雅歌」冒頭の「その口の口づけをもってわたしに口づけしてください」という言葉は「花嫁」のものである。しかし、ベルナルドゥスは「口づけ」には三つの段階がある、と言う。すなわち、第一には回心の最初の第一歩としての「足への口づけ」、第二には節制と敬虔とのわざにおいて前進している人たちに与えられる恵みとしての「手への口づけ」があり、最後の第三段階として「口の口づけ」が示唆されている。(17)『雅歌説教』の全体においてベルナルドゥスが解き明かそうとする場面は最後の「口の口づけ」を目指す「花嫁」の境位であるが、それは観想と愛とを目指す人々が直面する場面なのであった。

他方、ベルナルドゥスは同じ『雅歌説教』第一八説教においても霊性段階説を展開している。そこでは七つの段階が区別されている。

わたしたちが自分のとぼしさの中からでなく、満ちみちた豊かさの中から、他の人に分け与えようとするとき、まずその前に、自分をどんなもので満たさなければならないか、みなさんはよくおわかりになったと思う。すなわち第一番目に、わたしたちは自分を、痛悔（compunctio）の念で満たさなければならない。第二番目に献身（devotio）で満たさなければならない。第三番目につぐないのわざ（paenitentiae labor）で、第四番目に敬虔なわざ（pietatis opus）で、第五番目に弛まぬ祈り（orationis studium）で、第六番目に観想の憩い（contemplationis otium）で、第七番目すなわち最後に、愛の充溢（plenitudo dilectionis）をもって、自分を満たさなければならない。これらすべては、同一の霊である聖霊のわざ（一コリ一二・一一）である。このわざを、わたしは聖霊による「注ぎ入れ」のわざと呼ぶことにした。(18)

（３）『雅歌説教』における霊性段階説と霊的体験

『雅歌説教』における段階説は、「口づけ」の三段階にしても、第一八説教における七段階にしても、魂の側の営為に焦点が当てられていると言える。そこではベルナルドゥスが聴衆として想定する修道者のみならず、第一、第二の「口づけ」に相当する人々を含めたあらゆる人々の段階が枚挙されている。大まかに言って、第一番目の「痛悔」は「足への口づけ」に、第二番目の「献身」から第五番目の「弛まぬ祈り」までは「手への口づけ」に、そして第六番目の「観想」と第七番目の「愛の充溢」とが「口の口づけ」に相当する、と言ってよいのではないかと思われる。

ここでも、ベルナルドゥスは読者・聴衆の霊的体験を前提として論を進めていることに注意を喚起しておきたい。聴衆である修道者は「足への口づけ」に相当するであろう「痛悔」についても、「手への口づけ」に相当するであろう「献身」から「弛まぬ祈り」までの諸段階についても、体験的に十分了解している修道者である。そして彼らはベルナルドゥスから「観想」と「愛」との意味についての主題的展開を期待していることが前提とされているものと考えられる。

四　『雅歌説教』第八三説教から第八五説教における愛の理論

(1)　御言葉と魂との同形性

先述のとおり、『雅歌説教』第八〇説教は一一四八年以後、また特に第八四説教から第八六説教はベルナルドゥスの死の直前である五三年頃に執筆されたことが知られているが、第八〇説教以降の一連の説教は内容的には連続している。ベルナルドゥスの「愛」の思想が展開される核心部分である第八三説教から第八五説教までに先立つ第八〇説教から第八二説教までの部分では、「御言葉と魂との同形性と断絶」に関する霊的というよりは神学的な考察が展開されている。

「魂は神の像へと（ad imaginem）造られたばかりでなく、神の類似へと（ad similitudinem）造られた」ことが御言葉と魂との同形性の根拠である。[19]しかし、御言葉と魂との間には断絶がある。神の本質もその属性も、神自身と区別することができないがゆえに、神である御言葉が「正しい」(rectum) ことは原型、根拠としての意味で御言葉に帰属する。しかし、魂は神との類似としての「正しさ」を分有するにすぎない[21]。「不正」(iniquitas) すなわち罪が、原型であり神である御言葉とこれを原型として造られた魂との間に「部分的ではあるが非類似を生じる」。しかし、この不正が除かれ清め尽くされると、ただちに神と魂との間には、「聖霊による完全な一致が、相互の眺め合いが、愛し愛される相互愛が、回復される[22]」と言う。

第八三説教においては、この魂と御言葉キリストとの同形性の神学を背景に、ベルナルドゥスは魂が御言葉と「結婚」する可能性を肯定し、罪のうちにあっても神の像から類似へと進むよう人々を促している[23]。この同形化の可能性は回心した魂、すなわち一旦神から離反しながらも神へと立ち帰る魂にも認められる[24]。「結婚」は神である御言葉と人間の魂との上下の落差を解消する[25]。「花婿」キリストは魂を愛するのみならず、「愛そのもの」として示される[26]。さらに「花嫁の愛」は先述の『神を愛することについて』においては最高段階とされていた「息子」に優る愛の最高段階として示される[27]。被造物が神との相互的愛の関係に入る以上、それは全能力を挙げての愛であることになる[28]。

（2）「神を探し求めること」と「神から探し求められていること」

続く第八四説教においては、神との愛の位相における交わり、すなわち魂が「神を探し求める」ということそのものの意味が、特にそれ以前に魂が神の側から先行的に愛されている（探し求められている）、という事態との関連で解明されている。

まず、「神を探し求めること」は魂にとっての「最大の善」であることが示される[29]。ただし、実は魂は神の側から先行して探し求められていることが指摘される[30]。そして回心の場面、すなわち神からの離反からの立ち帰りにおいても神から先行して探し求められていると言う[31]。魂の側について言えば「神を探し求める意志」と「神を探し求める能力」という二段階の恩恵によって支えられる[32]。また、神の「探求」と「愛」とは相互に密接な関連にある二重性を示している[33]。そして神を裏切った罪人であったとしても、神を愛する者は怖れないということが、特にベルナルドゥス自身の体験の証を通して主張される[34]。最後にベルナルドゥスはこのことを霊性の初心者に向けて聖書の典拠に依拠して語っている[35]。

第八五説教の主題は花嫁である魂の側が、自分を探し求めてくれた花婿キリストをどのように探し求めるのか、ということである。ベルナルドゥスは魂が御言葉を探し求めることの理由として以下の七つを枚挙し、これに即して論を進めている。

魂は御言葉を探し求め、（1）その叱責に同意しなければならない。（2）魂は認識するために照明されなければならない。（3）徳の道に進むために御言葉に依りすがらなければならない。（4）知恵を得るために御言葉によって刷新されなければならない。（5）美しくなるために同形とされなければならない。（6）豊かな実を結ぶために結婚しなければならない。（7）快活になるためには享受しなければならない。これらすべての理由で魂は御言葉を探し求める[36]。

（1）の「叱責と承認[37]」は「善い意志[38]」をもたらし、魂を「生かす[39]」。（2）の認識と照明[40]は「善に関する知識」をもたらし、魂を「健康[41]」にする。（3）の「徳（virtus）の道に進む」ことに関しては魂を攻撃する敵、すなわち「悪魔」「世」「人（自分自身）」との関連で考察が展開される。最も手強い敵は自分自身であるが、これらの敵の攻撃に打ち勝って徳の道に進み、魂が「安定性」（stabilitas）[42]を獲得するためには御言葉に依りすがる必要があることが示される。[43]（４）の「知恵」に関しては、ベルナルドゥスは知恵を善への「味わい」（sapor）として示す。知恵は魂に「成熟」（maturitas）[44]をもたらすが、そのためには御言葉によって刷新されなければならないことが示される。[45]ベルナルドゥスは、（５）のキリストとの同形化を意味する「魂の美」は「高潔さ」（honestum）にある、としつつ「高潔さの住まうところと根源は良心の内にある」として「その明白な所在は良心の証言にある」と言う。[46]この（５）までの段階に到達した魂は、次に（６）の「結婚」について考えようと試みる、と言う。ここでベルナルドゥスは「霊的な結婚には二種類の生む働き」、つまり、他者の救済に奉仕するための説教におけるある種の活動的な生と純粋に観想的な生との関係に言及する。後者は最後の（７）「御言葉を享受する」こと、すなわち瞬時の稀な経験としての「拉致」（raptus）の体験にまでつながる。[47]ここにおいて、「神の像」すなわち神との同形性の完成、愛の位相における神との交わりが成就するのである。

以上、第八四説教および第八五説教において、ベルナルドゥスは「神を探し求める」という「愛」の位相における神と魂との交わりが、神からの先行的恩恵、すなわち「神から探し求められている」という事態に支えられ、導かれる形で成立している場面を描写している。ここでも、ベルナルドゥスは随所で自らの、そして読者・聴衆の霊的体験を踏まえて論を展開している点に注意を喚起しておきたい。

五　『雅歌説教』第二三説教――ベルナルドゥスにおける霊的体験論の要約

（1）霊性理論における「体験」の重要性

これまで概観してきたところから、ベルナルドゥスの霊性理論において、著述し講話を行うベルナルドゥス自身の、そして読者・聴衆である修道者たちの霊的体験の如何が重要な意味を持っていたことが、明らかになったように思われる。

事実、ベルナルドゥスの霊的著作には「自伝的性格」があることが指摘されている[48]。彼は常に自己自身の体験に立脚してその教えを展開していた。このことは、たとえば第五一説教第三節などで彼自身の体験についてしばしば言及しているところから明らかである。このことと対応して、ベルナルドゥスは再三再四、読者・聴衆の側にあっても、個人的な体験が「雅歌」の意味を理解するために不可欠であることを強調している[49]。

そもそもベルナルドゥスはキリスト教思想における伝統的な典拠である自然的啓示（「創造の書」および「聖書」）に加え、「体験の書」、すなわち魂の霊的体験そのものをも源泉として認めようとしている[50]。そしてベルナルドゥスにおける霊的体験論の全貌を見通す要約的展開が見られるとされているテキストが第二三説教である[51]。

（2）「園」、「倉」、「部屋」――まず「園」について

ベルナルドゥスにとって「雅歌」をはじめとする「聖書」のテキストは「体験の書」の理解を導くガイドであり基準である、とされている[52]。彼の霊的体験論の要約と見なしうる第二三説教においても「雅歌」のテキストが

「体験」を理解するための導きの糸となっている。その際ベルナルドゥスは、聖書（『雅歌』）のテキスト中に登場する（a）「園」(hortus)、（b）「倉」(cellarium)、（c）「部屋」(cubiculum) のそれぞれを隠喩として解釈することによって論を展開している。ベルナルドゥスは「園」という象徴を通して人類の「歴史」を考察し、「倉」という象徴を通して「功績」(meritum) を考察し、「部屋」にたどり着こうと努力している魂の三種類の観想の中に「報酬」(praemium) を見ることを求めていた。[53] この三者は霊的な体験を見る観点の相違と解することができよう。

（a）の「園」としての「人類の歴史」は、（a‐1）「創造」(creatio)、（a‐2）「和解」(reconciliatio)、（a‐3）「あがない」(reparatio) の三つの部分に分かたれていた。注目すべき点は、「園」という表現が用いられたのは、それぞれの時代における「善き人」が園に植えられた木に喩えられてきた、という聖書的伝統が典拠となっていることである。ベルナルドゥスは、（a‐1）「創造」からは過去、すなわち旧約時代における義人、（a‐2）「和解」からはイエス・キリストとその聖なる教会に属する人々、（a‐3）「あがない」は来るべき世の終わりにおける完成への展望を黙想することを求めているのであろう。そこでの「木」は、霊的な意味においては模範であり、歴史全体への展望は人を摂理への考察へと導く。

(3)「倉」

ベルナルドゥスは（b）の「倉」の象徴においては「功績」を考察することを求めている。つまり、「倉」は人間側の能動的営為としての体験を示している、と言える。ここで注意すべきなのは、三つの「倉」は単独な個人としての境地としてではなく、他者との関係において共同体的位相のもとに語られている点である。

第一の（b - 1）「規律の倉」とは、人間の傲慢が打ち砕かれてゆく場面を指しているが、それは明らかに修道院における具体的な修行場面を反映している。

第二の（b - 2）「本性の倉」は、成功した修道院における快適な共同体生活を指している。ここで注意すべきことは、このことが成立するためには共同体の全員が「第一の倉」を経て規律正しくあることが前提条件となっている点である。つまり、「第二の倉」とは個人的な境地なのではなく、共同体としてのあるべき姿なのである。そしてベルナルドゥスは、この「第二の倉」を「人間本性の善」が回復する場と見ている。

「倉」における最終段階を示す第三の（b - 3）「恩恵の倉」を経験することは、魂の指導や人的管理など人の上に立つ者の資格として提示されている。ベルナルドゥスによれば指導者の要件は「識別の徳」（virtus discretionis）と「神愛の炎」（caritatis fervor）とを兼ね備えることにある。そのような上長が成立するために、彼は（b - 1）から（b - 3）の「三つの倉のすべてを遍歴する必要がある」、と考えていた。遍歴による経験は「識別の徳」をもたらし、（b - 3）「恩恵の倉」そのものの体験は「熱誠の」すなわち「神愛のぶどう酒」を与える、というのである。

このように、（b - 3）「恩恵の倉」は一面では個人としての霊的境地であるが、同時にそれは「指導者」の条件として共同体的位相のもとにも語られている。

（4）「部屋」

（c）の「部屋」は「功績」への「報酬」として与えられる「神観想の奥義」そのものを象徴している。ベルナルドゥスは「倉」について語る際には共同体的な視点を示唆していたが、「花婿の女たちの一人一人は、花婿との独自の秘事を」(54) 持っているとし、神の観想体験としての「部屋」を論じるにあたってはその個人的、独自的な性格を強調している。

（c‐1）の「第一の部屋」とは神の摂理を観想する場であるが、これは純粋に知的な観想である。ここはまだ花婿の部屋ではない。そこでは魂は好奇心や驚嘆に動かされ、完全に憩うことができないからである。

（c‐2）の「第二の部屋」で観想されるのは「裁き、罰する神」である。そこで展開されるのは怖れによる観想であり、ここでは、魂は回心と痛悔による浄化のレヴェルにまで戻されたような感がある。

しかし注目すべき点は、この部屋は「主を怖れることは知恵の初め」（詩一一一・一〇）なるがゆえに、同時に「栄光への入口」でもある、とされていることである。ベルナルドゥスによれば、人が知恵ある者となるのは、神についての単なる知的認識によるのではなく、神への怖れを体験することによるからである。ここで、後述する論点との関連で「神への怖れ」が「味わい」（sapor）と表現され、その味わいが人を「知恵ある者」（sapiens）にする、という一種語源論的な説明がなされている点に注意を喚起しておきたい。「怖れ」の観想は単なる知的な神理解とは次元を異にし、いわば実存的なレヴェルに迫る体験なるがゆえに霊性の進歩の原動力になることが示唆されている。

ベルナルドゥスは自らの体験に根ざしながら、（c‐3）「第三の部屋」、「神が真に休息され、静穏なものとして選り分ける場所」を「花婿の部屋」として示す。その際彼は、「ローマの信徒への手紙」におけるパウロからアウグスティヌス（Aurelius Augustinus 三五四―四三〇年）へと続く路線に従った恩恵と予定との神学に依拠しながら、彼自身が先行する恩恵の働きを確信し休らいへと招じ入れられた体験を告白している。

ベルナルドゥスは、この「第三の部屋」において人が観想するのが花婿キリストである、と確信しているが、同時に彼は自らの体験にもとづいて記述するこの「第三の部屋」が、「雅歌」の花嫁が語る部屋と同一であるのか、という点については判断を留保している。しかし、この「第三の部屋」における観想がたしかに「王の部屋」であり、ベルナルドゥス自身が知る限りでの最高段階の観想であるとしている。つまり、この「部屋」が愛の位相における神との交わりの場なのである。

六　「味わい」(sapor)と「知恵」(sapientia)

(1)　欲求構造の変容

以上概観してきたベルナルドゥスにおける愛の霊性理論において、一点のみ筆者として印象的であったことがらを指摘しておきたい。

元々トマス・アクィナス(Thomas Aquinas 一二二四／二五—七四年)の研究者である筆者にとっては、アリストテレス的な「性向(hexis = habitus)としての徳(aretē = virtus)」の理論とは異なったベルナルドゥスの概念枠が目を引く。アリストテレス(Aristoteles 前三八四—三二二年)における「性向としての徳」の理論において、倫理的な徳は快苦のあり方、すなわち欲求構造の変容をともない、徳のある人は善き行為に快を覚え、悪しき行為に苦痛を覚える、とされる。(55)

ベルナルドゥスにおいて、「徳」(virtus)については欲求構造の変容は語られない。しかし、彼も欲求構造の変容に言及している。それは「知恵」(sapientia)に関わる場面である。ベルナルドゥスにとって「知恵」はアリストテレス的な意味における「性向としての徳」に該当する、と言ってもよい。注目すべきなのは、ベルナルドゥスがそうした文脈で「知恵」について語る際、「知恵」(sapientia)は「味わい」(sapor)から派生している、という一種語源論的な解釈を展開している点である。(56)「味わい」という言葉に重要な含みを与えていること自体、ベルナルドゥスの体験重視の姿勢を示唆していると言うことができよう。こうした文脈における「味わい」についての言及については、本稿ですでに触れたテキストにおいても二つの箇所を指摘することができる。

(2) 第二三説教――「怖れ」の位相における sapor

その一つは第二三説教で(c-2)として掲げた「第二の部屋」についての記述である。

神への怖れは知恵の初めだと書き記されているのは、まことに当を得ている。神が魂に味わいを示す(sapit)のは、神が魂に、ご自分についての知識を教えるときではなく、神がご自分への怖れをもって魂に衝撃を与えるときである。もしあなたが、神の正義を怖れるなら、もしあなたが、神の偉大な力を怖れるなら、そのときこそ、あなたは正しく力ある神を味わうことになる。なぜなら、怖れは一種の味わい(sapor)だからである。学問が人を学者にし、富が人を富者にするように、〔神への怖れという〕味わい(sapor)は、人を知恵ある者(sapiens)にする。(57)

この箇所では、「怖れ」の位相のもとではあるが、神は単なる認識の対象としてではなく、実存的なレヴェルにおける交わりの対象となる場面において、「味わい」(sapor)が語られているのである。

（3）　第八五説教――「善」への sapor

第八五説教において、人間における徳と知恵との関係が主題的に論じられている。

この知恵と徳という二つの言葉の固有の意味を生かすためには、どうしても〈徳〉という言葉は魂の活力〈vigor〉という面に重点をおかねばならず、〈知恵〉という言葉は霊的甘美さ〈suavitas〉を加味した、魂のほどよい調整をもっと強調しなければならない(58)。

つまり、人間の魂にあって「知恵」は「甘美さ」を特徴としているのである。ここでベルナルドゥスは「知恵」（sapientia）という言葉が「味わい」（sapor）という言葉から由来しているのではないか、という例の語源論的解釈を提起する。

なぜなら、徳そのものは、味もそっけもないものだが、知恵という名の調味料で味付けられると、一変して良い味わい、美味なる霊的味覚を人に与えるからである。だからわたしは、知恵とは善を美味しく味わうこと、善の味覚だと言えると思う(59)。

このように、ベルナルドゥスは知恵を「善への味わい」として示した上で、善と悪とを味わうことの関係を以下のように整理してゆく。

多くの善がそれを行っている人々によって味わわれていないのは、「彼らは善への味わいではなくて、理性もしくはそれぞれの事情や必要によって強いられているから(60)」である。「それに反して、悪を味わわずに、それを行っている多くの人々は、悪への味わいによってではなく、むしろ怖れや何かに対する欲望によってそれを行うように動かされる(61)」。

しかし、心の情愛にしたがって行う人々は知恵ある者であって、善への味わいによってそれを喜んでいるか、それとも悪意に満ちた人々に属しており、その他の利益を望んでおびき寄せられないときでも、悪を行うことを喜んでいる(62)。

つまり悪意とは悪の味わいである。

かくして、「味わいとしての知恵」は、単なる知的認識を超え、またベルナルドゥスにおいては「味もそっけもない」徳をも超えて、実存全体の方向づけとしての欲求構造が根本的に変容するための契機として示唆されている。それはベルナルドゥスの霊性倫理の根本において、アリストテレス的な「性向としての徳」の理論に代わる役割を演じている。

七　結　語

最後に、本稿の成果を簡潔に振り返っておくこととしよう。

まず、我々はベルナルドゥスの霊性段階論を概観してきた。「愛」に注目するならば、それは自己愛から神への愛への愛の変容を意味していた。また神に対する関係に注目するならば、神を「怖れ」の対象として捉える位相から「愛」の対象として交わる位相へと進むものと考えられていた。これは「浄化・照明・観想」というギリシア教父以来の、特に擬ディオニュシオス（Dionysios Areopagites 五〇〇年頃）による霊性段階論の伝統を踏襲したものと見ることもできよう。またベルナルドゥスは、「愛」の位相における神と魂との交わりが神からの先行的恩恵に導かれていることを強調している。

ベルナルドゥスの霊性論において特に注目すべき特徴は、彼自身の、また彼の言説に触れる読者・聴衆の霊的体験を重視し、これを理解の土台と考えていた点である。この点に関連して筆者は特に、「味わい」（sapor）から「知恵」（sapientia）が由来するという語源論的な理解により、たとえば後世のトマス・アクィナスにおけるアリストテレス倫理学の枠組みに代わり「知恵」が欲求構造変容の倫理的概念枠を提供していたことを指摘した。そこでも「味わい」という概念が大きな役割を演じている点で、体験を重視する彼の姿勢の一端が明らかになったように思われる。

註

（1）　原著のテキストは以下に依る。Bernard de Clairvaux, *L'amour de Dieu*, introductions, traductions, notes et index par Françoise Callerot et al.（Sources chrétiennes, 393〔Œuvres complètes, 29〕）Paris 1993. 以下 *Dil.* と略記。邦訳としては、金子晴勇訳『神を愛することについて』（『キリスト教神秘主義著作集２　ベルナール』所収〔教文館、二〇〇五年〕）、古川勲訳『神への愛について』あかし書房、一九八二年、がある。

（2）　原著のテキストは以下に依る。Bernard de Clairvaux, *Sermons sur le Cantique*, texte latin de J. Leclercq, H. Rochais et Ch. H. Talbot, introduction, traduction et notes par Paul Verdeyen, Raffaele Fassetta, Paris, 1996-2007. 以下 *SCC.* と略記。邦訳としては、金子晴勇訳

『雅歌の説教』（『キリスト教神秘主義著作集2　ベルナール』所収）、山下房三郎訳『雅歌について』（一）―（四）、あかし書房、一九七七年、がある。

（3）両著作における霊性段階説については以下の拙稿で立ち入った概観を試みている。拙稿「クレルヴォーのベルナルドゥスにおける〈息子〉と〈花嫁〉――『神を愛することについて』と『雅歌説教』」『哲学・思想論集』（筑波大学哲学・思想専攻）三五号（二〇一〇年）、一九九―二一四頁。

（4）『雅歌説教』第八三説教から第八五説教における愛の理論については以下の拙稿で立ち入った概観を試みている。拙稿「御言葉キリストと魂との「結婚」――クレルヴォーのベルナルドゥス『雅歌説教83―85』」『倫理学』（筑波大学倫理学研究会編）二六号（二〇一〇年）、九―二四頁。

（5）Bernard McGinn, *The growth of mysticism*, London, 1994, p.188.「雅歌第二三説教」における霊的体験論については以下の拙稿で立ち入った概観を試みている。拙稿「「園」「倉」「部屋」――クレルヴォーのベルナルドゥス『雅歌説教23』における霊的体験論」『清泉女子大学キリスト教文化研究所年報』第一七号（二〇一〇年）、五一―七二頁。

（6）Bernard of Clairvaux, *On loving God*, with an analytical commentary by Emero Stiegman, Kalamazoo, 1995, p. 59.

（7）*Dil*. 1-22.

（8）*Ibid*. 23-33.

（9）*Ibid*. 34-40.

（10）*Ibid*. 23.

（11）*Ibid*. 25.

（12）*Ibid*. 26.

（13）*Ibid*. 27.

（14）*Ibid*. 39.

（15）*Ibid*. 34.

（16）*Ibid*.

（17）*SCC*. 4, 1.

(18) *Ibid*. 18, 6.
(19) *Ibid*. 80, 2.
(20) *Ibid*. 80, 5. なおポアティエの司教ギルベルドゥス（Gilbertus Porretanus 一〇八〇頃—一一五四年）はこの点で異説を唱えたためランスの教会会議で断罪されている。
(21) *Ibid*. 80, 3.
(22) *Ibid*. 82, 8.
(23) *Ibid*. 83, 1.
(24) *Ibid*. 83, 2.
(25) *Ibid*. 83, 3.
(26) *Ibid*. 83, 4.
(27) *Ibid*. 83, 5.
(28) *Ibid*. 83, 6.
(29) *Ibid*. 84, 1.
(30) *Ibid*. 84, 2.
(31) *Ibid*. 84, 3.
(32) *Ibid*. 84, 4.
(33) *Ibid*. 84, 5.
(34) *Ibid*. 84, 6.
(35) *Ibid*. 84, 7.
(36) *Ibid*. 85, 1.
(37) *Ibid*.
(38) *Ibid*. 85, 10.
(39) *Ibid*. 85, 3, 10.

(40) *Ibid*. 85, 2.

(41) *Ibid*. 85, 10.

(42) *Ibid*.

(43) *Ibid*. 85, 3-6.

(44) *Ibid*. 85, 10.

(45) *Ibid*. 85, 7-9.

(46) *Ibid*. 85, 10-11.

(47) *Ibid*. 85, 12-13.

(48) Bernard McGinn, *op. cit*., p. 185.

(49) *SCC*. 22, 2; 4, 1; 9, 3; 9, 5; 9, 7; 21, 4-5; 31, 4; 50, 6; 52, 1-2; 69, 6-7; 84, 6-7.

(50) Bernard McGinn, *op. cit*., p. 185.

(51) *Ibid*., p. 188.

(52) *Ibid*., p. 186.

(53) *SCC*. 23, 17.

(54) *Ibid*. 23, 9.

(55) Aristoteles, *Ethica Nicomachea*, II, 3, 1104b3-1105a16.

(56) *SCC*. 85, 8.

(57) *Ibid*. 23, 14.

(58) *Ibid*. 85, 7.

(59) *Ibid*. 85, 8.

(60) *Ibid*. 85, 9.

(61) *Ibid*.

(62) *Ibid*.

五　サン・ヴィクトール学派における信仰と知

中村　秀樹

十二世紀は、ヨーロッパにとって一つの大きな刷新の時であった。ヨーロッパ社会は、政治経済構造の発展によって流動性を持つ活力に満ちたものとなっており、また十一世紀末からの教会改革をうけて様々な形で宗教的再生を目指す動きが続いていた。さらにビザンツ文化およびイスラム文化との接触が拡大し、そこで先行的に受容されていたギリシアの思想的遺産に本格的に出会い始めたことは、キリスト教的精神世界に対して自らのあり方を問い直す諸契機を与えることになったのである。(1) この緊張と刺激に満ちた新たな時代の動きの中で、キリスト教信仰に基づく生き方をあらためて省み、実践しようと試みた注目すべき霊的共同体の一つに、パリのサン・ヴィクトール修道院がある。一一〇八年にシャンポーのギョーム（Guillelmus Campellensis 一〇六〇以前—一一二二年）は、ペトルス・アベラルドゥス（Petrus Abaelardus 一〇七九—一一四二年）との論争から身を引き、セーヌ左岸にあるこの修道院で霊的刷新運動を始めた。アウグスティヌス（Aurelius Augustinus 三五四—四三〇年）の修道戒律に従い、その精神に基づいて、新たな時代の中でキリスト者としての生き方を徹底して霊的に、また知的に深めることを試みたのである。(2)

サン・ヴィクトール修道院の付属学校は、優れた霊的養成を求めて遍歴する人々に開かれたものであったが、一一三三年にフーゴー（Hugo de Sancto Victore 一〇九六頃—一一四一年）が指導を受け継いでからは、その名声は特に高まることとなった。フーゴーは、アウグスティヌスの聖書読解理論を『ディダスカリコン：読解の学び』（Didascalicon de studio legendi）[3]において体系的に展開すると共に、『キリスト教信仰の諸秘跡について』（De sacramentis christianae fidei）[4]によって教義学、特に秘跡論の分野で決定的に重要な業績を残した。そしてフーゴーの後、修道院学校における中心的存在となったリカルドゥス（Richardus de Sancto Victore 一一七三年没）は、『観想への魂の準備――小ベニヤミン』（De praeparatione animi ad contemplationem, liber dictus Benjamin minor）[5]、『観想について――大ベニヤミン』（De contemplatione, seu Benjamin maior）[6]、『力強い愛の四つの段階について』（De IV gradibus violentae caritatis）[7]、『三位一体論』（De Trinitate）[8]などの著作において、フーゴーの方向性を受け継ぎながら、その学問的成果を観想論という形で霊性との緊密な統合へともたらすことを試みたのである。

その他にも十二世紀の思想を形作った多くの神学者がここで学んでいるが、なかでも後にノルマンディー、アヴランシュ（Avranches）の司教となり存在論、キリスト論、教会論の領域で優れた論考を残したアカルドゥス（Achardus de Sancto Victore 一一〇〇以降―七〇／七一年）[9]、旧約聖書をユダヤ教の文脈に即してヘブライ語で字義的に読解することに力を注いだアンドレアス（Andreas de Sancto Victore 一一七五年没）[10]、『命題集』（Sententiae）という形式で神学的論考を著した先駆者であるムランのロベルトゥス（Robertus de Meleduno 一一〇〇頃―六七年）、ロベルトゥスの方法にならった『命題集』が幅広い受容を獲得したペトルス・ロンバルドゥス（Petrus Lombardus 一〇九五／一一〇〇―六〇年）、フーゴーの影響のもとに独自の歴史理解を展開したフライジングのオットー（Otto Frisingensis 一一一二頃―五八年）、人文主義的著作家として知られるソールズベリーのヨハネス（Johannes Saresberiensis 一一一五／二〇頃―八〇年）らの名前を挙げることができよう[11]。

サン・ヴィクトールの神学者たちは、勉学の後に修道院と密接な関わりを保ったり、修道院に残って研究教育に従事した場合にも、その思想の展開においてすでにかなりの多様性を示している。だが彼らはアウグスティヌスの『戒律』(Regula Sancti Augustini) に従って修道共同体を形作っていたのであり、その限りにおいてアウグスティヌスの影響のもとに一つの霊性を共に生き、その生に基づいて思索を展開した[12]。この基本的方向性は修道院学校の最盛期を築いたフーゴーと、その直接の後継者であるリカルドゥスにおいて特に顕著であり、彼らが共有する根本的問題関心を中心に一つの学派について語ることが可能である。その根本的問題関心とは、救済史の理解に基づき信仰を反省的に捉えること、そのような反省的信仰と神学的思索の基盤として聖書の学びを徹底すること、そして信仰の愛における実存的深まりと実りを重視することである。このような学派の根本姿勢は、アウグスティヌスの精神を生かした霊性と神学の緊密な統合を示すものであり、そこでは信仰と知の関係は、彼ら自身のキリスト教的生の根本問題として徹底して考えられていた。本稿では、このようなサン・ヴィクトール学派における信仰と知をめぐる思索の特色を、フーゴーとリカルドゥスの思想を中心に検討することにしたい。

一　知としての信仰

フーゴーは『キリスト教信仰の諸秘跡について』第一巻第一〇部「信仰について」において、キリスト教信仰を認識論的に検討し、その知としての特質を明らかにすることを試みる[13]。信仰において問題となっているのは、使徒パウロの「信仰とは、望んでいる事柄を確信し、見えない事実を確認することです」(ヘブ一一・一) という言明において明示されているように、望むに値する見えない事実としての救済、「人の心に思い浮かびもしなかったこと」(一コリ二・九、イザ六四・三) が歴史の中で神によって人間のために為されたという事実である。それ故、キリスト教の信仰は、その起源に関して他の一切の人間的知から根本的に区別される。信仰は「聞くことにより、しかもキリストの言葉を聞くことによって始まる」（ロマ一〇・一七）のであり、それは肉において語り継がれてゆくキリストの言葉に決定的に依存している。[14] 信仰の端緒は、受肉した神の言葉であるキリストであり、ただキリストの世界への到来によってのみ信仰の基盤となる認識は与えられるのである。

この救済の歴史において顕わになったのは、創造以前から隠されていた救いの神秘（コロ一・二六）[15]、すなわち御子の御父への関係性に人間が参与する可能性である。この参与は、ただ神との根源的な関係性として与えられる信仰においてのみ可能とされるものであり、いかなる世界内的な被造性によっても獲得されることはできない。神は永遠からそのひとり子に向ける愛と同じ愛によって人間を愛し、その愛の交わりに人間を招き入れることを望んでいる。この愛を示すことができるのは、ただ受肉した御子のみである。愛そのものである神が、歴史の中でキリストにおいて自己を示したという理解に、キリスト教信仰の決定的な新しさは存立している。この信仰の恵みは、すべての人間に対する神の救いを明瞭に述べ伝え、それのみが真に信じるに値するものであることを示している。[16] その結果、信仰に基づくのではない何らかの仕方で神についての十全な知、すなわち神の自己啓示に基づく知と同等の知が生じる可能性は排除されるのである。

それ故フーゴーは、自然神学的な神理解の可能性の主張に対して、正当な信仰はまさに人間理性による神の十全な把握不可能性を端的に認めることを含むことを強調する。[17] 神は、世界内に見出される一切のものに対して、ただ〈それではないもの〉としてのみ顕れてくる。[18] 世界内のすべての現実性は被造的なものであって、それらと創造主との間の差異は、被造物相互の間のいかなる差異よりも大きい。[19] 一切の自然本性的な理性能力に基づく神認識は、それが世界内の存在者から出発する限り、それらの被造性の洞察に媒介されるとしても、最終的に被造性の根拠の認識を超えてゆくことはできない。つまりそれは、救済史における神の余すところない自己啓示に基づく神それ自体のあり方の積極的で十全な認識とは比較にならないのである[20]。また被造性の根拠である神に対して被造物の側から何らかの類似性を見出すことはできても、それに基づく神認識はきわめて限定されたものになる。神の似像として最も優れた被造性を示す人間であっても、神自身のあり方に対しては非類似の方が類似よりも大きいからである[21]。

自然本性的理性能力に基づく神認識は、きわめて不完全なものに留まらざるを得ない。このような認識によって神が十全に知られることはなく、また人間の神との交わりが開かれ、その救いが根拠付けられることもない。それでもこのような理性的神認識は、それ自体として正しく遂行されるならば、本来的な信仰の内実のより深い理解に貢献する限り、信仰の重要な構成要素となることとなる。というのも、そのような認識は神認識としては不完全なものであっても、神と被造物の間の差異を主題化することが可能だからである[22]。そしてこの神と被造物の間の差異を理性によって十分に反省的に捉えることは、本来的な信仰を確かに支える認識基盤となり得る。サン・ヴィクトール学派の聖書神学に大きな影響を与えた著作『キリスト教の教え』（De doctrina christiana）第二巻においてアウグスティヌスが注意を喚起するように、神と被造物を取り違えること、すなわち偶像崇拝において根源的な罪は存立し、それは信仰を与えられた者にさえも自己反省を欠いた場合に起こり得るからである[23]。

だが信仰が、神自身との愛の交わりとして現実に与えられるためには、人間の一切の自然本性的な能力を超えて、神の霊が与えられる必要がある（ロマ八・一五）。ただ聖霊が与えられることにおいて、すなわちただ信仰において、神は神自身として経験される[24]。福音の真理性は、神の霊が与えられることにおいてのみ確証されるのであり、信仰がそこへと向かうものが信じるに値することであり、また真であることは、本来的にはただ信仰によってのみ捉えられる。[25] このような仕方で与えられる信仰は、その真理性が論理的に基礎付けられるような、何らかのいっそう高次の次元のもとに秩序付けられることを本質的に拒むものである。もし信仰が、自ら以外の何らかの他のものから論理的に導出され得ると主張されるなら、まさにそのことにおいて、それはまだ本来的な信仰ではないことが示されている。信仰の基礎について主題化する唯一の可能性は、歴史において現れた救済の真理が一切の世界内的な理解を超えるものであることを示すことの内にのみ存するのである。

二　聖書による知

一切の世界内的理解を超える救済の真理は、歴史の中で神自身によって示された後、信仰を与えられた人々によって証しされ、伝えられてきた。その信仰の伝播を支えてきたのは、聖書（Sacra Scriptura）における神の救済の業の記述である。それ故、信仰を反省的に捉え、その理解を深めるためには、神の救済の業がそこに記された聖書をどのように扱うかについて探求しなければならない。フーゴーとリカルドゥスはこの課題を果たすにあたり、アウグスティヌスの『キリスト教の教え』における聖書読解理論を受容した上で、より体系的で徹底した考察を展開した。[26]

フーゴーは、聖書の読解が正しく為されるためには、聖書の記述の基盤となっている救済の歴史的構造を理解することが不可欠であることを指摘する。というのもフーゴーによれば、救済の歴史的構造に基づいて、聖書自体にも構造（structura）が与えられているからである。[27] すなわち時（tempora）は、その内において愛そのものである神の自己開示が段階的に為されたものとして、（一）自然法の時（tempus naturalis legis）、（二）書かれた法

（律法）の時（t. scripturae legis）、（三）恩恵の時（t. gratiae）の三つに区分される。[28] 創造からモーセの出現までの自然法の時においては、人間の神への関係性の規範は、神の似像として創造された人間（創一・二七）の自然としてのあり方に含まれていたが、人間はそれを理解せずに神への本来的関係性を見失い、有限的善へ無秩序に向かうことになった。そこで神は、モーセを通してイスラエル民族に十戒を与え、人間がどのように神へ関わり、そしてそれに基づいて世界内の諸善へ関わるべきかを示した。ここで神と人間の間に結ばれた契り（testamentum）の内実は、律法として書き留められ、人間を導く規範となったが、この規範は実際にそれに従って生きる力を人間に与えたわけではなかった。逆に律法は、それまで罪とすら分からなかった罪を暴き、この律法の時において罪は増し加わることになった（ロマ五・一三、二〇）。そこで神は、自ら世界内に受肉し、自らが無制約な愛そのものであり、この愛との関わりに基づいて生き、それによって神の愛それ自体に参与することが人間の救済であることを示したのである。このように創造における御子による普遍的な仲介の業（コロ一・一五―二〇）が歴史における現実となり、[29] 神の愛による人間の救済が決定的な仕方で為されたことによって、それまでの律法に基づく契りは、根本的に新たな愛の契り（novum testamentum）として結び直された。この恩恵の時は、ナザレのイエスに始まり、キリスト教的に理解された世界の終末まで続くのである。[30]

このように創造から終末に至るまでの時の全体が救済史（historia）として捉えられることで、聖書の正しい読解にはその構造への配慮が不可欠であるというフーゴーの主張の意味が明らかになる。聖書の主題は一貫して神による人間の救済の真理に他ならないが、神の救済の業は、恩恵の時とそれ以前の時とでは本質的に異なる仕方で遂行された。神は、恩恵の時においてはじめて愛そのものである自らのあり方を余すところなく人間に啓示し、その救済の真理性を証ししたからである。それ故、救済の真理は、恩恵の時についての記述である新約聖書では明示されているが、それ以前の時について扱う旧約聖書においてはいまだ実現されていないものとして予示されているに過ぎない。しかし双方は一つの同一の真理を扱っているのである。[31] このように聖書の全体は、救済史がその本質を尽くす恩恵の時から考察されることで、はじめて構造として捉えられる。つまりユダヤ教の聖典であった文書群は、新しい契りの完全性という観点から旧い契りについての記述と見なされ、旧約聖書としてキリスト教的聖書の一部分を構成することになる。そしてキリスト教的な聖書読解においては、救済の真理を正確に捉え、伝えてゆくことが目指されるので、聖書の全体は、救済の真理が余すところなく示されている新約聖書を基点に理解されなければならない。「この〔キリスト教的な聖書〕読解においては、そこにおいて明瞭な真理が宣べ伝えられている新約は、そこにおいて同一の真理が象徴によって暗示的に描かれ、密かに告げ知らされている旧約に優先する[32]」。

この聖書の構造理解に基づき、フーゴーは読解行為の目的であり、かつその規範である救済の真理という観点から、聖書の読み方を二つに区分する。第一の読解法は、キリスト教信仰の観点から聖書全体が提示している救済の真理の意味を問う霊的読解であり、それにより得られる知の内実は霊的理解（spiritualis intelligentia）と呼ばれる。[33] 第二の読解法は、救済の歴史的生起を時間的継起として捉えようとするものであり、歴史の読解（lectio historiae）と呼ばれる。[34] この読解法区分は、キリスト教的聖書読解が究極的な救済の真理を探求するものである以上、その中心を霊的理解を求める第一の読解法に置いている。たしかに救済の真理の意味を問うためにも、救済の歴史的生起のあり方それ自体を知らねばならず、そのためには聖書を旧い契りについて扱う部分も含め、その全体をまず丹念に読み、歴史において何が、どのように為されたのかを学ばなければならない。[35] その限り、キリスト教的な救済の真理の探究は、その基盤と始源を歴史において見出す。[36] だが、救済が歴史において為されたことの意味を洞察するためには、新約聖書において明示された救済の真理から出発しなければならない。聖書の全体は、恩恵の時における救済の成就を基点として読まれることで、はじめて救済史として自己を開示するのである。

キリスト教的聖書読解の中心に置かれる霊的読解を、サン・ヴィクトール学派は教父思想の伝統に従い多層的な可能性として捉えている[37]。歴史的読解に加えて為される霊的なより深い意味の把握が、キリスト教信仰の内実についてのものである場合にはアレゴリア（allegoria）と呼ばれ[38]、アレゴリアによって把握されたより深い意味が、読解者自身の実存的完成のために適用される場合にはトロポロギア（tropologia）と呼ばれる[39]。また霊的読解が人間の終末的完成についての理解を目指す場合には、アナゴギア（anagogia）として遂行されるのである[40]。

三　観想による知

フーゴーは、この多層的な霊的読解が歴史的読解を基盤としつつ反復され、それによって信仰が深まってゆく過程を黙想（meditatio）と呼び、これを聖書読解者が目指すべき目標とした[41]。また彼は、黙想がさらに祈りと善き業を経て観想（contemplatio）へと至ることで、信仰者が段階的に完全性へと向かうあり方について、その構想の大枠を示しているが[42]、黙想および観想の遂行様式について詳論してはいない[43]。このフーゴーの構想の方向に沿って、観想を思想の中心において体系的に展開したのはリカルドゥスである。だが従来の研究は、リカルドゥスの思想をその限られた側面――特に観想論と三位一体論――についてのみ扱うことが多かったため、彼がフーゴーの信仰論と聖書読解理論を受け継ぎ、その成果を観想論を枠組みとする神学的人間論へと統合する試みを行ったことはまったく評価されてこなかった。特に、現代もっとも読まれている著作である『三位一体論』のみを扱う研究の場合、その方法論をきわめて極端な理性主義的神学のものとしたり、彼の思想の全体性との連関を考慮せずに評価する傾向が見られる(44)。リカルドゥスはたしかに『三位一体論』第三巻で、神的ペルソナの複数性についての議論を始めるにあたって、キリスト教信仰の証言する内容を、聖書の証言には言及せずに、「理性の証示」(rationis attestatio)によって確証することを目指す、と述べる(45)。だがここで彼は、救済史における啓示によってはじめて人間に知られるものとなった三位一体のあり方を、自然本性的認識能力としての理性の探求によって洞察する可能性について一般的に論じようとしているのではない。むしろここでの「理性の証示による確証」は、フーゴーが重視した聖書の学びに深く根ざし、さらにはリカルドゥス自身の聖書の霊的読解に基盤を置く観想論の中に位置付けられている。先行研究がしばしば誤解してきたリカルドゥスにおける三位一体の理性の証示による確証の試みには、信仰と知の関係性についてのサン・ヴィクトール学派の思惟の特徴が際立った形で顕れているのである。

リカルドゥスにおける理性の証示による確証の意味を理解するためには、観想論を枠組みとした彼の思想の全体的構想を捉えなければならないが、まさにこの課題を果たすことにおいて現代の研究は長い間困難をおぼえていた。リカルドゥスは自らの思惟の方法について主題的に論じることはほとんどないため、その広範な著作領域は読者に対して一見相互の連関が理解し難いものと思われるからである。これまでの研究がリカルドゥスの思想の全体像を捉えることに困難を覚えた理由は、様々な領域を相互に関連付ける言明が含まれる二つの著作、『観想への魂の準備——小ベニヤミン』と『力強い愛の四つの段階について』とをリカルドゥスの思惟の方法という観点から十分に検討しなかったことにある。実際、この二つの著作は、『三位一体論』や観想論の大著『観想について――大ベニヤミン』に比べると研究史において注目を浴びることは少なかった。だがリカルドゥスの思想全体を理解する鍵は、この二つを他の重要な著作との関連において検討することにあるのである。(46)

『観想への魂の準備――小ベニヤミン』において、リカルドゥスは「創世記」第二五章以降に書かれたヤコブの家族の物語をトロポロギアとして解釈することによって、観想の前提が整えられる過程を解明し、この過程の中に聖書読解を位置付ける。教父の伝統に従う彼の解釈では、(47)ヤコブは人間を、彼の二人の妻レアとラケルは各々人間精神の根源的二側面である情動（affectus）と理性（ratio）を示している。(48)ヤコブが二人の妻と家庭を築くことは、愛と認識の協働の内に人間が神の関わりの内に完成へと歩む道として解釈される。すなわちヤコブの十三人の子供たちの内、レアとその侍女ジルパが生む九人の子は人間の情動能力について、(49)ラケルとその侍女ビルハが生む四人の子は認識能力について、それらが完成し、徳として形成されることを象徴しているのである。(50)この論述は、人間精神の完成過程の現象としての描写ではなく、人間がそれに基づいて神へ向けて完成されてゆく諸要件を問題にしている。その際、ある要件の成立はさらに高次の要件の成立を可能にし、その相互に秩序付けられた諸要件の段階的展開によって、よりいっそう高次の精神的働きが可能とされてゆく。ヤコブの妻たちが、それぞれ条件が整うと子を産むように、情動と理性という二つの能力が諸要件を獲得してゆくことは、人間が神との関係性において、そのつど高次の段階に入るための力（virtus）、すなわち徳を獲得することを意味するのである。

この精神が神への関係性を漸進的に深めてゆく過程では、聖書の記述に沿い、はじめに情動の側（レア）に四つの徳が形成される。まず人間は、自らの存在の不完全さに気付く時に神への畏れ（timor〔ルベン〕）を覚える。畏れは、神の完全性の洞察に基づいて人間の情動が神との自覚的関係性の内に秩序付けられる第一の姿であり、情動は畏れを基点に神へ向かう力、徳として形成され始める。神への畏れの内に自らの不完全さを真に認める者は、自らの罪についての苦悶（dolor〔シメオン〕）へ導かれるが、神の前で真に罪を痛悔し苦悶する者には、神自身から神による罪の赦しへの希望（spes〔レビ〕）が与えられる。この希望は神の霊の訪れによって与えられるので、ここで人間と神との関わりは相互性を深めてゆき、両者の間には親愛が結ばれ始める。(51) この親愛の中で人間は深い喜びに満たされ、その情動は神との関わりにおいて決定的な姿を取り始める。神への愛（amor〔ユダ〕）が生まれるのである。(52) この徳としての愛において人間は、その情動において根源的に神へと秩序付けられ、神を余すところなく肯認し、賛美する。(53) それ故、愛は人間に真の神認識へと歩み出すことを可能にする。人間は、愛によって愛した者へと完全に惹き付けられ、愛は、愛した者を余すところなく知るように、人間を内的に駆り立てるからである。(54)

ここで愛は、神へと向かう人間の認識を導く力となっている。この愛によって構成され、愛の対象である神へ導かれる精神的動きによって、人間は聖書の霊的読解の前提条件を獲得する。読解が霊的に為されるとは、歴史的・字義的な意味を持つテキストが、神的な現実、すなわちキリストにおいて成就した神の愛による人間の救済を解き明かすものとして読み解かれることを意味している。それ故、聖書の霊的読解は、救済の真理を明示している新約聖書においてよりも、それを暗示的に告げ知らせる旧約聖書においていっそう必要な課題となる。(55) また新約聖書においても、より深い信仰理解を得るために霊的読解が為されることは可能であるが、それが誤った解釈にならないためには規範を与える方向性が必要である。この方向性は愛によって与えられる。情動における徳の形成を通して神への方向性を与えられた認識の遂行様式を、リカルドゥスは黙想（meditatio）と呼ぶが、(56) 聖書を霊的に読解することは、黙想において認識を導く神への愛があってはじめて可能となる。愛は、人間の精神の目を愛された者の現実に対して開き、それを深く理解することを可能にする。[57] 自然的な理性能力をどれほど研ぎ澄ましたとしても、神への愛がなければ聖書を霊的に読解することはできないのである。

黙想の特徴は、その内で愛と認識が相互に補完しつつ働き、神への関係性を深めてゆくことにある。一方では愛された者をより深く知るにつれて認識者の愛はいっそう強まり、他方でそのように強められた愛は、愛された者をさらに深く認識することへと認識者を内的に促す。愛によって構成され、愛と共に働きながら、愛が目指しているものをより深く知ろうとする働きとしての黙想は、認識の領域に留まるものではなく、むしろ愛する者が愛された者へ向かう全人格的な動きである。それ故、この動きの中で精神は神への関係性をその全体性において深めてゆく。まず認識の側では、理性の下にある表象力（imaginatio〔ビルハ〕）に、上位の精神的認識能力である理性（ratio）および知性（intelligentia）と協働する力——すなわち第一の想像（speculatio prima〔ダン：表象力と理性〕）および第二の想像（s. secunda〔ナフタリ：表象力と知性〕）——が備わり、[58] 精神は可感的対象領域に留まることを止め、特に第二の想像の力によって神的な現実へと向かい始める。リカルドゥスが霊的な上昇として描写するこの過程が進んでゆき、[59] 神的な事柄についての認識が深まると、人間はその観点から有限的世界の現実を見る様になり、この有限性への洞察は、愛がさらに愛された者へ向けて整えられることを助けるのである。[60] そこで情動の側では、下位能力である感性（sensualitas〔ジルパ〕）に身体的快の節制（abstinentia〔ガド〕）と身体的苦の忍耐（patientia〔アセル〕）が徳として形成される。[61] こうして世界内の有限的価値に執着する下位の情動が整えられることは、神への愛そのものをさらに堅固なものとし、人間には真の喜び（gaudium〔イサカル〕）、悪徳への憎しみ（odium vitiorum〔ゼブルン〕）、そして真の羞恥（pudor〔ディナ〕）が徳として与えられる。[62] ここで人間は、愛の深まりによって悪徳を真に嫌悪するに至って、自らがいまだ悪徳に陥る可能性を払拭できない存在であることを真に恥じるようになる。この真の羞恥に至ることで情動における徳の形成は終わるが、それは人間に欲求者としての自己を全体として経験させ、深い自己認識を可能にする。自己を見通す識別力（discretio〔ヨセフ〕）が与えられ、これまで神へ向けて秩序付けられてきた精神の諸能力は、この識別力によって相互に統制されることで、徳としてのあり方を保つことができる様になるのである(63)。この自らの根拠との関係性の中で自己を十分に見通した時に、人間には、黙想から次第に人間的精神の最高次の遂行様式である観想（contemplatio〔ベニヤミン〕）へと移行してゆく恵みが与えられることになる(64)。この観想の恵みにおいて人間は、自らが神への愛によって構成され、導かれていることを深く自覚しながら、その愛の内に一切を——神と自己と他のすべての被造物を——認識するのである。

四　愛の知

リカルドゥスは、その観想論の主著『観想について——大ベニヤミン』において、表象力、理性、知性という三つの認識能力がどのように協働するかという点から観想を六種に区分し、それらを認識論的に体系的に考察してゆく(65)。観想の第一種（表象力のみ）は可感的なもの、第二種(66)（表象力と理性）は可感的なものの秩序、根拠、目的、第三種（表象力と理性）は非可感的なもの、第四種（理性と知性）は人間精神、第五種（理性と知性）は神の本質一般、第六種（知性のみ）は三位一体を対象とする(67)。

さてリカルドゥスの観想論は、特に観想の頂点において生じる脱我（extasis）の詳細な分析にその特徴がある。第五種と第六種においては、恩寵が与えられるならば、観想者は脱我へと導かれ得る(68)。脱我においては記憶、感覚的認識、そして理性的認識そのものが奪い取られる。「精神が自己自身を超えて（supra semetipsum）奪い取られることによって天上の事柄へと高められる時、その時身体的感覚が奪い取られ、その時外的な事物の記憶が奪い取られ、その時人間の理性（ratio）が奪い取られる(69)」。脱我において人間がそこから奪い取られ、それを離れ去るのは、その理性的認識主体としてのあり方、自己そのものである。「精神は……自己自身をまったく忘れ、脱我へ上げられ、高みへ完全に奪い取られる(70)」。

この脱我における人間の自己からの離脱は、愛の業である。人間は、その全存在が愛によってそこへ向かう神自身によって、神自身へと向けて奪い取られ（raptus）、認識の主体としての自己を離れざるを得なくなっているのである。リカルドゥスは『観想について——大ベニヤミン』第五巻において、脱我がその根本構造において神への愛によって原因されるあり方を詳細に論じる(71)。すでに人間を観想へと導いた愛は、さらにその最高段階において人間が神自身へと向けて奪い去られることを可能にする。観想は精神の全的な遂行であるが、精神の二つの根源的力の一方である認識は愛の対象に及ばないので、もう一方の力である愛が認識の不能によって原因される停滞を耐えることができなくなり、愛する者へ向かって溢れ出てゆくのである。認識が行くことのできないところへ、愛は向かい、愛する者と一致しようとする(72)。リカルドゥスは、自らの愛の人間論を体系化した重要な小著『力強い愛の四つの段階について』において、脱我における人間のあり方について、「神の中へと超えていく」（transit in Deum）と表現する(73)。人間の神へ向かう真の自己超越を導き得るのは理性ではなく、神と人間の間にあって、これら愛する者同士を合一する力である愛のみである。この神自身との愛における合一（unio）において、人間は自らが愛する者が誰であるかを観るが、この観ること（visio）は、認識というよりは人間精神の最高次の総体的遂行である。脱我において理性的認識が不能になった後、精神は、その最も優れた姿において——

最も優れた力である知性が、身体的制約に基づく推論的認識能力である理性からも解放され、まったく単純な姿(intelligentia simplex)を与えられることによって[74]――愛の眼そのものとなっている。観想における脱我は、人間にとって愛による神自身との一致の経験であり、そこで愛と認識という人間存在の二つの根源的力は、愛する者としてのあり方において一つとなっているのである[75]。

そのように脱我へ導かれた人間は、愛の合一する力によって世界内的な愛と認識の分裂を克服され、より高次の一性に参与することになる。だが脱我における人間は、感覚、記憶、理性を離れ去っているため、通常の意味での認識者ではない。それ故、脱我の観想の内にある人間に留まっている主体性、その人格的同一性は認識の領域において根拠付けられることはできない。脱我の観想において人間が保つ人格的同一性は、彼がその全存在を尽くして向かう愛する者への愛の力の内に座しており、それに依っている。リカルドゥスはそれ故、脱我においても一貫して愛する者としての人格的同一性を保った人間が、脱我において観た者を、後に我に返ってから何らかの仕方で想起する可能性を認める。観想者は、脱我の中で何を観たかは完全に思い出すことはできないにしても、何らかの記憶を自己の内に留めているというのである。「まったく不思議なことであるが、我々は想起しながら想起せず、想起しないのに想起するのである[76]」。この特異な想起(reminiscentia)は、脱我において不能となった狭義の認識領域における記憶に基づくものではない。観られた者のあり方それ自体が、理性的認識とそれに基づく通常の記憶の力とを完全に凌駕しているからである。観られた者は、理性を超えるだけでなく、いわば理性の外にある[77]。それにもかかわらず脱我の後に観られた者について想起する可能性があることは、人間の根源的な記憶の力が認識の領域に限られるものではないことを示している。それはもはや認識が及ぶことも働くこともできず、不能となった後にも残る愛の力に支えられた記憶なのである[78]。

このような神との愛による合一を経験することは、観想者の精神に、その愛に基づく根源的な記憶の内に決定的な仕方で痕跡を残す。それ故、脱我から我に返った観想者は、この愛の記憶の内実を理性的認識によって可能な限り反省し、知解することを試みる。観想を構成し、脱我へと導いた愛の力は、その力によって観られた者をさらに深く知ることへと観想者を駆り立てるのである。「彼は離脱によって観たものを、度重なる捉え直しと熱心な究明によって自らにとって理解可能なもの、あるいはさらに把握可能なものと為し、ある時は諸理拠の証示によって（rationum attestatione）、またある時は類似の適用によって、共通の知解（communis intelligentia）へと導く」[79]。それ故、リカルドゥスの『三位一体論』において三位一体の神のあり方の神秘を証示しようと試みる理性は、人間であれば自然本性的に誰にでも与えられている推論的な認識能力ではなく、啓示に基づき与えられた信仰によって、神の愛の恵みの内に黙想から観想へと育まれてきた理性である[80]。この理性による究明は、絶対的愛のあり方についての概念的思弁に過ぎないものではなく、むしろその愛そのものに触れることを許された経験について理性的反省を可能な限り行い、そこで捉えられた愛のあり方を概念的に表現することを目指すものである。この愛に導かれた洞察において、人間の理性はその極めて制約された把握力にもかかわらず、神自身の存在のあり方の無制約性に触れ、それ以外の仕方では在り得ないその現実性の根拠（rationes necessariae）を捉える[81]。この洞察は、徹底した理性的究明を経て、認識者自らにとっても、また他者にとっても明示的な共通の知解として可能な限り表現化される時に、共同性において信仰を確証し、そこでの神学的思惟を本来的に基礎付けることに寄与することになるのである[82]。

この愛の経験を証示する理性は、信仰に対置されるようなものではなく、むしろ信仰を通してはじめて与えられる愛の力によって、自らの根拠であり究極の目的でありながら、自らの力では関わり得ない存在から関わりを与えられ、豊かにされている。それは、もはや世界内で方向付けを持たずに彷徨い続けなければならない苦しみから救われ、神の知恵によって癒された理性である。(83) それ故この理性は、自らの完成として知解を深めようとするだけではなく、一致において観られ、知解された自らの救いの根拠に、いっそう深く関わってゆくよう人間を促す。この愛の経験を証示する理性は、自らを構成している愛の力によって、与えられた愛に現実に応えてゆく道を信仰者に示すのである。それは「観られた姿に似た姿を自らの中へと引き込み……主と同じ姿につくりかえられてゆく」(84)（二コリ三・一八参照）ことである。信仰者の愛そのものの内に深く刻みつけられた愛した者の記憶は、愛した者の姿にしたがって自らを形作り、生きるよう信仰者を導く。それ故、彼は、救済史において自らを余すところなく示した神自身の愛のあり方に可能な限り参与することを、もっとも深い望みとするようになる。「これこそキリストのへりくだりの姿（forma humilitatis Christi）であり、完成された愛の最高の段階へと到達しようとする者は誰でも、この姿にしたがって自らを形成すべきである」(85)。この愛に参与すること、すなわち「自分を無にした」（フィリ二・六）キリストに従い、へりくだりの内にその愛を身をもって生き、愛による救いを他者へ伝えてゆくことに、三位一体の神の似像としての人間に、世界内の生において与えられ得る完全性は見出される。この愛の道を歩むことができるようになることに、人間の知のまったき充溢（omnis scientiae plenitudo）は存立するのである。(86)

五　結　語

リカルドゥスは、フーゴーがアウグスティヌスの影響のもとに展開した信仰論と聖書読解理論をさらに体系的に展開し、それを観想論を枠組みとする愛の人間論の内に位置付ける。このリカルドゥスの人間論は、人間が本来持っている愛という力を、聖書の霊的学びと観想によって現実化することを通して、神の似像としての人間がその全体性において完成するための道を示そうとするものである。この道において信仰は、愛の力に支えられて、人間の知をその固有の力の限界を超えて豊かなものにしてゆく。この豊かさは、たしかにその究極的あり方としては脱我の観想において与えられるが、それは特別な神体験を与えられる者だけに対する恵みではない。リカルドゥスは、愛の徳が与えられた後、真の喜びにおいて脱我のある種の先取りが生じ始めることを指摘する。(87) 自己の有限性に固執せず、我から脱して神の愛に抱かれる恵みは、神の愛に導かれる道の半ばである黙想においてすでに与えられ得る。それ故、重要であるのは、この道を神の招きに応えて自らの世界内的現実と共に歩んでゆくことである。神について真に学び、人間としての知の充溢へと向かうためには、神の愛を何らかの仕方で脱我的に経験し、その経験を深めてゆくことが必要であるからである。リカルドゥスにおける神の愛の経験を証示する理性の姿は、アウグスティヌスの精神の中世における一つの具現化として、信仰と知、霊性と神学の緊密な統合の可能性を提示している。サン・ヴィクトール学派の思想の一つの完成態であるリカルドゥスの神学は、現代の我々が信仰と知の関係を捉え直すためにも重要な示唆を含んでいるのである。

註

（1）　十二世紀研究の領域において新たな問題提起となった Charles H. Haskins, *The Renaissance of the Twelfth Century*, Cambridge Mass., 1927 に続く広範な各分野の議論について概観を与える重要な論文集として Robert L. Benson, Giles Constable (eds.),

Renaissance and renewal in the twelfth century, Oxford, 1985を参照。その後の研究の全体像に関しては Robert N. Swanson, *The Twelfth-Century Renaissance*, Manchester, 1999を、十二世紀の知的状況に関しては Richard W. Southern, *Scholastic Humanism and the Unification of Europe: Foundations* – Vol. 1, Oxford, 1997; idem, *The heroic age* – Vol. 2, Oxford, 2001を参照。

（2）学派の全体像について、Jean Châtillon, L'école de Saint-Victor. Guillaume, Hugues, Richard et les autres, *Communio, Revue catholique internationale*, 6 (1981), pp. 63-76; id., De Guillaume de Champeaux à Thomas Gallus: chronique d'histoire littéraire et doctrinale de l'École Saint-Victor, *Revue du Moyen Âge latin*, 8 (1952), pp. 139-162; 247-272; Patrice Sicard, *Hugues de Saint-Victor et son École*, Turnhout, 1991を参照。以下、Hugo de Sancto Victore は Hugo と、Richardus de Sancto Victore は Richardus と表記。

（3）Hugo, *Didascalicon de studio legendi*, A Critical Text, ed. Charles Henry Buttimer (Studies in Medieval and Renaissance Latin 10), Washington D.C., 1939. 以下 *Didascalicon* と表記。

（4）Idem, *De sacramentis christianae fidei* (PL 176), Paris, 1854, pp. 173-618. 以下 *De sacramentis* と表記。

（5）Richardus, *Les douze patriarches ou Beniamin minor.* Texte critique et traduction par Jean Châtillon et Monique Duchet-Suchaux. Introduction, notes et index par Jean Longère (Sources Chrétiennes 419), Paris, 1997. 以下 *Benjamin minor* と表記。

（6）Idem, *Benjamin maior*, in: ed. Marc-Aeilko Aris: *Contemplatio. Philosophische Studien zum Traktat Benjamin Maior des Richard von St. Victor*. Mit einer verbesserten Edition des Textes (Fuldaer Studien 6), Frankfurt am Main, 1996, pp. 1-148. 以下 *Benjamin maior* と表記。

（7）Idem, *Les quatre degrés de la violente charité*. Texte critique avec introduction, traduction et notes publié par Gervais Dumeige (Textes Philosophiques du Moyen Age 3), Paris, 1955, pp. 127-177. 以下 *De IV gradibus* と表記。

（8）Idem, *De Trinitate*. Texte critique avec introduction, notes et tables par Jean Ribaillier (Textes philosophiques du moyen age 6), Paris, 1958. 以下 *De Trinitate* と表記。

（9）Cf. Achardus de Sancto Victore, *Über die Einheit Gottes und die Vielheit der Geschöpfe*, übersetzt und kommentiert von Hideki Nakamura, in: Alexander Fidora, Andreas Niederberger (Hg.), *Vom Einen zum Vielen. Der neue Aufbruch der Metaphysik im 12. Jahrhundert. Eine Auswahl zeitgenössischer Texte des Neuplatonismus* (Klostermann Texte Philosophie), Frankfurt am Main, 2002, pp. 34-49; 120-127.

（10）Cf. Rainer Berndt, *André de Saint-Victor († 1175). Exégète et théologien* (Bibliotheca Victorina 2), Turnhout, 1991.

（11）ムランのロベルトゥス『命題集』（中村秀樹訳）、上智大学中世思想研究所編訳・監修『中世思想原典集成 7 前期スコラ学』

（同巻監修　古田暁）平凡社、一九九六年、七四三―八一〇頁を参照。ペトルス・ロンバルドゥスの全体像については、Marcia L. Colish, *Peter Lombard*, Leiden/New York, 1994, 2 vols. を、フライジングのオットーの歴史観については、Hans-Werner Goetz, *Das Geschichtsbild Ottos von Freising. Ein Beitrag zur historischen Vorstellungswelt und zur Geschichte des 12. Jahrhunderts*, Köln / Wien, 1984 を、ソールズベリーのヨハネスについては Michael Wilks (ed.), *The world of John of Salisbury*, Oxford, 1984 を参照。

（12）　Cf. Luc Verheijen, *La Règle de saint Augustin*, I, Traduction manuscrite; II, Recherches historique, Paris, 1967. この戒律の中世における受容についての包括的研究として Gert Melville, Anne Müller (Hg.), *Regula Sancti Augustini. Normative Grundlage differenter Verbände im Mittelalter. Tagung der Akademie der Augustiner-Chorherren von Windesheim und des Sonderforschungsbereichs 537, Projekt C "Institutionelle Strukturen religiöser Orden im Mittelalter" vom 14. bis zum 16. Dezember 2000 in Dresden;* Publikationen der Akademie der Augustiner-Chorherren von Windesheim 3; Paring, 2002 を参照。

（13）　Cf. Hugo, *De sacramentis*, I, 10, 2, 327Cff.

（14）　*Ibid.*, I, 10, 6, 339A: ... , cum fides quae hic foris solo auditu verborum percipitur, ...

（15）　Cf. *ibid.*, I, 10, 6, 338D.

（16）　*Ibid.*, 339C: Sub gratia autem manifeste omnibus jam et praedicatur et creditur, et modus redemptionis et qualitas personae redemptoris.

（17）　*Ibid.*, 2, 329A: Ergo Deus credi potest, comprehendi omnino non potest.

（18）　*Ibid.*, 329A-B: Si terram cogitas, si coelum cogitas, si omnia quae in coelo sunt et in terra cogitas, nihil horum est Deus. Denique si spiritum cogitas, si animam cogitas: non est hoc Deus.

（19）　*Ibid.*, 329B: Omne enim quod creatum est minus ab invicem distat, quam ille qui fecit ab eo quod fecit.

（20）　*Ibid.*: Non potest cogitari Deus quid est, etiam si credi potest quia est, non qualis est comprehendi; cf. idem, *Expositio in Hierarchiam Coelestem S. Dionysii Areopagitae*, PL 176, 923-1154: 976Bff. 以下 Hugo, *In Hierarchiam* と表記。

（21）　Cf. idem, *De sacramentis*, I, 10, 2, 329B; Richardus, *Benjamin maior*, 4, 20, p. [116]: Vide ergo quia in his, quae pro similitudine adducta sunt, in rationali animo ad illam summam Trinitatem maior est dissimilitudo quam similitudo.

（22）　Hugo, *Didascalicon*, 1, 1: ... quia nimirum homo si non originis suae immemor esset, omne quod mutabilitati obnoxium est, quam sit nihil, agnosceret.

(23) Cf. Aurelius Augustinus, *De doctrina christiana*, ed. Iosephus Martin (CCSL 32), Turnhout, 1962: II, 18, 28, pp. 53ff. ここでのアウグスティヌスの議論について、田内千里「アウグスティヌス『キリスト教の教え』第二巻における偶像崇拝について」上智大学哲学科編『哲学科紀要』第三六号（二〇一〇年）、一―二四頁を参照。

(24) Hugo, *In Hierarchiam*, 976A-B: Qui autem spiritum Dei in se habent, et Deum habent ... .

(25) Idem, *De sacramentis*, I, 10, 2, 327D: ... quia quae ratione humana non comprehendimus, sola fide nobis credibilia esse et vera persuademus.

(26) Cf. Grover A. Zinn, Jr.: The Influence of Augustine's *De doctrina christiana* upon the Writings of Hugh of St. Victor, in: ed. Edward D. English, *Reading and wisdom : the De doctrina Christiana of Augustine in the Middle Ages*, Notre Dame, 1995, pp. 48-60. サン・ヴィクトール学派の聖書神学についての最新の包括的研究として Hugo von Sankt Viktor Institut für Quellenkunde des Mittelalters (Frankfurt am Main) がその長年の学際的研究活動をまとめた論文集、Rainer Berndt (hg.), *Bibel und Exegese in der Abtei Saint-Victor zu Paris. Form und Funktion eines Grundtextes im europäischen Rahmen* (Corpus Victorinum, Instrumenta 3), Münster, 2009 が重要である。リカルドゥスについては当論文集所収の拙稿 Hideki Nakamura, *Schriftauslegung und Theologie bei Richard von Sankt Viktor*, in: *op. cit*., pp. 363-389 を参照。またサン・ヴィクトール学派の聖書神学の概観について拙稿「*Scriptura habet structuram* ――サン・ヴィクトール学派の解釈学」上智大学哲学科編『哲学科紀要』第三六号（二〇一〇年）、二五―六九頁を参照。

(27) Hugo, *Didascalicon*, 6, 4, p. 118: ... nam et ipsa [Scriptura] structuram habet.

(28) Cf. Hugo, *De sacramentis*, I, 8, 11, 312D.

(29) Cf. *ibid*., I, 10, 6, 338D.

(30) Cf. *ibid*.

(31) Hugo, *Didascalicon*, 6, 6, p. 123: Eadem utrobique veritas, sed ibi occulta, hic manifesta, ibi promissa, hic exhibita.

(32) *Ibid*.: Unde consequens est, ut Novum Testamentum, in quo manifesta praedicatur veritas, in hac lectione Veteri praeponatur, ubi eadem veritas figuris adumbrata occulte praenuntiatur.

(33) *Ibid*., 6, 4, p. 121: … quia nimirum oportet divinum lectorum spiritualis intelligentiae veritate esse solidatum, … .

(34) *Ibid*., 6, 4, p. 117: Post lectionem historiae, superest allegoriarum mysteria investigare, … ; *ibid*., 6, 6, p. 123: Non idem ordo librorum in

historica et allegorica lectione servandus est.

(35) *Ibid.*, 6, 3, pp. 113-114: Sic nimirum in doctrina fieri oportet, ut videlicet prius historiam discas et rerum gestarum veritatem, a principio repetens usque ad finem quid gestum sit, quando gestum sit, ubi gestum sit, et a quibus gestum sit, diligenter memoriae commendes.

(36) *Ibid.*, 6, 3, p. 116: Fundamentum autem et principium doctrinae sacrae historia est, … .

(37) Richardus, *Nonnullae allegoriae*, 199D-200A: Mystica vero intelligentia pro certo est tripertita. Tropologica tenet locum unum, allegorica medium, anagogica summum. 以下 *Nonnullae* と表記。Cf. Hugo, *Didascalicon*, 6, 2-5, pp. 112-123. 多層的霊的読解の伝統についての広範な基盤研究として Henri de Lubac, *Exégèse médiévale: les quatre sens de l'écriture*, Paris, I-II, 1959-1961 を参照。

(38) Idem, *Benjamin maior*, 4, 14, [p. 104]: ... allegoriter admonens quid pro nobis per [Deum] semetipsum fecerit, ...

(39) Idem, *Liber exceptionum*, Texte critique avec introduction, notes et tables par Jean Châtillon (Textes philosophiques du moyen age 5), Paris, 1958: *ibid.*, II, 10, 1, p. 115: Tropologia est cum per id quod factum legimus, quid nobis sit faciendum agnoscimus.

(40) Idem, *Nonnullae*, 200C: Quid enim dicimus anagogen nisi mysticam et sursum ductivam supercoelestium intelligentiam? ... Ad anagogen spectat sperandorum praevidentia praemiorum.

(41) Hugo, *Didascalicon*, 3, 10, p. 59: Principium ergo doctrinae est in lectione, consummatio in meditatione, … ; 6, 13, p. 130.

(42) *Ibid.*, 5, 9, p. 109: Quattuor sunt in quibus nunc exercetur vita iustorum et, quasi per quosdam gradus ad futuram perfectionem sublevatur, videlicet lectio sive doctrina, meditatio, oratio, operatio. Quinta deinde sequitur, contemplatio, in qua, quasi quodam praecedentium fructu, in hac vita etiam quae sit boni operis merces futura praegustatur. … De his quinque gradibus primus gradus, id est lectio incipientium est; supremus, id est contemplatio perfectorum.

(43) *Ibid.*, 6, 13, p. 130: De reliqua vero parte doctrinae, id est, meditatione, aliquid in praesenti dicere omitto, quia res tanta speciali tractatu indiget, et dignum magis est omnino silere in hujusmodi quam aliquid imperfecte dicere. Res enim valde subtilis est, … .

(44) Cf. Martin Grabmann, *Die Geschichte der scholastischen Methode*: Die scholastische Methode im 12. und beginnenden 13. Jahrhundert, Bd. II, Freiburg, 1911, p. 316. 近年におけるこのような観点からの研究の例として Nico den Bok, *Communicating the Most High. A systematic study of Person and Trinity in the Theology of Richard of St. Victor (†1173)* (Bibliotheca Victorina VII), Turnhout, 1996.

(45) Richardus, *De Trinitate*, 3, 1, p. 135: ... non dico ex Scripturarum testimoniis, sed ex rationis attestatione convincere.

（46） この点について拙著 Hideki Nakamura, »amor invisibilium« *Die Liebe im Denken Richards von Sankt Viktor (†1173)* (Corpus Victorinum, Instrumenta 5), Münster, 2011 および拙稿「サン・ヴィクトールのリカルドゥスの思想における愛」中世哲学会編『中世思想研究』第五二号（二〇一〇年）、一一一五頁、Hideki Nakamura, «*Divinum quemdam affectum induit*» Zum Verhältnis zwischen contemplatio und caritas bei Richard von St. Viktor, in: *Mediaevalia. Textos e estudos*, vol. 23 (*Intellect et imagination dans la Philosophie Médiévale*, vol. IV, éd. Maria Cândida Pacheco, José F. Meirinhos), Porto, 2004, pp. 397-409 を参照。

（47） この物語の解釈史については *Benjamin minor* 校訂版の Longère による詳細な解説を参照。Richardus, *Benjamin minor*, pp. 19-39.

（48） Cf. *ibid*., 3, pp. 94-98.

（49） Cf. *ibid*., 7, pp. 108-110.

（50） Cf. *ibid*., 14, pp. 126-128; 67, pp. 282-284; 71, pp. 294-296.

（51） Cf. *ibid*., 11, p. 116.

（52） Cf. *ibid*., p. 118.

（53） Cf. *ibid*., 12, pp. 122-124.

（54） *Ibid*., 13, p. 126: Sed quid aliud per Iudam intelligimus nisi ... amorem Dei, ...? Nato itaque Iuda, id est, bonorum invisibilium desiderio exsurgente atque fervente, incipit Rachel amore prolis aestuare, quia incipit velle cognoscere.

（55） Cf. Hugo, *Didascalicon*, 6, 6, p. 123.

（56） Cf. Richardus, *Benjamin minor*, 23, pp. 150-152.

（57） *Ibid*., 13, p. 126: Ubi amor, ibi oculus; libenter aspicimus, quem multum diligimus.

（58） Cf. *ibid*., 14, pp. 126-128.

（59） *Ibid*., 18, p. 136: Sed rationalis imaginatio alia est per rationem disposita, alia intelligentiae permixta. … Ista uero tunc utimur, quando per uisibilium rerum speciem ad inuisibilium cognitionem ascendere nitimur.

（60） Cf. *ibid*., 14-24, pp. 126-156.

（61） Cf. *ibid*., 25-35, pp. 156-188.

(62)　Cf. *ibid.*, 36-65, pp. 188-280.

(63)　Cf. *ibid.*, 66-72, pp. 280-298. リカルドゥスにおける自己認識の意義については拙稿 Hideki Nakamura, Cognitio sui bei Richard von St. Viktor, in: Rainer Berndt, Matthias Lutz-Bachmann, Ralf Stammberger (Hg.), „*Scientia*“ *und* „*Disciplina*“. *Wissenstheorie und Wissenschaftspraxis im 12. und 13. Jahrhundert.* (Erudiri sapientia: Studien zum Mittelalter und zu seiner Rezeptionsgeschichte 3), Berlin, 2002, pp. 127-156 を参照。

(64)　Cf. Richardus, *Benjamin minor*, 73, pp. 300-302.

(65)　Cf. *ibid.*, 1, 6, p. 12.

(66)　以下、中心となる遂行能力に傍点。

(67)　Cf. Richardus, *Benjamin maior*, 1, 6, pp. 12-14.

(68)　Cf. *ibid.*, 4, 22, p. 118.

(69)　Richardus, *Benjamin minor*, 82, p. 326: Ibi enim sensus corporeus, ibi exteriorum memoria, ibi ratio humana intercipitur, ubi mens supra semetipsam rapta in superna eleuatur.

(70)　*Ibid.*, *Benjamin maior*, 5, 7, p. 119: ... spiritus ... suique penitus oblitus et in extasi sublevatus totus in superiora rapiatur.

(71)　Cf. *ibid.*, 5, 5-17, pp. 129-146.

(72)　Hugo, *In Hierarchiam*, 1038D: ... dilectio supereminet scientiae, et major est intelligentia. Plus enim diligitur, quam intelligitur, et intrat dilectio, et appropinquat, ubi scientia foris est.

(73)　Richardus, *De IV gradibus*, 47, p. 177: ... transit in Deum, ...

(74)　Idem, *Benjamin maior*, 1, 9, p. 17: Simplicem intelligentiam dico quae est sine officio rationis, … .

(75)　Cf. idem, *De IV gradibus*, 40, p. 169.

(76)　Idem, *Benjamin maior*, 4, 23, p. 121: Et mirum in modum reminiscentes non reminiscimur et non reminiscentes reminiscimur, ...

(77)　Cf. *ibid.*, 4, 3, p. 89: Recte ergo quae eiusmodi sunt, ut secundum hominem loquamur, non solum supra rationem sed praeter rationem esse dicuntur.

(78)　観想における記憶については拙論「Memoria extasis ――サン・ヴィクトールのリカルドゥスにおける忘我的観想と記憶」上

智大学哲学科編『哲学科紀要』第三五号（二〇〇九年）、一―二三頁を参照。

（79） Richardus, *Benjamin maior*, 4, 11, p. 99: ... id, quod per excessum vidit, multa retractatione vehementique discussione capabile seu etiam comprehensibile sibi efficit et tum rationum attestatione, tum similitudinum adaptatione ad communem intelligentiam deducit.

（80） Cf. *ibid.*

（81） この概念の思想史的背景とリカルドゥスにおける位置付けについては拙稿 Hideki Nakamura, Onto-logie des Notwendigen. Zu einem Erbe Ciceros im Denken Richards von St. Viktor, *CONVENIT SELECTA*, 7 (2001): „Cicero and the Middle Ages", pp. 53-72 を参照。

（82） リカルドゥスの共同体理解と教会論については拙稿 Hideki Nakamura, «*Talem vitam agamus, ut Dei lapides esse possimus*» Kirchweihpredigten Richards von Sankt Viktor, in: Claudia Sticher, Ralf M. W. Stammberger (Hg.), „*Das Haus Gottes, das seid ihr selbst.*" *Mittelalterliches und barockes Kirchenverständnis im Spiegel der Kirchweihe* (Erudiri Sapientia 6), Berlin, 2006, pp. 293-327 を参照。

（83） Cf. Richardus, *Benjamin maior*, 1,1, p. 6.

（84） *Ibid.*, 4, 11, p. 100: ... inspectae imaginis in se similitudinem trahit: ... in eamdem imaginem transformamur ... .

（85） Richardus, *De IV gradibus*, 43, p. 171: Hec est forma humilitatis Christi ad quam conformare se debet quisquis supernum consummate caritatis gradum attingere volet.

（86） Cf. idem, *Benjamin maior*, 4, 5, p. 91.

（87） Idem, *Benjamin minor*, 37, p. 194: Merito tantillum de tanto, gustus quidem dicitur, ...

第Ⅲ部　盛期スコラ学

一　グローステストにおける「信」と「知」

――二冊の書物～自然と聖書――

樋笠　勝士

序　学問と宗教

科学史において偉業を成し遂げたロジャー・ベイコン（Roger Bacon 一二一九頃―九二年頃）が、同じように科学的志向性をもっていたグローステスト（Robert Grosseteste 一一七〇頃―一二五三年）を高く評価するのは当然であろう。彼は言う。「リンカーンの司教、グローステストだけが学問を理解していた。……彼は数学と光学を知っていたから、あらゆることを理解できたのである」(1)。「数学の力によって万物の諸原因を説明し、人間的なことも神的なことも十分に解説することを知っていた」(2)。

確かにグローステストは博学な人であり、多くの学問や先行する思想を学んでいたし、取り入れていたのである。ギリシャ語が堪能だったので、アリストテレス（Aristoteles 前三八四―三二二年）や偽ディオニュシオス・アレオパギテス文書（五〇〇年頃）などを翻訳し、また注釈書も書いた。またアウグスティヌス（Aurelius Augustinus 三五四―四三〇年）やカイサレイアのバシレイオス（Basileios 三三〇頃―三七九年）などの教父思想にも親しんでいた。そのような中で実際に執筆された著作は、『真理論』（De veritate）や『神の知』（De scientia Dei）、『自由意思論』(De libero arbitrio)といった神学的著作よりも、学問論、とりわけ自然学的・自然科学的な主題をもつ著作が際立っている。それは『物体の運動と光』(De motu corporali et luce)、『光論』(De luce)、『運動と時間の有限性』(De finitate motus et temporis)、『場所の本性』(De natura locorum)、『音の発生論』(De generatione sonorum)、『色彩論』(De colore)、『天球論』(De sphaera)、『星の生成論』(De generatione stellarum)、『彗星論』(De cometis)、『虹論』(De iride)等である。グローステストの場合、「学問の理解」といっても数学乃至幾何学を高く評価し、事象を経験主義的・実証主義的に捉える傾向の下での自然探究の活動だったのである。「幾何学がなければ自然を認識することはできない。幾何学の諸々の原理は宇宙全体についても部分についても有用である。……線や角や図形について考察することは最大の有用性がある。それらなしには自然哲学はもはや知ることは不可能だからである(3)」。ここから、先のベイコンのように、グローステストを近代的科学主義の先駆として位置づけることもできるであろうが、しかし、グローステストの科学主義的方法は、哲学一般における「原因探求」の方法であると同時に、スコラ学者たちと共有する神学的立場における「原因探求」の方法でもあり、彼の神学的立場にも見られるものだったと言わねばならないであろう。

彼が自らの思想に矛盾さえ招くような極端な思想家であったのか、それとも本質的に当時の時代状況に沿った穏健な思想家であったのか。これはいわゆる「グローステスト問題」である。しかもこのことは「信と知」の問題にも響く。科学主義や経験主義は「知」の側に立ち、他方、神学的立場は「信」の側に立つ、こうしたことがグローステストの思想をどのようにつくっていったのか、という問題である(4)。

グローステストのテキストによれば、彼の「信と知」についての原則は明解である。それはアウグスティヌスと同じように「イザヤ書」第七章第九節の「あなたがたは信じなければ知解しないであろう」(Nisi credideritis, non intelligetis）（イザ七・九〔ウルガタ〕）と、カンタベリーのアンセルムス（Anselmus 一〇三三／三四―一一〇九年）の「知解を求める信仰」（fides quaerens intellectum）である。従って、この原則に基づくことでグローステストにおける経験主義や科学主義という「知」の側面がどのように「信」に関わっているのかが問題となろう。

本稿では、グローステストにおける「信と知」の思想をめぐって、「信」と「知」とを対比的に扱う議論を通じて、彼の思想の入り口となるような基本線を明らかにしたい。同時に、それは信仰と知解、神学と哲学、宗教と学問といった対立の構図と重なってはいるが、しかし決して対立的な構図ではなく、重なり合う、或いは協働する営為であることをも論じてみたい。その方法として「信と知」の枠組みにおいてグローステストが論じた主要なテキストを三箇所選択し、そこに集中する。(5) 文脈が重要なため、訳文を全体的に紹介しつつ、その流れに沿って論じてゆくことにする。

一　神学（theologia）の「網」と学問（scientia）の「網」――Dictum118

未刊の原稿集成である *Dicta* (6) は、グローステストがパリ留学からオックスフォードに帰り、大学総長に選ばれ、一二二九年に助祭長となってから、説教や講義としてまとめられたものと思われる。(7) 時期的には、彼の自然学的な研究から神学的な研究へと方向が変わりつつある分岐点に当たるものである。従って、グローステスト自身の神学的立場が率直な仕方で論じられている。中でも Dictum 118 は、彼の神学的立場がよく表されているとして知られている。それは次のように、アリストテレス註解書を書く充実した時期を過ごした後、アリストテレスの『分析論前書』（Analytica priora）の影響を受けた内容で始まっている。「すべての学問は三段論法的であり、ちょうど三角形の図形によって編まれた網（rethe）のごとくである」[8]。論理の三段（sillogisticus）と図形の三角形との類似から考えようとするのはグロ—ステスト独自の数学的学問観に基づくものである。さらに網との類似はペトロの網を念頭においたものであり、ここから数学的学問との接点が考えられてくることになる。その過程を描く文脈を以下に示そう。

すべての学問は三段論法的であり、ちょうど三角形の図形によって編まれた網のごとくである。すべての三段論法は三角形のあり方で形づくられているからである。アリストテレスの『〔分析論〕前書』によって明らかにされているように。実際、複数の名辞（概念）が、そこから秩序づけることができるところで互いに関して、秩序づけられた操作に従って相互に関連づけられたその領域から、下の頁にあるように、また、アリストテレスが『分析論前書』にて媒概念の発見図にして編み上げたように、網が編まれる。さて、網としての普遍名辞があり、その下に網としての特殊名辞が包摂されるところでは、すなわち、主語の下に主語があり、述語の下に述語があるというところでは、いわば四角形の編み物が生じている。それは下に付け加えた図形が明らかにする通りである。この図形において、名辞（概念）が、まさに何らかの第二の名辞（概念）の反復であり、結果として第三の名辞に続くことになることはほぼ明白である。

グロ—ステストは、三段論法に三角形の図形を見ているが、これは前提から帰結に至る論理的過程を仲介する媒概念を三角形の頂点と見立てているためと想定される。その図形が網をつくる図形となるが、網状のものを構成するのは名辞（概念）となる terminus である。これが多方面へと拡がり、またそれを繰り返すことで「網」がつくられると考えているのである。つまり命題集合のネットワークのようなものであるが、これには普遍名辞（universales）と特殊名辞（particulares）があり、上位と下位とに分けられることで四角形ができあがる。この数学的算術的な仕方で、五角形へと展開し、さらに図形を増幅させてゆくが、これらをまとめてグローステストは言う。

諸々の自然物の世界は三角形の三段論法的な図形によって編まれているし、相互に結びつけられている。そこから或る人々によって形を表す仕方で正当にも三角形が万物の原理であると言われたのであるが、それは、諸々の物体的な三角形が万物の原理であるのではなく、三段論法的仕方で三角形的且つ自然本性的な結合がそれであるからである。

世界（universitas）が編み物であり、三角形的図形的に結びつけられているのである。その結合（connexio）は、事物と事物の結合でもあり、また推論的連鎖の結合でもある。ここには諸自然本性の結合と推論上の命題の結合が重ね合わされていると言えよう。さて、この学問と網との類比的な関係についてグローステストはさらに論を進めて次のように言う。

網の構造との類比の故に、明らかにどの学問も網と比較されることができる。すなわち、すべての事物は二つの完全性、すなわち、その形相である第一の完全性と、そのために事物が作られるところの働きである第二の完全性をもっている。さて、網の第一の完全性は、図形に見られる接合（figuralis contexio）そのものとして成立するが、第二の完全性は魚を水の中から引き上げることである。この世のすべての学問は、第一の完全性の類比、すなわち編み物との類比のみに従って、端的に網である。他方、神学のみが網との類比を持つのは、網の両方の完全性のゆえである。神学だけが、この世の可変性の流れから人々を、魚のように、永遠なる不変性の陸地へと引き上げるのである。

網の完全性には、編み上げられているこの構造と、その網を以て魚を捕ることの二つがあるが、前者がこの世の諸学問に相当し、前者と後者の両方が神学に相当する。これは、可変性が支配する世界を諸学問によって可能な限り推論的に図形的に知の形へとつくりあげた知解可能な知の体系作りであり、今度は神学がそれをふまえて実践的に働く（operacio）という過程を描くものである。順序としては伝統的なものではあるが、しかし、学問の知と神学の信とが連続している点が注目に値するであろう。グローステストの比喩では何れも網だからである。その上、学問は準備的役割をもつが、それだけではなく、網の制作が完全であるほど魚を上手に捕れることになるのであるから、学問の準備的役割はきわめて大きいと言わざるを得ないのである。他方で、彼は、学問のあり方が神学のあり方を導くというようなことはなく、あくまで学問のみでは限界があることも指摘する。

この世の学問という網は、決して可変性のこの世の水の中から上へと浮かび上がることはない。反対に、網の中に捕らわれた魚を下の方へと深く沈み込ませるか、または水の中の同じ深みにひきとめる。すなわち人間が自己自身よりも下にあるものに従って、つまり肉的な欲求に従って生きるように人間を引きずり込むこの世の学問は、下へと沈み込む網として、獣のごときである。他方、人間が、自分に等しいものに従って、つまり人間の理性に従って生きるように人間に教えるあの学問は、流れる水と同じ深みに流れる網のようなものである。さて、最初の網に捕まったのはエピクロス（Epikouros 前三四一—二七〇年）である。第二の網にはディオゲネス（Diogenes）[9]が捕らわれた。しかし、神学だけは、人間に自分を越えたものに従って、つまり神に従って生きるように教える。自分より下にあるものに従って生きる者（エピクロス）は、可変性の水の中に沈み込んでいる。他方、人間に従って、つまり人間の理性に従って生きる者（ディオゲネス）は、可変性の水から（上方へと）浮かび上がらない。しかし神に従って生きる者は不可変的であるものに従って生きており、神に従って生きる限り、それに応じて可変性の水を越え出る。

人間のあり方は三つの仕方で区別されている。可変性の領域に留まり、人間を下方へと引きずり込む学問は人間の理性以下の動物的領域に留まる学問であり、網としては用を為さない。エピクロスは、ここでは快楽主義哲学に染まった学問の典型として扱われ、人間を引きずり込む（trahere）ことしかしない。これに対して第二の学問は水面から上に出られない限界はあるものの、第三の神学と同様に「教える」（docere）ことのできるものであり、人間の理性の価値が認められ意義づけられている。

魚のえらは、そのえらが網にひっかかって魚が捕らえられ保たれるのであるから、それこそ御言葉の愛（amor Verbi）なのである。これらの霊的な魚は、この世の水から引き上げられて、水の生、すなわち流れる肉的な生に対しては死んでいるが、天上的な生においては一層良く生きている。霊的な魚の捕獲が肉的な魚の捕獲と異なっているのは、肉的な魚が一層よく暗闇のうちに捕らえられているからである。実際、肉的な魚は自ら進んで網の中に入るのではなく、網を見て網から逃れるのである。あの霊的な魚は、神の御言葉の網のうちに、まさに自ら進んで（sponte）捕らわれるのである。それは、神の御言葉の網が善なる御業の光のうちに一層明らかに見られれば見られるほど、それだけ霊的な魚は捕まえられるように一層自発的に（libencius）自らを送り込むのである。説教家たちが、この世の人々に言葉を宣べ伝えるときペトロと共にこの網を海の中へ投げ込むのである。彼らは、網を陸地に引き上げるときに、宣べ伝えたことを業で完成するのである。

ここには神学が如何にして網のような働きをするかが書かれている。網があるだけではなく網が網として働くことが、学問に対する神学の位置づけであったが、ここではさらに進んで、神学の網の働きは、神学が、学問が果たし得ない捕獲の役割のみを果たすという規定で終わるのではなく、霊的な魚の自発性（sponte, libencius）と「御言葉の愛」（amor Verbi）に存するものでもあることを明らかにしているのである。魚としての人間は、従って、試されることになる。上記箇所に続く論述となるペトロの網と悪魔の網との対立の論述は、船の大きな音（地獄における罪の罰の脅威）に驚き恐れて、後者の網から逃れて解放され前者の網へと自ら飛び込んでゆく風景が描かれている。そこには神学の救済論的使命が説かれている。以上をまとめてグロ－ステストは言う。

ペトロの網は、その美しさや甘美さによって魚を惹きつけねばならない。そして、潮流による彷徨いや暗闇から引き離されて（網へと）向かいながら、魚は、網の美しさによって惹きつけられると同様に、大地自身の動じない堅固さや空気の中の光によっても惹きつけられなければならないのである。

学問がこの世的なものに留まらずに神学へと向かわねばならないことと相関的に、魚である人間にとっても、網である神学は、美的牽引力を以て人を惹きつけ、自然を越え出て堅固な光へと導く働きをもつものなのである。

二　身体の「関節」(articulus) としての「信」——Dictum129

グロステストは、神学と哲学という概念に沿った区別と連続を語る以外に、それぞれを「信じる」働きや対象、「知る」働きや対象としても位置づけ、その関係を論じている。Dictum 129 は、それを最もよく表したものである。

Dictum 129 において、グロステストは、「信仰箇条」(articulus fidei) という言葉を問題にしている。彼は articulus の語の多義性を活かして、その用例に従い、しかしその語のもつ最も根底的な意味に忠実に「信仰箇条」がなぜそのように表現される必然性があるのかを説いている。ここでも重要なのはグロステストの論じ方である。第一節でも見たようにグロステストは自由に類似 (similitudo) を用いるのである。その根拠も言葉のもつ根底的な意味にある。

義に向けて信仰内容 (credita) を集成することは、あたかも信仰という一つの身体のようにして成立する。その信仰の身体のうちの或る小さな一信仰内容の部分は「信仰箇条・信仰の関節項」(articulus fidei) と呼ばれ、それは人間の身体の諸関節 (articuli) との類似に従っており、人間の身体におけるように最小部分が、小さい結節部として関節と呼ばれるごとくに、そのようにすべての共通する信仰の極限部分の決定事項が信仰箇条と呼ばれるのである。或いは、それが信仰箇条と呼ばれるのは、信仰行為の極限部（ultimitas credendi）に従って信じられるべきだから、つまり、信仰が志向する終極（terminum）において信じられるべきであるからである。実際、我々は必然の極限そのものを「必然（難局）の節目」（articulus necessitatis）と呼ぶ。それは、節目が、自らの志向する極限や終極のうちにあるときである。同様にして、我々は、死ぬことの極限自体を「死の瞬き」（articulus mortis）と呼び、日の始まる極限や終極自体を「日の節目」（articulus diei）と呼ぶ。それは「創世記」に「まさに（節目となる）同じ日に、ノア、セム、ハム、ヤペテ、その息子たちが箱船に入った」（創七・一三）とあるように。同様にして、我々は四肢の極限部分を、関節と呼ぶ。従って、この「関節項」（articulus）という名前は、そのように呼ばれるところではどこでも極限部や終極を含意しているが、それは演説の最も短い部分が「一節」と呼ばれるときも、演説がいわば小さい四肢に区別される手段となる修辞的な文彩を表すときも同様なのである。

articulus の語は、身体では四肢の接合部にある関節のような「節」を指す。同時にそれは身体の部分を単位としたときの部分の末端或いは究極部分でもある。その接合部は、或る部分が終わり次の部分が始まるための繋りとしての意義、物事が大きく転換する重要な境目となる「節目」の役割を果たしている。このように「区切り」と「連なり」の働きを同時にもつのが articulus なのである。従って、これは内容的には信仰の目指すところの究極の事象を指すものの、しかし決して部分なのではなく、その「節目」となる信仰内容がすべて集成されることで一つの信仰の全体を成すところのものなのである。

しかしここで、このように信仰（fides）を物象化して捉えるのがグローステストの意図ではない。彼は信仰を働きとして捉えるのである。従って、「信仰箇条・信仰の関節項」における「関節項」がその働きをするために必要な「信」のあり方が問われることになる。ここから、グロステストは「信」を、その働きに応じて段階的に区別してゆくのである。

この類似に従って、信仰という身体全体の極限部の諸決定が信仰箇条と呼ばれることができるが、その諸決定は、信仰の極限部や信仰の至高の志向性に従って信じられねばならない。というのも、信仰とは「同意を伴った思考」（cum assensu cogitacio）であるからである。しかし、信仰がそのように規定されたならば、また知識・学問（scientia）の類でもある。実際、わたしが知っているものを、わたしは同意を伴って思考している。他方で、信仰とは、厳密な意味で（proprie）、「媒介項によって同意する思考」と呼ばれる。ただし、その媒介項とはなんらかの仕方で欺くことはありうるかもしれないが、常に欺くわけではないものである。このことに従えば、或る人によって信じられていることが、同じ人によっては知られるということは決してない。そしてこの仕方で、我々の救いに関わるものと、我々の救いに関わらないものとが信じられることになる。さて、信仰を成すが知識を成さない媒介項の一つが権威なのであるのだから、最大の信仰を成すべき媒介項は聖書の権威である。従って、信仰の下におちるものは、最大限の仕方で、聖書の権威に基づいて同意される内容である。従って、聖書の権威に基づいて信じられている内容への信仰は、より厳密な意味で（magis proprie）、信仰と呼ばれる。さらに聖書の権威に基づいて信じられている内容の中で、最も厳密な意味で（maxime proprie）信じられねばならないものは、信じられたものとして義化を果たす内容である。思うに、これらは、その内容を源として、我々が至福を希望するところのものである。けれども、これらは、その内容を故郷において見ることが永遠の生となるであろうところのものである。「永遠の生命とは、まことの神でいますあなたと、あなたが遣わしたイエス・キリストを知ることである」（ヨハ一七・三）。従って、造り主と救い主を知ることは永遠の命・真の至福の生となるであろう。

整理してみよう。最初の段階は「同意を伴った思考」（cum assensu cogitacio）である。この段階は同意を伴った認識が「信」となる場合である。同意さえあればよいのであるから、そこには単なる臆見も、高度な学問も含まれることになる。(10) 従って、この段階は定義としても適用範囲が広く、緩やかな「信」が成り立つ。第二の段階は、「厳密な意味で」（proprie）の規定である。それは「媒介項によって同意する思考」（cogitacio assenciens per medium）である。この「媒介項」（medium）は「信」の成立媒体であり、真偽の区別や救いか危険かの区別を問わない結果を導く。例としては他人の言説や証言である。伝聞として他人から聞いた内容は確かに真偽を問えない。受け入れるか否かであり、そこに信と知は共存しない。この日常的な「信」の場の中で、「より厳密な意味で」（magis proprie）規定した「信」が、第三段階に当たり、それは「媒介項」が「聖書の権威」となる場合であり、人は救いや真実が確かにされる内容を信じることになる。この「信」の内容の中で、さらに「最も厳密な意味で」（maxime proprie）規定された「信」とは、第四段階の義化を果たす信仰であり、至福を目指す境位となるものである。第一と第二段階は、日常生活上の「信」であり、これは学問的営為を含むものである。グローステストにとって、アウグスティヌスやバシレイオスなど教父は、価値ある文言や証言を多く含む権威である。その点では、哲学者アリストテレスも同様である。しかし、第三段階に至るところでその扱いは変わってくる。聖書の権威が真を保証するものと、第二段階での学問が保証するものとの間に、内容によっては不一致が生じるからである。このような諸段階の中で、グローステストの主眼は第四段階にある。これをグローステストは次のように言う。

従って、造り主と救い主から、至福は希望されねばならない。しかし、もしこれらの方について、その信仰が先立たないならば、至福をもたらす考えを観るということは、ないであろう。それは次のように書かれている通りである。「汝らは、もし信じなければ知解しないであろう」（イザ七・九）。従って、造り主と償う方は、彼らを最後に観るという境地に至るために信じられなければならないし、また最高度に信じられねばならない。なぜなら、聖書の権威が最大限の仕方でこの信仰を義化の基礎とし、我々をかき立てるからである。実際、故郷（天国）における至福が、造り主と復興者（救い主）を観ることにおける喜びであるように、途上の義は、造り主と復興者への謙遜なる愛なのであるから。ところで、学問（知識）か信仰かによって認識されるものでなければ愛されない。従って、造り主と償う方を知り且つ観ることがまだ我々のうちにないのだから、義化のためには、我々には造り主と回復させる方への最も堅い信仰が必要である。従って、最も厳密な意味で（maxime proprie）信仰と呼ばれるのは、造り主と回復させる方によってもつべき信仰であり、この信仰は信条の内容を成している。そこでは、唯一にして三位の造り主と、償う方である限りの神の真の子、回復させる方であるイエス・キリストとが表現されるのである。つまり、我々の過ちの充全である償いが基づくものと共に、彼自身が表現されるのである。

「イザヤ書」を根拠にして「知」に対して「信」の先行を語るグローステストは、アウグスティヌスやアンセルムスと同一歩調をとるものであると言えよう。しかも、「信」の諸段階には臆見や学問などの「知」の営為も含まれていたわけだから、「知」には最初から「信」の契機があったことになる。換言すれば「信」は常に「知」と共にあり、究極の「知」をめざす以上、「知」の形成に本質的に貢献しているのである。その最奥段階は「最も堅い信仰」であり、至福直観を目的にした生のうちにある段階である。この段階が「信仰箇条」(articulus fidei) に相当する。

従って、信仰箇条は、身体の小さい肢体のようにして、最も厳密な意味で (maxime proprie)、「信条」(simboli) と呼ばれる。これは、信仰が志向する (intencio) 極限部に従って信じられねばならない。すでに述べたように、信仰箇条は、それ自体として義化の基礎である。しかし、聖書の正典に含まれ、公教会が信じていて、信条以外に含まれたものはすべて、二次的に義化の機会と呼ばれることができる。なぜなら、聖書と教会の権威に反して (それに対する) 不信が生じるとき、それは堕罪の機会であるからである。

「信条」の言葉は教父思想に由来するものである。例えば、アウグスティヌスにおけるように、信仰は「信条」において信徒に認められ短い言葉で記憶に委ねられる。(11) このように、「信」を序列化するグロースステストが、第四段階の価値を論じながらも、この段階的上昇の過程は「知」と「信」とが分かちがたく一体となった過程であることを示すと共に、「信」を日常生活或いは学問的領域から断絶したものとして扱わず、むしろ連続したものとして扱っているのは注目に値する。この連続性についてグロースステストは続けて次のように言う。

信じることとは、厳密な意味では（proprie）、真か偽かの文の事柄（complexum）に関することである。そしてそのゆえに、アブラハムには、キリストが生まれてくるであろう未来を信じる信仰があったし、キリストが生まれた過去を信じる（現在の）我々の信仰もあるが、この両者は別々の信仰である、ということは帰結しない。というのも、そのように異なる時代が記されることによって表現されたこれらの両方の根底には、いわば実体的には一つの事柄（una substancialis complexio）があるからである。すなわち、これは神の子なる永遠なる位格をもつ人間に従った時間的な生誕の一つの事柄――それはアブラハムの時代には未来であったが、今から見れば過去である――があるからである。別々の身体の別々の肢体を観るのではなく、同じ身体の同じ肢体を見て、それでも変容した仕方で、大人の大きな肢体を見ている者が、あるとき同じ身体の子供の時の小さい肢体を見ていたようにして、昔の者の信仰と我々の信仰とは別々のものではなく、同じ信仰なのである。

このDictum 129の末尾は、再び第二段階のpropieに戻っている。それは「信」が最も試される場であるからではないだろうか。それは真か偽かに身を委ねる場であると同時に真か偽かを見抜く必要のある場でもある。そこで重要なのは権威であるが、この段階では学問が、それも不可変の真なるものへと視座を据えた学問が有用である。そしてそこで重要なのは一つの事柄を見ることである。未だ成立しない未来も、すでに消失した過去も、いずれも直接見ることができない。未来への信と過去への信を同一の信として捉えるところには事柄を一つにする視座がなければならない。(12) それが〈complexio〉である。それは、同一人物の過去と未来を想像し、両者への「信」をまとめて考えようとするときの我々の日常的な眼差しに似ている。相手の過去と未来とを「一つの事柄」

とすることには、見えないものへの全面的な受容という受動的な側面以外の側面がある。相手の子供時代の写真や知人の証言、また未来のありえそうな予想図を語る医者や知識人など、これらの言葉に基づきつつ「一つの事柄」へと包摂し導く能動的な過程が考えられるのである。〈complexio〉という語は三段論法で結論を導く用語として伝わっているものである。(13) そして第一節で見たように、ここで権威は媒体であり、媒体である以上、かかる「一」として統合する過程は、三段論法を構成する「知」の思考過程ともなっている。このような「信」と「知」の協働関係こそが、より上位の「信」へと人を導くのである。(14)

三　credibilia, scibilia, imaginabilia ――『ヘクサエメロン』

グローステストの『ヘクサエメロン』(Hexaemeron) は、明確な執筆年代を決定しがたい面もあるものの、さしあたりリンカーンの司教になった一二三五年以降の著作であるとみなしてよいと思われる。(15) この著作は、彼の聖書解釈学的神学の志向性と、ギリシャ語能力を活かして、通常のスコラ学者が扱えない多方面の文献を渉猟しえた学的才能とが一体となった独自性の強い成果である。もちろん、西方教父のアンブロシウス (Ambrosius 三三九頃―三九七年) の『ヘクサエメロン』と東方教父のバシレイオスの『ヘクサエメロン』には準拠しつつ、アウグスティヌスの『創世記逐語註解』(De Genesi ad litteram) とベーダ (Beda 六七三/七四―七三五年) の『ヘクサエメロン』をも引用する幅広さがあるのみならず、特にギリシャ語文献への視野の広さが目立っている。例えば、ニュッサのグレゴリオス (Gregorios 三三五頃―三九四年)、偽ディオニュシオス・アレオパギテス (Dionysios Areopagites 五〇〇年頃) などラテン語訳のない著作への言及がある。この広範な知見に基づき執筆されたグローステストの『ヘクサエメロン』に固有の特徴は、McEvoy によれば、内容的には二つある。一つはグローステストの哲学としてよく知られる「光の形而上学」を語る部分である。もう一つは、この書の冒頭で語られる神学的見解の部分である。(16) ここでは後者を見ることにしよう。

『ヘクサエメロン』は、伝統的には「創世記」解釈を試みる主題性をもっている。グローステストもその伝統に従っている。とはいえ、グローステストにとっては、先ず以て神学的課題であった。それは「創世記」の記述の仕方に対する端的な問題意識である。

Southern によれば、(17) グローステストは、バシレイオスの『ヘクサエメロン』をモデルにしており、バシレイオスが自らの経験的で科学的な視線を象徴的な意味づけと融合させている点に影響され、知識や経験的知見を解釈に反映させただけでなく、バシレイオスの語り方と同じように一般の人々に語りかける平易な文体、或いは知覚像を思い浮かべやすい描写を取り入れたということである。このような立場から神学的課題を「創世記」解釈に投入することがあるならば、その動機としては、神学的問題を、想像しやすい経験的な形象で表し、それを多くの人に理解してもらうという方法的な自覚がグローステストにあることは容易に理解できるところである。この課題は「信」と「知」の問題である。これを見ることにしよう。

知恵の内容が、或いは我々が呼ぶこの「一」であろうと全体なるキリストであろうと、この知恵の内容は、それ自体としても知られもしないし学問によっても受けとめられないのであるが、しかし信仰のみによって受け入れられ信じられている。もし先だって信じられていなければ、知解もされえないであろう。なぜなら、知恵の内容は、人間的哲学が存在者を区別することに従うことで、存在者のなんらかの分類のうちにおさまることもないし、また含まれもしないからである。それは造り主のみのことでもないし、被造物だけのことでもない。そして、もし我々が呼ぶところの「一」について、それが何かと問われるならば、それは、呼ばれた「一」であると言う以外に答えることもできない。というのも、知恵の内容とは何か「一」なる自然本性なのではなく、この世の賢者たちが発見できなかったような知恵の場だからである。これについて、ヨブは次のように言う。「しかし、知恵はどこに見いだされるか。知解の場はどこにあるのか。人間はその値を知らないし、喜びつつ生きる者たちの土地の中には見つからない。淵が言う。それはわたしのうちにない。海は言う。それはわたしと共にない」（ヨブ二八・一二―一四）。しかし、知恵は隠れた場所から引き出されるのである。そして「あらゆる生きるものの目には、知恵は隠されている」（同二八・二一）。従って、この知恵の内容とは、すでに述べたように、信仰のみが受け入れる。このため、この知恵に固有なものとは、「知られるもの」（scibilia）というよりも、「信じられるもの」（credibilia）である。ここから、信仰なくして「知られるもの」よりも先んじて、「信じられるもの」から始めねばならないのである。(18)

「知」よりも「信」が先立つという「イザヤ書」の考えが冒頭から明確にされている。「知恵」は神学の対象である。そして「知恵」が学問によっては捉えられないとする点は、scientia と sapientia の区別という教父思想に基づくものである。この区別に従い、たとえ何か神学的内容が言葉で語られたとしても、依然としてその言葉の水準に留まるほかないのである。諸学と同様に、哲学もまた「人間的哲学」（philosophia humana）として被造物の限界内に留まり、それが学問全体の限界と共になっているのである。「ヨブ記」の一節は、自然界のうちに知恵は見いだせないことを示すものであるが、この自然界の応答という描写を引用するグロステストの立場もまた教父思想に基づくものであろう[19]。こうしてグロステストは「信」と「知」を峻別するが、これを各々、「信じられるもの」（credibilia）と「知られるもの」（scibilia）として整理し直す。神学的対象である「知恵」に対して「信仰のみ」（sola fides）と限定しながら、グロステストは対比的に分類する。それは「信」と「知」の領域画定をしているかのようである。しかし、そうであるとしても、これは枠づけただけのことであり、Dictumの主張からすれば、問題なのは「信」と「知」の内容ということになるであろう。とりわけ前者が問題となる。そこでグロステストは続けて言う。

「信じられるもの」（credibilia）には二種類がある。或るものは事柄そのものの真実らしさ（verisimilitudo）のゆえに「信じられるもの」である。他方、或るものは語る者の権威のゆえに「信じられるもの」である。さて、かかる知恵においては、事柄の真実らしさからの「信じられること」（credibilitas）は付随的である。というのも、かかる知恵において厳密な意味で（proprie）「信じられるもの」である事柄とは、語る者の権威からの「信じられるもの」だからである[20]。

右記の二種は、事柄そのものに由来する「信」と、権威に基づく「信」の区別とすることができる。後者は、第二節の「信」の段階に照らしてみれば、さしあたり第二段階（proprie）であることがわかる。それは「媒介項」に基づく「信」の成立であり、「権威」という「媒介項」が示されていた。これに対して前者は媒介無しに事柄から直接受け取る真実らしさが保証する限りの「信」である。厳密な意味である信仰にとって、このような付随的（accidens）でしかない「信」よりも重要なのは「語る者の権威」（dicentis auctoritas）である。この「語る者」

に注目する考え方は、「信」における「言葉」の意義や価値を（「事柄自体」の価値を尊重しつつも）解釈学的には課題として重視せねばならない聖書解釈学的伝統に沿うものであろう。ここからグローステストは「書かれたもの・聖書」という権威に従う「信」（第三段階〈magis proprie〉に相当）へと論述を展開させてゆく。

ここから、この「書かれたもの」（scriptura）では、語る者の権威には何の違いもないから――（それは）神の権威であり、その神が「昔から聖なる預言者たちの口を通して」（ルカ一・七〇）語る神の権威である――、「書かれたもの」のうちに信じられるべき事柄が信じられるということにもどんな違いもない。ただし、もしも誰かが「父なる神が受肉した御言葉の口を通じて、御子において、我々に語った事柄は、父なる神が預言者において我々に語った事柄よりも一層信じられるものである」と言わなければのことであるが。[21]

聖書の権威は全体的なものである。語る者としての神は聖なる人々の口を通じて語った以上、聖書の言葉の各々について権威の相違があるわけではない。従って聖書の内容に関する「信」も内容に応じて「信」の度合いが異なるということもない。このようなグローステストの立場には、「信」の段階的な働きを、実際のテキスト解釈の場に適用し、そこで生じる無意識の取捨選択や自然な価値判断といった行為に注意を与え反省させる意義があると考えられる。通常、人は聖書の中の言葉をすべて等しく扱うといった解釈学的態度はもたず、自然な姿勢で意味の価値を評価していることが多いだろうからである。そこにグローステストはいったん歯止めをかけて読者に「信」を構成する権威の水準を明示するのである。

さて、等しく「信じられるもの」については――それは等しく「信じられるもの」であるのだから――、何が先に何が後で語られるかを気にする必要はないし、一方から他方を三段論法的に導き出す必要もない。なぜなら、それらがそのように「信じられるもの」である限り、一方が他方よりよく知られるということはないからである。(22)

「信じられるもの」としての「等しさ」があるところでは、推論的操作も因果関係の考察も必要ではない。この「信」の立場に立つ限り、その活動からは「知」(学知)は生まれないからである。逆に言えば、その活動自体は「知」を生むものであるから、もし「信」のあり方が変われば、すなわち「知」と連動するような「信」となれば、所謂「聖書解釈」が始まることになるのではないだろうか。このような「知」を構成するために最も平易な入り口は経験である。それも自然科学が前提とする実験や観察を支える知覚経験ということになろう。この点でバシレイオスの『ヘクサエメロン』が重要である。そこには多くの自然観察による事象が「創世記」解釈に活かされていたからである。グローステストはその多くを取り入れているように思われる。

それでも、そのように等しく「信じられるもの」について、或るものはより容易に「想像できるもの」(ymaginabilia) であるが、別の或るものは想像しがたい。実に、最も容易に「想像できるもの」とは、可感的なこの世の姿や形である。すなわち、天や地、海やその中にある可感的な姿形である。従って、これらこの世の可感的な姿形は、感覚や知識の確実性の外にあり、信仰の下に来る限りは、端的に信仰にとって、一層よく、より容易に把握できる。このゆえに、この「書かれたもの」は、端的に人類全体に与えられたのであるが、この世の可感的な事物から、それらが信仰の下に来ることに従って、始まらなければならないのである。なぜなら、あらゆる教えの初めは、同じ教えが示される相手にとっては、最もとらえることの可能なものでなければならないからである。(23)

グローステストは「創世記」の記述の仕方を問題にしている。バシレイオスが解釈したように、その描写は具体的であり知性的考察なしに把握できる。それを支えるのは、可感的な生活に基づいたところから可能となる「想像できるもの」(ymaginabilia)である。天や地、海などの言葉は読む者に対して想像をかき立てやすい。聖書にはこの点で濃淡があるものの、聖書全体の始まりが想像しやすいものとなっている意義をグローステストは重視するのである。つまり、そこで考えられているのは、「信」と協調している「知」、或いは「信」をつくりあげる「知」、換言すれば、知覚経験に基づいて生じた「想像できるもの」としての「知られるもの」が、聖書の内容を「信じられるもの」へと変えてゆくことなのではないだろうか。(24) なぜなら、グローステストにとって、聖書の始まりは「教え」(doctrina)の始まりであり、この始まりの把握しやすさこそが「知」と「信」の協働による聖書解釈を切り開く出発点となるからである。

このように考えるとDictum 118における「網」やDictum 129における「〔身体の〕節」などの比喩的形象を用いるグローステストの論述自体が「創世記」の聖書的「教え」の方法論に倣ったものであると言えるのではなかろうか。比喩的形象は、「知」を与える。経験的な知覚上の「知」を神学的事象に適用することで知解は一層進む。そのことによって、一層「信」を深くする。それと共に聖書的権威という媒介による「信」こそが一層比喩的形象を受け入れやすくすることで「知」を「知」として形づくるのである。

結語　「光の形而上学」と「信と知」

「創世記」における「光あれ」については教父から始まる解釈史の伝統がある。フランシスコ会においては、ボナヴェントゥラ（Bonaventura　一二一七／二一―七四年）におけるように、光を形相として理解する思想がある。グローステストは、それを徹底させた。ボイムケルはそれを「光の形而上学」と呼んだのである。光は、神そのものの光に始まり、月下の世界の被造的な光に至るまで浸透し階層的に展開している。被造の万物が光という形相をもつという考えは、被造物全体が神の反映であるという見方を強調するものとなる。「被造物はすべて、三にして一なる造り主の類似が現れ出るところの鏡である[25]」。

従って、グローステストがアウグスティヌスの認識論的な照明説を導入するのも当然である。このとき、日常的な「知」から、神に従った「知」に至るまで、「知」は浸透した光の階層的な認識論的事象と対応するであろう。自然科学的知性を導入したと考えられたグローステストが同時に神学的立場を深めていったのは決して相反することではない。むしろ、彼は学問と神学とを、知と信とを相互に浸透し合うものとして考えたのではないだろうか。万物が光に満たされた中で、認識の光が「知」を構成することができるのは、万物を「一つの事柄」として捉える〈complexio〉を伴う「信」があるからである。そのとき、自然科学的な視線があったとしても、そこに独立分離した営為を彼は考えていたのではなく、万物とそれを造った者への眼差しと共に「知」を生み出そうとする営為を考えていたのである。グローステストにとって聖書と自然という書物は一冊の書物なのである。いわば哲学としての神学、或いは信を伴う知は、スコラ哲学というよりもむしろ教父哲学の描いた営為であった。

グローステストは教父哲学に回帰しながら、未来の科学的世界を予見したのであった。

註

（1） *Opus Tertium*, c. 25, in: J. S. Brewer (ed.), Roger Bacon, *Opera quaedam hactenus inedita* (= Opus tertium, Opus minus, Compendium philosophiae), London, 1859, p. 91.

（2） *Opus Maius*, pars 4, c. 3, in: J. H. Bridges (ed.), *Opus Maius* (3 vols. [vols. 1 & 2, Oxford, 1897; vol. 3, Edinburgh, 1900]), vol. 1, p. 108.

（3） *De lineis, angulis et figuris*, in: L. Baur (ed.), *Die Philosophischen Werke des Robert Grosseteste*, *Bischofs von Lincoln*, Münster, 1912, pp. 59-60.

（4） この問題については以下を参照。R. W. Southern, *Robert Grosseteste. The Growth of an English Mind in Medieval Europe*, Oxford, 1986. 冒頭に、「グローステスト問題」として論じられている。

（5） テキストの選択に当たっては、本論文にて提示した文献以外では以下を参照した。J. McEvoy, *The Philosophy of Robert Grosseteste*, Oxford, 1982. また、F. S. Stevenson, *Robert Grosseteste, Bishop of Lincoln. A Contribution to the Religious, Political and Intellectual History of the Thirteenth Century*, London, 1899.

（6） *Dicta* は全部で一四七篇を数える。テキストについては、E. J. Westermann が転写した Oxford Bodleian Library MS Bodley 798 (s.c.2656) の版が、J. Goering（トロント大学）の改訂の下で公開されており、これを底本とした。Cf. http://www.grosseteste.com/.

（7） S. H. Thomson, *The Writings of Robert Grosseteste, Bishop of Lincoln*, Cambridge, 1940, p. 214.

（8） *Dictum* 118. 参照『分析論前書』第一巻第三三章。以下、*Dictum* 118 のテキストについては、J. R. Ginther, Robert Grosseteste and the Theologian· s task, in: M. O· Carroll (ed.), *Robert Grosseteste and the Beginnings of a British theological tradition*, Roma, 2003, pp. 241-242 による。

（9） アナクシメネス（Anaximenes 前五六〇―五〇〇年頃）の哲学説を深めたアポロニアのディオゲネス（Diogenes 前五世紀頃）、ストア派のセレウケイアのディオゲネス（Diogenes 前二四〇頃―一五二年頃）、そしてシノペのディオゲネス（Diogenes 前四一二／〇三頃—三二四／二一年頃）が考えられるが、おそらく人間的慣習や世俗的価値を否定したシノペのディオゲネスの可能性が高いと思われる。

（10） Grosseteste, *Commentarius in Libros Analyticorum Posteriorum Aristotelis*, 1, 19. ここでは「同意を伴った思考」とは「臆見」（opinio）となっている。

（11） Augustinus, *De fide et symbolo* 1, 1.

（12） 事象を「一つの事柄」として包摂するという思考方法は、グローステストにとって「永遠の眼差しの下で」自然界や聖書を見る「神の摂理」的な基本的哲学的方法である。それは、被造物の自然界への科学的な探究において、物体的第一形相である「光」が宇宙全体に一元的に伝播すると説明するところにも見られ、また、創世記解釈において、天使の創造と被造物の創造の後の場面で人間の創造が語られる記述の順序について、霊の創造と物体の創造から身体をもつ霊の創造へという、一体的で統一的な解釈をなし、そこから人間を小宇宙的に理解するところにも見られる。Cf. J. McEvoy, *The Philosophy of Robert Grosseteste*, Oxford, 1982, pp. 378ff.; pp. 386ff.; pp. 401ff.; p. 421.

（13） Cicero, *Orator*, 25, 85.

（14） Grosseteste, *Commentarius in Libros Analyticorum Posteriorum Aristotelis*, 1, 13.「論証」（demonstratio）は、「結論へと導く推論文」（complexio sillogistica）に存している。

（15） S. H. Thomson は一二四〇年あたりを想定するものの、内容的に見るときに、『光論』よりも後と考える立場（McEvoy）と、光の形相性についての詳細度の相違から、以前と考える立場（Southern）に分かれている。ただ、*Dicta* と同様に、神学的志向性を反映させる記述は多く、転換期に当たるものであると言うことはできよう。Cf. Southern, *op. cit.*, pp. 156-157.

（16） J. McEvoy, *Robert Grosseteste*, Oxford, 2000, p. 106.

（17） Southern, *op. cit.*, p. 206.

（18） *Hexaemeron*, 1, 2, 1-2 (Robert Grosseteste, *Hexaëmeron*, R. C. Dales & S. Gieben [eds.], Oxford, 1982, pp. 50f.).

（19） 例えばアウグスティヌスの『告白』第一〇巻第六章など。

（20） Hexaemeron, 1, 2, 2 (p. 51).

（21） *Ibid.*, p. 51.

(22) *Ibid.*
(23) *Ibid.*
(24) グローステストは、バシレイオス解釈において、至高の三位一体への愛は、「信」(fides) と「知」(intelligentia) による「把握」(comprehensio) にあるとし、この故に、三位一体を表わす形象的範例 (exempla) こそ「想像力」(imaginacio) を助けると共に、「知」をつくる「論証」(argumenta) に関係づけられるとする。こうして「想像力」がグローステストの司牧的目的を達成するものとなるのである。Cf. *Hexaemeron*, 8, 3, 1 (p. 222); J. R. Ginther, *op. cit.*, pp. 257-263.
(25) Dictum 60.

二　信仰の知的性格について

――トマス・アクィナスの創造論を手がかりに――

山本　芳久

序　問題意識

「信仰」と「理性」との関係の問題、もっと広く言えば「神」と「哲学」との関係の問題は、スコラ哲学の根本問題であるが、それは、ラテン・キリスト教世界においてのみではなく、イスラーム世界やユダヤ教においても共有されていた問題であった。思想史的に言えば、それは、セム系の言語において、אֱלֹהִים（〔elōhīm〕ヘブライ語）、الله（〔allāh〕アラビア語）、ܐܠܗܐ（〔alāhā〕シリア語）などと呼ばれていた超越的存在である「神」が、古代ギリシア伝来の哲学と出会う中で、θεός や deus といった哲学的言語へと翻訳されていくプロセスで生じてきた問題であった。

いわゆる「セム的一神教」または「アブラハム的宗教」（Abrahamic religions）において、「神」とは、人間の知的探求や宗教的探求の最終的な到達点としていわば deus ex machina 的に持ち出されるものではなく、むしろ、超越者である「神」の側からのはたらきかけによって、神と人間との関係性が始まるという構造を有している。そのはたらきかけとは、何よりも、神の語りかけ、すなわち、「啓示」（revelatio）というものであった。それゆえ、人間の側の思いや把握を超えてはたらきかけてくる「神」と呼ばれる他者の語りかけをどのように受け止めるかということが、基本的な問題となった。「神」は、人間の問いかけに対する解答として持ち出されるというよりは、むしろ、人間に態度決定を迫る根本問題として現れてきたと言えよう。(1)「解答としての神」ではなく、「問題としての神」というのが、セム的一神教の与えた基本的な問題構図であった。(2)哲学的問いは、神の自己啓示との出会いにおいて終わるのではなく、むしろ、新たな課題を与えられるのである。(3)『聖書』や『クルアーン』は、そのような問題形成的な特徴を有する啓示に基づいて成立した聖典であったからこそ、以後の歴史において、文字通り汗牛充棟とも言える注釈書を生み出してきたと言えよう。「ほぼすべての哲学的考察は、神の認識へと秩序づけられている」(4)と語るトマス(Thomas Aquinas 一二二四/二五―七四年)の知的な営みの総体について考察するさい、我々は、このようなセム的一神教に由来する基本的な性格(他者としての神・問題としての神)についての洞察を失ってはならない。トマス哲学の可能性と限界の総体がそこに存していると言うこともできるからである。(5)

トマスは、「信仰と理性の調和」を達成したというのは、哲学史上の常套句と言ってもよいだろう。(6)だが、このような言い方には、誤解を招くところがある。というのも、「信仰と理性の調和」という言い方の中には、「信仰」という非理性的なものを、「理性」と接続させていくというニュアンスが含みこまれているが、トマスに特徴的な考え方というのは、むしろ、信仰自体の理性的性格を説いているところに見出されるからである。

トマスにおいて、「信仰」とは、「希望」・「愛」と並ぶ「対神徳」(virtus theologica)の一つであるが、トマスにおいて「徳」(virtus)とは、人間の「能力」(potentia)を完成させるものであり、それぞれの徳は、どのような能力を完成させるのかという観点から、人間論の中に位置づけられている。そして、「意志」(voluntas)を完成させる徳である希望や愛と異なり、信仰は、「知性」（intellectus）を完成させるものとされている。信仰は、「知性の犠牲」（sacrificium intellectus）によって成立する知性と異質なものであるどころか、むしろ、知性を完成させるものとして、最初から、知性とのつながりにおいて把捉されているのである。

スコラ学のモットーとしてしばしば言及される「信仰の理解」（intellectus fidei）という表現は、あたかも、非理性的・非論理的な「信仰」に対して、外から理性的な概念装置を適用することによって、或る程度、「信仰」を合理的・論理的な理解へともたらそうとしている、という印象を与えがちであるが、トマスの場合、「信仰」は、そのような非合理的なものとしては捉えられていない。「知」と区別されるものとして対比される「信仰」自体が、或る種の知的性格を有するものとして語られているのである。

実際、『神学大全』（*Summa Theologiae*）の信仰論（第二部の第二部 第一―一六問）の第一問は、「信仰の対象は第一の真理であるか」(7)という「真理」に関する問いによって始まり、第三問は「信仰の徳それ自体について」と題され、信仰を「徳」（virtus）として捉える基本的な観点が提示される。信仰は、神に対する「絶対依存の感情」（シュライエルマッハー〔Friedrich Ernst Daniel Schleiermacher 一七六八―一八三四年〕）のような情緒的なものではなく、(8)知的な色彩の強い徳なのである。「信仰の理解」によってもたらされる「学知」（scientia）という「徳」（virtus）の「力」（virtus）によって、「信仰」という「徳」は強められ、また、「信仰」という「徳」（virtus）の「力」（virtus）によって、「学知」は、探求の新たな方向性と原動力を与えられる。

現代においては、信仰というものは、非理性的・反理性的なものとして捉えられることが多いが、トマスのテキストには、そういった考え方とは極めて異なった信仰理解が現れている。信仰は理解を求めるのみではなく、信仰それ自体がすでに或る種の洞察と理解を有しているのである。(9)それでは、それは具体的にはどのようなことなのであろうか。本稿においては、そのことを、トマスが「信仰」と「知」の関係について明示的・主題的に述べているテキストを要約的に紹介するのではなく、トマスの「創造論」を哲学的に分析することによって明らかにしていきたい。なぜ創造論に着目するのかと言えば、セム的一神教が、ギリシア・ローマ的な多神教や汎神論や諸々の自然宗教と異なる最大の特徴は、「創造」についての教説にあるからである。その「創造」という問題が、哲学的理性にどのような新たな課題や方向性を与えることになるのか。それを、以下において、トマスのテキストを手がかりにしながら考察していきたいと思う。

一　トマス創造論の基本構図

神による世界創造ということは、トマス哲学の一構成要素のようなものではなく、むしろ、トマスの神論・人間論・世界論を隅から隅まで条件づける根本的な枠組みとなっている。被造性は被造物の内的構造を徹底的に規定しているのである。

そもそも、トマスによれば、創造とは、「神である普遍的な原因からの存在するもの全体の流出[10]」のことである。そうであるかぎり、「或る特殊的な原因からの或る特殊的な存在するものの流出[11]」の場合とは異なり、「あらかじめ何らかの存在するものが前提されるということはありえない[12]」。それゆえ、「創造するとは無から何ものかをつくるということにほかならない[13]」。

ここで我々が注意しなければならないのは、トマスにおいては、神は、近代的な理神論に見られるのとは異なり、創造行為が終われば世界への能動的な関与を中止して世界をその自立的・自然的な自己展開へと委ねてしまうものと理解されているのではないということである。創造とは単なる過去の一時点における出来事にとどまるのではない。「神は、諸事物のうちにこの結果〔存在するという結果〕を、諸事物が存在し始めるその発端においてて生ぜしめるだけではなく、諸事物が存在に保たれている間中、生ぜしめている」(14)のである。それゆえ、「事物が存在を有している間中、その事物が存在を有する仕方に応じて、神は事物に臨在しているのでなければならない。ところが存在は、いかなるものにおいても、そのものの最も内奥にあり、あらゆるもののうちにその最も深いところで内在している。……それゆえ神は、すべてのもののうちにあり、しかもその最も内奥にあるのでなければならない」(15)。つまり神は、存在の作出因として、それぞれの事物の内奥に生ぜしめたそれぞれの事物に固有な存在と触れながら、これに常に臨在している。それゆえ、「創造は、被造物においては、その存在の根源としての創造主への或る種の関係であるほかはない」(16)ということになる。創造論は、単に、世界の時間的な始まりの有無の問題に尽きるのではない。そうではなく、それは、時間的な始まりの後もとどまり続ける神と被造物との「区別」と「関係」を意味しているのである。

ここで「或る種の」関係と言われていることには、次のような含意がある。すなわち、被造物同士の関係においては、それぞれのものの実体性・自立性がすでに前提となったうえで、それぞれの実体の内在的原理に基づいて付帯性としての関係が成立するのであるが、創造においては、このような付帯性としての関係を担う実体は前提されるどころか、神の創造のはたらきは被造物の存在の根源として、このような実体そのものを措定するような関係にある。スコラ学においては、このような関係を「超範疇的関係」(relatio transcendentalis) と呼んで、被造物相互間における「範疇としての関係」(relatio praedicamentalis) と区別している。

空間的な比喩を用いて語るならば、個々の被造物が存在してお互いの間にいわば水平的な相互関係を結んでいる場所そのもの（被造界）を垂直的な形で措定し根拠づけているのが神の創造のはたらきだということができる。さきほどの創造の定義――「創造とは、被造物においては、その存在の根源としての創造主への或る種の関係であるほかはない」[17]――において、「或る種の」と言われていたのは、このような「超範疇的関係」を意味していたのである。

二　「実在的な関係」と「概念的な関係」との「区別」

前節で明らかにした「超範疇的関係」には、通常の「関係」（範疇としての関係）には見出されない顕著な特徴がある。

通常、「関係」というものは、相互的なものである。関係項の一方が他方に関係していると言えるとき、関係項の他方も一方に関係していると言える。AがBに関係しているとき、BもAに関係していると言える。だが、トマスによると、「神」と「被造物」との関係性においては、被造物同士で成立しているこのような構造は成り立たない。トマスは次のように述べている。

神における被造物への関係は実在的なものではなく、単に概念的なものに過ぎない（secundum rationem tantum）。それに対して、被造物の神への関係は実在的な関係（relatio realis）である。[18]

それでは、どうしてこのような非対称性が成立しているのであろうか。トマスは、別のテキストで、もう少し詳しく次のように語っている。

神は被造物の全秩序の外にあり（extra totum ordinem creaturae）、そして、すべての被造物は神へと秩序づけられているが、その逆ではないから、被造物は実在的に神それ自体へと関係づけられているということは明らかである。それに対して、神のうちには、被造物に対する自らの何らかの実在的な関係が存在するということはなく、概念的な関係が存在するのみであり、それは、被造物が神へと関係づけられているかぎりにおいてである。(19)

これらのテキストにおいては、「実在的な関係」や「概念的な関係」というスコラ学的な用語が使われているが、語られている事態は、それほど複雑なことではない。すなわち、神は、被造物との関係を離れても存在しうるが、被造物は、創造主である神との関係を離れては存在しえないという事態である。神と被造物との関係は、世界内的な被造物相互の関係性とは決定的に異なっているのであり、ここには、セム的一神教固有の特徴的な神理解が現れている。より具体的に言うと、ギリシア・ローマ的な――異教的な――「多神教」とセム的な「一神教」との相違は、単に、神の数が「多」であるか「一」であるかという数的な差異にあるのではない。そうではなく、むしろ、異教的多神教においては、「神」が世界全体の構成要素の一つとして捉えられているのに対して、セム的一神教においては、「神」は、世界全体に対して徹底的な外部性・他者性を有するものと捉えられているというのが決定的な違いなのである。(20) 神が最高善であるというのは、神がこの世界の中で最も優れた善であるという意味ではなく、この世界のあらゆる善を超絶したあらゆる善の究極的な根源であるという意味なのである。あらゆる序列・秩序（ordo）の創設者として、あらゆるordoを超えた善であるという意味なのである。

三　世界の永遠性と創始性——トマス創造論におけるアリストテレスの位置づけ

前節で述べた、有限的な被造物の神への存在論的な依存関係という意味での「創造」（creatio）は、トマスによると、人間理性によって認識可能な事柄である。だが、トマスにおいて、「創造」には大きく分けて二つの意味がある。二つ目の意味とは、世界に時間的な始まりを与えるという意味での「創造」である。

トマスは、『神学大全』第一部第四六問題「被造物の持続の始源について」（De principio durationis rerum creatarum）の第二項を、「世界に始まりがあったということは信仰箇条であるか」（Utrum mundum incoepisse sit articulus fidei）と名づけ、アリストテレス自然学の導入以来、十三世紀において大きな問題を引き起こしたいわゆる「世界の永遠性」の問題について、[21]自らの考えをまとめて提示している。この項は、トマスの論述形式の観点から見ても、彼の思い入れが非常に強く入っている項であることが看取される。というのも、入門書である『神学大全』においては、他の討論集等の著作とは異なり、項の最初に提示される異論は、大抵、三つ程度に絞られているのであるが、この項においては、異論が八つも提示されているのである。このような形式上の特徴は、この問題の論争性を十全に自覚したうえで自らの立場を提示しようとしているトマスの意気込みを示していると言えよう。

主文におけるトマスの解答は明快である。「世界が常に存在していたのではないことは、信仰によってのみ保持されるのであり、論証的な仕方で証明されることはできない[22]」というのがトマスの立場である。トマスは、そのことを、「世界自体の側から」（ex parte ipsius mundi）と「作用因〔創造者である神〕の側から」（ex parte causae agentis）という二つの観点から明らかにしている。

まず、第一に、世界の創始性（novitas mundi）[23]ということは、世界自体の側から論証を受け取ることができない。というのも、論証の原理はものの「何であるか」（本質〔quod quid est〕）であるが、あらゆるものは、その種的な特質（ratio speciei）に即するかぎり、「今・ここ」（hic et nunc）を捨象しているのであって、「普遍は、あらゆるところに、いつでもある」（universalia sunt ubique et semper）と言われるとおりだからである[24]。それゆえ、人間であれ天であれ石であれ、常に存在していたわけではないということは論証されることができないのである[25]。

また、第二に、世界の創始性ということは、作用因〔創造者である神〕の側からも論証されることができない。創造者である神は意志によってはたらくのであるが、神の意志は、神が意志することが絶対的に必然的であること以外に関しては、人間理性によって探求されることができないからである。そして、神が必然的に意志するのは、神の自己認識や自己愛といった神自身に関わる事柄であって、神が被造物について意志するような事柄は、そうではないからである[26]。

このような論理を踏まえつつ、トマスは、以下のように結論する。

神的な意志は啓示（revelatio）によって人間に明示される（manifestari）のであり、その啓示に信仰は基づいている。それゆえ、世界に始まりがあったということは信じられるべき事柄（credibile）であって、論証されるべき事柄でもなければ、学知的に知られるべき事柄（scibile）でもない。このようなことを考察することは、以下のような観点から有益なことである。すなわち、誰かが、信仰に属する事柄を論証しようと試みて、必然的ではない諸論拠を持ち込んで、我々はそんな論拠のゆえに信仰に属する事柄を信じているのだと見なしてしまうような不信仰者たちに嘲笑の材料を提供するようなことにならないためにである。(27)

ここで注目に値するのは、トマスが、『神学大全』第一部第四六問題第一項「被造物の世界は常に存在していたのか」(utrum universitas creaturarum semper fuerit) において、通常、世界の永遠性の教説の起源とされるアリストテレス (Aristoteles 前三八四—三二二年) の立場について、以下のような注目すべき解釈を行っていることである。これは、通常、「アリストテレス主義者」と規定されることの多いトマスの或る意味意外な側面を示す極めて注目すべき論述であるので、少し長くなるが、そのまま引用したい。

「世界が常に存在している」(mundum semper esse) ということは必然的なことではない。それゆえ、論証的な仕方で証明されることは可能ではない。このことに関してアリストテレス (Aristoteles) が導入している諸々の論拠は、端的に論証的であるのではなく、或る限られた意味においてそうなのである。すなわち、世界には始まりがあったということを実際には不可能であるような或る種の仕方で措定した古の人々の諸々の論拠を反駁するためなのである。このことは三つの観点から明らかである。第一に、『自然学』第八巻においても『天体論』第一巻においても、アナクサゴラスやエンペドクレスやプラトンのような人々の見解を前提とし、彼らに対して反対の論拠を導入しているのである。第二に、彼は、この題材について語るとき、古人たちの証言を導入しているが、それは論証者に属するやり方ではなく、蓋然的な仕方で説得する人のやり方である。第三に、彼は、『トピカ』第一巻において、はっきりと次のように述べている。すなわち、或る種のものは弁証論的な問題（problemata dialectica）であり、それらについては我々は理性的論拠（ratio）を持っていないのであり、例えば、「世界は永遠であるかどうか」というような問題である。(28)

少し奇妙な言い方になるが、トマスがアリストテレスのことをAristotelesと呼ぶとき、我々は、細心の注意を払ってそのテキストを読む必要がある。というのも、トマスは、通常、アリストテレスのことを「哲学者」（Philosophus）という一種の尊称で呼ぶのであり、トマスがアリストテレスのことをAristotelesと呼ぶときには、アリストテレスの立場から距離を置こうとする明確な態度決定をそこに見出すことができるからである。このテキストにおいては、アリストテレスは「世界の永遠性」を積極的な教説として主張したと理解する通説とは異なり、アリストテレスは「世界の永遠性」という立場を論証的な仕方で証明しているのではなく、それを「理性的論拠」では解決不能の「弁証論的な問題」と見なしていたという特徴的な解釈が、あくまでもアリストテレス自身の言葉に基づきながら提示される。アリストテレス自身の論述に沿いながら述べられている以上、トマスは、自らのアリストテレス解釈の正当性を主張していると読むことができようが、アリストテレスのことをPhilosophusではなくAristotelesと呼んでいる以上、トマスは、自らをアリストテレスの代弁者と見なしているのではなく、また逆にアリストテレスを自らの代弁者と見なしているのでもなく、アリストテレスの立場と明確な距離を取ろうとしている姿勢が看取される。

我々は、トマスのこのような姿勢を、どのように解釈するべきであろうか。「世界には時間的な始まりがあった」というキリスト教信仰の根本的な立場との整合性を獲得するために、一面的なアリストテレス解釈を強引な仕方で行っていると解釈するのか。または、通常はアリストテレスにべったりと寄り添いながら論述を進める

「アリストテレス主義者」であるトマスが、ここでは例外的にアリストテレスから距離を取っていると解釈するのか。このような解釈は一概に否定されるべきものだとは言えないが、私の解釈は、それらとは少し異なっている。

「世界の永遠性」という問題を離れてより広い視野から考えてみると、そもそも、トマスは、アリストテレスを引用するさい、文脈に応じて、実に多様なニュアンスを込めつつ、引用を行っている。論点を解決するために最も相応しいと思われるアリストテレスの見解を、ほぼ完全な同意を伴って引用することもあれば、そうではないこともある。

また、一見、完全な同意を伴ってアリストテレスの見解が連続的に引用され、援用され、敷衍されつつトマスの議論が展開されていきながら、すなわち、一つ一つの部分としては、ほぼ全面的にアリストテレスの見解が肯定されながらも、全体的・最終的には、相対化され、いわば換骨奪胎されて、トマス独自の見解の中に位置づけなおされる、という仕方での引用も行われる。最も典型的なのは、「徳」(virtus)の定義や一つ一つの「枢要徳」(virtus cardinalis)の解説において、アリストテレスの引用が多用されつつも、最終的には、アリストテレスには出てこない「対神徳」(virtus theologica)や「注入徳」(virtus infusa)こそが真に重要な徳だという仕方で、アリストテレスの見解が徹底的に相対化されるというトマスの徳論に見られる引用の仕方である。彼は、アリストテレスの教説を吟味も加工もなしにそのまま受容しようとしているのではなく、アリストテレスとの持続的な対話の中で、アリストテレスの教説の中核部分をその構成要素として含み込むような自ら独自の枠組みを編み出そうとしているのである。(29)

このこと一つを見るだけでも、トマスが、アリストテレスの「権威」に無条件的に従うというような意味における「アリストテレス主義者」ではないのは極めて明らかである。そもそも、トマスによると、「人間理性に基づいた権威からの議論」(locus ab auctoritate quae fundatur super ratione humana) は、「最も弱いもの」(infirmissimus) であり、「聖なる教え」(sacra doctrina) が哲学者たちの諸権威を使用するのは、「いわば外的で蓋然的な議論として」(quasi extraneis argumentis, et probabilibus) でしかないのである。(30)

トマスは、アリストテレス哲学を活用してキリスト教神学を基礎づけなおしたという言い方がしばしばなされるが、それは正確ではない。むしろ、トマスは、全世界の創造者である神を存在の究極的な根源として受け止めることによって、全世界を、そしてこの世界の構成要素である既存の哲学的伝統の総体を、諸々の「区別」(distinctio) を駆使しつつ、位置づけなおそうとしているのである。アリストテレスのテキストも、無批判に追随されているのではなく、そのような「区別」による位置づけなおしの運動の一つの構成要素として巻き込まれて相対化されつつ生かしなおされているのである。以下においては、このような「区別」という観点から、トマスにおいて信仰の知的性格がどのように捉えられていたのかを明らかにしていきたい。

四　信仰の知的性格の意味するもの

信仰がそれ自体知的な性格を有するというトマスの立場は、多くの誤解を招いてきた。その中でも、とりわけ注目に値するのは、リチャード・スウィンバーンやジョン・ヒックといった強い影響力を有する神学者たちによって共有されている根強い誤解である。それは、一言で言うと、トマスにおいて信仰は命題的な性格のものとなっているという解釈である。トマスにおいては、信仰を持つとは、宗教的な命題の真理性を認めることと同一である、という見解である[31]。スウィンバーンによると、「〔トマスにおいては〕信仰の対象は〈第一真理〉である神御自身であるが、そのような信仰を持つために必要なのは、神は存在するという命題を信じることだけなのである。宗教的信仰を有する人とは神は存在するという理論的な確信（theoretical conviction）を有する人なのである」[32]。また、ヒックによると、「〔トマスにおいては〕信仰は命題的態度（propositional attitude）である。すなわち、それは、諸命題に対して同意することのうちに存している。……信仰の直接的な対象はこれらの〔神についての〕諸命題であり、神に対する我々の認知的な関係は、我々がそれらの諸命題を信じることのうちに存している。……信仰は、アクィナスにとって、信仰箇条を信じることを意味する」[33]。

このような見解が正当化できないことは、トマス自身の言葉によって明らかである。彼によると、「信じる者の働きは命題（enuntiabile）において終結するのではなく、事柄自体（res）へと到達する。というのも、我々が命題を形成するのは、それによって事柄自体についての認識を持つため以外ではありえないのであって、そのことは、学知においても信仰においても同様なのである」[34]。トマスがここまではっきりと、信仰の命題的性格を媒介的なものとして相対化しているテキストの存在を前提にすると、スウィンバーンやヒックのような卓越した神学者が上記のような見解を主張しているのは驚くべきことである。

それでは、信仰において、命題を媒介として事柄自体についての認識を持つとは、どのようなことなのであろうか。そもそも、宗教的な文脈での「信仰」に限らず、我々が何かをまたは誰かを「信じる」とき、それは単なる精神内の命題や概念や、内面的な「思い」や主観的な信念のようなもののみに関わっているのではない。「地球は青かった」という宇宙飛行士の言明を太郎が信じるならば、宇宙飛行士は、太郎の精神の中に「地球は青い」という言語的命題を植えつけたというよりは、むしろ、世界が或る種の仕方で――「地球は青い」という仕方で——太郎に現れるようにしたのである。[35] 宗教的信仰においても、信仰によって与えられるのは、単なる精神内の命題・概念ではなく、世界がそれまでとは違う或る種の仕方で——本稿の範囲内で言うならば「被造物」として——立ち現れるということなのである。このような新たな次元の開けの可能性は、世界の存在論的な構造自体に基づいたものでありながら、単なる事実ではなく、人間の側の受容に基づいて初めて現象するのである。そして、その「受容」とは、「信じる」ということなのである。

信仰とは、単に、理性によって証明することのできない特定の命題または命題群を、神からの「啓示」という「権威」を根拠として主観的に確信するということではない。また、神からの「啓示」とは、それまでは知られていなかったような新たな事実を含む単なる「よいニュース」（福音）のようなものではない。それは、単に情報付与的なものではなく、むしろ、或る意味、行為遂行的なものなのであるが、それは単に倫理的・実践的な指針を与えるという意味ではなく、我々への世界の現れ方自体を変容させるものという意味なのである。[36]

以上のように、信仰それ自体が知的要素を有していると言えるのは、それが、「神」と「世界」の「区別」と「関係」についての根源的な洞察を含んでおり、あらゆる知的なはたらきの前提条件となっている我々への世界の現れ方自体に新たな開けを与えるものとなっているからなのである。次節において、このような「区別」の構造について、より広い観点からの考察を加えつつ、本稿のまとめとしたい。

結論　「区別者」としての神と人間

スコラ学において、「区別」（distinctio）は、大きく分けて、二つの意味を有していた。[37] 第一に、この語は、大きなテキストを参照するのを容易にするために導入された方法を意味した。すなわち、一つのテキストを、意味がありかつ扱いやすいいくつかの単位へと分割すること、または、その分割の結果として生まれてくるテキストの区分を意味していた(38)。

「区別・区分」という語の第二の意味は、一つの単語の孕み持つ異なった意味を区別するということであった(39)。大学における「討論」の解決は、しばしば、中心的な概念や用語の意味を「区別」することに基づいていた(40)。

それは、『神学大全』における問題の解明の仕方にも当てはまる。トマスは、『神学大全』の各項の主文や異論解答において、必ずしも、最終的・決定的な固定化された解決を与えているのではない。むしろ、異論や反対異論で提示された諸見解――同時代の見解や伝統的な「権威」に基づいた見解――にまとわりついていた曖昧さや不明確さを、新たな「区別」の導入によって克服し、探求されるべき事柄自体へとより肉薄しつつ、「権威」をより高次の次元で生かしなおそうと試みているのである(41)。それは異なる諸見解のあいだの単なる辻褄合わせではなく、「論争」というプロセスを通じて、異なる多様な意見と共存することのできる、より豊かな地平へと読者の精神を解放する機能を有している(42)。

このように、トマスにおいて、細かい分類作業や問題の細分化や言葉の意味の「区分」は、自己目的的に行われているのではなく、「区分」を通した、事柄の明示的な理解の全体的・総合的な獲得が目指されていた。逆に言うならば、「区分・区別」が行われるときには、「区別」が起こるように促してくる何らかの不明瞭さが存在している。その「区別」は、いったん理解してしまうと、あまりに明瞭なものであるために、読者は、もともとその「区別」について知っていたような気さえしてしまうことが多いのであるが、そうであるにもかかわらず、それは、トマスがそのような「区別」をする前には、多くの読者が注意を明示的に向けることができていなかったような「区別」なのである。[43] それは、読者が混乱した仕方ですでに知っているものを明確化する営みであるとも言えよう。その「区別」が為された後では、読者には、その「区別」はもともと存在しなければならなかった「区別」であり、その「区別」のことをずっと知っていたようにも感じられ、何ら新しい具体的な情報を得たわけではないにもかかわらず、明瞭化されなければならなかった何事かを改めて気づかされたと感じ、発見の喜びと事柄の整理による知性の満足を味わうのである。[44] この意味において、「区別」は、定義的なものであったり、最終決定的なものであったりするよりは、むしろ、曖昧さや不明確さに陥りやすい問題について、読者の精神を、文脈に応じて、照らし出すものとして機能しているのである。それゆえ、その「区別」を理解した読者にとって、その「区別」は、トマスによって意図的に作成されたものとしてよりは、むしろ、トマスの言葉を通じて、相応しい「区別」が、事柄全体の明瞭化へと向けて、事柄自体の側から立ち現れてきたものとして感じ取られるのである。[45]

『神学大全』は、しばしば、聖書の生き生きとした神理解から切り離された抽象的な神学体系として批判される。[46] だが、そのような批判は妥当ではない。トマスは、様々な「区別」を駆使しつつ、聖書やアリストテレスのテキストを知的に再構成することによって、聖書やアリストテレスのテキストから遊離してしまうどころか、むしろ、そのようなテキストの真の意味がより深い仕方で立ち現れてくるような新たな地平を開示している。そのような仕方で完成した『神学大全』という体系は、その基軸的な構成要素となっている聖書やアリストテレスのテキストと不可分に結びついたものでありつつも、それらの構成要素に還元されない新たな洞察を読者に与え、しかも、そのような新たな洞察は、基盤にある聖書やアリストテレスのテキストの存在意義を無化してしまうどころか、聖書やアリストテレスのテキストを単に章立てどおりに順を追って注釈的に理解するのでは得にくいよ

うな仕方で、これらのテキストの孕んでいる根源的な可能性を新たな仕方で開示していくのである。(47)

このような構造の詳細については、トマスのテキストに基づいたより具体的な分析が必要であるが、本稿においては、トマスの創造論において、「信仰」と「知」が相対立するものとして把捉されているどころか、信仰自体の有する知的洞察という観点から、「信仰」と「知」が統合的に捉えうるような視界が開かれているということを、「区別者」としての神と人間の類似性に着目しながら明らかにしつつ、まとめとしたい。(48)

「創世記」の世界創造物語に表現されている神は、世界を自らとは徹底的に「区別」されたものとして創設し、世界内的被造物にも、多種多様な「区別」や「秩序」を成立させる神である。(49) 世界から徹底的に「区別」されているからこそ、世界に「区別」を与えることができる存在である。それゆえ、トマスにおいて、「信仰の理解」とは、信仰によって与えられる「区別」――世界総体と神との「区別」および世界内的な被造物相互間の「区別」――に基づいて、自らの世界理解を言語的に再構築していく営みなのである。

それゆえ、トマスは、神の本質を内的に規定しようとしているというよりは、いかに神が世界総体ないし世界内的被造物から異なっているのかということを、「肯定の道」と「否定の道」の双方を駆使しつつ、示そうとしている。人間が神を理解するというのは、人間が神へと近づいて一体化していくということなのではなく、むしろ、神との距離（「区別」）が分かるということなのである。「啓示」や「恩寵」というものは、人間と神との距離を埋めていくものであるとともに、まさにその過程において同時に、神と人間・世界との距離と「区別」を自覚させるものでもある。信仰がそれ自体知的な性格のものであり哲学的活動に原動力を与えることができるのは、そもそも信仰が「区別」に関する基本的な洞察を与えるものであり、そして、「哲学」という活動がそもそも、「区別」によって真理を明示していく営みとして捉えられているからなのである。

人間は、信仰を持つことによって、単に宗教的な命題を頭の中で形成するのみではなく、世界を或る種の仕方で、それまでとは異なる仕方で受け取るようになる。世界が人間に現象する仕方自体が変容する。「信仰」において、人間は、まず得体の知れない「神」と呼ばれる不可知な存在者の存在を盲目的に信憑し、それからその「神」の「言葉」を「聖書」の「啓示」において「聞く」のではない。むしろ、パウロも言っているように、「信仰は聞くことから始まる」[50]のであり、「信仰」が最初から言語的・知的・分節的要素を孕んでいるからこそ、信仰は、理性的思索を求め、深めていく機能を有するのである。人間は、このような仕方で言語的な「区別」を駆使しながら世界の存在構造に対する理解を哲学的に深めていくというまさにそのことにおいて、自らと徹底的に「区別」された超越者でありあらゆる「区別」の起源であるという意味で根源的な「区別者」である神の「似像」(imago) として、自らもまた「区別者」として完成していくことができるのである。

註

(1) Cf. Abraham Joshua Heschel, *God in Search of Man : A Philosophy of Judaism*, New York: Farrar, Straus & Cudahy, 1955.

(2) 稲垣良典『問題としての神　経験・存在・神』創文社、二〇〇二年を参照。Cf. John Courtney Murray, *The Problem of God : Yesterday and Today*, New Haven: Yale University Press, 1964.

(3) Cf. Alasdair MacIntyre, *The Tasks of Philosophy*, Selected Essays, Volume 1, Cambridge: Cambridge University Press, 2006, p. 182.

(4) *Summa Contra Gentiles*, I, c.4, n. 3: fere totius philosophiae consideratio ad Dei cognitionem ordinetur.

(5) だが、実際には、トミズムの歴史に関する研究の第一人者であるマックールが適切にも指摘しているように、近代の多くのトミストたちは、近代哲学の潮流に対抗するために、トマスの様々な著作の中からいくつかのテーゼを抜粋して教科書的に体系化するという作業を行ったのであるが、そのさい、トマス哲学を「聖トマス自身は決して使用することのなかった哲学的な上昇的順序」(ascending philosophical order) ——そこにおいては根拠への問いから出発して人間が神へと上昇していく——に基づいて再構成しようとする試みがしばしば為されてきた。近代哲学の潮流への対抗という問題意識が、逆に、中世スコラ哲学固有の問題構図を見失わせてしまうという皮肉な結果を招いてしまったのである。Cf. Gerald A. McCool, S. J., *From Unity to Pluralism: The Internal Evolution of Thomism*, New York: Fordham University Press, 1989, p. 169.

（6）信仰と理性との関係についての哲学的考察としては、下記のものを参照されたい。K・リーゼンフーバー『知解を求める信仰』ドン・ボスコ社、二〇〇五年。教皇ヨハネ・パウロ二世『信仰と理性』久保守訳、カトリック中央協議会、二〇〇二年。稲垣良典『信仰と理性』第三文明社、一九七九年。

（7）II-II, q. 1, a. 1. なお、『神学大全』（*Summa Theologiae*）からの引用に関しては、慣例に従って、書名を付けず、I, q. 1, a. 2, ad 1 のように表記したが、それは、第一部第一問題第二項異論解答一を意味している。以下同様。

（8）F・シュライエルマッハー『宗教論　宗教を軽んずる教養人への講話』高橋英夫訳、筑摩書房、一九九一年を参照。

（9）Cf. Avery Dulles, *The Assurance of Things Hoped For: A Theology of Christian Faith*, New York: Oxford University Press, 1994, p. 219.

（10）I, q. 45, a. 1.

（11）*Ibid.*

（12）*Ibid.*

（13）*Ibid.*

（14）I, q. 8, a.1. なお、〔　〕内の言葉は、本稿著者による挿入・補足的説明である。以下同様。

（15）*Ibid.*

（16）I, q.45, a.3: relinquitur quod creatio in creatura non sit nisi relatio quaedam ad creatorem, ut ad principium sui esse.

（17）このあたりの経緯に関しては、以下の研究を参照されたい。稲垣良典「関係としての創造と無からの創造」、『東洋学術研究』第一四巻第六号、一九七五年、一―一六頁。

（18）I, q.45, a.3, ad 1: relatio in Deo ad creaturam non est realis, sed secundum rationem tantum. Relatio vero creaturae ad Deum est relatio realis.

（19）I, q.13, a.7: Cum igitur Deus sit extra totum ordinem creaturae, et omnes creaturae ordinentur ad ipsum, et non econverso, manifestum est quod creaturae realiter referuntur ad ipsum Deum; sed in Deo non est aliqua realis relation eius ad creaturas, sed secundum rationem tantum, inquantum creaturae referuntur ad ipsum.

(20) Cf. Robert Sokolowski, *The God of Faith and Reason: Foundations of Christian Theology*, Washington, D. C.: Catholic University of America Press, 1995.

(21) Cf. J. B. M. Wissink ed., *The Eternity of the World: In the Thought of Thomas Aquinas and his Contemporaries*, Leiden: E. J. Brill, 1990; Richard C. Dales, *Medieval Discussions of the Eternity of the World*, Leiden; New York: E. J. Brill, 1990.

(22) I, q. 46, a. 2: mundum non semper fuisse, sola fide tenetur, et demonstrative probari non potest.

(23) novitasというラテン語は、文字通りには、「新しさ」を意味する。だが、この文脈においては、「世界に時間的な始まりがあること」という意味で使用されているので、そのような意味をこめて、「創始性」と訳している。

(24) Cf. Aristoteles, *Analyt. post.*, l. 1, c. 31, n. 1(87b33); Thomas Aquinas, *Expositio libri Posteriorum*, l. 1, lect. 42, n. 5.

(25) I, q. 46, a. 2.

(26) *Ibid.*; cf., I, q. 19, a. 3.

(27) I, q. 46, a. 2; Potest autem voluntas divina homini manifestari per revelationem, cui fides innititur. Unde mundum incoepisse est credibile, non autem demonstrabile vel scibile. Et hoc utile est ut consideretur, ne forte aliquis, quod fidei est demonstrare praesumens, rationes non necessarias inducat, qrae praebeant materiam irridendi infidelibus, existimantibus nos propter huiusmodi rationes credere quae fidei sunt.

(28) I, q.46, a.1: Non est igitur necessarium mundum semper esse. Unde nec demonstrative probari potest. Nec rationes quas ad hoc Aristoteles inducit, sunt demonstrativae simpliciter, sed secundum quid, scilicet ad contradicendum rationibus antiquorum, ponentium mundum incipere secundum quosdam modos in veritate impossibiles. Et hoc apparet ex tribus. Primo quidem, quia tam in VIII *physic*. quam in I *De Caelo*, praemittit quasdam opiniones, ut Anaxagorae et Empedoclis et Platonis, contra quos rationes contradictorias inducit. Secundo, quia, ubicumque de hac materia loquitur, inducit testimonia antiquorum, quod non est demonstratoris, sed probabiliter persuadentis. Tertio, quia expresse dicit in I libro *Topic*.,quod quaedam sunt problemata dialectica, de quibus rationes non habemus, ut utrum mundus sit aeternus.

(29) Cf. Mark D. Jordan, "Thomas's Alleged Aristotelianism," in *Rewritten Theology: Aquinas after His Readers*, Oxford: Blackwell, 2006, pp. 60-88, especially, p. 88.

(30) I, q.1, a. 8, ad 2. 読者である我々にとって、トマスのテキストを読むということは、トマスの思想を孤立させて吟味することではなく、諸々の先行者との関係におけるトマスの思想を味わい、吟味することである。それは、単に、トマスの思想に対する他の哲学者たち・神学者たちの影響関係を通時的に明らかにするということではない。そうではなく、トマスのテキストの中に、その思索の弁証論的な動きの不可分な構成要素として含み込まれている魅力的な「引用」とそれに対するトマスの編集の仕方や距離の取り方の全体を読み取る必要があるということである。それゆえ、トマスのテキストの独自性は、トマスが肯定的に引用している「権威」との共通点をあぶり出し、取り去って、「権威」に還元することのできないものとして残された「トマス固有」の断片的・部分的要素に見出されるのではない。このような見方は、トマスのテキストを、いわば生命のない無機的構成物として取り扱う見方であると言えよう。そうではなく、我々は、いわば、生きた有機体として、有機的に構造化された一つの全体的な生命体として、「引用」によって織り成されたトマスのテキスト全体と対話的に関わることによって、その真価を見出すことができる。引用される言葉自体が、同じように引用されている他の諸権威との全体的配置の中に置かれることによって、新たなニュアンスを獲得するのである。

（31）Cf. Richard Swinburne, *Faith and Reason*, 2nd ed., Oxford: Clarendon Press, 2005, pp. 138-141; John Hick, *Faith and Knowledge: A Modern Introduction to the Problem of Religious Knowledge*, 2nd ed., with a new preface, Eugene, Oregon: Wipf and Stock Publishers, 2009, pp. 11-31.

（32）Cf. Swinburne, *op. cit.*, p. 138.

（33）Cf. Hick, *op. cit.*, pp. 12-13.

（34）II-II, q. 1, a. 2, ad 2: Actus autem credentis non terminatur ad enuntiabile, sed ad rem, non enim formamus enuntiabilia nisi ut per ea de rebus cognitionem habeamus, sicut in scientia, ita et in fide.

（35）Cf. Robert Sokolowski, *Christian Faith & Human Understanding: Studies on the Eucharist, Trinity, and the Human Person*, Washington, D. C.: Catholic University of America Press, 2006, p. 33.

（36）Cf. Pope Benedict XVI, *Saved in Hope: Spe Salvi: Encyclical Letter*, San Francisco: Word Among Us Press, 2008.

（37）Cf. Mariken Teeuwen, *The Vocabulary of Intellectual Life in the Middle Ages*, Turnhout: Brepols, 2003, pp. 260-263.

（38）その中でも最も有名なのは、ヘールズのアレクサンダー（Alexander de Hales 一一八五頃—一二四五年）によって為された、ペトルス・ロンバルドゥス（Petrus Lombardus 一〇九五／一一〇〇—六〇年）『命題集』（*Sententiae*）の各巻の、いくつかの下位区分への「区分」であった。Cf. Ignatius Brady, O. F. M., "The Distinctions of Lombard's Book of Sentences and Alexander of Hales," *Franciscan Studies*, vol. 25, (1965) pp. 90-116.

（39）神学においては、聖書の諸単語の異なった意味の層を区別するプロセスを意味していた。また、異なった諸々の意味を区別するこの方法は、法学や哲学のテキストにも適用された。

（40）Cf. Teeuwen, *op. cit.*, p. 261.

（41）稲垣良典「まえがき」、トマス・アクィナス『神学大全』第一四分冊、稲垣良典訳、創文社、一九八九年、二―三頁を参照。

（42）ジャック・ル・ゴフ『中世西欧文明』桐村泰次訳、論創社、二〇〇七年、五四三―五四六頁を参照。

（43）哲学的探求の方法としての「区別」については、スコラ学を主題にしたものではないとはいえ、Sokolowski の次の論文から学ぶところが大きかった。Cf. Robert Sokolowski, "The Method of Philosophy: Making Distinctions," *The Review of Metaphysics* 51, (1998) pp. 515-532, especially, p. 524.

（44）*Ibid.*, pp. 519-520.

（45）なお、このあたりの論述については、以下の拙稿と重なるところが多いので、より詳しくは、そちらを参照されたい。山本芳久「盛期スコラ学における制度と学知：トマス『神学大全』の方法論としての『引用』と『区別』」中世哲学会編『中世思想研究』第五一号、二〇〇九年、一四一―一五五頁。同「真理の開示の形式としての『スコラ的方法』――トマス・アクィナスの感情論を手がかりに――」、竹下政孝・山内志朗編『イスラーム哲学とキリスト教中世』第一巻所収、岩波書店、二〇一一年、一七三頁―二〇八頁。

（46）このような批判の詳細とそれへの応答については、下記を参照されたい。稲垣良典『神学的言語の研究』創文社、二〇〇〇年。

（47）Cf. Christopher T. Baglow, "Sacred Scripture and Sacred Doctrine in Saint Thomas Aquinas," in Thomas G. Weinandy, Daniel A. Keating, and John P. Yocum, eds., *Aquinas on Doctrine: A Critical Introduction*, London; New York: T&T Clark International, 2004, pp. 1-25.

（48）トマスにおいても、「信仰」と「知」は単に統合されているのみではなく、その緊張関係についても言及されている。だが、これらの統合的関係に着目した本稿においては、紙幅の関係で、そのような経緯について詳細に言及することはできないので、次稿の課題としたい。

（49）「区別」（distinctio）という語は、トマスの創造論における最頻出用語の一つである。創造論全体の冒頭において、トマスは下記のように述べている。「神のペルソナについての考察のあと、考察すべきこととして残っているのは、被造物の神からの発出についてである。この考察は三つの部分から成り、第一に被造物の産出について考察され、第二にその区別について、第三に保存と統宰について考察される」（I, q. 44, Introductio）。

（50）「ローマの信徒への手紙」第一〇章第一七節。「実に、信仰は聞くことにより、しかも、キリストの言葉を聞くことによって始まるのです。」(Ergo fides ex auditu, auditus autem per verbum Christi.)

三　アヴェロエス主義と知性単一論の問題

山内　志朗

アヴェロエス主義とは何だろうか。この問いに答えることは難しいことではない。それは、十三世紀後半にパリ大学の学芸学部を中心に成立した、異端的アリストテレス主義のことであり、一二七〇年、七七年の大弾圧によって衰退しながらも、根強く残存し、近世哲学の成立に大きく影響した流れとして整理できる。しかしながら、そこにはいくつもの謎がある。

一　問題としてのアヴェロエス主義

何よりも、アヴェロエス（Averroes 一一二六―九八年）の思想とアヴェロエス主義との結びつきはそれほど強くないということがある。アヴェロエスの思想とアヴェロエス主義の思想を直接結びつけることと、アヴェロエス主義の中心にブラバンのシゲルス（Sigerus de Brabantia 一二四〇頃―八一／八四年）とダキアのボエティウス（Boethius de Dacia 一二七七年以前活動）を置くことは、中世哲学史の常套であったわけだが、最近そのような見方は修正を余儀なくされている。

アヴェロエス主義は、知性単一説、世界の永遠説、二重真理説という三つの要素からなる思想群である。当然のことながら、アヴェロエス主義の成立には、アヴェロエスの思想の受容の経緯が関わってくる。一二三〇年にアヴェロエスの思想がヨーロッパに流入するが、その初期の紹介者としてはロジャー・ベーコン（Roger Bacon 一二一九頃―九二年頃）とアルベルトゥス・マグヌス（Albertus Magnus 一一九三／一二〇〇―八〇年）がいるが、彼らはアヴェロエスの知性論を誤解して批判した。

一二五六年には、教皇アレクサンデル四世（Alexander IV 在位一二五四―六一年）は、アルベルトゥスに、アヴェロエスの学説が、魂の不死性を否定するかどうか、吟味させた。その結果が、『知性の単一性について――アヴェロエス主義者たちに対する論駁』（De unitate intellectus contra Averroistas）である。

アヴェロエスに対する警戒心はその後も継続する。トマス・アクィナス（Thomas Aquinas 一二二四／二五―七四年）もアヴェロエスの思想とアヴェロエス主義に対しては、一貫して警戒心を抱いていた。しかしながら、トマス・アクィナスにおいて、アヴェロエス主義者（Averroistae）という語はほとんど用いられず、アルベルトゥスの著作と同名の『知性の単一性について――アヴェロエス主義者たちに対する論駁』（De unitate intellectus contra Averroistas）に一度登場する程度である。アヴェロエス主義者という語を、しばしば用いるようになったのは、ライムンドゥス・ルルス（Raimundus Lullus 一二三二／三三―一三一五／一六年）がほぼ最初であることが確認されている。アヴェロエス主義者という言葉の成立に拘る必要はあまりないかもしれない。アヴェロエスの思想とそれに追随する人々への警戒心は十三世紀の後半に通奏低音として存在していたのだから。

その時期にアヴェロエス主義という敵を探す方向が変化する。トマス・アクィナス以前においては、キリスト教界の外部にある、いわば「外なるアヴェロエス主義」が問題であったのに対し、或る時期から「内なるアヴェロエス主義」が問題視され、犯人捜しが行われるようになる。「内なるアヴェロエス主義」というイメージが確立したのが、一二七〇年と一二七七年の二度にわたるエティエンヌ・タンピエ（Étienne Tempier 一二七九年没）による禁令である。

ここで取り上げたいのは、「内なるアヴェロエス主義」の方であり、そしてそれは特定の思想家の内に実体的に見出されるよりも、表象として考えられていた可能性も高い。アヴェロエス主義の主たる契機としては、先に挙げた三点が取り上げられるが、シゲルスやボエティウスにおいてもそれらの論点がすべて明示的に見られるわけではない。

両者の体系的読解は今後の課題なのだろうが、そこから明らかになったのは、両者にアヴェロエス主義の側面は或る程度認められるにしろ、典型的なアヴェロエス主義が見出されるのではないこと、そして、タンピエの大弾圧に見出される主張の多くが両者の内に見出されるわけではないということである。

ゴーティエの研究によって、シゲルスがパリ大学学芸学部に引き起こした騒乱は学内の支配権を巡るかなり政治的なものであったことが知られている。(1)「アヴェロエス主義」という名称は、「唯名論者」（nominales）の場合と同じように、思想としての確固たる基盤を持ったものであるよりも、党派的対立を力関係の対立に帰着させるのではなく、思想上の対立として整理することで、勝者の側の正当性を立証する狙いがあったのかもしれないのである。思想の対立の後に党派における対立が成立するよりも、まず党派やセクトの対立が先行して、その対立が事物の側に根拠を持った（cum fundamento in re）ものであることを示すために思想的対立劇として描かれることも少なくない。アヴェロエス主義を巡る対立にもその傾向が強く見られる。

この背景については、別のところで指摘しておいた。(2) 詳細は省くが、一二七〇年の弾圧の後、一二七一年にパリ大学総長選挙があり、シゲルス派（pars Sigeri）の反対によって紛糾し、教皇特使ブリオンのシモン（Simon de

Brion; 後の教皇マルティヌス四世〔Martinus IV 在位一二八一―八五年〕）の仲介によって、一二七五年五月に決着がつく。しかもシゲルス派の意見を退ける形で調停がなされ、一二七六年一一月にシゲルスへの召喚状が発せられる。根強く残る不満と残存するシゲルス派に致命的な打撃が与えられる必要があったのであり、それが一二七七年の大弾圧であったというのは考えやすい。また早急に紛争を鎮静化するには、拙速だろうと、矛盾があろうと、可及的速やかに、大弾圧の条文が起草される必要があったと考えられる。

アヴェロエス主義が特定の人物の中に統一性を持って存在しないとしてもそれは驚くべきことではない。一二七〇年代のタンピエによる大弾圧に挙げられたものが、特定の思想家というよりも、短期間でまとめられた雑多な思想の集成であったわけだが、問題はそこにある混乱を示すことではない。混乱の中にありながらも、たとえ拙速の批判を浴びながらも、緊急に対処すべき思想傾向が当時存在していたということは事実であろう。それがどのような名称で呼ばれ、どの人物に仮託されるかは二次的な問題かもしれない。

以下のところで考察したいのは、アヴェロエス主義における知性論の危険性がどのように捉えられていたかである。

二　中世における知性論の枠組み

タンピエによる一二七〇年の禁令には、以下の五点において、知性論に関連する論点が登場する。

（1）すべての人間の知性は数的に同一である。

（2）「人間が知性認識する」というのは誤りであり、不適当な述べ方である。

人間である限りの人間の形相としての霊魂は、身体の消滅に伴って消滅する。

（３）死後に身体を離れた霊魂は物体的な火によって苦しめられることはない。

（４）神は、消滅しうる者、あるいは死すべきものに対して、不死性あるいは不滅性を与えることはできない。

(13)一二七七年において再び指摘されるのではあるが、すでに当初から知性論を巡る危険性は意識されていたのである。

アヴェロエス主義は、知性単一説、世界永遠説、二重真理説の三つからなると整理されているが、一二七〇年の禁令においては、比重のかけ方を考えると、知性単一説が非難の中心となっていたと考えてもよいだろう。一二七〇年の禁令では、知性単一説に関わるものが五個挙げられるのに対し、世界永遠説に関するものは一つであり、二重真理説は、一二七〇年のものでは明示的に触れられず、一二七七年の禁令の序文に登場するわけであり、重心が知性単一説に置かれていたことは明確である。

一二七七年の禁令においても、世界永遠説に関する記述が拡充しているが、やはり知性単一説が中心となっている。二重真理説は、一二七七年の禁令において序文に登場しながらも、具体的な項目を形成するまでには至っていない。

中世における知性論を巡る問題の中心は、「能動知性」（intellectus agens）を巡るものであり、アリストテレス『デ・アニマ』（De anima）第三巻第五章が源泉となる。この「能動知性」と「受動知性」を巡る問題は、テミスティオス（Themistios　三一七頃—八八年頃）とアフロディシアスのアレクサンドロス（Alexandros　一九八—二〇九年頃活動）による対照的な理解を経て、フィロポノス（Ioannes Philoponos　四九〇頃—五七〇年以降）とシンプリキオス（Simplikios　五世紀後半—六世紀前半活動）の注釈と一緒になって、イスラーム哲学に取り入れられ、そしてファーラービー（al-Fārābī　八七〇頃—九五〇年）、イブン・シーナー（Ibn Sīnā　九七三／八〇—一〇三七年）、イブン・ルシュド（Ibn Rushd〔Averroes〕）による考察を経て、十三世紀の西洋中世に受容され、そこでさらに一層豊かで複雑な議論が繰り広げられた。

タンピエによる弾圧の際には、アヴェロエス主義者が弾劾のやり玉に挙げられ、特に可能知性と能動知性が人類にとって一つであるという主張が強く批判された。十三世紀後半において、知性が質料から離れて存在することは、それが非質料的実体（分離実体）、つまり天使的な存在者であるということになる。

ここで問題となるのは、能動知性は唯一であるか、人間の数と同じだけ多数存在するか、ということに一つの焦点がある。しかしながら、問題はそれにはとどまらない。能動知性が語られる場合、その機能として「秩序から秩序への移行」（transfert...de ordine in ordinem）(3)を現実化するということが挙げられる。感覚的な秩序、知性的な秩序があって、そこで感覚的な秩序から知性的な秩序への移行を可能にするのが、能動知性の機能と考えられていたのだ。能動知性とは、中世特有の霊魂論の内部の一契機ではなく、存在論の根底に関わる問題でもあったのである。

三　知性論の系譜

「至福は能動知性に存するのか」と題される十四世紀前半の写本をグラープマンはバーゼルで発見した(4)。著者不詳であるが、グラープマンは一三〇八—一三二三年に或るドミニコ会士によって書かれたものと推定している。以下ではこの論考を「バーゼル写本」と呼ぶことにする。「バーゼル写本」の著者は、ドイツのドミニコ会士フライベルクのディートリヒ（Dietrich von Freiberg 一二四〇／五〇頃—一三一八／二〇年）の影響を強く受けており、その問題圏域において執筆している。ディートリヒの説を批判し、トマス・アクィナスの説を対抗させることで締めくくられているのである。

この「バーゼル写本」は、アヴェロエス主義を巡る議論が沸騰していた十三世紀という紛争の最中ではなく、紛争が比較的沈静化した時代に記されていると思われるが、かえってその方が均衡のとれた視点からアヴェロエス主義を考察できるという利点も見込まれる。

さて、十三世紀においては、アヴェロエス主義批判の傾向は至るところに見られる。アエギディウス・ロマヌス（Aegidius Romanus 一二四三頃—一三一六年）の『哲学者達の誤謬』（Errores philosophorum）のアヴェロエスの項目においては、「あらゆる人のうちに数的に一なる知性を措定した」（posuit unum intellectum in omnibus）、その結果として、知性は身体の形相ではなくなり、一人の人間が人間という種に属するのは、知性的魂（anima intellectiva）によってではなく、感覚的魂（anima sensitiva）によってである、などの誤謬を犯したと整理されている。このような知性論は、ポンポナッツィ（Pietro Pomponazzi 一四六二—一五二五年）を経て、ライプニッツ（Gottfried Wilhelm von Leibniz 一六四六—一七一六年）においても強く意識されていた。キリスト教の基盤となる最後の審判に抵触するということもあるのだろうが、逆にそういった単一知性論への傾斜がキリスト教の初期から内在していたが故に、逆に徹底的に排除されたと見る方が無難だろう。初期キリスト教が戦った異端グノーシス派において、霊—魂—肉という三元論は、魂に宿る個体性から解放され、霊という普遍性に至るときに救済が得られるという基本的構図を有していた。

十三世紀ヨーロッパにおける異端の諸系譜は、単一知性論、肉体蔑視説、創造罪悪論、現世否定論、教会否定論などを構成契機としていたが、知性単一論が、諸異端の源泉になりやすいことは十分に意識されていたのだろう。

知性単一説は、能動知性の捉え方と結びついた。能動知性を離在知性と捉えるのか、人間精神に内在し、アウグスティヌス（Aurelius Augustinus 三五四―四三〇年）が述べたような精神の秘所（abditum mentis）と同じものと捉えるかで、道は大きく分かれるのである。

さて、以下のところでは、「バーゼル写本」の記述に即して、能動知性論として、当時どのような見解が見出されていたかを整理していこう。「バーゼル写本」は、見解を一七に分類し、一つ一つ紹介の上、反駁を行っている。

四　能動知性離在論の立場

この論考で中心的に捉えたいのは、アヴェロエス主義の知性論ではあるが、当時の全体的配置を知るために、それぞれの説についてごく簡単に見ていきたい。

（1）　プラトンの見解

イデア論・能動知性不要論を特徴としている。プラトンは、能動知性を否定した。その理由は、イデアはそれ自体で可知的（intelligibilis）なので、能動知性が、可能的に可知的なものを現実的に可知的なものとする必要がない、従って、能動知性は不要であるというものである。

（2）　或る神学者の見解（Opinio quorumdam theologizantium）

この説を唱えた神学者の名前は明示されていない。能動知性離在論の一種である。この立場では、能動知性は普遍的知性（intellectus universalis）、あらゆる事物の創造者（conditor omnium）、神自身である。この見解は、アヴィケブロン（Avicebron 一〇二一／二二―五四／五八／七〇年）の『生命の泉』（Fons vitae）に類似している。

（3）　アフロディシアスのアレクサンドロスの説

能動知性離在論の代表的思想である。この立場では、能動知性は分離実体（substantia separata）であり、常に現実態にあるとされる。ただ、「バーゼル写本」の著者は、アレクサンドロスが「可能知性」を「質料的知性」（intellectus materialis）と同一視していると考えているが、これは誤解である。

「バーゼル写本」では、アリストテレスが取り上げられていない。アリストテレス『デ・アニマ』の能動知性に関する章の解釈の歴史を俯瞰している以上、紹介される一七の説に含まれないということは奇妙ではない。ただ、きわめて難解ではあるが、そこで展開される知性論は、素直に読解すれば、いかなるものにもなりうるという質料的知性（可能知性、受動知性）が存在し、またすべてのものを生み出す知性（能動知性）が存在し、能動知性は、光の如きもので、離在的で、非受動的で、活動していると説明されている。このような知性が、人間知性の一部なのか、神に近い存在なのか、判然とはしないが、この理解を巡って、離在説と内在説とに分かれていく。アフロディシアスのアレクサンドロスは離在説の代表であり、テミスティオスは内在説を唱えた。ただし、テミスティオスは、すべての人が有する共通の知的概念を説明するために、能動知性はただ一つでなければならないと考えた。

こういった知性に関する議論を考察する場合、前提しておかなければならないのは、知性論が普遍論と結びつき、知識は普遍にのみ帰属し、そして能動知性こそが事物の中に普遍を構成するという側面、知解するものと知解されるものとは同一であるという側面である。特に後者の論点は、知性と知性対象が同一であって、知性対象が知であるとすると、知は普遍的であり、従って知性もまた普遍的で一なるものとなるということと結びつく。知性の単一性は、キリスト教的終末論や救済論の視点から見れば、不適切であるが、知識論の視点から見れば、逸することのできない論点なのである。アリストテレスの『デ・アニマ』の読解の基本方針を知ることは難しいが、十四世紀にまとめられた『アリストテレス典拠集』(Auctoritates Aristotelis)(5)においては、『デ・アニマ』の中心的見解が列挙され、当時の人々がどこに注目していたかが分かる。この典拠集を見る限り、『デ・アニマ』については、霊魂論の側面もさることながら、知識論の側面が重視されており、注釈者のテキストからも典拠が数多く抜き出されているが、その数はアヴェロエスに次いで、テミスティオスからの引用も数多い。テミスティオスからの引用では特に「知性よりも神的なものはない」(intellectu nihil est divinius)というのが目立つ。知性が知への機関であり、知が普遍的であり、知性と知性対象が同じであれば、どうしても知性単一説に向かいやすい。

この知性と知性対象の同一性も、事物と知性の一致(adaequatio rei et intellectus)ということに止まるのか、それ以上の含意を含むのか、解釈史上難しいが、ここでは、アリストテレスの『デ・アニマ』そのものに、離在説と内在説という相反する方向性が内在していたことは見て取れる。

（4）　アヴィセンナの説

これも、能動知性離在論の一つである。能動知性は分離実体であり、能動知性からの可知的形象（forma intelligibilis）の流出（effluxus）を受けて我々は認識を行う。可感的事物の形相は、諸知性の内に非質料的な仕方で先在している。この点で、アヴィセンナはプラトンから考えを異にする。プラトンによれば、可感的事物の形相は、それ自体で神の精神の外部に質料を欠いた状態で自存する。アヴィセンナの考えでは、可感的事物の形相は第一知性から派生し、順を追って、最後の知性体（＝月）にまで下降していく。そしてこの最後の知性体が能動知性である。

アヴィセンナによると、人間の知識獲得の際の能動的活動は、形相を受容するないし知識を受容するための受容のための準備をすることだけであり、形象の授受を妨げる障害を除去するだけである。この障害の除去さえ生じれば、能動知性、つまり分離実体は、可知的形象を人間知性に注入する。

（5）　アヴェロエスの説

これも、能動知性離在論の一つである。アヴェロエスは能動知性は分離実体であると主張し、この点でアレクサンドロス及びアヴィセンナと一致する。しかし、能動知性の我々人間に対する結びつきについては異なってて、アヴェロエスは、能動知性が理論的知性に対する関係は、形相の質料に対する関係に等しいと述べている。

「バーゼル写本」の著者は、以下のように論駁を行う。この見解は、アレクサンドロスの場合と同じように、能動知性と人間知性の結びつきにおいて問題点を有している。アヴェロエスの見解では、能動知性が人間知性と結びつくのは、人間知性に現実的にある形象（species）によってである。しかし我々に現実的に現前している形象が我々と結びついているのは表象像によってであるが、表象像（phantasma）の能動知性への関係は色と光の関係と等しく、表象像の可能知性への関係は色の視覚に対する関係に等しい、というのである。

表象像—能動知性—可能知性の関係が、色—光—視覚として説明されているのである。能動知性が光であるという理解は、トマス・アクィナスにおいても見出され、十三世紀ではよく見られる説明である。その際、十三世紀の光学書（ロジャー・ベーコン）に見られるように、光は内面から放射されるように表象されていた可能性もあり、能動知性を光と捉えることが離在説ではなく、内在説に結びつくことは奇妙なことではない。

「バーゼル写本」によると、視覚の作用＝見ること、太陽の作用＝照明することは、いずれも木といった色づけられた対象に帰属することにはならないという。あくまで木の中に色は存在するのだという。例が分かりにくいが、その意味は次のようになっていると思われる。能動的な作用がある場合、その作用を基体として受容できる能力が必要であり、そういった認識能力が個別的な対象に向かうときに、具体的な認識作用が成立するが、認識作用の帰属先は、認識するもの（人間）でなければならないが、浮遊してしまうというのである。能動知性の認識における機能という哲学的な問題と、至福における能動知性の役割という神学的な問題が同時に考察され、その結果、問題を見えにくくしているが、認識の問題に話を限定する限りでは、能動知性の離在性は維持しにくいとは言える。

いずれにしても、上記の説明でアヴェロエス説が論駁されたものとされているのは興味深い。アヴェロエス説については、また後で立ち戻って考察する。

五　能動知性内在論の立場

第六番目の見解からは能動知性内在説が紹介される。その最初は、テミスティオスである。論駁の部分は割愛する。

（6）　テミスティオスの第一説

ここからは、能動知性内在論が紹介される。能動知性も可能知性も、人間すべてにとって一つではなく、人間個体の数が多くなるのに応じて、それだけ多くの数がある。また能動知性は常に知性理解を行っている。

（7）　テミスティオスの第二説

能動知性内在論であり、こちらは能動知性はハビトゥスであると整理される。

（8）　フィロポノスの説

これも、能動知性内在論の一つとして整理される。能動知性と可能知性とは、精神の内で何か実在的なもの（aliquid reale in anima）である。しかし、両者が一つの同じ精神の内で何か実在的なものとして見出されるかについては、フィロポノスは否定的に答える。それらはむしろ相異なった精神の内に見出される。先生と生徒関係で言えば、先生の知性は、生徒との関係では、能動知性として記述される。

（9）　ガンのヘンリクス（Henricus Gandavensis 一二九三年没）の説

この説は、能動知性内在論に還元論を加えたものとして整理できる。能動知性は実在的に精神とは異ならない（non differt realiter ab anima）。精神は、能動的にそれ自身で作用を発出できる原理であり、絶対的な仕方で実在的に区別される能力に依存することはない（anima est principium eliciendi operationem suam active ex se sine potentia realiter differente ab ipsa de absoluto）、区別される力に依存するとしてもそれは或る観点において（sed solum quodam respectu）区別される能力である。

（10）　フォンテーヌのゴドフロワ（Godefroid de Fontaines 一二五〇以前―一三〇六／〇九年）の説

これは前項ヘンリクスの説に類似しており、能動知性内在論に還元論を附加したものと整理できる。能動知性は実在的には記憶と同じであるが、可能知性とは異なるものである。能動知性と記憶が同じである理由は、能動知性に帰せられるものはすべて記憶にも帰せられるからである。記憶には形象を保存することが属している。これは、すべてのものを造る能動知性にも当てはまる。

（11）　ヴィテルボのヤコブス（Jacobus de Viterbo 一二五〇以降―一三〇七／〇八年）の説

これも、能動知性内在論に還元論を附加したものと整理できる。能動知性は可能知性と実在的に同じで一つのものである。意志が動かすものであれ動かされるものであれ、能動的であれ受動的であれ同じ一つのものであり続けるように（sicut voluntas una et eadem manens est movens et mota et agens et patiens respectu sui ipsius）、知性もまた能動であれ受動であれ同じ一つのものとして存在する（sic intellectus unus et idem existens est agens et patiens）。

ここに挙げられているものは、すべて能動知性内在説であるが、単に能動知性の内在が語られるだけでは不十分であるのは先に示したとおりである。というのも、能動知性が知の機関である以上、内在する能動知性がなぜ普遍性を有しうるのかを同時に説明できなければならないからである。ここで挙げられる説においては、少なくとも「バーゼル写本」による説明では、知の側面には考慮が及んでいない。

六　その他の能動知性論

ここからは、ドゥランドゥス（Durandus de Sancto Porciano 一二七五頃―一三三四年）の能動知性不要論、知性階層論、ディートリヒ説、トマス説が紹介されている。

（12）　ドゥランドゥスの説

これは、能動知性不要論である。能動知性を措定する（ponere intellectum agentem）必要はない。というのも、可能態は現実態のはたらきによって（per actum）知られる。故に、もし能動知性をたてるべきであるとするならば、表象像（phantasma）に関する現実活動の故（propter actionem）ということになる。その現実活動は、①

印象を刻印する（imprimere）ものであるか、②それから抽象する（abstrahere）ものかである。刻印された力は、物体的なものである。というのも、物体の内に受け取られたものは物体的だからである。このようなものは知性理解に関して何の役にも立たない。その力は抽象作用によって表象像に働くことはない。表象像が分からないのであれば、幸運と偶然によって（a casu et fortuna）作用することになる。またもし抽象を知っている（intelligere abstractionem）のであれば、可能知性の側の理解作用は必要ないことになる。これは偽であるとされる。

（13）　人名不詳

ここからは、知性階層論が紹介される。可能知性は常に我々の精神の内に存在しているが、可能知性を完成する能動知性の方は、外部から（de foris）やってくる。可能知性は、能動知性よりも精神にとって自然的なものである。また、可能知性は精神から生じてくる一種の力（potentia）であって、能動知性の方は外的な原理から生じてくる一種の光であるという考えもあるが、この説に還元される。

（14）　フライベルクのディートリヒの第一説

これも前項説に類似して、知性階層論の一種と考えられる。能動知性は隠れた無意識の知性作用と同一である（Intellectus agens est idem quod intelligere abditum）。アウグスティヌスは、知性作用を隠れたものと隠れていないものに分類した。思考において現れている知性作用は、すでに記憶の中に存在しながら、隠れていた知性作用（intelligentia quae in memoria iam fuerat, sed latebat）から生じる。

（15）　フライベルクのディートリヒの第二説

前項説と類似し，知性階層論の一種である。我々の内にある能動知性は実体であり，本質によって成立する知性である（intellectus agens in nobis est substantia et intellectus per essentiam）。

この説は，本来の問い「至福は能動知性の作用に存するのか否か」という問いに結びつくので詳しく論じられている。

第一の論点，つまり「我々の内にある能動知性は実体である」という説を裏付ける論拠は三つあるとされる。①三位一体の似姿が見出されるものは実体である。②似姿は本質の一性とペルソナの三一性に関して，神に相同性を有している。偶有性のうちに本質の一性を見出すことはできない。故に，能動知性は実体である。それ以外に，③アウグスティヌスの典拠によるものもあるがここでは省略する。

（16）　兄弟トマス・アクィナスの説

この説は，「バーゼル写本」の著者自身の見解に近いものとして紹介されている，これもまた知性階層論の一つである。

能動知性は精神の内に見出されるものであり，可能知性と実在的に区別されるものである（aliquid ipsius animae realiter differens a possibili）。あらゆる自然の事物において，二つのものが見出される。質料に相当するものと，原因や産出因（causa et effectivum）に相当するものだ。これは精神においても見出され，それが可能知性と能動知性である。これは質料と技芸（ars）の関係に等しいが，技芸と質料が実在的に異なるように，可能知性と能動知性は実在的に異なる。

（17）　結論

最後に著者自身の見解が提示される。本来の問題は「至福は能動知性の作用の内に存するのか」というものであった。ディートリヒのような人々は肯定的に答える。

①　至福は我々の内にある最高のもの（quod est supremum in nobis）に直接的に帰属する。

②　人間は自らの現実活動のために（propter suam operationem）存在する、とりわけ最高の現実活動のために（propter suam perfectissimam）存在する。そして最高の現実活動は、知的なもので、能動知性の作用である。

③　能動者は受動者に優る。

④　知性作用は無条件の完全性をもたらす（intelligere importat perfectionem simpliciter）。

ディートリヒ説は、以上の四点を主要契機としているが、「バーゼル写本」の著者は、トマス・アクィナスの見解を最後に挙げて、自分の見解として提示している。

至福は能動知性の作用に存するわけではない。至福は我々の内においてもっとも高貴ではないところに存するのではなく、むしろ一般にもっとも高貴なところに存する（quod est nobilissimum）。ところで、可能知性は能動知性よりも高貴である。これは作用の側からも対象の側からも裏付けられる。

第一に作用の観点から。能動知性は可能的な知性対象を現実的な知性対象とし、表象像を抽象する。ところで、質料から分離され抽象されたものを理解することは可能知性のなすことである。すると、能動知性が存在し作用を行うのは可能知性のためである。可能知性がプラトンの考えたように、現実的に知解可能な認識対象を持つのであれば（habere obiecta actu intelligibilia）、能動知性は必要ないことになる。分離し抽象することよりも、分離され抽象されたものを認識する方が高貴である。

第二に対象の観点から。物体的表象像は能動知性の対象を構成する物体的条件に服する。しかし、可能知性の対象は、このような物体的条件から純化され分離された限りにおける概念規定・何性（quiditas）である。物体的条件から分離されたものの方が、それに服するものよりも高貴である。故に、対象面から見ても可能知性の方が能動知性よりも高貴である。

七　アヴェロエス説再考

さて、ここまで「バーゼル写本」の概要を紹介してきたが、それは能動知性と可能知性の不即不離の関係を示すための労苦の跡と考えられる。精神と身体の間の実在的区別が、同時に分離と結合を語らざるを得なかったように、中世においても、能動知性と可能知性を巡って、分離と結合の両者を語るべき場面が存在していたのである。分離を極端に押し進めようとしたのが、アヴェロエス主義であったろうし、逆に結合をあまりに強調したのが、エックハルト（Meister Eckhart 一二六〇頃―一三二八年）に代表されるような神秘主義の流れであったと思われる。実像は違ったのかもしれないが、正統的教義を守ろうとする人々には、そのように表象されていたのではないかと思われる。

以下のところでは、タンピエの大弾圧に見出されるアヴェロエス主義の側面を瞥見し、表象としてのアヴェロエス主義がどのようなものであったかを見て、論を閉じたい。

一二七七年の大弾圧において、知性単一説に関わりがあると思われるものを並べてみる。上の数字はマンドネ版の数字で、括弧内の下の番号は原文の数字である。(6)

113 (11) 理性的霊魂を除いても、人間は人間である。

117 (32) 知性は、すべての人にとって数的に一つである（intellectus est unus in numero omnium）。なぜなら、たとえこの身体から知性が離れたとしても、すべての身体から離れているのではないからである。

118 (123) 能動知性は可能知性に対して、上位の、ある種の離存的実体である。それは実体と能力と働きに従って身体から離存したものであり、また人間の身体の形相でもない。

123 (7) 知性は船における水夫のような仕方でなければ身体の形相であることはなく、また知性は人間の本質的完全性でもない（Quod intellectus non est forma corporis nisi sicut nauta navis, nec est perfectio essentialis hominis）。

125 (119) 合一していない知性の働きが身体に結びつけられると、この働きは、この働きの原理となる形相を持たない事物に属していることになってしまう（これは誤りである。なぜなら、これは知性が人間の形相でないことを前提しているからである）。

126 (121) 人間にとって究極の完全性（ultima perfectio hominis）である知性は、完全に切り離されたものである。

129 (109) 霊魂の本質は、永遠なるものである。そして、能動知性と可能知性は、永遠なるものである。

135 (113) 離存した霊魂（anima separata）は、信仰の言うところによれば変化するものであるとしても、哲学の言うところによれば不可変である。

140 (118) 能動知性はわれわれの可能知性と結びついていない。また可能知性は実体に即して（secundum

substantiam）われわれと合一していない。そして、もしも可能知性がわれわれと合一しているならば、それは分離することができないものであるということになるであろう。

143 (14)　人間が知解すると言われるのは、天がそれ自体で知解し、生き、動くと言われるのと同じ程度の意味においてである（後略）。

144 (127)　知解するものと知解されるものとから、一つの実体が生じる。なぜなら、知性は形相的には知性実体そのものだからである（Quod ex intelligente et intellecto fit una substantia, eo quod intellectus sit ipsa intellecta formaliter）。

146 (187)　われわれの知性認識の具合が悪かったり良かったりするのは受動知性に由来することであり、受動知性は感覚的能力であると言われる（これは誤りである。なぜなら、この意見はすべての人の内に一つの知性を前提しているか、あるいは、すべての霊魂における等しさを前提しているからである）。

148 (117)　師の知識と学生の知識は数的に同一であるが、その根拠は彼らの知性が数的に一つであるということである。なぜなら、形相はそれが質料の可能態から引き出されたものでない限り、多数化されないからである。

イセットの研究（Roland Hissette, *Enquête sur les 219 articles condamnés à Paris le 7 mars 1277*, Louvain, 1977）によれば、シゲルスが典拠と考えられるものは、113、117、118、123、125、129であるという。113、135はそのままの形ではシゲルスに見出されず、帰属させるのに簡単ではない。126は部分的にはシゲルスに見出されるが大きなずれがある。144、148はいまだ出典不詳である。140はシゲルスが途中まで主張したが、後に放棄したものである。123、125、126、140、143、146は或るアヴェロエス主義者の『デ・アニマ註解』[7]に深い関係があると考えられている。

ギーレ、ファン・ステンベルゲンおよびバザン編『アリストテレス霊魂論についての著者不明の三つの註解書』[8]には、アヴェロエス主義者、セミ・アヴェロエス主義者、反アヴェロエス主義者による三つの『デ・アニマ註解』が収められている。最初のアヴェロエス主義者のものを編集したのが、ギーレであるが、この写本はマートン・カレッジにあったものなので、便宜的に「マートン写本」と呼んでおく。一二七七年の弾圧の源泉と見なされるものが、多数「マートン写本」には見出される。

122、125、126、140、143、146は「マートン写本」の表現にかなり類似しており、出典となったと考えられるのである。

シゲルスの見解については、『デ・アニマ第三巻問題集』(Quaestiones in tertiam De anima) が、一二七〇年以前に著され、『知性的魂』(De anima intellectiva) も一二七三—七四年頃に著されたと推定されている。タンピエによる大弾圧において示された命題の出典を確定しようとする試みがイセットによってなされ、出典不詳のものも残っているが、シゲルスやダキアのボエティウスに由来するわけではない、アヴェロエス主義者の見解も多数含まれていることが分かっている。

シゲルスの主張がいかなるもので、アヴェロエス主義の思想がどれほど見られるのか、トマスの批判によってどのようにシゲルスの見解が変化したのかについては、トニー・ドッドの『ブラバンのシゲルスの生と思想：十三世紀のパリの哲学者』[9]が参照されるべきであるし、またタンピエの大弾圧に挙げられる命題の源泉については、イセットの研究がある。それ以外にも膨大な研究の蓄積がある。シゲルスの思想を知ることも完結していないし、またタンピエの大弾圧の出典がどこにあり、どのような仕方で収集されたのかも、未確定の状況であり、これらの研究はさらに進められるべきである。この章においては、それらの方向に考察を進める余裕はない。

シゲルス自身は、「知性的霊魂の肉体との結合に関して、アリストテレスがこのように考えていた、と私たちは語るけれども、それにもかかわらず、私たちは、聖なるカトリックの信仰の見解がアリストテレスの見解に反する場合には、ほかの事柄における場合と同様に、カトリック信仰の見解を優先させるのである(10)」と述べており、正統的見解から逸脱しようとする意向は持っていなかったと思われる。

『デ・アニマ』そのものが、アヴェロエス主義に向かいやすい方向性を持ち、そして、パリ大学学芸学部において、『デ・アニマ』をアヴェロエスやアヴィセンナを援用して教授することは、どうしてもアヴェロエス主義を巻き込まざるを得ないのである。

シゲルスは、パリ大学総長選挙を巡る政治的紛争に巻き込まれ、政治的に排除され、そのこととの結びつきの中で、アヴェロエス主義者の汚名を引き受けざるを得なかった側面が強く見られる。

十四世紀に入り、知性離在説という異端が普及するおそれが無くなるとき、アヴェロエス主義は様々な見解の一つとして、脅威を持たないものになっていった。しかしながら、パドゥアのアヴェロエス主義者、特にアゴスティノ・ニフォ（Agostino Nifo 一四七〇頃―一五三八年）が、シゲルスのテキストを入手し、アヴェロエス主義の説明に利用するということがあった。十五世紀末から十六世紀にかけて、個人の不死性と知性の単一性が議論の的になるときに、アヴェロエス主義は再び問題の中心となった。アヴェロエスの思想は賛同されるものとしてではなく、論駁されるものとして提示され、相手の思想を反駁する際にアヴェロエス主義と断じることで有効な攻撃手段となっていった。

十三世紀後半において、『デ・アニマ』を講義することは、アヴェロエス主義に関わることは避けて通れない危険だったのである。十三世紀においてその危険な道を辿った者は、その道を捨て去ろうとアヴェロエス主義者と目された。ルネサンスになって、アヴェロエス主義が思想史のものとなり、標準的見解を定めるための排除されるべき見解へと堕してしまうときには、その意義を失ってしまっていたように思われる。

アヴェロエス主義は、十三世後半、十四世紀、十五世紀と姿を様々に変えながら登場するが、中心を定めるために常に排除されるべきものとして用意されていたように思われる。実体としてアヴェロエス主義を探求することも必要でありながら、同時に「アヴェロエス主義」を常に求め、作成しつづけなければならなかった背景こそ、探求されるべきなのである。

註

（1） René A. Gauthier, Notes sur Siger de Brabant I. Siger en 1265, *Revue des Sciences Philosophiques et Théologiques*, 67 (1983), pp. 201-232; idem, Notes sur Siger de Brabant II. Siger en 1272-1275, *Revue des Sciences Philosophiques et Théologiques*, 68(1984), pp. 33-49.

（2） 山内志朗「ラテン・アヴェロエス主義」、『哲学の歴史3　神との対話』（同巻編集　中川純男）中央公論新社、二〇〇八年、五六一―五八一頁。

（3） Duns Scotus, *Quodlibet*, q. 15, n. 17 (=Duns Scotus, *Opera Omnia*, ed. Wadding, XII, Lyon, 1639: Reprint, Hildesheim, 1969, vol. XII, p. 427).

（4） *Codex Basiliensis*, III, 22, fol. 182va-183vb: Utrum beatitudo consistat in intellectu agente supposito, quod consistat in intellectu ?

（5） Jacqueline Hamesse (ed.), *Les Auctoritates Aristotelis: un florilège médiéval, étude historique et édition critique*, Louvain, 1974.

（6） 日本語訳は、上智大学中世思想研究所編訳・監修『中世思想原典集成13　盛期スコラ学』（同巻監修　箕輪秀二）平凡社、一九九三年所収のものを使用した。

（7） Maurice Giele, Un Commentaire Averroïste sur les livres I et II du Traité de l'âme, in: Maurice Giele, Fernand van Steenberghen, et Bernard Bazán (eds.), *Trois commentaires anonymes sur le traité de l'âme d'Aristote*, Louvain, 1971, pp. 11-120.

（8） M. Giele, F. van Steenberghen, et B. Bazán (eds.), *Trois commentaires anonymes sur le traité de l'âme d'Aristote*, Louvain, 1971.

（9）　Tony Dodd, *The life and thought of Siger of Brabant, thirteenth-century Parisian philosopher: an examination of his views on the relationship of philosophy and theology*, New York & Ontario, 1998.

（10）　Siger de Brabant, *De anima intellectiva* (in: Siger de Brabant, *Quaestiones in tertium De anima; De anima intellectiva; De aeternitate mundi*, ed. Bernardo Bazán, Louvain, 1972, p. 88).

第Ⅳ部　後期スコラ学から中世末期の思想

一　マイスター・エックハルトの本質的始原論

田島照久

一　聖書義解の方法

エックハルト（Eckhart von Hochheim 一二六〇頃—一三二八年）の主著とも言うべき『ヨハネ福音書注解』（Expositio sancti evangelii secundum Iohannem）の「序言」では、著作の意図が明確な方法論とともに述べられている。著者の意図とは、キリスト教信仰と新約・旧約両聖書の主張していることがらとを、哲学者たちの自然的論証（rationes naturales philosophorum）によって説明することである。(1) こうした方法論は、被造的世界の事象を「結果」として捉え、「結果」を知解する哲学者たちの自然的論証の蓋然性(2)を用いて、その「原因」である不可視な神の真理を眼差すことを目的としており、(3) 聖書に基づく（ロマ一・一二）信仰に依拠したものである。キリストと哲学者の教えは同一であり様態が異なるだけであると語られる。(4) エックハルトの聖書義解は、原因と結果を、一つの同じものの様態の違いに基づいて同一視する「類比的方法」によるものであることになる。哲学者たちの自然的論証は不可視な神の真理に「仕えるために」「類比的に」用いられているのである。

> すべては、神に仕える（servire）ために準備されたのである。というのも、一つのものは、原因と結果において類比的であり、様態においてのみ異なっているからである。すでに類比（analogia）という名辞はこのことを指し示している、すなわち同じものであるが、しかし先後の区別があるのである。葉環がワインを指し示すことによって、ワインに仕える（servire）ように、尿は健康さを自身の内に持たないが、動物の健康に仕えている（servire）ように、すべての被造物は同様の様態で神に仕える（servire）のである。[5]

神学の真理と教え、自然哲学と道徳哲学、実践的技術と理論的技術、さらにまた実定法のそれすらも、同一の動脈（vena）に由来すると言われる。[6] 原因は結果の内に隈なく類比的に遍在しているからである。

> というのも、どの被造物も神で満たされており、また一冊の本であるから。[7]

こうした類比的同定に基づいて、権威（auctoritas）、例（exemplum）、理性（ratio）による三様の証明が義解において試みられることになる。[8] ボエティウス（Boethius 四八〇頃―五二四年頃）の言葉「なしうるかぎり信仰と理性とを結合せよ」[9] が権威として挙げられ、理性と例による探求の必要性が次のように説かれる。

> 知解しなかったならば信仰しようとしないことは傲慢と無思慮に属するように、同様に信仰によって信じているものを、自然的理性と比喩（similitudo）によって探らなければ、それは怠惰に属し、無益になる、とくにすべての被造物は、少なくとも創造者の足跡（vestigium creatoris）であり、一般的にその原因の結果で

あるならば。(10)

二　信仰と直視

エックハルトによれば、信じることは、自己に属さない外部から到来したものを聞くことであり、不在であるものに属するが、見ることは、それに対し現前していることに属する。第一の認識、信じることは似像による認識であるが、第二の認識、見ることは同一性による認識である。(11)信仰とは不在に属するといえども、すでに似像によるおぼろげな認識であり、顔と顔を合わせて見る同一性による認識に向けた確実な発動である。それゆえ直観は信仰に対する賜物と呼ばれる。(12)信仰の賜物である「至福直観」こそがエックハルトにとって最大の関心事であった。神の直視は、最後に、至福として、目標として、本質により善である神によってわれわれに与えられる、(13)そう受け取ることがエックハルトの信仰の核心を形づくっているといえる。

さらに、人間の完成と至福とは、「一」(unum) の内に存するとされる。(14)その理由が独自な人間創造理解に基づいて次のように示されている。人間より下の一切の被造物は神の似像 (similitudo) に従い造られているが、人間は神の全実体の像に従い、神に似たものではなく一に従って造られ、一なる全的なものに基づいて存在の内へと生み出されているのである。(15)それゆえに、神と似たものに帰すことが人間を満足させるのではなく、人間が出来《しゅったい》した一へと帰ること、このことだけが人間を満足させると語られる。(16)

「一」(unum) という概念は、存在、真、善と並ぶ超範疇的なものとして置換可能な神の完全性を示す普遍的概念であるが、エックハルトは、この「一」をさらに神的ペルソナの「父」に帰属せしめる。理由は、「一」が区別性を示していることによる。「一」はそれ自身において区別なきものであり、そのことによって他のものから区別されたものであり、それゆえペルソナ的なものであって、能動的に働く基体に帰属することになると[17]語られる。つまり至福は父の一性の内に存するのである。

エックハルトによれば、至福者たちには、本質的報い（praemium essentiale）と付帯的な報い（praemium accidentale）とがあるとされ[18]、イエス・キリストを知ることは、付帯的な報いであって、本質的報いは父である神を認識することの内にこそあることになる[19]。しかし、もし子が遣わされた者として認識されないならば、遣わすものとしての父は認識されることはない。付帯的な報いを通じて初めて本質的報いへと到達することが可能となるからである。このような神のオイコノミア的報いの秩序は、

> あるいは、他の仕方ではこのようになる。われわれが至福であるのは、われわれが子らであるように神を認識するときのみであり、神が遣わした子、イエス・キリストが神を認識するような仕方で神を認識するときのみである[20]。

依拠する権威は、関係構造の一致に基づく二つの事態の同定として聖書箇所を再構築した次の理解である。「父がわたしを知り、わたしも父を知っているように、わたしはわたしの羊を知っており、わたしの羊はわたしを知っている」（ヨハ一〇・一四―一五参照）。信仰している者はまだ本来的な意味においては「神の子」ではない。子には、父を見ることと知ることとが属するからである。しかし信仰している者は、完全に子であることを欠いているのではなく、準備として、かつ不完全なものとしてそれへと関わっているのである。

それゆえに、信じること（credere）、信仰（fides）とは、あたかも子であることへの運動と生成のようなものである。(21)

一なる父を見、知ることが至福であり、それは、子であるイエス・キリストが父である神を直視し、認識するごとくわれわれが子として父を直視し、認識することで獲得されると語られている。すなわち、エックハルトの中心的教説「魂の内における神〔の子〕の誕生」が至福直観に関するエックハルトの言説を内実的に構成するのである。

エックハルトは、聖人、博士たちにより伝えられたカトリック信仰の要諦を八項目にまとめて示しているが、(22)その中で、父から子の誕生も、父と子からの聖霊の発出も、神的本性「全体」の伝達であるとした上で、(23)父は「始原のない始原」、子は「始原から生まれた始原」、聖霊は「始原から発出した始原」(24)であると、三位一体論を「始原論」の枠組みで捉えている。『ヨハネ福音書注解』の中心的テーマをなす「始原」（principium）をめぐる思惟、「始原論」とはいかなる論であるのだろうか。

三　本質的始原論

エックハルトは「初め（principium）に言があった」（「始原において言葉があった」）という「ヨハネ福音書」冒頭箇所を義解し、一般的に、神的なものにおいても、さらに自然的なものと技術的なものにおいても、あるものから生み出されたもの、ないしは発出するものは、そのようなあるものの内に、より先に存在していると語り、(25)

生み出されたものがその内に先在するそのものを「始原」(principium)と名づけ次のように定義づける。

その内においてすなわちロゴスが、理念が存在している始原とは、その結果をより卓越した様態であらかじめ有している本質的に働くものであり、その原因性がその結果のすべての種に及んでいるものである。[26]

エックハルトが展開しようとしている議論は、その権利要求において、神的なことがらのみならず、自然的、技術的事象全般に亙って一般的に(generaliter, universaliter)[27]妥当する論、すなわち、あらゆる「本質的始原」(principium essentiale)に関する理論であるといえる。さらにいかなる本質的始原も有するとされる四つの自然的要件が次のように示される。

一、始原の内には、原因の内に結果があるように、その始原から生み出されたもの(principiatum)が含まれている。

二、それ自身(原因)の内には始原から生み出されたものは単に在るだけではなく先在しているのであり、それ自身にあるよりも、より卓越した(eminentius)あり方で在る。

三、始原それ自身は、常に純粋な知性であり、その内には知性認識以外のいかなる存在も無く、いかなるものとも共通したものは無い。

四、始原自身の内では、また始原自身のもとにあっては、結果はその力に従えば始原と同時的である。[28]

以上をまとめるならば次のようになる。純粋な知性である始原の内には、始原から生み出されたものは、卓越したあり方で先在しており、始原の内、かつもとでは、始原と同時的である(要約①)。

こうしたエックハルトの本質的始原論（die Theorie des principium essentiale）は、彼よりも二〇歳ほど年長であり、職務上も上長であったと思われるディートリヒ・フォン・フライベルク（Dietrich von Freiberg 一二四〇／五〇頃―一三一八／二〇年）[29]の本質的原因論（die Theorie der causa essentialis）を継承したものであることは明らかである。論述『天の魂あるものについて』（De animatione caeli）の中でディートリヒは、本質的原因（causa essentialis）には、要約すると次のような事柄が当てはまるとしている。[30]

一、本質的原因は、それによって原因されたものの諸本質を直接生み出す。

二、本質的原因は、それによって原因されたものを、原因されたものがそれ自身においてあるよりも、本質的により内的により卓越した（nobilior）仕方で、あらかじめそれ自身の内において所有する。

三、本質的原因はそれによって原因されたものと、ある他の存在に従ってではあるが、一つなのである。それは、他者においてあるそれ自身として、原因されたものそれ自身の内にあるという仕方で、原因されたものと一つなのである。

四、本質的原因は、原因されたもののすべての類に先立っている。[31]

以下のような要約となる。原因されたもののすべての類に先立つ本質的原因は、原因されたものの諸本質を直接生み出すが、原因されたものを、すでに自らの内により卓越した仕方で所有する。原因されたものは他者における本質的原因それ自身である（要約②）。

エックハルトの「本質的始原」の定義と要約①、ディートリヒの「本質的原因」の要約②を比較考勘すればその内容の類似性は明瞭である。エックハルトにある、始原と純粋知性の同一は、ディートリヒの「本質的原因」の第一要件をなすものである。[32]エックハルトは用語上「原因」より「始原」とした方が適切であるとした上でディートリヒの本質的原因論を継承した自らの本質的始原論に則しつつ、「ラテン語説教二」で次のように述べる。

原初的あるいは本源的第一の第一たる諸原因の中では、その場合むしろ固有的には、原因（causa）というよりは、始源（principium）という名前であるが、そこでは始原は一切の固有性を携えて余すところなく始原から生まれたものの内に降り下るのである。(33)

ここで説かれているのは先に見た「本質的始原論」の自然的要件の一つ、「始原から生み出されたもの」に対する「始原」の有する卓越性ではなく、両者の同一性であることがはっきりと確認できる。このことを念頭に置くとき、『ヨハネ福音書注解』の次に見る記述からは、ディートリヒから継承した「本質的原因論」をさらに一歩踏み込んだ仕方で再構成を図る、エックハルトの独自な始原論構想が姿を現してくることになるのである。

四　類比的なものと同名同義的なもの

エックハルトは「言葉は神とともにあった」（ヨハ一・一）という章句に注目し、「ともに」（apud）とは、ある種の同等性を意味するもので、(34) 始原から生まれた言葉と始原とは「同名同義的なもの」（univoca）であると語る。

同名同義的な諸物（univoca）においては、しかしながら、常にそれは同等なるものであるが、同一の本性

を分有するのではなく、その全本性を端的に、総体的に、かつ同等に、その始原から受け取るのである。(35)

しかし一方、

類比的な諸物（analogica）においては、常に生み出されたものは、生み出すものに比べて、より劣った、より小なる、より不完全で、非同等的なものである。(36)

とされ、同名同義的な産出が類比的な産出から明確に区別されている。ディートリヒの「本質的原因論」を受け継ぐ、「始原から生み出されたものはそれ自身にあるよりも、始原の内ではより卓越したあり方で先在する」という卓越条項は類比的なものの産出に当てはまることが確認される。では、エックハルトは自らの「本質的始原論」を、「ラテン語説教二」で述べていたように、同名同義的産出を内容としている論として、ディートリヒの類比的産出を内容とする「本質的原因論」とは異なる論である、と主張しているのであろうか。しかしエックハルトは次のように『ヨハネ福音書注解』で、同名同義的産出を説く文脈にもかかわらず、類比的産出の場合には、生み出されたものは同名同義的発出の場合とは異なるが、始原においては両者のあり方は同一であるとわざわざ言及しているのである。

類比的なものは本性（natura）において他なるもの（aliud）になるのであり、したがって始原そのものではない。それにもかかわらず、その生み出されたものは、始原の内にある限り、本性において他なるものでは

なく、基体（suppositum）において他なるものでもない。(37)

ディートリヒの類比的産出も自らの「本質的始原論」の内に含めようとしていることは明らかである。ディートリヒからエックハルトは以下の限りにおいて相違している。つまり本質的原因（causa essentialis）が単に類比的原因（causa analogica）として論議されているだけではなく、また同名同義的本質的始原（principium essentiale univocum）としても論議されているという点である。(38) それでは、同名同義的なものの誕生と、先の卓越条項はどのように関係するのであろうか。

父性の意味内容は、子性の意味内容よりも、より偉大なものであり、それは生み出すものの意味内容が生み出されたものの意味内容よりもより偉大なものであるのと同様である。(39)

以上の記述を手がかりにすれば、神的ペルソナにおける父から子（言葉）の同名同義的誕生において、卓越性はペルソナ間における神的秩序を意味するものとここでは理解できるであろう。この問題は本稿六節「範型論」で再度検討する。これまでのエックハルトの言表を整理すれば次のようにまとめることができる。

発出というまさにそのことによって、発出するものはそこから発出したものと区別されるが、その区別は、「同名同義的なもの」（univocum）と「類比的なもの」（analogicum）とでは異なるということである。「同名同義的なもの」の間の区別はまさしく発出したことから生じるペルソナ・基体（suppositum）の区別のみであり、本性は同一である。一方「類比的なもの」の間の区別は、常に生み出されたものは、生み出すものに比べて、より劣った、より小なる、より不完全で、非同等的なものであるので、本性においても（in natura）、基体においても（in supposito）他なるもの（aliud）である。原因されたものは本質的原因の内ではそれ自身においてあるよりもより卓越した仕方で存在するというディートリヒの「卓越条項」は類比的なものの発出に第一に適用されるものであり、同名同義的なものの発出においては、ペルソナ間における神的秩序に基づいた、生み出されたものに対する生み出すものの優位といういわば二次的理解に留まっている。しかし発出したものとしての両者は、始原の内にある限り、本性においても、基体においても他なるものではないことになる。

同名同義的なものの発出とは「父からの子の誕生」であり、類比的なものの発出とは「神の万物創造」であると理解できるであろう。誕生論と創造論が「本質的始原論」において同時に語られていることになる。というのも、「存在と認識の始原は同一である」[40]からである。神は主として、ないしは神としてある限りにおいて被造物の始原であるが、父としては子の始原である。[41]神的ペルソナにおいては、形相の流出はある種の噴出（ebullitio）であり、それゆえに三つのペルソナは端的に、かつ絶対的に一である。[42]それに対して被造物を産出することは、形相因ではなく、作用因の、かつ目的因の様態における創造である。[43]

それゆえ次のように理解されることになる。すなわち、形相そのものは、その固有性により自らを全体として伝達し、それにより生み出されたもの（principiatum）における全存在の始原（principium）ないし原因（causa）であるが、神的ペルソナにおける形相の流出でもまた、生み出すものと生み出されたものは端的にその実体において、つまり存在、生、そして知性認識と働きにおいて一つであることになる。[44]しかし被造物を産出することにおいては、それが神からのものであれ、それら相互のものであれ、事態は異なっているのである。[45]神的ペルソナにおける形相の流出、すなわち父からの子の誕生は、同名同義的流出であるが、被造物の産出は異なった事態すなわち、類比的産出[46]と理解される。

このようにして、福音史家は歴史的真理の下に、神的ペルソナの固有性について語ることによって、同時にすべての生み出されたものと生み出すことの本性と固有性について教えているのである。このことはけっして驚くべきことではない。というのは、常に第一のものは、イデア的な仕方で第二のものの範例であるからである[47]。

五　「義と義なる者」と反復語法

エックハルトは父からの子の誕生の例証として、もしある人が義なる者であるならば、その人が義なる者であるかぎりにおいて（in quantum iustus est）[48]「義」（iustitia）との関係はどのようであるかと自ら問い、以下のように考察している。

義なる者は本性において、義と同一であり[49]、その誕生は同名同義的である。義なる者は義そのものの内に先在するものであり[50]、義は義なる者の始原である[51]。義は義なる者を生み出すが[52]、義なる者は義そのものにおいては、生まれざる義そのものである[53]。さらに義はそれ自身の内に範型を持ち、その範型は似像ないし理念であり、その似像ないし理念において、それに即して、義はすべての義なる者とすべての義なるものを形成する[54]。義なる者は義の言葉であり、その言葉によって義は自らを言い表し、明らかにしている[55]。義から発出し、生まれた義なる者は、まさにこのことによって義から区別されることになる[56]。

問題は、神的な同名同義的誕生の例証として、義なる人間の誕生が果たしてうまく説明されうるのであろうかということである。このとき用いられた〈～であるかぎりにおいて〉(in quantum) という反復語法こそが、義と義なる者をはじめとした広範な被造的例証においてエックハルトの「本質的始原論」を有効たらしめている鍵とも呼ぶべきものなのである。この語法の機能は、『アヴィニヨン鑑定書』(Votum theologorum Avenionensium) 中のエックハルト自身の言葉によれば次のようなものである。

この〈～であるかぎりにおいて〉(in quantum) ということ、反復 (reduplicatio) は、概念 (terminus) から異質な一切のものを排除するのである。(57)

〈～であるかぎりにおいて〉という語法は、まず第一には、主題化された概念を純化する語法である。この語法は主題化された概念を「完全性である存在のレヴェル」で語るものであり、「不完全性である生成のレヴェル」で語られる事態がそこでは排除されている。事物については、生成と存在に関し、まったく異なった仕方で語らなくてはならない。(58) すなわち生成は存在とは異なり、不完全性と不完全なものに属しているが、しかし存在は完全性と完全なるものに属している、(59) からであるとされる。しかしこの反復語法がエックハルトの「本質的始原論」において果している本来的機能はむしろ以下のことにある。

義なる者であるかぎりにおいて義なる者とは、人間である義なる者の内に見られる諸形相の中で、義の形相に限定し、それに注目して、それとの関係においてのみ義なる者としての人間を捉えるということを語るものであり、反復語法の有する本質機能は、限定的観点導入の宣言ということに存する。

義なる者であるかぎりにおいての義なる者の形相ないし形像は、義そのものであって、他のいかなるものでもない。(60)

義の形相からのみ義なるものは問題にされるという限定的視座の論理的仮設が告げられているのである。それゆえ、不義なる父が義なる子を生むことがあっても、それはこれまでに述べたことと矛盾するものではない、(61)と語られる。すなわち、人間は人間を生むのであるが、父は義なる者として子を生む(儲ける)のではないからである。というのは、義なる者としての義なる者の父は人間ではなく、義のみである、(62)からである。

不義なる父から生まれた義なる子は人間の子であるというかぎりにおいては不義なる父の子であるが、義なる者であるかぎりの義なる者としてはその父は義であることになる。

主題化された概念から異質な一切のものを排除することとは、主題化された限定的観点の導入ということを意味し、そのことは聖書義解により獲得した神的ペルソナに関する知見から、自然的事象一切を見ようとするエックハルトの思弁的方法論が必須とする一種の論理装置であったといえるであろう。

こうした理解から先のエックハルトの弁明とそれに対する審問委員会の見解を読むとどうなるであろうか。異端対象とされているのは「神的本性に固有のものは義なる人間に固有(である)」(63)という言説であるが、この文言をエックハルトは「神における義」と「人間における義」が本性上同一であるという主張に立った上で弁明していると理解したとき、どのような事態がそこから読み取れるであろうか。文脈上対応する弁明は次の部分である。

義なる者であるかぎりにおいて義なる者と言われるのは、キリスト自身に本来的に一致する。この〈～であるかぎりにおいて〉ということ、反復は、概念から異質な一切のものを排除するのである。キリストにおいてはしかし、言葉を除いて別の位格的存在（esse hypostaticum）はない。別の人間たちにおいてはしかし、より多く、より少なく（plus et minus）そうであることが証明されるのである。(64)

つまり、反復語法の概念純化手続により主題化された概念の、純化された内容が本来的、固有的に実現されているのはキリスト自身においてであり、他の人間ではより多く義であったり、より少なく義であったりするのである、と弁明していることになる。

理由は、父の言葉である子は父の本性を全的に受け取るものであるからである。つまり義という完全性は父の内にある神的本性であるが、この義という神的本性を担うペルソナはキリストにおいては神的な子のペルソナであるので、義という完全性はキリストの内では完全な様態で存在するからである。一方キリスト以外の人間においては、義の本性をめぐる同名同義的な誕生を語るのには、〈～であるかぎりにおいて〉という反復語法によって「義の観点からのみ問題とする」という限定をした上で、概念純化手続により「存在という完全性」の視点から語ることが必要であったのであって、「生成」という観点から語るならば、個々の人間の義は完全性において、「より多く、より少なく」（plus et minus）実際にはあることになる、と弁明していると解釈できるであろう。「別の人間たちにおいてはしかし、より多く、より少なくそうであることが証明されるのである」、という弁明は、そうしたエックハルトの反復語法による解釈によって、「神における義」と「人間における義」の本性的同一が語られているのだという弁明意図を推測させるものである。この弁明に対し、神学者たちは次のように結論付ける。

そしてもし、反復が義を、キリストとは別のあらゆる人間の基体から排除するなら、なされた説明において言うように、キリストの基体から区別されたいかなる者も義なる者ではないということになる。これは異端である。(65)

エックハルトの反復語法の概念純化の手続きを一見逆手に取るような仕方で、義なる者はキリストにのみ当てはまることになってしまい、キリスト以外の人間で義なる者は存在しないことになるではないか、それは異端的見解であると神学者たちは結論する。

しかしエックハルトの本質的始原論に従えば、逆に反復語法によってすべての義なる者は、キリストと同様に義の本性をその全体として受け取っていることになるのである。その意味でキリストにおける神性の全的授受と反復語法に基づく義なる者における義の本性の全的授受がその関係構造において一致することを踏まえ、ここで異端対象とされている言説「神的本性に固有のものは義なる人間に固有（である）」という言葉が語られたと理解できる。

エックハルトの先の弁明はそうした反復語法の機能を表明しようとしたものと解釈されるが、『鑑定書』に残されたエックハルトのきわめて省略された短い文言から、『ヨハネ福音書注解』で展開されたそうした反復語法の論理枠組みをくみ取るのは到底無理な話であり、その意味では反復語法による解釈であるといった弁明はまったく理解されなかったことは明白である。これに対する審問委員会の神学者たちの先の判定は意図的曲解というよりは理解しがたい弁明に対し、概念純化手続の可能的帰結の一つを示したものといった印象を抱かせる。

しかし最も重要なことは、反復語法を用いてまでなぜわれわれ人間において完全な義の本性授受があることを語ろうとしたのかということである。何のために義と義なる者が同名同義的に語られるのであるかという点である。父から子の誕生と義から義なる者の誕生が両者の関係構造の一致に基づく「比例性の類比」（analogia proportionalitatis）で同一視されたと単純に片付けられない問題がそこにはある。義が超越範疇として神の完全性を表す概念であることを念頭に置けば、真に義なる者は神の子である、というエックハルトのゆるぎない信仰に基づく洞察がそこにあることをこのことは意味しているであろう。そうであればこうした洞察こそが異端審問神学者たちに問われた根本問題であったといえるであろう。

六　範型論

義から義なる者の誕生はさらに範型論の中で、範型（exemplar）とそこから生まれた像（imago）をめぐる問題として一般化され、同名同義的誕生の論理構造を得ることになる。

像はそれが像であるかぎり（in quantum imago est）、自らのいかなるものも、それがそれにおいて存在している基体（subiectum）から受け取るのではなく、その全存在を、それがその像であるところの対象（obiectum）から受け取るのである。[66]エックハルトにおける範型論は、限定的視座に基づく反復語法を介し、主題化された純化概念の同名同義的授受をめぐる本質的始原論であることが明確に告げられている。すなわち、以下のようになる。

像（imago）はその全存在を、それによってその範型（exemplar）が存在するそのすべてのものに従って受け取る。[67] 像はその範型の内に存在している、というのは、像はそこでその全存在を受け取るからであり、その反対に、範型は範型であるかぎり、その像の内に存在しているのであり、それは像がそれ自身の内に範型の全存在を有しているためである。[68] 範型と像が複数であると言われるのは、範型が形成するもの、ないし生むものであるのに対して、像は形成されたもの、ないし生まれたものであるかぎりにおいてであり、「一」であると言われるのは、一方の全存在が他方の内にあり、そこにはいかなる異質のものも存在しないかぎりにおいてである。[69] 像のそのような形成ないし出生は、ある種の形相的流出（quaedam formalis emanatio）である。[70] 像と範型とは同時的なものであり、像のない範型も、範型のない像も考えることができない。[71] さらにその上に、範型のみが像を知っており、像以外の誰も範型を知るものはないが、その理由は、一なる存在が両者に属し、何らかの異質なものが両者に属することはないからである。[72] それは、存在と認識の始原は同一であり、何ものも異質なものによって認識されることはないことによる。[73]

以上がエックハルトの範型論の骨子であるが、注目すべきことは、こうした範型論が捉える論理射程である。

上述のこととそれに似た多くのことは、義なる者（iustus）を義（iustitia）と、存在者（ens）を存在（esse）と、善なるもの（bonum）を善性（bonitas）と、一般に（universaliter）具体的なもの（concretum）をその抽象的なもの（abstractum）と比較することにより明らかになる。[74]

本質的始原論は、範型論の枠組みで、超範疇的である神の完全性を範型に、そこから生起する像の関係として、義なる者、存在者、善なるもの、という具体者をその原初的（primordiale）、本源的（originale）、本質的

(essentiale) 始源 (principium) から生み出されたもの (principiatum) として一般的に (universaliter) 捉えることを目指すものであることがわかるのである。[75]

あるいは逆に、神的ペルソナの発出の義解から構成された本質的始原論を、被造的世界を説明する論として成立させるためには、範型論の枠組みを介す必要があったともいえる。義はそれ自身の内に範型を持ち、その範型は似像ないし理念であり、その似像ないし理念において、それに即して、義はすべての義なる者とすべての義なるものを形成すると語られているのに対応し、始原である父の神的ペルソナは内に範型を持ち、範型であるその似像ないし理念によって子である言葉が形成されたと語ることは神学上不可能なことは明白だからである。[76]

一なる範型である義と多数の諸像である義なる者たちの関係に関しても無論、同名同義的であることは変わりがない。範型 (exemplar) と諸像 (imagines)、すなわち義と義なる者たちが同名同義的に同一であることは、顔と顔を映し出す多くの鏡の譬えを用いて説明もなされている。[77] 範型の不可滅性に関し、身体が消滅しても魂は消滅することはないのと同様、義なる者たちが死しても義は消滅することはないと語られ、愚かな人たちの考えるように、義は多くの義なる者たちにおいて各々異なり、分割され、数えられるものであり、義なる者たち自身の内に根を持つものとする見解を批判する。[78]

しかしその時、次のように語るのである。もし彼らの言うように異なる義によって、多くの義なる者が義であるならば、義なる者は同名異義的に義であるか、義は多くの義なる者に対して同名同義的に関わっているかのどちらかになるが、

ところが、義は多くの義なる者に対して類比的に、範型的に、かつより先なる者として関わっているから、

義は時間のもとに落ちることもなく、数のもとに落ちることもない。このことは、すべての霊的なもの、神的なものに共通なことである。[79]

これまで一貫して述べられていた義と義なる者の同名同義的関係が、ここでは類比的であるとされている。問題は「類比的に」(analogice)という語が文脈上一体いかなる意味において用いられているのかである。自らの功徳(meritum)によることなく、神の恩寵(gratia)によってのみ義なる者たちは義なる者である、とされる箇所で[80]、下位のものは上位のものから、その恩寵によって有しているものを受け取るが、このことは、類比的なものと同名同義的なものとにおいては事態が異なると語られている。[81]

類比的なものでは、能動的なものと受動的なものは質料ないし類において一致していないため、受動的なものは、自らが有するすべてのものを上位のものの純粋な恩寵から受け取っているのであると説明される。[82] もし能動的な上位のものが不在の場合には、恩寵により有しているものは受動的なものに留まることはなく、付着することもないが、そのことは媒体における光を考察すれば明らかなことであるとも語られている。[83]

働きの授受における類比的上位能動者、下位受動者とは、質料、類において一致することのないものであり、それゆえに自らの働きの功徳によらず上位のものの純粋な恩寵により、本性の授与が生起するのだとされている。類比的であるとは、その意味で、両者の間の類の区別を介して、そこに下位の者に対する上位の者の優越性ないし卓越性が存することを示すものであるといえよう。優越性ないし卓越性は、範型が像に対して有する範型論的秩序に基づく構造契機といえるものである。像である下位の者の功徳は類を超えて範型である上位の者に影響を与えることはないからである。像の消滅いかんに関わらず、範型の不可滅性がこれにより担保されるのである。

始原はたえず始原から生じたものに影響を及ぼすが、始原から生じたものは、その始原に影響を及ぼすことはない[84]。その意味で、義は多くの義なる者に対して類比的に範型的に、かつより先なる者として関わると語られたのである。範型である義に対して、像である義なる者の関係が、類比的ないし範型的であるということは、光と媒体の例が引かれていたように、上位の者の現存に支えられる下位のものの全的依存関係を示すものである。

ディートリヒの「本質的原因論」の構成要素である「卓越条項」は、エックハルトの「本質的始原論」では、始原（principium）と始原から生じたもの（principiatum）が範型論の枠組みで捉え直されることにより、範型（exemplar）が、像（imago）に対して持つ本質的卓越性として同名同義的誕生論の内に定位され受け継がれたと理解されるのである。義と義なる者の関係枠組みは類比的であるが、その本性の伝達は同名同義的なものとされるのである。

七　譬えことば

エックハルトは、「彼は、雲間に輝く明けの明星、祭りのときの満月、いと高き方の聖所に輝く太陽のようだ」（シラ五〇・六―七）を扱った「ドイツ語説教九」でこう語る。

〈霧のただなかにおいて明けの明星のように〉。わたしはこの〈のように〉（quasi）という語に注目する。これは〈として〉（als）という意味である。これを子供たちは学校で〈譬えことば〉（bîwort）と名づけている。わたしがすべての説教の中で目指したものがこれである。神について述べられうる最も本来的なこと、それは〈神は〉〈言葉〉であり、〈真理〉であるということである。神は自分自身をひとつの〈言葉〉と名づけた。聖ヨハネは、〈はじめに言葉があった〉（ヨハ一・一）と語ったが、彼はそれによって同時に、人はこの言葉のかたわらで一つの〈譬えことば〉でなくてはならないことを示唆しているのである。[85]

神的な「父と子」の関係が、「義と義なる者」の「例」（bîspel: das nebenher Erzählte, かたわらで語られたこと）に則して語られていることは注目されてよい。というのも、「言葉」のかたわらで語られた一つの〈譬えことば〉（bîwort）にわれわれがなること、そのことがエックハルトによって「すべての説教の中で目指されたこと」であり、「範型論」が「手本に倣う論」、範例論として持つもう一つの意味だからである。

註

＊ エックハルトのテキストは Meister Eckhart, *Die deutschen und lateinischen Werke*, hrsg. im Auftrage der Deutschen Forschungsgemeinschaft, Stuttgart, 1936ff. を使用（Deutsche Werke=DW, Lateinische Werke=LW）。節番号はこれに従い、括弧に DW, LW の巻、頁、行を示した。

（1）Cf. *Expositio sancti evangelii secundum Iohannem* (=*In Ioh.*), n. 2 (LW III, 4, 4-6).

（2）Cf. *ibid.*, n. 185 (LW III, 155, 5-7).

（3）Cf. *ibid.*, n. 2 (LW III, 4, 7-8).

（4）Cf. *ibid.*, n. 185 (LW III, 155, 5-6).

（5）*Sermo* XLIX, 3, n. 446 (LW IV, 372, 4-9): Rursus notandum quod *omnia parata* sunt servire deo, quia res una est in causa et effectu analogis, differens solum modo. Propter quod ipsum nomen hoc indicat analogiae, id est id ipsum utrobique, per prius tamen et posterius. Sicut ergo circulus vino servit ipsum indicando et urina sanitati animalis, nihil in se penitus sanitatis 〈habens〉, sic omnis creatura pari modo servit deo.

(6) Cf. *In Ioh.*, n. 444 (LW III, 381, 5-6).

(7) *Predigt* 9 (DW I, 156, 9): wan ein ieglîchiu crêatûre ist vol gotes und ist ein buoch.

(8) Cf. *In Ioh.*, n. 381 (LW III, 324, 9).

(9) Boethius, *Utrum pater et filius et spiritus sanctus de divinitate substantialiter praedicentur,* ed., R. Peiper, Leipzig, 1871. 但しエックハルトの文言通りの引用箇所は不詳。

(10) *In Ioh.*, n. 361 (LW III, 307, 1-5): Sicut enim praesumptionis est et temeritatis nolle credere, nisi intellexeris, sic ignaviae est et desidiosum quod fide credis, rationibus naturalibus et similitudinibus non investigare, praesertim cum omnis creatura ad minus sit vestigium creatoris et effectus universaliter suae causae.

(11) Cf. *ibid.*, n. 406 (LW III, 345, 2-5).

(12) Cf. *ibid.*, n. 158 (LW III, 130, 10-11).

(13) Cf. *ibid.*, n. 303 (LW III, 253, 1-3).

(14) Cf. *ibid.*, n. 548 (LW III, 478, 7-8).

(15) Cf. *ibid.*, n. 549 (LW III, 479, 1-9).

(16) Cf. *ibid.* (LW III, 479, 9-480, 1).

(17) Cf. *ibid.*, n. 562 (LW III, 489, 1-8).

(18) Cf. *ibid.*, n. 680 (LW III, 594, 5-7).

(19) Cf. *ibid.* (LW III, 594, 8-9).

(20) *Ibid.* (LW III, 595, 1-3): Vel aliter sic: beati esse non possumus, nisi sic deum cognoscamus, ut filii et ut ipsum cognoscit filius, quem misit, Iesus Christus.

(21) *Ibid.*, n. 158 (LW III, 131, 3-4): Est ergo credere et fides quasi motus et fieri ad esse filium.

(22) Cf. *ibid.*, n. 358-360 (LW III, 303, 6-306, 4).

(23) Cf. *ibid.*, n. 358 (LW III, 304, 3-4).

(24) Cf. *ibid.*, n. 359 (LW III, 304, 9-13).

(25) Cf. *ibid.*, n. 4 (LW III, 5, 8-10).

(26) *Ibid.*, n. 31 (LW III, 25, 8-10): Principium scilicet in quo est logos, ratio, est agens essentiale nobiliori modo praehabens suum effectum, et est habens causalitatem super totam speciem sui effectus.

(27) この用語の使用例は例えば *ibid.*, n. 4 (LW III, 5, 8), n. 361 (LW III, 307, 4-5), n. 324 (LW III, 272, 12) など随所でみられる。

(28) Cf. *ibid.*, n. 38 (LW III, 32, 5-15).

(29) ディートリヒ・フォン・フライベルクについては、K・リーゼンフーバー「フライベルクのディートリヒの知性論」、『中世における理性と霊性』知泉書館、二〇〇八年、二七〇—三三〇頁で生涯・著作の記述とともに、その知性論に関して詳細な検討がなされている。

(30) Cf. Theodoricus de Vriburgo, *De animatione caeli,* 8, 1-4 (Sturlese, 19, 3-20, 38).

(31) Vgl. Burkhard Mojsisch, *Meister Eckhart: Analogie,Univozität und Einheit,* Hamburg, 1983, S. 26.

(32) ディートリヒは論述『離在存在と最高離在魂との認識について』（Theodoricus de Vriburgo, *De cognitione entium separatorum et maxime animarum separatarum,* 23, 1-6）でこの本質的原因論（die Theorie der causa essentialis）について概括しているが、本質的原因（causa essentialis）は、実体（substantia）であり、生きている実体（substantia viva）であり、本質的に生きている実体（substantia viva essentialiter）であり、その際、知性的生命（vita intellectualis）である生命は、現実態にある知性（intellectus in actu）である。そしてこれら一切の条件は、神においても、知性実体においても、天体魂においても、また人間の能動知性においても当てはまるべきものとされている。Vgl. Mojsisch, *a. a. O.*, S. 26.

(33) *Sermo* II, 1, n. 6 (LW IV, 8, 6-9): In causis autem primordialibus sive originalibus primo-primis, ubi magis proprie nomen est principii quam causae, principium se toto et cum omnibus suis proprietatibus descendit in principiatum.

(34) Cf. *In Ioh.,* n. 5 (LW III, 7, 3-4).

(35) *Ibid.* (LW III, 7, 5-7): (Ubi notandum quod) in univocis autem semper est aequale, eandem naturam non participans, sed totam simpliciter, integraliter et ex aequo a suo principio accipiens.

(36) *Ibid.*, n. 5 (LW III, 7, 4-5): Ubi notandum quod in analogicis semper productum est inferius, minus, imperfectius et inaequale producenti.

(37) *Ibid*., n. 6 (LW III, 7, 13-8, 1): Item fit aliud in natura, et sic non ipsum principium. Nihilominus tamen, ut est in illo, non est aliud in natura, sed nec aliud in supposito.
(38) Mojsisch, *a. a. O.*, S. 29.
(39) *In Ioh.*, n. 566 (LW III, 494, 6-7): Ratio tamen paternitatis maior est ratione filiationis, utpote producentis quam producti.
(40) *Ibid*., n. 26 (LW III, 21, 4): Eadem autem sunt principia essendi et cognoscendi.
(41) Cf. *ibid*., n. 566 (LW III, 494, 4-5).
(42) Cf. *ibid*., n. 342 (LW III, 291, 7-9).
(43) Cf. *ibid*., n. 342 (LW III, 291, 9-10).
(44) Cf. *ibid*., n. 343 (LW III, 291, 14-292, 1).
(45) Cf. *ibid*. (LW III, 292, 1-2).
(46) 拙論「神と被造物のエッセをめぐるアナロギア論」、『マイスター・エックハルト研究――思惟のトリアーデ構造 esse・creatio・generatio 論』創文社、一九九六年、六九―一七三頁参照。
(47) *In Ioh.*, n. 137 (LW III, 116, 13-15): Sic ergo sub veritate historica loquens evangelista de proprietate personarum divinarum docet simul naturam et proprietatem omnium productorum, producentium et productionum.
(48) Cf. *ibid*., n. 14 (LW III, 13, 2-3).
(49) Cf. *ibid*., n. 16 (LW III, 14, 7-8).
(50) Cf. *ibid*., n. 14 (LW III, 13, 6).
(51) Cf. *ibid*., n. 18 (LW III, 16, 3).
(52) Cf. *ibid*., n. 17 (LW III, 15, 5).
(53) Cf. *ibid*., n. 19 (LW III, 16, 10-11).
(54) Cf. *ibid*., n. 15 (LW III, 14, 3-5).
(55) Cf. *ibid*., n. 14 (LW III, 13, 15-16).
(56) Cf. *ibid*., n. 16 (LW III, 14, 6).

(57) *Votum theologorum Avenionensium* (=*Vot. Aven.*), a. 23 (LW V, 585, 9-10): Li 'in quantum', reduplicatio, excludit omne alienum a termino.

(58) Cf. *In Ioh.*, n. 324 (LW III, 272, 11-13).

(59) Cf. *ibid.*, n. 325 (LW III, 273, 14-274, 1).

(60) *Ibid.*, n. 426 (LW III, 362, 2-3): Iusti, in quantum iustus est, forma et species est ipsa iustitia, nihil aliud.

(61) Cf. *ibid.*, n. 471 (LW III, 403, 12-13).

(62) Cf. *ibid.* (LW III, 404, 1-2).

(63) *Vot. Aven.*, a. 23 (LW V, 585, 1-2): Quia dicit »propria divinae naturae propria homini iusto«.

(64) *Ibid.* (LW V, 585, 8-12): Et ipsi Christo proprie competit quod dicatur iustus in quantum iustus. Li 'in quantum', reduplicatio, excludit omne alienum a termino. In Christo autem non est esse aliud hypostaticum nisi verbi. In aliis autem hominibus verificatur plus et minus.

(65) *Ibid.* (LW V, 586, 5-7): Et si reduplicatio excludit iustitiam ab omni alio supposito a Christo, ut dicit in dicta expositione, sequitur quod nullus distinctus a supposito Christi sit iustus. Quod est haereticum.

(66) Cf. *In Ioh.*, n. 23 (LW III, 19, 5-6).

(67) Cf. *ibid.* (LW III, 19, 8-9).

(68) Cf. *ibid.*, n. 24 (LW III, 19, 14-15).

(69) Cf. *ibid.* (LW III, 20, 2-4).

(70) Cf. *ibid.*, n. 25 (LW III, 20, 5-6).

(71) Cf. *ibid.* (LW III, 20, 11-13).

(72) Cf. *ibid.*, n. 26 (LW III, 21, 1-4).

(73) Cf. *ibid.* (LW III, 21, 4-5).

(74) *Ibid.* (LW III, 21, 6-7): Praemissa autem et plura similia manifeste apparent comparando iustum iustitiae, ens suo esse, bonum bonitati, et universaliter concretum suo abstracto.

(75) Cf. *Sermo* II, I, n. 6 (LW IV, 8, 6-7).

（76） Cf. *In Ioh*., n. 15 (LW III, 14, 3-5).

（77） Cf. *ibid*., n. 119 (LW III, 104, 9-10).

（78） Cf. *Expositio libri Sapientiae,* n. 44 (LW II, 366, 1-3).

（79） *Ibid*. (LW II, 366, 13-367, 2): Nunc autem se habet analogice, exemplariter et per prius, nec cadit sub numero sicut nec sub tempore. Et hoc est quid generale omnibus spiritualibus, divinis.

（80） Cf. *In Ioh*., n. 172 (LW III,142, 3-5).

（81） Cf. *ibid*., n.182 (LW III, 150, 5-6).

（82） Cf. *ibid*. (LW III, 150, 6-8).

（83） Cf. *ibid*. (LW III, 150, 9-11).

（84） Cf. *ibid*., n. 73 (LW III, 61, 8-9).

（85） *Predigt* 9 (DW I, 154, 7-155, 3): ‛Als ein morgensterne miten in dem nebel’. Ich meine daz wörtelîn ‛quasi’, daz heizet ‛als’, daz heizent diu kint in der schuole ein bîwort. Diz ist, daz ich in allen mînen predigen meine. Daz aller eigenlîcheste, daz man von gote gesprechen mac, daz ist wort und wârheit. Got nante sich selber ein wort. Sant Johannes sprach: ‛in den anevange was daz wort’, und meinet, daz man bî dem worte sî ein bîwort.

二　ドゥンス・スコトゥスの信仰理解と神学の位置づけ

小川　量子

序

二〇〇八年、ドゥンス・スコトゥス（Johannes Duns Scotus 一二六五／六六―一三〇八年）の没後七百年を記念する学会は英米仏の各地で行われたが、終焉地ケルンとボン大学では、聖職者を主とする神学分野と文献研究者を主とする哲学分野に分かれて四日間開催された。もしもボナヴェントゥラ（Bonaventura 一二一七／二一―七四年頃）やオッカム（William Ockham 一二八五頃―一三四七年）の学会だったならば、研究者の関心が神学と哲学にちょうど二分されることはなかったかもしれない。スコトゥスにとっても自己の著作が今日哲学的テキストとして研究されるとは思いもよらなかったであろうが、われわれがスコトゥスの哲学的側面だけを研究しようとしても、神学的側面だけを研究するのと同じく、片面的理解にならざるをえない。

近代の啓蒙思想を経て、学問が宗教的信念に左右されない中立性をめざすことは当然になったが、中世の神学者が哲学的諸学を学んだのは、神学のためであって、哲学のためでも、学問のためでもなかった。スコトゥスもその点で異ならないが、信仰にもとづく神学は厳密な意味での学知（scientia）の基準を満たさないと批判したことで、近代における信仰と学問との分離に決定的な役割を果したかのように受け取られがちである。しかしながら、スコトゥスは信仰と学問とを区別することで、両者を無関係なものとして分離しようとしたわけではなく、神学において両者を互いに関係づけて捉えようとしたのである。そのため、スコトゥスの神学は、現代的に見れば、信仰と学問に対する反省的知として、哲学であるとも言える。

一　ハビトゥスとしての信仰の理解

(1)　注入信と獲得信

『レクトゥーラ』(Lectura) 第三巻第二三区分から第二五区分までは信仰に関して論じられるが、[1] 序論における神学に関する議論とは問題意識がほぼ重なり合う。[2] すなわち、神学に関しては、超自然的啓示の必要性が信仰をもたない「哲学者」に対して第一に論じられたが、信仰に関しては、超自然的信仰の必要性が信仰をもつ「神学者」に対して第一に論じられる。いずれにせよ、スコトゥスにとって何よりも重要なのは、すべての人間に必要な啓示と信仰の理解であり、「哲学者」に対しては哲学的知の限界から啓示の必要性を明らかにしたが、「神学者」に対しては信仰の必要性から神学的知の限界を明らかにする。

第二三区分では「われわれに啓示された信じうる事柄については注入信を必然的に措定すべきか」[3] と問われ、獲得信だけで十分とする立場が異論とされる。注入信 (fides infusa) と獲得信 (fides acquisita) という用語はスコトゥス以前から使われていたが、注入信が神の恩寵として超自然的に知性のうちに注入される信仰であるのに対して、獲得信は人から伝えられた啓示を知性が承認して本性的に獲得される信仰である。従来の神学では、倫理的徳に関しては、アリストテレス（Aristoteles 前三八四―三二二年）における本性的に獲得される倫理的徳だけではなく、神から注入される倫理的徳も必要であるかが問われたが、[4]対神徳である信仰については、獲得信だけではなく、注入信も必要かとは問われることはなかった。というのも、神の恩寵である注入信を認めないことは教会の教えに反し、ただちに退けられるからである。しかしスコトゥスが注入信の必要性を問うのは、神学者が注入信を必然的に主張することがいかにして可能であるのかをあらためて問い直すためである。

トマス（Thomas Aquinas 一二二四／二五―七四年）においては、信仰の原因に関して「信仰は人間に対して神によって注入されたものであるか」が問われるにすぎない。[5]本論では、信じることは奇跡や説得などの外的原因では十分ではないが、内的原因である自由意志によると主張するならば、ペラギウス主義になるので、端的に誤りであると断言される。だからといって、トマスは、奇跡に驚き、説教に感動した結果、意志によって知性が動かされて信じるようになることを否定するわけではなく、ただ、そのような原因だけでは、信じる行為を必然的には根拠づけられないと主張するのである。というのも、人間の知性は神の啓示を本性的には認識できないので、神の恩寵によって本性を越えた状態に高められなければ、啓示を真理として承認できないと考えるからである。したがって、どのような仕方で啓示を信じるにせよ、信じること自体は知性が根本的に注入信によって承認へ動かされることによるので、どんなに不完全な信仰であったとしても、信仰であるかぎり神の賜物なのである。[6]そのため、トマスでは、注入信によらずに信仰が獲得されるとは考えられず、獲得信と注入信との区別は意味をもたない。

一方、スコトゥスは注入信とは別に獲得信を認めるが、ペラギウス主義に対する警戒感は全く見られない。トマスの場合、知性が啓示を承認するためには、意志によっても承認へと動かされなければならないと考えられ、信じることは「意志の命令によって一つのことへと限定された知性の働きである」と定義される。(7) すなわち、知性だけでは啓示を承認できないので、神の恩寵によって高められたうえで意志によっても動かされる必要があるのである。それに対して、スコトゥスは、意志が信じようとしても、知性が承認しないかぎり、信じることはできないと考える。すなわち、意志に命じられるから知性は啓示を承認することができるのではなく、知性が承認したことに意志は自由に従うのである。したがって、トマスのように、意志が知性の承認に内的原因として作用することはないので、ペラギウス主義を心配する必要はないのである。(8)

スコトゥスでは、知性には知性自身のハビトゥスである獲得信と注入信のいずれによっても啓示を信じることがいかにして可能なのかが問題であり、知性が知性以外のいかなる原因によって信じるのかは問われない。獲得信は、知性自らが啓示を理解して承認することによるので、知性が何に動かされて承認するかは問題にならないのである。それゆえ、知性が信じる行為の主体（subjectum）でありながら、神からの注入信によって信じることは、いかにして理解可能かが問われるのである。しかしその前に、注入信によらずに獲得信によって信じることとは、いかにして可能かが理解されなければならない。

スコトゥスが、啓示に関する獲得信を認めるのは、アウグスティヌス（Aurelius Augustinus 三五四―四三〇年）が語るように、(9) 啓示を伝える教会が信じられなければ、教会の教える啓示も信じられないからである。すなわち、聖書を神の啓示を伝える書物として信じるのも、他の歴史的文書を信じる場合と同様に、その正統性を認める権威（auctoritas）を信じることによるのである。そこで、獲得信としては、何を信じるにせよ、同じ仕方で信じられるのであり、現代において自分では確かめられない情報の確からしさをマスメディアの信憑性によって信じるのと同じである。そのため、神の啓示を信じるためには、啓示を伝える教会の権威や聖書の信憑性が信じられなければならないので、スコトゥスにおいて獲得信は、教会に反するどころか、教会を信じてその教えを信じることを意味するのである[10]。

まず、教会の教えについて獲得信が実際に認められる二つの例が挙げられる[11]。一つは、キリスト教社会で育ったユダヤ人の子供が、周りの人から聞いて教会の教えを信じるようになる場合であり、洗礼を受けてはいないが、キリスト教徒の子供と信じている内容は同じなのである。もう一つは、洗礼を受けた後、信仰を部分的に捨てて異端になった場合であるが、獲得信は部分的に残っていることになる。スコトゥスは、ユダヤ人や異端者のような、当時の教会では神の恩寵を受けた信者とは認められないケースを取り上げて、獲得信であるかぎり、教会外の信仰も教会内の信仰に一致することを示すが、それは教会内の信仰も教会外の信仰と同じく獲得信として捉えられることに気づかせるためである。すなわち、子供の頃から教会の教えに親しむように教育されるならば、ごく自然な仕方で信じることができるが、洗礼を受けても神の啓示について全く教えられなければ、信じることはできないのである。さらに、成人して子供のようには信じられなくなっても、信仰を完全に捨てないかぎり、子供の時からの信仰を部分的にもち続けることになる。すなわち、信じられなくなった時に、今まで信じていたことが明らかになるような信仰が獲得信なのである。というのも、獲得信は、自ら獲得することも失うことも可能な信仰だからである。

他に獲得信の例としては「この世界は自分の生まれる前にも存在した」と信じることも挙げられる[12]。これは、自分より前に生きていたと信じられる人たちの証言を信じることによるが、指摘されなければ、誰でも気づかずに信じていることである。こうして、スコトゥスは獲得信をキリスト教に限定せずに、人間が何であれ信じる場合の一般的な仕方として広く捉え直したうえで、キリスト教に適用するのである。このような信仰理解は、キリスト教の信仰しか公に認められなかった中世においてはきわめて画期的である。というのも、従来のように、神から与えられる注入信だけが信仰であるならば、キリスト教以外の信仰は信仰として認められないが、獲得信に関しては、キリスト教以外の信仰もキリスト教の信仰と同じような仕方で信仰として認めうるからである。

(2) 存在の一義性と信仰

このようなスコトゥスの信仰理解は彼の神学の根本にある「存在の一義性」にもとづく。スコトゥス以前の神学では、アリストテレスの「存在の類比」にもとづいて、知性の本性的な神の認識可能性が認められ、「存在」は被造物よりも本来的に神に対して述定可能な概念であると考えられていた。これに対して、スコトゥスは「存在」を被造物にも神にも同一の仕方で語られる概念であると理解し、存在の一義性を主張したのである。このようなスコトゥスの存在理解はアヴィセンナ(Avicenna 九八〇―一〇三七年)にもとづくが、序論の中でスコトゥスはアヴィセンナに対しては、自己の宗教的見解を哲学的見解と混同したと厳しく非難する。[13] すなわち、アヴィセンナも「存在」は質料的実体にも非質料的実体にも全く無差別に(secundum totam indifferentiam)述定しうると考えたが、非質料的実体を「存在」として認めるのは彼の信仰にもとづくのに、そのことを知性の本性的な認識可能性にもとづくこととして哲学的に認識できると捉えたことをスコトゥスは批判するのである。

スコトゥスは、感覚的には認識できない神を、感覚的に認識できる質料的実体と同様に「存在」として捉えることは、神が知性に本性的に認識可能な「存在」として信じられるかぎりであると考えたのである。すなわち、神を「存在」として信じることで、存在の一義性にもとづいて、神について語ることも、考えることもできるのであり、神が「存在」として知性に本性的に認識されるから、その「存在」が一義的に認識可能なのではないと主張するのである。というのも、われわれの知性は感覚的表象から抽象された概念によって対象を認識するので、神が知性に本性的に認識可能な存在であることも、それ自体では認識できないからである(14)。

それゆえ、スコトゥスがアヴィセンナを批判したのは、アヴィセンナの哲学が彼の信仰にもとづくからではない。信仰にもとづくのに、信仰にもとづかない哲学であるかのようにアヴィセンナ自身が理解したからである。すなわち、アヴィセンナは、哲学のほうが知として信仰よりも優れていると考えたが、スコトゥスは、アヴィセンナは自己の哲学が信仰によらないと信じているにすぎないと考えるのである。というのも、存在の一義性にもとづいて「存在するかぎりでの存在」を第一対象とする形而上学が可能になるが、何を存在として理解するかは、何を存在として信じるかによるので、自己が何を信じているかを反省的に捉え直さないかぎり、自己の存在理解を明らかにすることはできないと考えるからである。そのため、自己の哲学が信仰にもとづかないと考えるアヴィセンナでは、自己の信仰が信仰として反省されていないので、宗教的見解が哲学的見解と混同されたと、スコトゥスは先の箇所で非難したのである。

こうして、スコトゥスは神学においてアヴィセンナの存在理解を自らの信仰にもとづいて捉え直すのである。すなわち、存在の一義性にもとづいて形而上学が可能になることを明らかにするのは哲学であるが、存在の一義性の理解が信仰にもとづくことを明らかにするのは神学なのである。しかし、存在の一義性にもとづく存在理解がなければ、自己の信仰を理解することもできないのである。というのも、神の存在を信じなければ、神について存在の一義性を認めることができないが、存在の一義性によらなければ、「神の存在を信じる」と語ることはできないからである。そこで、自己が信じる存在を「存在」として語るためには、それがいかなる仕方で「存在」として理解されるのかが哲学的に明らかにならなければならないのである。したがって、スコトゥスの神学において哲学と信仰とは、存在の一義性を軸にして、互いに互いを規定する関係にあり、どちらかがどちらかに還元されることも、同一視されることもなく、不可分な仕方で働き合う。そのように、自己の存在理解と信仰理解が互いに一致するように存在の一義性が措定されるかぎり、自己が「存在」として理解することと「存在」として信じることとは反省的に区別されるので、アヴィセンナのように自己の存在理解（形而上学）と信仰理解（神学）が混同されることはないと考えるのである。(15)

（3） 注入信の必要性

こうして存在の一義性にもとづいて「信仰」も存在として捉えられるかぎりで、信仰について一般的に理解し、語ることも可能になる。しかし、経験的に認識可能な信仰は獲得信であり、経験的に認識不可能な信仰は注入信なのである。そのため、いかにして神について語ることが可能なのかが問われるように、いかにして注入信について語ることが可能なのかが問われるのである。ここでスコトゥスは注入信について語る二つの仕方を批判するが、どちらの観点も、獲得信ではなく、注入信によらなければ、神の啓示を信じることはできないとする従来の立場を表している。

第一の観点は、人を信じて、その人の語ることを信じるのは獲得信によるが、注入信によれば、神を信じて、神が啓示するかぎりのすべてのことを信じることができると理解する立場である。すなわち、獲得信は啓示を伝える者を証人とするが、注入信は神自身を証人とするように区別するのである。(16) スコトゥスは、これに対して、神によって啓示されたから信じるならば、「神によって啓示された」ということは、何によって信じるのかと問い返す。もし「神が三位一体である」が「神によって啓示された」から信じるならば、〈「神が三位一体である」

が「神によって啓示された」〉ことも「神によって啓示された」から信じることになり、無限に繰り返されることになる(17)。そこで「神が三位一体である」を「神によって啓示された」へ関連させて信じるためには、神の啓示を伝える者を信じなければならないのである。

第二の観点は、「神が三位一体である」という命題が「神」や「三位一体」という概念理解だけからは、真か偽かを認識できない中立的命題なので、知性がそのような命題を真であると承認するためには、超自然的な仕方で傾けられなければならないと捉える立場である(18)。すなわち、獲得信によっては啓示の真実らしさ（veracitas）が信じられるにすぎないが、注入信によって啓示が真理（veritas）として確実に信じられると区別するのである(19)。したがって、この場合も、注入信によって信じるならば、獲得信によって信じる必要はないことになるが、注入信によって「神が三位一体である」を真理として信じるためには、まず獲得信によってそれが神の啓示として真実らしいと信じられなければならない、とスコトゥスは主張するのである(20)。

さらに、知性が注入信だけで啓示を必然的に信じるのであれば、信じようと意志する必要はなく、意志しなくても信じることが可能になると反論する(21)。トマスのように、注入信が知性が信じるための必然的根拠ならば、わざわざ意志が知性を承認へ動かす必要性は認められず、神から知性に注入信が与えられるだけで、知性は啓示を真理として承認できる状態になると考えられるのである。したがって、意志が信仰を全く望んでいない場合にも、神が注入信を与えるならば、知性は必然的に信じることができなければならないのである。

しかし、信仰内容が真でも偽でもありうる中立的な命題であると理解して信じるのは、獲得信によるのであり、自己が信じることも信じないことも可能であると理解したうえで信じるのである。それに対して、注入信によって知性が承認することに傾けられるならば、疑う余地はなく、信じるしかないのである。すなわち、啓示をいかなる仕方で信じるのかが、自己にも他者にも理解可能なのは獲得信であるが、注入信によるならば、啓示を信じる理由が、自己にも他者にも理解できないままに、ただ信じられることになる。そのため、スコトゥスは、たんに注入信によるだけではなく、獲得信によって信仰内容が理解されてから信じることが必要であると考えるのである。(22) そうでなければ、自己が信じていることが、信じる者自身にも理解されないことになるからである。

このように、スコトゥスは、注入信を認めるいずれの観点に対しても批判的なので、注入信を認めないかのようにも思われるが、スコトゥスが反対するのは、あくまでも獲得信なしに注入信だけで信じる可能性を認めることであり、注入信を信じる可能性を否定するわけではない。すなわち、スコトゥスが注入信を認めるのは、教会の権威にもとづいて聖書や聖人の言葉を信じるかぎりであり、獲得信によって注入信について信じるのである。(23) そのため、自己が信じることが注入信によるかは判別できないにしても、注入信によって信じる可能性を獲得信によって信じるのである。(24) それゆえ、神学者が注入信による信じ方を獲得信による信じ方と区別しようとする時も、そのような説明の仕方も獲得信にもとづくのである。ちょうど、経験的に認識できない「神」が存在として語られるのは、経験的に認識可能な存在と同様の仕方であると信じられるように、注入信が信仰として語られるのも、注入信の存在が獲得信によって信じられるかぎりでなのである。

獲得信は啓示を伝える他者の言葉を自己の理解にもとづいて信じることなので、欺かれたり、間違う可能性は残されるが、自己の信仰が弱く、誤りやすいことを経験的に知るかぎりで、確かな信仰が与えられるように神に望むことができるのである。したがって、啓示を信じるために注入信が必要なのではなく、獲得信によって啓示を信じるからこそ、注入信の必要性も信じられるのである。このように、獲得信によって神の恩寵が信じられるならば、神の自由を受け入れることも可能になり、神に対する自己の関わり方が正しいかが問われることになる。

しかし、獲得信が人から人へと正確に伝えられるためには、言語による理解が確かでなければならず、そのためにスコトゥスは誰にでも理解可能な「存在」の一義性によって信仰を理解し、語ることを求めたのである。

二　信仰と学知の両立不可能性

（1）トマスの「至福者の知の下位の学」としての神学理解に対して

第二四区分では「啓示された信じうる事柄に関して、ある人が知識（scientia）と信仰を同時にもちうるか」が問われるが、[25]スコトゥスはこの問題を二つの観点に分けて理解する。第一は、啓示された事柄それ自体に関する学知の可能性であるが、それについてはすでに序論で「至福者の神学」が学知であると論じられた。[26]第二は、信仰にもとづく「われわれの神学」が学知である可能性であり、ここでは、この世における神学を学知として捉えるトマスとガンのヘンリクス（Henricus Gandavensis 一二九三年没）の立場がそれぞれ批判される。

トマスも、同一の人間が同一の対象に関して信じると同時に知ることが可能であるとは考えないが、[27]スコトゥスは、トマスが神学を至福者の知に従属する下位の学として捉えることを批判する。[28]学の従属関係はアリストテレスにもとづき、[29]上位の学の結論が下位の学の原理となる場合、下位の学は上位の学にもとづいて学として成立するが、それだけでは学として成立しない。そこで、われわれの神学は、信仰にもとづくかぎりでは学知でないとしても、われわれに信じられることが至福者に知られることから必然的に帰結するかぎりで、至福者の知の下位の学であると理解されたのである。[30]トマスがそのように考えるのは、われわれの信仰は神から注入された信仰であるので、神の知の分有（participatio）として、それへの類似（assimilatio）であることによる。[31]そのため、根源的に同一の神の知が、至福者には学知として、われわれには信仰として与えられ、存在論的に秩序づけられていることを、知の従属関係として解釈したのである。

スコトゥスはトマスに対してはアリストテレスの学問理解にもとづいて反論する。上位の学は下位の学の認識根拠として、下位の学よりも可知的で、より先に知られる学であるならば、下位の学を知る者が上位の学を知らないことは考えられない。そのため、幾何学を知らなければ、それにもとづく光学を知ることはできないように、至福者の知を知らなければ、われわれの神学をその下位の学として知ることはできないはずなのである。しかし、誰かが幾何学を知っているはずだと信じるだけでは、自分が幾何学を知ることにはならないので、至福者が神について学知をもつと信じるだけでは、至福者の知にもとづく学を知るわけではないのである。

この世において、われわれの知性は、神を被造物と共通する概念によって表現するしかないため、神を何らかの「存在」として理解するとしても、それだけでは神について固有な知をもつことにはならない。そのため、至福者のように、神の存在が知性に対象として直接現前しないかぎり、神学は学知ではないと考えるのである。というのも、知性に学知として認識されるためには、学知の根拠が明証的に認識されなければならないからである。したがって、われわれの神学が至福者の知にもとづくとしても、至福者の知がわれわれに明らかにならないかぎり、すなわち、われわれが至福者にならないかぎり、われわれの神学は学知としては捉えられない。そこで、信仰にもとづく神学が学知でないことと至福者の神学が学知であると信じることとは両立するが、われわれの神学が信仰にもとづくとともに、至福者の知にもとづく学知であることは両立しないのである。

スコトゥスの場合、トマスのように、われわれの神学と至福者の神学とが神の知にもとづいて存在論的に秩序づけられているとは理解されない。すなわち、注入信が神の知の分有であることは獲得信によって信じられることであり、至福者の知とわれわれの信仰のあいだには、いかなる存在論的な依存関係も認められないのである。[32]というのも、われわれの信仰が至福者の知に根拠をもつこともこの世で信じられることでしかないからである。

（2）ヘンリクスの「信仰と至福直観の中間段階」としての神学理解に対して

ヘンリクスは、トマスのように、われわれの神学を至福者の知に存在論的に秩序づけることはなく、知性に与えられる恩寵に応じて段階的に知の明証性を比較する。[33]すなわち、神を信じ、知解し、直観する三段階において、信じるための「信仰の光」と至福直観の「栄光の光」の中間段階に「信仰の知解」（notitia credibilium）である神学を照らす特別な恩寵の光が考えられるのである。このことは月食に関する知に喩えられる。すなわち、月食を実際に見たことがない人は、見た人の言うことから、月食という現象を信じるが、天文学者は月食を見たことがなく、信じるだけであっても、月食がいつどのように起こるかを正確に知るので、実際に月食を見た時には、月食を信じる必要はなくなるが、月食に関する天文学的知識は確かめられる。それゆえ、月食を信じることと見ることとは両立しないが、月食について知ることは、月食を信じることとも見ることとも両立可能だと捉えるのである。

啓示に関しても、われわれは聖書に書かれていることを実際に見ることはできないので、ある人が神の子キリストで、ある女性がその母マリアであるというような具体的なことについては未規定な仕方で曖昧に信じるしかないが、神の直観ですべてが明確になるので、信仰と直観とは両立しない。しかし、信じられたことに関する普遍的で論理的な知解である神学は、この世においては信仰と両立し、神の直観によっても強められると考える。そのため、ヘンリクスは、神学をたんなる信仰よりも上位の知として位置づけ、アウグスティヌスの詩編解釈にもとづいて、[34] 多くの人に信仰について教える者を「山」に、信仰にもとづいて正義を実践する者を「丘」に喩える（詩七一・三〔七二・三〕）。[35] このようなヘンリクスの霊的段階の理解は、サン＝ヴィクトル学派のリカルドゥス（Richardus de Sancto Victore 一一七三年没）の霊性神学にもとづくが、[36] 月食の例から明らかなように、アリストテレスの学問理解に関連づけて独自の仕方で捉え直したのである。

スコトゥスがヘンリクスに反対するのは次の二点である。一つは、ヘンリクスが信仰の知解のためには、信仰とは別の恩寵が必要であると考えたことであり、もう一つは、信仰と学知が両立すると捉えたことである。第一の点に関しては、ヘンリクスが信仰の知解についても三段階で捉えていることにもとづいて反論する。すなわち、第一段階は、聖書に書かれた言葉の理解であり、第二は、聖書の言葉の理解にもとづいて論理的に帰結を導いたり、信仰に対立する者に反論する知であり、第三に、信じられたことを信仰によらずに理性だけで知解する段階で、ヘンリクスは最終段階で理性を助ける特別な恩寵が必要であると考えたのである。[37] すなわち、第二段階までは、信仰にもとづく信仰の知解であるが、第三段階は、信仰を越えた恩寵にもとづく理性のみによる信仰の知解なのである。

これに対してスコトゥスは、信仰をもたないユダヤ人でも明晰な理解力をもつならば、信仰をもつ自分と同じように、パウロの言葉を理解し、その論理的帰結を読み取ることができるので、信仰なしにも第二段階までは到達可能であると考える。しかし、信仰をもたなければ、パウロの言葉に固着することはなく、自己が信じない結論に導かれるだけなので、信仰の知解にはならない。[38] たとえば、復活を信じないならば、復活について語るパウロの言葉を理解したとしても、自分には関心のないこととして心に残らない。すなわち、信仰の知解に至るのは、信じることによって、パウロの言葉に固着し、自己が信じていることをパウロの言葉を通して捉え直す場合であり、信仰（注入信）以外にはいかなる恩寵も必要ではないと考える。そして、ヘンリクスが考える第三段階の霊的知解についてては何がいかに認識されるのか明確ではないと批判する。そのため、スコトゥスでは、素朴な信仰者と学識ある神学者には、恩寵にもとづく知のヒエラルキーは認められず、神学者にとって信仰以外に必要とされるのは、信じない者にも可能な聖書の論理的理解だけなのである。

次に、信仰と学知の両立可能性に関して、ヘンリクスは臆見（opinio）は学知の確実性（certitudo）と明証性（evidentia）を欠くため、学知と対立し、両立しえないが、信仰は明証性を欠くとしても確実性をもつため、学知と両立しうると考える[39]。すなわち、信仰と学知のあいだには明証性に関する違いしか認められないのである。それに対して、スコトゥスは、学知が臆見と両立しないのであれば、信仰とも両立しないと反論する。というのも、確実性と非確実性とが両立しないかぎり、学知と臆見は両立しないので、明証性と非明証性とが両立しないかぎり、学知と信仰も両立しないからである[40]。すなわち、信仰は確実性をもつ点で臆見と異なるとしても、明証性をもたないので、信仰と両立可能な神学は、学知ではないと考えるのである。

ヘンリクスが、信仰は具体的なことを曖昧に信じるが、神学は信じることについて普遍的に理解することから、神学を信仰よりも上位の知として位置づけたのに対して、スコトゥスは、知性はこの世において感覚的表象から抽象した概念によって認識するしかないからこそ、具体的なことについては曖昧にしか認識できないと考える[41]。そこで、信仰が「この神」に関わるかぎり、「この神」が「この神」として明確に直観されなければ、「この神」を第一対象とする神学は学知にはならない。しかし、神学者は、信仰者が信じる「この神」を「無限な存在」というように存在の一義性にもとづいて概念的に理解することで、神学者も信仰者も同じ「神」について語ると理解することが可能になる。そのような仕方で、「この神」について信じる信仰と「無限な存在」について理解する神学とは両立するのである。したがって、神学は信仰よりも明確に「この神」について知るわけではなく、自己が信じる「この神」について論理的に理解し、語るために必要な知にすぎないのである。

(3)　信仰にもとづく知の可能性

このようにスコトゥスは、信仰の知解である神学を信仰とも神の直観とも区別するので、ヘンリクスと同じように、信仰、神学、直観を三つの異なるハビトゥスとして区別する。しかし、それは恩寵にもとづく知の段階ではなく、知が知として理解される三つの仕方を表すため、トマスともヘンリクスとも異なる神学の位置づけになる。そのために、まずわれわれに可能な知の三つのあり方を区別した後、それに関連して信仰にもとづく神学についても三つの可能性を区別する。

第一の知は、すでに明らかなように、獲得信による知であり、他者の語ることを信じて自己が直接には知りえない知を獲得することである(42)。人間が何かを学ぶことは、他人が語る言葉を信じて、記憶に留めることであるように、聖書に関しても、知性が聖書の言葉を信じて、それに固着するならば、聖書にもとづいて信じられることについての知をうるのである。このような知に共通するのは、言葉の理解にもとづくということであり、われわれが言葉を学ぶこと自体も、他者が教える言葉の意味を信じることによる。それゆえ、言葉によって共通的に表されうる「存在」を信じることなしには、言葉を理解することも、語ることもできないのである。このように、信じることによって知るという仕方では、信じること自体が知ることになるため、信じることと知ることとを区別できず、自己が信じることが知ることのように理解されるのである。

第二の知は、他者の言葉を信じることによるのではなく、自己の内的確信にもとづいて限定的に何かを知る場合である。[43] たとえば、熟練した職人が自らの勘で一番適切な方法を何の論証もなしに、端的に見抜くような場合である。スコトゥスは、アリストテレスが『ニコマコス倫理学』（Ethica Nicomachea）第六巻[44]で様々な知性のハビトゥスについて語っていることを参照するが、たんに思慮や技術のような実践的知のハビトゥスだけではなく、理論的知のハビトゥスに関しても、何らかの確信によって、学知によるのと同じ結論が、学知にはよらずに知られる可能性を認めている。ちょうど科学者に新しいアイデアが閃き、それが学問的に確かめられたならば、学知として理解されるが、たんに確信しているだけでは、まだ学知とは言えず、学知の可能性が信じられているにすぎない。しかし、学知の可能性を信じなければ、学知は探求されないので、学知の先触れとなる確信なのである。

そのため、スコトゥスは、こうした確信される知については、学知、思慮、技術というような知性のハビトゥスに還元されるかのような知として、直接法ではなく、接続法半過去で、いわば非現実的な仕方で語るのである。というのも、知性に確信があったとしても、学知や思慮や技術が現実にあるとは言えず、それらの存在が信じられているにすぎないからである。同様に、啓示されたことについて自己に確信される知も、注入信に還元されるかのような知なのである。すなわち、獲得信では他者の知が信じられ、信仰内容が共有されるが、このような確信は、宗教的な悟りや気づきのように、個々人に異なる仕方で理解されるのである。ただし、信仰について内的に確信したとしても、神の恩寵によるのかを知ることはできず、獲得信によって神の賜物として信じられるのである。そのため、注入信と両立するかのような知も、本来的な意味での知ではなく、知として確信されたものとしては、非現実的に語られるしかないのである。

最後に、本来的な知であると認められるのは、アリストテレスの『分析論後書』（Analytica posteriora）[45]にもとづく厳密な学知の四つの条件が満たされる場合である。[46] すなわち、第一に、確実で、疑いや誤りのない知であること、第二に、対象が必然的に認識されること、第三に、明証的な根拠にもとづくこと、第四に、三段論法によって論証されることである。このように、学知の確実性は、対象の明証性にもとづく必然的論証によって根拠づけられる点で、信仰の確実性とは区別される。すなわち、対象が明証的に認識されないかぎり、学知とは言えず、学知であるならば、獲得信とも注入信とも両立しえない知なのである。それゆえ、学知であるならば、信じることはなく、ヘンリクスのように、信仰と直観の中間に学知としての神学が位置づけられることはない。

スコトゥスは、このように知として語られうる三つのあり方を吟味した後で「信仰の知解」である神学についても、ヘンリクスにならって三つの可能性を吟味する。すなわち、第一は、聖書に書かれていることの理解であり、すべての信者に必要とされる信仰理解である。[47] 第二は、聖書のある箇所を別の箇所と関連づけて理解したり、互いに対立すると思われる箇所を解明するような、神学者による専門的な聖書解釈にもとづく論理的な信仰理解である。[48] スコトゥスはどちらの場合も、聖書の言葉を原理から結論を必然的に帰結するようには理解することはできないことを注意する。たとえば「死者が復活しないのならば、キリストは復活しなかった」（一コリ一五・一二）というパウロの言葉も、キリストが復活したからには、死者は復活するはずだという意味ではなく、キリストの復活を体験した人の証言を信じるかぎりで、死者の復活も信じられるという意味で理解されるべきだとする。[49] そのため、スコトゥスは、「理性のみ」による信仰の知解は認めず、「信仰のみ」にもとづく聖書理解ないし「聖書のみ」にもとづく信仰理解だけを認めるのである。その点でスコトゥスの神学はプロテスタント神学の先駆けでもある。

第三の信仰の知解は、旧約における預言者の神体験や、新約におけるパウロの奪魂（raptus）やヨハネの黙示のように、特別な神秘体験が与えられたと信じられる場合である。[50] すなわち、このような体験は、それ自体が全面的に神によって原因される超自然的認識なので、すべての信者に与えられるわけではない。そのため、「山」に喩えられるべきなのは、神学者よりも、このような神の恩寵を受けた者だとスコトゥスは考える。しかし、このような特別な神体験も、至福直観のような明証的な学知であるとは考えられない。すなわち、このような体験が与えられた者は自己の体験が神自身によると疑いもなく確信するが、自己の体験が神を表す媒介として信じられているので、神それ自体をいかなる媒介もなしに見ることではないのである。というのも、他者の証言によらず、自己に内的に確信される知も、注入信と両立する知として信じられるかぎり、学知ではないからである。

結

近代では、信仰を宗教に限定し、宗教から自由になるための哲学がめざされたが、スコトゥスは、神学において信仰がいかなる仕方で可能になるかを考えることを通して、知がいかなる仕方で可能になるのかを考えたのである。すなわち、この世における知は、言語認識から存在認識、さらに世界認識から歴史認識に至るまで、根本的に他者の知を信じることにもとづく知であり、学問、倫理、芸術を可能にするインスピレーションも自己の知を確信することによる。このような仕方で、スコトゥスは、信仰と学知を厳密に区別しながらも、信じることによって知が生み出される可能性を信じたのであり、この世における知の可能性を、知を信じる可能性から捉え直したのである。

註

（1） この箇所について現在校訂されている批判的テキストは『レクトゥーラ』（*Lectura*〔= *Lect.*〕III, d. 23-25〔*Opera Omnia*, XXI, ed. Vat. 2004〕）だけである。その他関連箇所は次の通りである。*Quaestiones quodlibetales* (=*Quodl.*), q. 14, n. 7-8; q. 17, n. 10-11; *Reportatio* (= *Rep.*), prol. q. 2, n. 21; III d. 23-25; d. 31, n. 2.

（2） スコトゥスの信仰についての参考文献としては以下を参照。J. Finkenzeller, *Offenbarung und Theologie nach der Lehre des Johannes Duns Skotus, eine historische und systematische Untersuchung*（Beiträge zur Geschichte der Philosophie des Mittelalters XXXVIII, 4-5), Münster, 1960; L. Walter, *Das Glaubensverständnis bei Johannes Duns Scotus*, München, 1968; S. Staudinger, *Das Problem der Analyse des Glaubensaktes bei Johannes Duns Scotus*, Mönchengladbach, 2006.

（3） *Lect.* III d. 23 q. un.: Utrum de credibilibus nobis revelatis necessario sit ponere fidem infusam.

（4） スコトゥスは倫理的徳が注入される必要性を認めない。Cf. *Lect.* III, d. 36, q. un., n. 122.

（5） *Summa theol.* II-II q. 6 a. 1.

（6） *Ibid.*, a. 2 c.

（7） *Ibid.*, q. 2 a. 1 ad 3; q. 4 a. 1 c.

（8） *Lect.* III d. 25 q. un., n. 45.

（9） *Contra epistolam Fundamenti* c. 5〔n. 6〕(CSEL 25^{1}, 197; PL 42, 176) ; *Epistola* 82, *ad Hieronymum* c. 2, n. 16 (CSEL 34, 366; PL 33, 282).

（10） *Lect.* III d. 23 q. un., n. 14.

（11） *Ibid.*, n. 15-16.

（12） *Ibid.*, n. 19.

（13） *Ordinatio* (=*Ord.*), prol. p. 1, q. un., n. 33.

（14） 「存在」の一義性の問題は神の認識可能性について論じる『レクトゥーラ』と『オルディナティオ』の本論（*Lect.* et *Ord.* I d. 3 p. 1 q. 1-3）で詳しく論じられるが、そこでは、主にアヴィセンナの影響を受けたヘンリクスの立場が批判される。そのため、序論でのアヴィセンナ批判も、たんにイスラム教徒であるかぎりでのアヴィセンナに対する批判としてではなく、アヴィセンナにもとづいて神の形而上学的認識を理解しようとした当時のキリスト教神学者一般に対する批判としても読むべきである。

(15) スコトゥスの神学と形而上学については拙稿「スコトゥスとオッカムにおける学問観」、上智大学中世思想研究所編『中世の学問観』創文社、一九九五年、三〇一—三二七頁と「ドゥンス・スコトゥス」、『哲学の歴史3　神との対話　中世』中央公論社、二〇〇八年、六〇五—六三〇頁を参照。

(16) *Lect.* III d. 23 q. un., n. 22-23.

(17) *Ibid*., n. 24-25.

(18) *Ibid*., n. 35-36.

(19) *Ibid*., n. 39.

(20) *Ibid*., n. 45.

(21) *Ibid*., n. 46.

(22) *Ibid*., n. 47.

(23) *Ibid*., n. 48.

(24) *Ibid*., n. 57.

(25) *Ibid*., d. 24 q. un.: Utrum de credibilibus revelatis possit aliquis habere simul scientiam et fidem.

(26) *Lect*. et *Ord*., prol. pars 4 q. 1-2.

(27) *Summa theol*. II-II q. 1 a. 5 c.

(28) *Lect*. III d. 24 q. un., n. 20.

(29) *Anal. post*. I c. 13, 78 b34-79 a16.

(30) *Summa theol*. I q. 1 a. 2 c.; *De veritate* q. 14 a. 9 ad 3.

(31) *Super Boethium De Trinitate* q. 2 a. 2 c.

(32) *Lect*. III d. 24 q. un., n. 21.

(33) *Summa* a. 13 q. 6 in corp.; *Quodlibeta* VIII q. 14 in corp.

(34) *In Ioannis Evangelium* tr. 1, n. 2. ヨハ一・四、詩七一・三参照。

(35) *Summa* a.13 q. 3 c.

(36) *De Trinitate* I c. 4.

(37) *Summa* a. 13 q. 8 in corp.

(38) *Lect.* III d. 24 q. un., n. 31.

(39) *Summa* a.13 q. 7 ad 2.

(40) *Lect.* III d. 24 q. un., n. 36.

(41) *Ibid.*, n. 39.

(42) *Ibid.*, n. 48.

(43) *Ibid.*, n. 49.

(44) *Eth. Nic.* VI c. 2-5, 1139a15-1140b6.

(45) *Anal. post.* I c. 2, 71b9-12.

(46) *Lect.* III d. 24 q. un., n. 50.

(47) *Ibid.*, n. 53-58.

(48) *Ibid.*, n. 59-62.

(49) *Ibid.*, n. 57.

(50) *Ibid.*, n. 63.

三　オッカムにおける神学と哲学

稲垣　良典

一　問題

（1）　私に与えられた課題は、教父時代から中世末期に到る中世哲学の全体を貫く問題、すなわち中世哲学を古代哲学と近代哲学とのいずれからも明確に異なった知的営為として区別する特徴としての（キリスト教）信仰と（人間的）知の関係をめぐる問題[1]――それら二者の出会い、対決、秩序づけあるいは総合の試み――の歴史のなかでウイリアム・オッカム（William Ockham 一二八五頃―一三四七年）を正確に位置づけることである。ところでオッカムは通常、アンセルムス（Anselmus 一〇三三／三四―一一〇九年）によって代表される初期スコラ学の後、アルベルトゥス（Albertus Magnus 一一九三／一二〇〇―八〇年）、ボナヴェントゥラ（Bonaventura 一二一七／二一―七四年）、トマス（Thomas Aquinas 一二二四／二五―七四年）らによって構築された盛期スコラ学に続く後期スコラ学の代表的神学者としてスコトゥス（Johannes Duns Scotus 一二六五／六六―一三〇八年）と並んで挙げられ、スコラ学の破壊者とまでは言わないにしても、スコラ学を根元的に変容させて、知的・学問的な営みとしてのスコラ学の歴史に終止符を打った批判的で革新的な思想家として評価されることが多い[2]。

（2）　このような従来のオッカム評価は、様々の批判と改訂にさらされるべき前提にもとづくものであり、そのまま認めることはできない。そのような前提の一つが、キリスト教初期の教父たちにおける信仰と知（理性）との出会いに始まって、信仰主義《フィディズム》と理性主義《ラショナリズム》との対決を経て、信仰と知の総合が学知（scientia）としての神学の構築という形で構想され、十三世紀にそのいくつかの壮大な実りが出現した、という「スコラ学」[3]の理念である。いうまでもなく、私は「スコラ学」の理念に関するこれまでの歴史的および体系的研究の成果を否定するつもりはまったくない。しかし、「スコラ学」の歴史に等しく決定的な、しかし極めて対照的な仕方で影響を与えたとされるトマスとオッカムについての私自身のささやかな研究にてらして、[4]通説とも言える「スコラ学」理解はかなり根元的な改訂を必要とすると考えざるをえない。

（3）　信仰と知についてのオッカムの立場の特徴――とくに「盛期スコラ学」のトマスの立場との比較を通じてうかびあがるかぎりでの特徴――については、以前『中世思想原典集成18　後期スコラ学』「総序」[5]のなかで要約的に述べたので、それを参照していただきたい。そこで私は「後期スコラ学において哲学が神学へと（かつて盛期スコラ学においてそうであったように、神学にとっての競争者《ライバル》というより必要な協力者、つまり「婢《はしため》」として）秩序づけられる傾向が弱まったということは、普通言われるように、単に哲学と神学、そして理性と信仰とが分離される傾向が強まったということにとどまるものではない。むしろより根本的に、哲学そして（人間）理性そのものの根本的性格（の見方）に変化が起こったことを見落としてはならない」[6]ことを強調した。その変化とは、私見によると、盛期スコラ学においては、人間理性は「信仰の知解」と言う神学的営為の遂行を通じて、すなわち信仰（の真理）にたいして自らを開くことによって自らを（まさしく理性として）完成すると考えられていた。言いかえると、そこでは人間理性は本質的に自らを超えて行くべきもの、その意味で自己超越的なものとして捉えられていたのである。これにたいして、後期スコラ学においては、むしろ人間理性の自己完結性が強調されるようになった。絶対的なものにまで高められた学知（scientia）の確実性の要求は、人間理性が自ら行う認識活動の全体を基礎づける力を自らのうちに有することを前提とするものであり、それは人間理性の自己完結性の主張にほかならない(7)。そして、このような人間理性の自己完結性の要求が、オッカムにおいて人間理性による哲学的探求ないし関心を、もっぱら信仰とは関係のない対象領域に限定しようとする傾向、つまり哲学と神学とを「分離」する傾向として現れたのである。

（4）　このようにオッカムを、たんに信仰と知（的探求）、神学と哲学を分離することによってスコラ学を解体ないし崩壊させた思想家として片付けるのではなく、――つまり通説的な「スコラ学」の枠組みのなかで評価するのではなく――むしろ彼において「スコラ学」と呼ばれる知的営為とは根元的に異なった新しい哲学がはじまっている(8)、と解することは、それがテクストにもとづいて裏づけられるかぎりにおいて妥当であると言えるであろう。しかし、それだけでは信仰と知の関係に関するオッカムの立場の理解・評価としては不十分であると言わざるをえない。なぜなら、オッカムは神学者として、神の存在論証および神に帰せられるべき属性など、人間理性によっても論述可能な哲学的神学だけでなく、「信仰のみによって」（sola fide）肯定される神秘である三一なる神、神の（永遠の言《ことば》の）受肉など、啓示神学の領域においても自らの見解を表明しており、それらをも詳細に検討することなしには信仰と知の関係についてのオッカムの立場を十分につきとめることはできないからであ

る。(9)

(5) しかし、本稿においては啓示神学の主要問題に関するオッカムの見解の考察に立ち入ることはできないので、信仰と(人間理性による)知(的探求)の関係についての彼の立場の特徴に光をあてるため、彼においては信仰と知を何らかの仕方で結びつけ、総合するために不可欠な媒介としての形而上学が哲学、つまり自然的理性による知的探求の領域から排除され、不在であること、(10) およびなぜ彼は神学が厳密な意味で「(学)知」(scientia)であることの否定に傾いたのか、という二つの点を中心に考察を進めることにしたい。

二　形而上学の消去

(1) 或る意味ではオッカム哲学における形而上学の不在は、「実在の世界には個体のほか何も存在しない」(11) および「知性は第一に個体を直観的に認識する」(12) という基本命題によって表明されている彼の徹底した「個体主義」(13) からの必然的帰結として確認できるかも知れない。なぜなら、オッカムの場合「もの」(res) とは可感的・質料的事物の領域であり、可感的・質料的ではない精神とその諸活動の領域は根元的に「もの」の領域から区別された「記号」(signum) の領域に属するとされるからである。人間理性による知的探求の成果である「(学)知」(scientia) の対象は「実在」ないし「もの」の領域であるとするかぎり、可感的・質料的事物の領域を超える対象に関わる「(学)知としての形而上学」の可能性は必然的に排除されざるをえない。(14)

しかし、このような現代の論理実証主義の立場からの形而上学排除の議論と等置できるような論法でオッカム哲学における形而上学の不在を結論することには問題があるので、ここでは形而上学の一部門とされる霊魂論を考察のよりどころにしたい。

（2）　形而上学的霊魂論が学問としての身分を奪われたのは、こんにちの哲学史的通念によればカント（Immanuel Kant 一七二四―一八〇四年）が『純粋理性批判』（Kritik der reinen Vernunft）のなかで「純粋理性の誤謬推理」の標題の下に行った、特殊形而上学の一部門として理性的心理学の批判によってであるが[15]、実はそれよりも約四世紀半前にオッカムによって、カントにおとらず根元的な仕方で学問ないし学知（scientia）としての身分を剥奪されていた。しかもオッカムによる形而上学的霊魂論の批判の背景には、彼自身が遂行したカントのコペルニクス的転回にまさるともおとらない根元的な認識理論の変革があったことを指摘しておきたい[16]。

（3）　オッカムにおいて形而上学的霊魂論が消去されるに到った経過と根拠は、トマスの霊魂論の全体を簡潔に要約する二つの命題――「人間霊魂は身体の形相である」「人間霊魂はこの或るもの（hoc aliquid）あるいは自存する或るもの（aliquid subsistens）である」――のうちの後者がスコトゥスによって否定され、オッカムにおいては両者とも否定される過程を注意深くたどることによってあきらかに理解することができる[17]。

ところで、霊魂を身体の形相として捉えることは、生命ある自然的物体として経験される人間をまさしく人間たらしめる形相として、霊魂を知的に理解することであり、それはアリストテレス的霊魂論の基本的立場を受けいれていることを示す。他方、人間霊魂を「この或るもの」あるいは「自存する或るもの」として捉えることは、人間霊魂すなわち精神（mens）が、最終的にはすべての存在するものの根拠である「存在そのもの」（ipsum esse）に到達するような仕方で、自己の内面へと探求を進めてゆく自己認識によってのみ可能であり、それはアウグスティヌス的霊魂論の基本的立場を継承することを示す(18)。

（4）しかし、アリストテレス的霊魂論とアウグスティヌス的霊魂論を二つとも継承して、新しい形而上学的霊魂論を構築することが可能なのか。とくにアウグスティヌス思想を（トマス自身そのように言明しているように）プラトン哲学の影響の下にあると解した場合には、そのような継承を通じての総合はまったく不可能であるように思われる。霊魂は形相として身体と合一することによって人間という実体（本質ないし本性）を成立させるとするアリストテレス的立場と、人間を「身体を使用する霊魂」（anima utens corpore）と定義して、霊魂はそれ自体で人間としての完全な本性を有すると主張したプラトン的立場は互いにまったく相容れないものであり、それらを一つの形而上学的霊魂論に統一ないし総合することはあきらかに不可能ではないのか(19)。

ところが、トマスが最も初期の著作『在るものと本質について』（De ente et essentia）においてすでにその基本的な原理を確立していた彼独自の形而上学ないし存在論は、まさしくこの難問――いかにして人間霊魂は「この或るもの」すなわち個的実体であると同時に「身体の形相」でありうるか、という難問――を解決しうるものとして構想されていた(20)。さらにこの形而上学は、神の永遠の言《ことば》の受肉という神秘中の神秘、「神の諸々の業のなかで最も驚くべき不可思議な業(21)」の神学的な解明を当初から視野に入れて構築されたものであったことをここで付記しておきたい(22)。

トマスがこの難問にたいして与えた解決は、「存在」（esse）についての彼自身の形而上学的洞察――それは「存在」と「本質」の関係をめぐる論争の歴史が示しているように、あきらかに彼の同時代および後続する世代のスコラ学者たち（トマス学派もふくめて）の理解するところとはならなかった――にもとづくものであり、次のように要約できる。人間霊魂は自らに固有の存在（esse）によって自存する形相であるが、まさしく自存する形相、つまり知的実体として自らを完成するために身体と結びついて複合体を形成するのである。この複合ないし合一は、霊魂が自らの固有な存在（esse）を身体に伝える（身体をして参与せしめる、身体と共有する〔communicare〕）ことによって実現されるのであり、したがって霊魂に固有なる存在がそのまま複合体の存在にほかならない。(23)

すこし説明を補足すると、トマスはまず事物の本質ないし本性認識のレヴェルにおいてはアリストテレス的霊魂論の基本的立場を継承した上で、事物の究極的な実在性が問われる場面においては、霊魂は自存するこの或るもの、すなわち自らに固有の存在（esse）を有する知的実体であるとするアウグスティヌス的霊魂論の基本的立場を継承した。言いかえると、トマスは人間霊魂が何であるかが探求される場所として、質料的・可感的事物によって構成される経験的世界から出発しなければならないことを確認した上で、その探求の深まるところ、事物の究極的現実態である存在が問われる場所――それが精神の自己認識の場所である――が開かれることを示しえたことによって、真に形而上学的な霊魂論を確立することができたのである。(24)

（5）　ところで、トマスにおいて確立された形而上学的霊魂論は、次の世代のスコトゥスにおいて、それを支えていたトマス独自の「存在」（esse）の形而上学が否定されるのにともなって、形而上学としての身分がいわばゆらぎ、さらに次の世代のオッカムになると形而上学的霊魂論そのものが学知（scientia）としての身分を喪失する。まずスコトゥスについて見ると、トマス的霊魂論の基本的命題の前半、すなわち人間の知性的霊魂が身体の形相であり、したがって人間の種的形相であることは、自然的理性によって知られうることを認めるが、その後半、すなわち人間霊魂は自らに固有の存在によって自存するとの主張については否定の見解をとっている[25]——つまり、自然的理性によっては、霊魂と身体との複合体である人間の存在のほかに、そのような霊魂に固有な存在を認識することはできない、と主張するのである。スコトゥスは人間霊魂が自らに固有な存在を有することを否定することからの帰結として、霊魂の不可滅性は——トマスがその論証可能性を主張しているのに反対して——自然的理性によって必然的な仕方では知られえず、したがって論証不可能であるとの見解をとっている[26]。

（6） スコトゥスはトマスと同様に、知性認識の働き（intelligere）を、この働きの根源へと立ち帰って考察することによって、人間の種的・実体的形相としての知性的霊魂の認識に到達している。それは言いかえると、われわれは自然的理性によって、知性的霊魂という形相と身体との複合実体として人間の本質を認識することが可能である、ということであり、その意味ではスコトゥスにおいてたしかに形而上学的霊魂論と呼べるものが存在していた。さらに言えば、スコトゥスは人間があらゆる質料的な条件を超える超感覚的な認識、つまり形相的かつ厳密な意味で知性認識をなしうることを確実な真理として認めており、そしてそのような働きの根源ないし能動的基体は知性的霊魂以外の形相ではありえないことは、自然的理性によって自然的に知られうる、と明確に主張した[27]。

（7） このようにスコトゥスは、トマスと同様に、人間があらゆる質料的条件を超える働きとしての知性認識を為しうることから、人間の本質的・種的形相はそのような働きの能動的基体である知性的霊魂であることを主張した。しかし、彼はトマスとは違って、そこから知性的霊魂はその存在に関して質料にともなうあらゆる限定や欠陥（たとえば時間・空間的限定、生成・消滅）を免れており、したがって不可滅である、との帰結をひきだすことを拒否した。スコトゥスによると知性的霊魂が質料的条件を免れ、不可滅であるのは働きにおいて（in operando）のみであって、存在において（in essendo）ではないのである。言いかえると、知性的霊魂がそのように不可滅であるような固有の存在（esse）をもち、それにおいて自存するということは自然的理性によっては知られず、信仰によって肯定されることに属する、というのがスコトゥスの立場であった。(28)

（8）　スコトゥスが知性（的霊魂）の働きにおける非質料性・不可滅性を認めつつ、そこから存在における非質料性・不可滅性という帰結を導き出すことを拒否していること、言いかえると、知性的霊魂が身体ないし（人間）複合体を超越する固有の働きをもつことを経験的に確認しながら、それが複合体の存在から独立の固有的存在を有することは自然的理性によっては知られえない、と主張していることは、いわゆる「盛期スコラ学」から「後期スコラ学」への推移を示すものとして興味深い。つまりスコトゥスは、われわれの知性認識の働きに関する経験的明証は、そのような働きの直接的基体としての知性的霊魂が存在すること、そしてそれが人間の本質的・種的形相であることとの形而上学的認識を可能にするものではあっても、この形相が複合体から独立に、自らに固有の存在（esse）によって自存することの認識を保証するものではない、と考えたのである。そこにわれわれは後期スコラ学の特徴である認識に関する批判的態度、および学知の確実性あるいは論証の厳格さにたいするスコトゥスの高度の要求を認めることができる。(29)しかし、ここで見落としてはならないのは、このことはスコトゥスが人間霊魂を自然的理性によって、つまり哲学的に探求する場所を、複合体としての人間が問題となる場所に限っている、ということである。(30) そのことは、スコトゥスの霊魂論の基本的立場がアリストテレス的霊魂論の（形而上学に開かれてはいるが、基本的に）自然学的立場へと復帰する傾きを示す、と言える。トマスとの関係で言うと、トマスが人間霊魂の探求において究極的にたどりついた場所は霊魂の究極的現実態としての存在（esse）が問われる場所であり、その存在に即して霊魂を捉えることによって真に形而上学的な霊魂論を確立したと言えるのであるが、スコトゥスにおいては自然的理性の名によってトマス的「存在」（esse）が斥けられ、自然学的霊魂論への方向がえらびとられたのであった。(31)

(9) オッカムは、スコトゥスが自然的理性によって明確に認識され、論証可能であるとした「人間の知性的霊魂は身体の形相であり、人間の種的・固有的形相である」という命題を「オッカムの剃刀」とあだ名された単純明快な議論で切り捨てる。トマスとスコトゥスは人間が知性認識する、という経験からして、知性認識の働きの能動的基体である知性的霊魂が人間の固有的形相であり、身体の形相であることを結論したのにたいして、オッカムはそのような論証は「自然的理性に従う人間」（homo sequens naturalem rationem）ないし「経験と理性に従う者」（sequens rationem cum experientia）にとってはすべて疑いを容れるものである、(32) と断定する。オッカムにとっては、知性的霊魂と呼ばれる形相がわれわれのうちにあることも、われわれにおいて知性認識する働きがこのような実体ないし形相に固有的であることも、またこのような霊魂が身体の形相であることも、理性によって、もしくは経験によって明証的に知ることはできないのであって、それら三つのことをわれわれはただ信じているのである。(33)

結論的に言えば、要するに、知性的霊魂が身体の形相であることを論証しようとする試みはすべて理性と経験にてらして疑いをさしはさみうるものであり、またわれわれは非質料的な実体に固有の働きである知性認識の働きなるものを経験しない、それゆえ知性的霊魂が身体の形相であることは自然理性によっては知られえず、論証不可能である、ということに尽きる。このようにオッカムにおいては人間霊魂に関する哲学的探究は経験的に確証されうる事柄のみに限られ、知性認識の働きの能動的基体としての知性的霊魂にかかわる事柄は自然的理性によっては知られえないこととして、すべて信仰の領域に移された。それは経験にもとづきつつ、経験を成立させている根拠へのふりかえりを通じて構築された形而上学的霊魂論の徹底的な排除を意味する。そのことを指して、さきに、カントによる理性的心理学批判に約四世紀半先立って、形而上学的霊魂論は学知（scientia）としての身分を一挙に剥奪された、と述べたのである。(34)

（10）　またそのさい付記しておいたように、トマスの形而上学的霊魂論が、スコトゥスを経てオッカムにおいて完全に崩壊するに到った過程には、人間における知性認識を、形而上学的な形相・質料的原理にもとづく抽象の働きによって解明するトマス的認識理論が、直観的認識（notitia intuitiva）を中心に据える新しい認識理論によって置きかえられてゆく過程が正確に対応しているのが認められる。直観的認識にもとづく認識理論は、スコトゥスにおいてはそれまでの形而上学的な認識理論を補足・修正する程度にとどまっていたのにたいして、オッカムになると形而上学的な認識理論を全面的に排除して、新しい認識理論の全体を支える役割を担うに到っているのである。(35)

哲学史の通説的説明によると、中世後期の或る時点で従来の認識理論にたいする批判として直観的認識が導入されたとされるが、このような説明は不十分であって、直観的認識を中心とする新しい認識理論が導入されたことの意味を理解するためには、形而上学的霊魂論の崩壊を視野に入れる必要がある[36]。形而上学的霊魂論の崩壊は、知性認識の根源であり能動的基体である実体としての精神あるいは知性的霊魂が理論的認識から除外されることを意味するから、知性認識を根本的に精神の働きとして、いわば内から理解し、説明することは不可能となる。したがって、認識理論は、知性認識の働きを対象による働きかけに始まる過程として、いわば外から記述し、説明する道を選びとらざるをえない。対象あるいは事物が作動因として、認識主体に直接に働きかけることによって成立する直観的認識の理論が、スコトゥスにおいては形而上学的霊魂論の部分的崩壊に対応し、オッカムにおいてはその完全な崩壊に対応しているのは当然のなりゆきであった[37]。

三　神学と学知

（1）　十三、四世紀の神学者たちは一様に「神学（theologia, sacra doctrina）は学知（scientia）であるか」という問いを取り上げて論じており、彼らにとってこの問題が大きな関心の対象であったことを示している[38]。その理由としては、この時代の大学においては、人文（学芸）学部において基礎的な学問的訓練が為された上で、神学が長い歴史をもつ法学や医学と並んで高度の専門的な学問として教えられ、討論されるようになった歴史的状況を考慮すべきであろう。大学において教えられ、討論されるにふさわしいのは、確実であり、論証ないし検証の可能な教え（doctrina）ないし学問（disciplina）、すなわち学知でなければならないからである。

しかし、このように制度としての大学との関係で神学は「学知」（scientia）であるべきだ、と考えるだけではなく、より根本的な理由によって、人間の自然的理性のみによって構築される哲学的学問のほかに、神学という学知がなければならない、と主張した神学者もいたのであり、その一人が十三世紀のトマスであった。彼は「人間に救いがより適切に（convenientius）、より確実に（certius）もたらされるためには、哲学的諸学問のほかに、（神の）啓示にもとづく聖なる教え（sacra doctrina）、すなわち神学という学知（scientia）が必要不可欠であった」[39]と主張したのである。トマスはさらに、神学はたんに学知であるのみではなく他の諸々の学知にたいして、確実性に関しても、それが取り扱う事柄の優越性から見ても、それらすべてを越え出て優越する、と主張している[40]。

ここで注目したいのは、このような神学が学知として有する優越性についてのトマスの主張の当否ではなく、この主張と次に述べるオッカムの神学が（厳密な意味での）学知であることを否定する立場との落差である。わずか数十年の間に起こったこの急激で根元的な変化は、トマスとオッカムを「中世哲学」あるいは「スコラ学」という曖昧な枠組みのなかで捉えることに慣れた論者にとっては大きな驚きであり、あらためてこの時代の神学者たちが行った探究とはどんなものであったのかを見直す機会となるのではないであろうか[41]。

（2）　オッカムは『命題論集講解』（Scriptum in Librum Primum Sententiarum Ordinatio）序論において、いくつかの問題を詳細に論述することで学知（scientia）に関する自らの見解を明確にした上で、最終的に「神学者たちが通常の法則で取得する神学は厳密な意味での学知であるか」（Utrum theologia quae de communi lege habetur a theologis sit scientia proprie dicta）と問い、トマスの肯定的見解を紹介し[42]、それを反駁する形で自らの立場をあきらかにしている[43]。トマスによると、われわれは神学の第一原理については厳密な意味での学知も明証的な認識も有しないが、それら第一原理が信仰によって所有されたならば、それらから帰結する諸結論は厳密な意味での学知によって知られる[44]。オッカムはトマスが『神学大全』（Summa Theologiae）第一部において神学（sacra doctrina）が学知であることを論述している箇所[45]をほとんどそのままの形で引用しているが、それによると神学が学知であるのは音楽理論（musica）ないし光学（perspectiva）などの下位の学知（scientia subalternata）が学知であるのと同じ意味においてであり、それらはそれぞれ数論（arithmetica）および幾何学（geometria）――これらは知性の自然本性的な光によって知られる原理から出発する――という上位の学知（scientia subalternans）から受けとった原理から出発する。そのように神学も上位の学知である神の知（scientia Dei）、および至福者たちの知（scientia beatorum）から信仰を通じて受けとった原理から出発するかぎりにおいて、下位の学ではあるが、厳密な意味での学知であると言われるのである[46]。

このようなトマスの見解にたいするオッカムの反駁の要点は、神の絶対的な全能（potentia Dei absoluta）をもってすれば、われわれのうちに神学の諸真理についての厳密な意味での学知を生ぜしめることが可能であることを認めた上で、通常の経過に即しては（secundum communem cursum）そのことは不可能である、ということに尽きる[47]。とくに、神学が厳密な意味での学知であることの論拠とされている上位―下位の学知に関する説明については、オッカムは下位の学知が上位の学知の光によって自体的に知られる諸原理（principia per se nota lumine superioris scientiae）から出発することは下位の学知について真であるとは言え、なんびとも（下位の学知の）諸結論を経験もしくは明証的に知られた何らかの諸前提を通じて知るのでなければ、それらを明証的に知ることはけっしてない、と断定する[48]。つまり、下位の学知が上位の学知から原理を受けとる場合、当の原理はあくまで何らかの仕方で明証的に知られていなければならないのであって、それら原理がたんに信じられたものにとどまるかぎり、そこから帰結された結論はけっして明証的に知られるとは言えず、したがって厳密な意味での学知ではありえない、とオッカムは主張する。彼は言う。「したがって、あなたが諸原理――それらを私は、あなたがそれらを言明なさるがゆえに信じている――を知っておられるがゆえに、私は何らかの諸結論を知っている、と言明することは無意味である」[49]。同様にまた、「神は諸原理――それらを私は、神がそれらを啓示し給うがゆえに信じている――を知り給うがゆえに私は神学の諸結論を知っていると言明するのは子供じみたこと（puerile）である」[50]。

この議論が前節で言及した「オッカムの剃刀」の原則、すなわち「経験と理性に従う者」が厳守する基準にもとづくものであることは言うまでもない。オッカムによると、通常の経過に即して神学者たちが取得することのできる神学は確実ではあっても明証的な学知ではなく[51]、その大きな部分を占めるのは「真実を言明するが明証的ではない習慣」（habitus veridicus inevidens）としての信仰であり、またその或る部分を占めるのは、判断的ではなく、単に知覚的であるがゆえに、厳密な意味では真実を言明するものではない習慣である[52]。

言いかえると、オッカムは厳密な意味での「学知」（scientia）を、人間が自然的理性を行使することによって、すなわち、経験と理性にてらして明証的（evidens）であるところの認識のみにかぎり、神の啓示に依存する神学からは厳密な意味での学知をすべて排除するのである。トマスは、神学は上位の学知である神の知（scientia Dei）から原理を受けとることによって成立すると主張するが、オッカムによると神的知性はそもそも厳密な意味での学知（scientia sic stricte sumpta）を所有しないのであるから、神の知を上位の学として成立する神学、という観念そのものが無意味とされる[53]。

ここで注目に値するのは、オッカムが神的知性は厳密な意味での学知を有しない、という主張の理由として、この意味での学知は無条件的な意味で完全なものではなく、その明証性は他の複合的な認識によって保証されるたぐいのものである、という不完全さをふくむことを指摘している点である[54]。つまり、オッカムは神の知が無条件的に完全であることを認めつつ、それを人間的知にとっての規準、あるいはそれに近づくべき範型と見なす――それはトマスの立場である(55)――のではなく、むしろこのような不完全さをふくむ人間的な学知を「厳密な意味での学知」として自らの認識理論の中心に置いているのであり、そのことはオッカム哲学の特徴を顕著に示しているように思われる。

四　おわりに

（1）　本稿では、信仰と知の関係をめぐる問題に関するオッカムの立場を適切に理解し、評価するためには、通説のように彼が盛期スコラ学において企てられた神学と哲学との総合にたいする批判を徹底的に行い、それらの分離を決定的なものにした、という指摘では不十分であって、オッカムにおいては哲学、そして人間理性そのものの根本的性格についての見方が根元的に変化したのであり、神学と哲学の分離はむしろその帰結と見るべきである、という見通しの下に考察を進めた。まず、人間の自然的理性による探究としての哲学と、人間理性が神の知に信仰を通じて参与することによって可能となる探究としての神学が結びつくために必要とされる、それらの媒介としての形而上学が、オッカムにおいては形而上学的霊魂論の全面的な排除が示しているように、哲学の領域から消去されていることがあきらかになった。続いて、オッカムにおいては厳密な意味での学知（scientia）という身分が神学から剥奪されていることを確認したが、このオッカムの主張は「経験と理性に従う者」として、人間的学知のみを厳密な意味での学知として認める、という彼の哲学の根本的立場からの帰結であり、その意味で形而上学の（哲学の領域からの）消去と同じ根拠にもとづいていることがあきらかになった。

これら二つの主張は、結局のところ、オッカム哲学の根本的前提である、人間理性の本質的な自己超越性の否定――それは裏から言うと、人間理性が理性として自己完結的であることの肯定である――から導き出されたものであり、繰返し指摘したように、このような人間理性の根本的性格の捉え方からの帰結として、彼においては哲学が神学から切り離される傾向が明確になったのである。

（2）ところで、神学が学（知）（scientia）ではないことは自明の理《トルイズム》であって、当然、哲学の神学からの分離も同様に自明の理である、と断定した場合には議論をここでうち切ることができるが、盛期スコラ学においては信仰と理性、したがってまた神学と哲学とを総合しようとする試みが為された、という説明に何らかの意味を認めた場合には事情は別である。そもそも信仰と理性、神学と哲学との「総合」とは厳密にいって何を意味するのか。トマスは、神学は哲学的な諸学を「婢《はしため》として用いる」[56]（utitur tamquam ancillis）、あるいは「信仰の奉仕へともたらす」[57]（redigens in obsequium fidei）という言い方をしているが、神学と哲学との総合とはこのように神学者が自らの働きにおいて哲学を協力者ないし奉仕者として使用する、ということにとどまるのであろうか。もしそうであれば、オッカムも自らの神学者としての活動において論理学という哲学的学問を使用しているのであるから、トマスと同じことになるのではないか。

そうではなく、神学と哲学との総合は、それら二者がそれぞれの本質を保持しつつ、しかも哲学は神学によって受容されるという仕方で神学と合一（unio）することを意味するのではないだろうか。実際にトマスは「（神学者は）哲学的な諸学を信仰の奉仕へともたらすことによって、水をぶどう酒と混ぜ合わせ（薄め）るのではなく、むしろ水をぶどう酒に変化させるのである」[58]と述べている。これは哲学（水）が自らの本性を喪って神学（ぶどう酒）に変化してしまうということではなく、哲学が神学によって受容され、神学と合一するとこで、哲学としてより卓越したものになるという仕方でたかめられる、という意味に解することができるであろう。

このような解釈はトマスにおける神学と哲学との総合をあまりにもキリスト論に引き寄せるもの、と批判されるかもしれない。しかしトマスの『神学大全』における神学と哲学との総合は、「到達者・至福者（comprehensor, beatus）であると同時に途上者（viator）」[59]であった「道」（via）[60]であるキリストを視野に入れることなしには不可能であったと思われるのであり、そのかぎりではこの解釈にも何らかの価値を認めることができるであろう。もしそうであるとしたら、オッカムの神学と哲学との関係についての理解において神学的キリスト論はどのように位置づけられていたのであろうか、この問いをもって本稿を結ぶことにしたい。

註

（1）「中世哲学」の中心問題は信仰と知の関係をめぐる問題であった、という見解にたいしては、とくに信仰をキリスト教信仰と限定した場合、様々の異論が予想される。しかし「中世哲学」が古代や近代の哲学とは明確に異なった何かを生みだしたとすれば、それを中世哲学の主要な建設者であった神学者たちが共有していた「信仰」に帰することは、重大な反証がないかぎり適切であるといえるだろう。

（2）例として、「オッカムの剃刀」という大きな破壊力をもつ「節約の原理」が、オッカム自身その発明者でないにもかかわらず、オッカムに帰せられている事実を挙げておく。参照。拙著『抽象と直観』創文社、一九九〇年、第三章「オッカムの剃刀」、七一―九九頁。

（3）拙稿「制度知としてのスコラ学――西洋中世大学とスコラ学の関係をめぐって」、比較法史学会編『比較法史研究――思想・制度・社会4　制度知の可能性』未来社、一九九五年、六一―七四頁。

（4）参照。『抽象と直観』。

（5）上智大学中世思想研究所編訳・監修『中世思想原典集成18　後期スコラ学』平凡社、一九九八年、七―二四頁。
（6）同右、一四頁。
（7）同右、一六頁。
（8）オッカムの認識理論は単純に中世哲学の枠組みのなかで解釈・評価することのできないほど根元的に新しい理論であり、こと認識理論に関するかぎり、時代を大きく分ける一線は哲学史的通説の十七世紀ではなく、十四世紀前半のどこかに引くべきである。参照。『抽象と直観』。
（9）このような研究として次を参照。Marilyn McCord Adams, *William Ockham*, 2 vols., Notre Dame, Indiana, 1987, vol. II, Ch. 22, Faith and Reason, pp. 961-1010.
（10）オッカムの形而上学ないし存在論についての評価に関して、同右、vol. I, pp. 287-313を参照。
（11）*Scriptum in Librum Primum Sententiarum Ordinatio*, I, 3, 6 (*Opera Theologica*〔*O.T.*〕,II, p. 488).
（12）*Quaestiones in Librum Secundum Sententiarum (Reportatio)*, II, 13.
（13）オッカムの「個体主義」について次を参照。『抽象と直観』第一〇章「《もの》と《記号》――オッカムの個体主義についての一考察」二五三―二七七頁。
（14）参照。A・J・エイヤー『言語・眞理・論理』吉田夏彦訳、岩波書店、一九五五年、第一章「形而上学の除去」五―二六頁。
（15）Kant, *Kritik der reinen Vernunft*, B397.
（16）参照。『抽象と直観』第一章「霊魂論の崩壊と認識理論の変容」五―三九頁。
（17）同右、一八頁以下。
（18）同右、一八―一九頁。
（19）この問題について拙著『トマス・アクィナス哲学の研究』創文社、一九七〇年、第八章「心身論」、一九九―二三三頁を参照。
（20）*De Ente et Essentia*, IV, 9. Cf. *Summa Theologiae* (*S.T.*), I, 76,1, ad 5.
（21）*Summa Contra Gentiles*, IV, 29.
（22）*S.T.*, III, 2-4. 参照。山田晶『トマス・アクィナスのキリスト論』創文社、一九九九年。

(23) *Quaestio Disputata de Anima*, 1; *S. T.*, I, 76, 1, ad 5; *De Ente et Essentia*, IV, 9.
(24) 『抽象と直観』二〇頁。
(25) 同右、二三頁。
(26) 同右、二五—二九頁。
(27) 同右、二四—二五頁。
(28) *Quaestiones in IV Librum Sententiarum*, 43, 2 (Vivès, Tom. 20, p. 49); *Quaestiones Quodlibetales*, 9, 13 (Vivès, Tom. 25, pp. 379-400).
(29) スコトゥスは *Ordinatio*, I, 3, 4 において認識の確実性について詳細に論じている。
(30) 『抽象と直観』二八頁。
(31) 同右、二九頁。
(32) *Quodlibeta Septem*, I, 10 (*O. T.*, IX, p. 64).
(33) *Ibid.*, pp. 63-64.
(34) 参照。本稿、第二節、(2)。
(35) 参照。『抽象と直観』三二頁。
(36) 同右。
(37) 同右、三二—三三頁。
(38) たとえばこの時期の代表的な神学者であるヘールズのアレクサンデル（Alexander Halensis 一一八五頃—一二四五年）、アルベルトゥス、ボナヴェントゥラ、スコトゥス等はいずれもこの問題を論じている。Alexander Halensis, *Summa Theologica*, Tractatus Introductorius, Q. 1, Cap. 1, "Utrum Doctrina Theologiae sit Scientia"; Albertus Magnus, *Summa Theologiae*, Tractatus 1, Q. 1, An Theologia sit Scientia; Bonaventura, *Commentaria in IV Libros Sententiarum Magistri Petri Lombardi*, *Prooemium*, *Quaestiones Prooemii*, Q. 1-4; Johannes Duns Scotus, *Ordinatio*, Prologus, Pars Quarta, De Theologia ut Scientia.
(39) *S. T.*, I, 1, 1.
(40) *S. T.*, I, 1, 5.
(41) バートランド・ラッセル（Bertrand Russell 一八七二—一九七〇年）の、神学者たちが哲学する場合、結論はすべて彼らが信仰をもって受けいれている教義において先取されているので、彼らを真正の哲学者とは認めがたい、という否定的な評価は有名であり、おそらく同意する人が多いかも知れない。Cf. B. Russell, *History of Western Philosophy*, London, 1966, p. 485. しかし、ラッセルとは違い、中世のスコラ学者、とくにスコトゥスの著作に親しんだパース（Charles Sanders Peirce 一八三九―一九一四年）はこれとはまったく反対の評価をしている。彼によると、中世のスコラ学者たちは、現代のいわゆる哲学者たちが探究の精神を失って「知的遊牧民、放浪者の態度」に陥っているのにたいして、その徹底した探究態度においてむしろ現代の科学者に似通っている。Cf. Charles Sanders Peirce, ed. C. Hartshorne, P. Weiss, *Collected Papers*, I, Cambridge, Mass., 1931, pp. 32-34.

（42）*Scriptum in Librum Primum Sententiarum Ordinatio, Prologus*, *Opera Theologica*, I, p. 184.

（43）*Ibid*., pp. 187ff.

（44）*Ibid*., pp. 184ff.

（45）*S. T.*, I, 1, 2.

（46）*O. T.*, I, p.184.

（47）*Ibid*., p. 187.

（48）*Ibid*., p. 189.

（49）*Ibid*.

（50）*Ibid*., p. 199.

（51）*Ibid*., p. 201.

（52）*Ibid*., p. 206.

（53）*Ibid*., p. 83.

（54）*Ibid*.

（55）トマスによると，「或るものの非質料性がそのものが認識しうることの根拠であり……神が認識の最高に位置することが帰結する」。*S. T.*, I, 14, 1.

（56）*S. T.*, I, 1, 5.

（57）*Expositio super Librum Boethii De Trinitate*, 2, 3, ad 5.

（58）*Ibid.*

（59）*S. T.*, III, 15, 10.

（60）「ヨハネによる福音書」第一四章第六節。

四　クザーヌスにおける信仰と知
――神秘体験における「私」の成立――

佐藤　直子

一　問題提起

『神を観ることについて』（De visione Dei）はニコラウス・クザーヌス（Nicolaus Cusanus 一四〇一―一六四年）の神秘思想を体現する小著である。同書はおそらく一四五三年一一月に著され、彼と親交のあったテーゲルンゼーのベネディクト会の修道院に贈られた。執筆の背景には当時広くなされていた神秘主義論争が同院でも沸騰していたことがある。神秘体験は情動のみによるものであるか知性が関与するものであるかをめぐるこの論争には、クザーヌス自身も後者の立場で関与しているが、(1)その彼に修道院長は、知的な認識が先行するか並行することなしに、情動ないしはシンデレシス（synderesis）と呼ばれる精神の頂点によってのみ神に到達しうるか否かを問うていた。(2)『神を観ることについて』はその返答として執筆されている。(3)序文にあるとおり、クザーヌスは特別な技法で描かれた肖像画とともに本書を贈った。どこからこの肖像画を眺めようと観察者には描かれた人物の視線が自らを観ているかのように思われる。また自らが移動しつつこの像を見やるおりには、描かれた人物の視線は常に観察者を追うように思われる。あるいは複数の観察者が反対方向に動いている際には、その各々が像から視線を送られているように感じる。クザーヌスは「すべてを見やる者の像」とも「神のイコン」とも呼ぶこの肖像画を見るという視覚経験を手引きとして、この経験を反省しつつ、神秘体験に至る道行きをこの道筋自体を可能とする超越論的構造とともに示していくのである[4]。こうした反省を通して遂行される神秘体験への手引きは、神秘体験が単なる情動によるのみではなされえないとするクザーヌスの見解を顕にしている。

ところで神秘体験は神との合一による自己完成であることから、合一への上昇は自己獲得の道程でもある。それゆえ本書は近代的な意味合いで「主観性の成立」という観点から主題化することも可能である。またこの道行きをある部分までは自己認識による神への上昇として追っていくことができる。しかし最終的には「私」は、「引き寄せられ」（attrahi）、「奪い上げられた」（rapi）状態で神を観ることとなる。こうした観想において、「私」とはいかなるものとして捉えられているのであろうか。

神は「愛されうる者」（amabilis）であると同時に「知解されうる者」（intelligibilis）とされ、神へ向かうための人間の能力は真理を希求する知的な能力として、認識能力と欲求能力の区別以前のところから捉えられている[5]。さらに観想による神への上昇は神の顕現に基づく――ここに「神秘神学の容易さ」がある[6]――ことをクザーヌスは強調する。また「観る」ことが対象へと顔を向ける人格的行為であることから、無限者からの人格的な関与が「私」の成立根拠であることも主題となる。このような無限者と有限者の関係性の解明には「縮限」（contractio）や「対立物の一致」（coincidentia oppositorum）などクザーヌス独自の概念装置が枠組みとして用いられ、また「可能現実存在」（possest）や「非他者」（non-aliud）といった後に彼が展開する神名称も随所に現れる。これらの神名称は、根源のあり方を示すものとして哲学的な考察の対象にすることも可能であるが、しかしクザーヌス自身の枠組みにあっては三位一体論またキリスト論への独自の理解に深く根ざすものである。本書を辿りながらクザーヌスの主要な概念がイエス・キリストを焦点とした救済史的体系のなかで機能していることを指摘し、そのなかで神の観想のうちに成立してくる「私」とはいかなるものであるかを考察していくことが小論の目的である。

二　上昇の道行き

「神は万物を見つめるからこそ神《テオス》（theos）と称される(7)」。この語源的考察を傍証とする洞察が本書の全体を支える。「すべてを見やる者のイコン」ないし「神のイコン」を見ることの反省が、まさに万物を見やる者である神の観想としてここに始まるのである。「神のイコン」の観察の反省において、観想者はイコンの眼差しの普遍性を看取すると同時に、自らの眼差しが有限で可変的なものであることを再確認するが、そこからクザーヌスは、自らの神観想とそれを支える神からの関わりを、神の「絶対的な眼差し」（visus absolutus）と自らの「縮限された眼差し」（visus contractus）との関わりとして考察していく。

現象しているものを見るという視覚経験の反省からクザーヌスは、自らの視覚の有限性の自覚が絶対的なものの現象のもとになされること、縮限された眼差しは絶対的な眼差しから成立させられること、絶対的な眼差しがあらゆる縮限された眼差しの原像であり尺度であることを指摘する。絶対的な眼差しは縮限された眼差しのすべての様相を「縮限されえない」（incontrahibilis）仕方で一として包含している。それは縮限された眼差しの縮限の原理として、「縮限された」という受動的状況を超越しつつ自らを縮限へと向ける「諸々の縮限の縮限」（contractionum contractio）としてある。縮限された眼差しは「縮限された」という状況を伴ってのみ成立するが、この状況自体を成立させる原理は絶対的な眼差し以外のものではありえない。「縮限された」という状況を成立させる「縮限」そのものは「縮限されえない」ものであり、「もっとも単純な縮限」（simplicissima contractio）は「絶対的なもの」（absolutum）と一致するのである。[8] さらに、縮限の原理である絶対的な視《ヴィシオ》はどの縮限された視《ヴィシオ》のうちにも内在している。こうしてクザーヌスは絶対的な視《ヴィシオ》と縮限された視《ヴィシオ》との間に「包含―展開」（complicatio – explicatio）という存在論的構造を読み込み、神認識の構造概念として「対立物の一致」を主題化していくのである。

しかしこの存在論的構造は神の愛に基づくことを、観想者は「神のイコン」の眼差しが移動しつつこれを見やる「私」に常に付いてくることへの気づきから看取する。[9] 眼差しのあるところには愛があり、その愛は神自身の存在であるので、常に「私」を配慮する神の存在が「私」とともにある。[10] むしろ、「私」の存在（esse）は神の眼差しから引き起こされたものである。神の創造的認識は人格的関与である。「あなたの観ることはあなたの存在することである。それゆえ、あなたが私を見つめているがゆえに、私は存在する。もしあなたが私から御顔を遠ざけてしまうなら、私は決して存続しない」[11]。しかしもとより「私」の存在とは事実的なものではなく、「あなた」である神の恩恵と善性を受け入れる「受容能力」（capacitas）ないし「受容能力のあるもの」（capax）である。[12] 神は常に「私」に御顔を向けるが――「私」はそこで成立する――それは「私」の受容能力を増すためである。この受容能力において「私」は全能の神の生ける似像であることを受け入れていく。しかしこの受け入れは必然ではなく「自由な意志」（libera voluntas）に任される。[13] 私の「自由な意志」が私の存在を基体として成立しているのではなく、むしろ逆に、私の存在が神の像を受け入れる力（vis）としての私の「自由な意志」に基づいているのである。この「自由な意志」が、「眼差しを注ぐ」という神の先行的な関わりから開かれてくる。

神が眼差しを注ぐことで生起した「私」は神を観る。それゆえ神が「私」の成立の端緒を開くことは、同時に神が「私によって観られる者」として自らを定位することである。御顔を現して有限的な自己に創造的に関わることは、その有限的な自己から神自身が観られることと一つの出来事である[14]。視覚が像を形成することからすれば、これは局面的には神が「私」の像として形成される謙遜を意味する[15]。つまり神の創造的関与のうちには「作用する―作用を被る」「創造する―創造される」ことの一致があるのである。根源的一性としての神はどこまでも「隠れたる神」であり分有不可能であり続ける一方で[16]、この「私」の創造においては、自らを造られた側からの自発的な行為を受け入れる者とする[17]。「私」という有限的な自己の創造自体が、神の謙遜を伴って行われているのである。この「観る―観られる」「創造する―創造される」「作用する―作用を被る」ことの一致を、クザーヌスは「対立物の一致」としての神の相の典型と捉え、これを全能の神の自由な創造において神が引き受ける事態とするのである。さらに観想は、観られたものとしての神の顔が「諸々の顔の顔」(facies facierum)としてすべての顔の真理であり尺度である、という理解へと上昇する。他のすべての顔はその似像である。いかに移動しようとも「私」に神の顔・神の眼差しが常に付き従うのは[18]、神の顔が原型として自らの像である被造的な顔・被造的な主観性を超越しつつも常にそこに臨在し、これを支え続けているからである[19]。

しかし、人間がどれほど神の似像であることを実現し自らの神の受容能力を満たすか、自らの存在をどれほど実現化するかは、その「自由な意志」に任されている。自己贈与をなすべく神は、「私」に「私」となることを課題として与えているのである[20]。「あなたはあなたのものであれ。そうすれば、私はあなたのものであろう」[21]。ここで自由とは単なる選択可能な状態を意味するのではない。人間が自由であるためには、感性を理性に従属させるという倫理的なあり方が要求され、のみならず理性が理性を導く言葉(verbum)ないし「諸々の理性の理性」

(ratio rationum) である神に耳を傾けるという修徳的な態度が要求されてくる。自由はもともと、罪の奴隷であることからの解放、救いの状態として論じられている。それゆえ、本来自由であるのは救いの源である神である。神の似像である人間には、救いへの方向性を持つものとして自由であることを許され、課題とされ、また期待されている。「私」ははじめから救いへ向けて成立せしめられているのである。一方でこれを成立させる神の先行的な関わりは、その行為性によって神自身を「行為を被る者」とする。つまり神は、ここで「対立物の一致」の相で自らを開示し、摂理として有限的な自己を自らへと引き寄せ続ける。[22] 御顔の差し出しが「私」の自由の端緒であり、「私」は神を自らのものとしていくことで自由を獲得していくのである。[23]

三　絶対的無限性としての神

神と「私」のこの眼差しの交換は救いへ向けての神との関わりであることから、至福直観をも意味する「顔を合わせての視《ヴィシオ》」(visio facialis) と呼ばれる。[24] しかし、未だ朧げなこの視《ヴィシオ》において神の顔を観想するには、自らの認識形態を反省的に超克し、闇の中に踏み入って神を探求していかなければならない。「神の顔のイコン」という感覚を媒介とした認識内容には神的な真理がすでに現れている、という理解がクザーヌスの思惟の根底にある。[25] その上で、イコンにおいて観想される「諸々の顔の顔」である神が、その眼差しにおいて一切の有限形相を成立させる「諸形相の形相」(forma formarum) ないし「絶対的形相」(forma absoluta) として、創造根源として看取される。[26] この意味で、相違し合う諸形相を相違なしに一として包含するという点からしても神は「対立物の一致」である。観想者は神のあり方である「対立物の一致」を自らの認識構造としていかなければならない。そのためには、いかなる相の対立においても前提となっている、或るものを他のものとの区別のもとに把握する認識仕方、すなわち「である」（esse）と「ではない」（non-esse）との対立を前提とする論理規則に立脚した認識仕方を超えることが課題となっている。それゆえ「対立物の一致」は、まずは「反対対立するものどもの一致」（coincidentia oppositorum）の意味で捉えられるが、最終的には「矛盾対立するものどもの一致」（contradictoriorum coincidentia）へと収斂していく(27)。

しかし「対立物の一致」の思惟は、そのいずれのものであるにせよ、創造的な因果関係を辿る思惟に支えられている(28)。一方で万物を縮限において展開し、他方で展開している万物を自らにおいて一として包含する神の創造根源としての相がここで観想されているのである。しかしクザーヌスは創造根源としての神を突破し、神を創造根源というあり方に限定せず「絶対的無限性」（absoluta infinitas）の相において観想するように促す(29)。「対立物の一致」は「あなた（神）の住まう楽園を囲む城壁」（murus paradisi in quo habitas）と譬えられ、「私」は理性的な思惟を超えることで「対立物の一致」である城壁の門の内に入る(30)。しかし城壁が囲む楽園を観やるには、この「対立物の一致」という知性的な思惟すら捨て去って無知となり、闇の中に自らを置かなければならない。ここで無知の闇へと入る自己超越が知性にとって可能であるのは、知性は本来的に自ら遂行の限界を超えて観ることのできる能力だからである(31)。そのために知性的な思惟において、「私」には「自らに神は把握しえない」という明確な自己認識が成立する。そこから「私」は無知を無知として自覚し、「知ある無知」（docta ignorantia）において神を観想し続けるのである(32)。

「無限性」は否定的な名辞ではあるが、その内容は実際には「無量で無尽蔵な宝庫(33)」（thesaurus innumerabilis et inexhauribilis）という肯定的なものなので、クザーヌスは「無限性」の考察を通してさらなる神理解を展開していく。まず「対立物の一致」という神のあり方は、自らのうちに矛盾なしに矛盾を包含する神の無限性に基づく。「無限性における矛盾は、それが無限性であるので矛盾なしに存在する」[34]。ところで矛盾は他性なしにはありえない。それゆえ無限性において矛盾を超えて存在する神は非‐他的な様相で存在し、そうしたものとして単純性であり一性である[35]。さらに有限な次元からの視点からすれば、無限性は考えられうるものに対して「より大、もしくはより小」ということがありえない「存在の相等性」（aequalitas essendi）であり、非相等性との対立関係を超えた無限な相等性として万物の尺度（mensura omnium）である[36]。また無限性においてあらゆる存在可能が現実に存在することに鑑みれば、無限である神は全存在可能（omne posse esse）である[37]。無限性そのものについての考察が一性、単純性、相等性などの存在論的鍵概念と「非他者」（non-aliud）また「可能現実存在」（possest）というクザーヌス独自の神名称の母胎となるのである。

　しかし無限性の考察は、即座に修徳的次元へと差し戻される。「神のイコン」を眺めつつ得られた愛と謙遜についての先の観想は、無限性の考察のうちにさらなる存在論的基盤を得ていく。無限性は縮限されえないが、言葉の上では「無限な線」のように、無限性が何らかの名づけられうるものによって限定されることがある。しかし実際には「無限な線」は線ではなく無限性である。「無限な線」は「線」という有限形相が質料を限定する仕方ではなく、「諸形相の形相」である無限者が自らを一つの有限形相へと縮限することで成立するのである。そこでは、無限者が線へと縮限されていること（contrahi）と、線が無限性へと引き寄せられていること（attrahi）が同時に生じている[38]。この例をクザーヌスは観想者である「私」が「神の像」を見るという事態に重ね合わせる。見ることにおいて対象の視覚像が形成されるように、神観想においても「私」は「神の像」を成立させる。これは一見するかぎりでは、「私」が作成した「神の像」による神の無限性の限定であり、「私」による無限性への形相付与である。だがこのモデルは、「絶対的な可能態性」（potentia absoluta）である無限性と、有限形相の限定を被ることで現実に存在する質料すなわち「被成可能」（posse fieri）とを取り違えることからくる謬見である。[39]実際には「私」の方が「諸形相の形相」である無限者の自己縮限で成立した有限形相から成立しているのである。それゆえ有限的な自己の創造における神の謙遜とは、神が自らを「私」の行為の受容者とすることに留まるものではない。「私」の創造自体がすでに神の自己像化に基づく。さらにこの神の自己像化は、局面的には「私」が投影した神の像を通してなされる。神において「作成可能」（posse facere）と「被成可能」は一致するのである。[40]この自己像化の前提として、無限者は自己他化を引き受ける。そのためにこそ、無から神へと引き寄せられるにあたって「私」はまさに「私」として、「原像でもある、私とあらゆるものの像」（imago mea et cuiuslibet, quod exemplar）である無限者から区別された「生ける影」（viva umbra）、有限的な主観として成立する。[41]「私」は無限者の像として、「無限な線」がすでに無限性であったように無限者に与って存在するが、しかしどこまでも「像」である。自らが絶対的真理である神の像であるという自覚において、「私」は自らの像性と自らの原像である神とを一つとして把握しつつ、自らは像として常に第二のものであることを知るのである。

原像―似像関係として神と「私」の関係を把握することで、神の愛についてのさらなる洞察が可能になる。可変的な私から神が離れることがないという神の愛の経験は、像を成立させるための原像の不断の働きとして改めて理解される。しかし「私」が神を愛することは、神の先行的関与のもとでではあれ、「私」の神認識と像形成を通して行われる。「私」の形成する神の像は、それが「私」からの像化であるかぎり「私」の自己投影という側面を持つ。そのために神への愛には自己愛が伴う。しかし両者は背反し合うものではない。自己愛とは、神を愛する者が「諸形相の形相」という鏡のうちに自らの形相の像を見出し、これを愛しているという事態である。

つまり自己愛における「私」とは事実的な「私」ではなく、自らの形相、原型、範型なのである。「彼がこの永遠の鏡のなかに見るものは像ではなく真理であり、それを観ている者の方がそれの像である」[42]。自己愛はこの範型的な自己を愛し求める動きであって、それは無限者への愛を基盤としてこそ成立しうる。そこでは、自らの範型が「諸形相の形相」の縮限により成立する有限形相であるという存在論的構造が看取されている。つまり「諸形相の形相」である無限な神は、自らの類似像を愛するという我々自身のあり方にそって、「私」と同じ形相を持つものへと自らを「適合」(conformare) させつつ縮限し、「私」の像形成のもとで自らを像化して、「私」の自己愛を通して「私」の愛の対象となっているのである[43]。そこには、無限な善性と慈愛に基づく神の下降がある[44]。

一方で、知性は自らの遂行を超えて、自らの遂行の所産としての対象——つまり「知解されたもの」(intellectum)——に拘泥することなく、奪い去られた状態においてどこまでも伸張し、「知解されうるもの」としての対象を観る能力である[45]。無知の自覚は知性のこのあり方に基づいて可能となっている。無限な神が「知解されうる者」として無限であるに留まりながら、願望の的として顕現することで「私」は成立する。つまり「手が届くものであり、かつ呑み込んでも決して呑み込み尽くされることのない糧」「呑み込まれても減少しない糧」として神が現れることで、「私」の精神のはたらきは引き出され、まずは反省を通して、さらには反省という営みから奪い取られ、無知の闇の中で神へと引き上げられていく[46]。「私」とは、神の顕現と引き寄せの動き、つまり創造と完成という救済史的な動きのなかで成立し、同じこの動きのなかで成立してくる「自由な意志」をもってこの動きに参与しながら完成されていくものなのである。

四　三位一体論からキリスト論へ

観想のなかで「私」を成立させる救済史的な動きを展開させる神自身のあり方はいかなるものか。この問題意識においてクザーヌスは、観想の場に立脚しつづけながら三位一体論とキリスト論を解釈していく。無限な神の愛の経験が、彼のここでの三位一体論解釈の出発点である。神は「愛されうる者」（amabilis）として「それより愛されうることが不可能である」という仕方で、「無限に愛されうる者」（infinite amabilis）として現象する。しかし無限者以外の何者によっても神を無限に愛することはできない。「無限に愛されうる者」というあり方が現実に成立するという事態は、「無限に愛する者」（infinite amans）が「無限に愛されうる者」を愛することに基づくのである。神はここに「無限に愛する者」「無限に愛されうる者」「（両者間の）愛の無限な結合」（amoris nexus infinitus）という三性構造を取るものとして看取される。しかし、ここでの「三」は「一」の展開（explicare）から出来するものではない。つまり「一」の他化（alterare）を前提とした「三」、また他の数と本質を違える数的な「三」ではなく、「一で同一なるもの」（unum et idem）の反復（replicare）として、無限な愛である神の同一本質を成立させている「三」である。(47) 神である無限な愛の本質はどこまでも一であり、「愛する者」と「愛されうる者」と両者の「愛の無限な結合」はその一なる本質をなしている。(48) この三的な一は「他性なしの区別」「同一性でもある区別」として、「一性と他性の一致の壁の内側」に生起している。知性は一致の壁の内側にこれを観ているが、しかし壁に阻まれて、これを知解することも言表することもできないのである。(49)

他方で、三性の区別は人間と神との間の愛の関係から説明される。神は人間を「無限に愛する」が、人間によって「無限に愛されている」わけではない。人間はしばしば神に何ものかを優先させ、これに固着するのである。しかしこの「無限に愛すること」と「無限に愛されていること」の不一致は、神のうちに初めから「無限に愛すること」と「無限に愛されうること」との間に区別がないのであればありえない[50]。人間が神を自らの一選択肢となしつつ自由意志（liberum arbitrium）をもって志向するのは、神が「愛する者」「愛されうる者」の区別を持つからこそ可能である[51]。さらに人間の志向の的であるのは「愛する者」あるいは「知解する者」としての神ではなく、「愛されうる者」「知解されうる者」としての神、つまり「受容されうる神」（deus receptabilis）であって、神との合一はこの「受容されうる神」との合一としてなされている[52]。ここで「受容されうる神」を三位の第二位格とすることによってクザーヌスは、「私」が自らの知性と愛をもって自由に神へと向かう場面で、「私」が主体的に救いと完成を目指す場面で、三位一体を主題化することになる。神が本質的な同一性を保ちながらも三位であるがゆえに、「私」の神への志向性が成立するのである。「神が三位でなかったなら至福はないであろう[53]」。

この三位一体についての解釈は、そのままキリスト論へと移行する。愛されることが可能であり、知解されることが可能である――まずはそうしたものとして真理である――神、「受容されうる神」である御子を受け入れるとき、人間の理性的本性は神の「子であること」（filiatio）を実現する。「受容されうる神」は、父なる神がこれを愛し知解することで初めてその無限な受容性を実現することができ、「受容されうる神」であることを完遂する。それゆえ、子なる神と結びつくことを媒介に、人間は父なる神と結びつく。しかしここで、仮に「受容されうる神」と人間本性の間に「それより大なることが不可能な結合」が実現されているなら、そこでは理性的本性は「子であること」を完全に実現している。また、この完全な「子であること」を媒介として、理性的本性を有するすべての者が神と結合し究極的な至福と完成に至ることになる[54]。教会の信仰に基づいてクザーヌスは、ここで仮言的に示されたこの最大の結合が神人イエス・キリストとして実現されていると告白する。[55] さらには仮言的な前提から提示された諸帰結が実現していることを看取する。[56] イエス・キリストなしに至福はありえない。神にして被造物、無限者にして有限者というそのあり方はまさに「対立物の一致の壁」であり仲介者の体現である。この一致を受け入れたとき「私」は、楽園を囲む壁の内に神的本性と一つであるイエスを観るのである。[57]

さらに信仰の権威から、クザーヌスは三位一体の構造を捉えなおす。万物の原因は神がそれらを嘉すること以外にはない。[58] 愛する神である父が愛されうる神である子を生み出すことは、父がその存在を欲する万物の概念（conceptum）を子のうちに生み出すことである。父と子から聖霊が発出するということは、万物を欲する意志とそこから生じた万物の概念とが霊において結合され、創造的行為が現実に成立することである。これは、子なる神において一として包含されていた万物が、聖霊のはたらきによって実際の万物として展開することに他ならない。「包含―展開」という宇宙論的図式は、子における万物の原像の概念と聖霊によるその現実化という三位の動きのなかで成立しているのである。[59] 子なる神は万物の根拠（ratio）であり、その創造の中点・媒介（medium）である。イエスの人間本性は、創造の始原（principium）でありかつ中点・媒介である子なる神、ないしは御言葉と最高度に結合している。それゆえイエスの知性においては神的な創造的認識である被造物の形相ないし原像の認識と、人間的な類似像による認識とが最高度に結合している。[60] その認識にあって範型と類似像が一致しているということが、イエスが教師であり、真理に至る道であり、かつ真理そのものであることの理拠である。[61] イエスが神の子であると信じることは、人間に対して、自らの認識が類似像によるものにすぎないことの自覚をもたらす一方で、イエスにおいて類似像の原像、創造の理拠、真理を把持しながら自らの認識を遂行することを可能にする。そうしたものとしてイエスは、知性の生命の道であり、生命そのものである。[62] それゆえ完成のためにはいかなる知性にとってもイエスを信じることが必要なのである。

信じることは信頼をもって聴き従うことである。自由な生徒の教師への態度と同様に、信頼によって唯一の教師であるキリストの言葉に従属させることなしには完成はない。知性は信仰のうちに神の言葉に耳を傾けることを通して神に近づき、その神の受容能力をますます増し、自らを神の言葉に相応しいものとし、神の類似像としていく。[63] このように信仰において神の言葉に近づいた知性は、愛によってこれと結合する。傾聴による知性の神への接近は、祈りとして行われる。このような仕方で、言葉から知性は自らの存在を得、言葉から朽ちることのない完成を、つまりは神の形となった（deiformis）完成を得る。[64] しかし「父によって引き寄せられた者（tractus）でないかぎり、誰も父のもとに到達することはできない」[65]ので、イエスにおける人間本性を子なる神へと引き上げるのは父なる神である。この同じ動きのなかで父は人間をイエス・キリストへと引き寄せ、イエス・キリストを仲介として自らと一致させる。それゆえ知性の傾聴も、「私」の自由に任されてはいるが、しかし根本的には父の引き寄せに基づく。[66] それゆえ最終的には「私」は祈りにおいて神にこの引き寄せを請い願うのである。「主よ、私を引き寄せたまえ。あなたによって引き寄せられた者でなければ、誰もあなたのもとへと到達できないのであるから」[67]。

五　結　語

観想のうちに観想者が神との合一、自らの完成を目指していくという本書の枠組みのなかでは観想の的である神のあり方を示す教義が洞察の底流をなす。「対立物の一致」は神認識の構造であるが、それが機能するのは神自身が「対立物の一致」の相で観想者に現われ、働きかけているからである。三位一体は行為者としての神と受容者としての神との一致であり、「受容されうる神」は神的本性と人間本性の一致である神人イエス・キリストとして現に存在する。観想者が「対立物の一致」の形式を超えた神自身を認識しうるのは、知性が自らの遂行自体とその所産を超えてどこまでも観る能力としてあり、その遂行のなかに「奪い上げる」「引き寄せる」といった神側の働きを受容することによる。有限者の存在は演繹なしに「諸々の縮限の縮限」である神の自己縮限として捕えられている。この慈愛に基づく下降の動きを通して神は、「私」の志向性の的となりつつ「私」の自由な意志を動かして自らへと上昇させる。「縮限」と「引き寄せ」はこの神の下降と上昇を示す対概念である。本書の神観想において「私」とは、信仰において与えられた枠組みのなかで神の救済史的な運動を辿りながら生成し、自らの完成を目指すものとしてあるのである。

註

＊　クザーヌスのテキストとしてハイデルベルク・アカデミー版全集（*Nicolai de Cusa Opera omnia* iussu et auctoritate Academiae Litterarum Heidelbergensis ad codicum fidem edita）の以下の巻を使用し、章番号、節番号はこれに従った。Vol. I, *De docta ignorantia* (=*DI*), ed. E. Hoffmann et R. Klibansky (Lipsiae, 1932); vol. VI, *De visione dei* (= *VD*), ed. A. D. Riemann (Hamburg, 2000). また *DV* については以下の近代語訳、邦訳を参照した。E. Bohnenstädt (Hrsg.), *Von Gottes Schau*, Leipzig, 1944; J. Hopkins (tr.), *Nicolas of Cusa's Dialectical Mysticism*, Minneapolis, 1985; H. Pfeiffer (Übers.), *Das Sehen Gottes*, Trier, 1985; 八巻和彦訳『神を観ることについて——他二編』岩波文庫、二〇〇一年。

（1）　クザーヌスはカルトゥジア会士アクスバッハのウィンケンティウス（Vincentius de Aggsbach 一三八九頃—一四六四年）との間で論争を行っている。

（2）　Cf. E. Vansteenberghe, *Autour de la docte ignorance: une controverse sur la théologie mystique au XVe siècle* (Beiträge zur Geschichte der Philosophie des Mittelalters), Münster, 1915, p. 100.

（3） 本書は偽ディオニュシオス・アレオパギテス（Dionysios Areopagites 五〇〇年頃）、またエリウゲナ（Johannes Eriugena 八〇一／二五—八七七年以降）の影響を色濃く見せるが、典拠として目立つものはアウグスティヌス（Aurelius Augustinus 三五四—四三〇年）、エックハルト（Meister Eckhart 一二六〇頃—一三二八年）、ジャン・ジェルソン（Jean Gerson 一三六三—一四二九年）に加え、バルマのフーゴ（Hugo de Balma 一三〇四年頃没）の *Mystica Theologia* である。

（4） *VD*, Praef. nn. 2-4.

（5） この点は一四四〇年の *DI* においても明らかである。Cf. *DI*, I, c.1, n.2: ... sanum liberum intellectum verum, quod insatiabiliter indito discursu cuncta perlustrando attingere cupit, apprehensum amoroso amplexu cognoscere dicimus … .

（6） *VD*, n. 1.

（7） *VD*, c. 1, n. 5. Cf. Dionysius Areopagita, *De divinis nominibus*, c.12, n. 2; Johannes Eriugena, *Periphyseon*, I, c. 12.

（8） *VD*, c. 2, n. 7: Omnis enim contractio est in absoluto, quia absoluta visio est contractio contractionum; contractio enim incontrahibilis. Coincidit igitur simplicissima contractio cum absoluto. クザーヌスは過去分詞 “contractus”、受身的可能性を示す “contrahibilis”、さらに抽象名詞である “contractio” を使い分ける。受動的状況を引き起こす “contractio” は神側からの行為である。Cf. *ibid*.: Sine autem contractione nihil contrahitur.

（9） この場面から、「私」が「あなた」である神に語りかける叙述形式となる。八巻和彦訳、前掲書、注一七、二二八頁。

（10） *VD*, c. 4, nn. 9-10.

（11） *Ibid*., n. 10: In tantum enim sum, in quantum tu mecum es; et cum videre tuum sit esse tuum, ideo ego sum, quia tu me respicis, et si a me vultum tuum subtraxeris, nequaquam subsistam.

（12） *Ibid*.: Ad me igitur spectat, ut quantum possum, efficiar continue plus capax tui.

（13） *Ibid*., c. 4 , n. 11. “libera voluntas” は “liberum arbitrium” と同じ意味で使われる。Cf. *ibid*., c. 18, n. 81.

（14） *Ibid*., c. 5, n. 13: Quid aliud, domine, est videre tuum, quando me pietatis oculo respicis, quam a me videri? Videndo me das te a me videri, qui es deus absconditus. Nemo te videre potest, nisi in quantum tu das, ut videaris. Nec est aliud te videre, quam quod tu videas videntem te; *ibid*., c. 10, n. 40: Nam ibi es, ... ubi videre coincidit cum videri et audire cum audiri et gustare cum gustari et tangere cum tangi et loqui cum audire et creare cum loqui. Cf. Johannes Eriugena, *op. cit.*, I, c. 12.

（15）　*Ibid.*, c. 15, n. 66: Ostendis te, deus, quasi creaturam nostram ex infinitae bonitatis tuae humilitate, ut sic nos trahas ad te.

（16）　この見解をクザーヌスはとりわけプロクロス（Proklos 四一〇／一二—四八五年）より受け継ぐが、一四四六年の *De genesi* では根源的な一（unum）は同一（idem）であるとして、根源的一者の隠れと分有可能性をともに主張しうる立場を築く。Cf. *De genesi*, I, n. 145; n. 148. *VD* ではこの同一性構造を「作用者」「受容者」「両者の結合」の三性で捉えていく。

（17）　*Ibid.*, c. 15, n. 66: Trahis enim nos ad te omni possibili trahendi modo, quo libera rationalis creatura trahi potest. Et coincidit in te, deus, creari cum creare. Similitudo enim, quae videtur creari a me, est veritas, quae creat me, … .

（18）　*Ibid.*, c. 6, n. 19: Visus tuus, domine, est facies tua.

（19）　*Ibid.*

（20）　*Ibid.*, c. 7, n. 25.

（21）　*Ibid.*: Sis tu tuus et ego ero tuus.　黙二一・七参照。

（22）　*Ibid.*, c. 7, n. 25; c. 8, nn. 27-28.

（23）　*Ibid.*, c. 7, n. 26: Unde nunc video, si audiero verbum tuum, quod in me loqui non cessat et continue lucet in ratione, ero mei ipsius, liber et non servus peccati, et tu eris meus et dabis mihi videre faciem tuam, et tunc salvus ero.

（24）　一コリ一三・一二参照。“visio facialis” の用例は寡少である。Cf. W. Beierwaltes, *Visio facialis*, München, 1988, Anm. 38, S. 21-22.

（25）　*VD*, c. 6, n. 17; n. 21.

（26）　*Ibid.*, c. 6, n. 17; c. 9, nn. 33-34; c.15, n. 61.

（27）　*Ibid.*, c. 9, nn. 36-37.

（28）　*Ibid.*, c. 11, n. 46; n. 50.

（29）　*Ibid.*, c. 12, n. 50: Non es igitur creator, sed plus quam creator in infinitum, licet sine te nihil fiat aut fieri possit.

（30）　*Ibid.*, c. 9, n. 37.

（31）　*Ibid.*, c. 16, n. 70. Cf. *ibid.*, c. 17, n. 75: Claudit enim murus potentiam omnis intellectus, licet oculus ultra in paradisum respiciat, id autem, quod videt, nec dicere nec intelligere potest.

（32） *Ibid*., c. 13, n. 52. Cf. Dionysius Areopagita, *Epistula* 1.

（33） *Ibid*., c. 16, n. 67. マタイ一三・四四参照。

（34） *Idid*, c. 13, n. 54: ... sicut alteritas in unitate est sine alteritate, quia unitas, sic contradictio in infinitate est sine contradictione, quia infinitas. Cf. Johannes Eriugena, *Periphyseon*, I, c. 14, nn. 461-462.

（35） *VD*, c. 13, n. 54.

（36） *Ibid*., n. 56: ... dico ipsam (infinitatem) esse mensuram omnium, cum nec sit maior nec minor. Et sic concipio eam aequalitatem essendi. Talis autem aequalitas est infinitas. Et ita non est aequalitas modo, quo aequalitati opponitur inaequale, sed ibi inaequalitas est aequalitas.

（37） *Ibid*., c. 13, n. 54; n. 56; c. 14, nn.58-59.

（38） *Ibid*., c. 13, n. 57: Si enim dixero infinitum contrahi ad lineam, ut cum dico infinitam lineam, tunc linea attrahitur in infinitum. “contrahere” と “attrahere” の対応関係については以下を参照。八巻和彦訳、前掲書、注一四二、二四六頁。

（39） *Ibid*., c. 15, nn. 61-63.

（40） *Ibid*., n. 61: Sed respondes in me, ... absolutam potentiam esse ipsam infinitatem, quae est ultra murum coincidentiae, ubi posse fieri coincidit cum posse facere, ubi potentia coincidit cum actu.

（41） *Ibid*., n. 64.

（42） *Ibid*., n. 63: ... id, quod videt in illo aeternitatis speculo, non est figura, sed veritas, cuius ipse videns est figura.

（43） *Ibid*., n. 65: O inexplicabilis pietas, offers te intuenti te, quasi recipias ab eo esse, et conformas te ei, ut eo plus te diligat, quo appares magis similis ei.

（44） *Ibid*., n. 66.

（45） *Ibid*., c. 16, n. 70: ... si visus non satiatur visu nec auris auditu, tunc minus intellectus intellectu. アリストテレス的な伝統に従い、対象を能力の遂行を現実態化させるものとして “~bilis” として捉えることが、知的な能力の無限への開きを可能にする一因である。

（46） *Ibid*., nn. 68-70.

（47） *Ibid*., c. 17, n. 74: Nam cum dicit unum ter, replicat idem et non numerat. Numerare enim est unum alterare, sed unum et idem triniter replicare est plurificare sine numero. 再帰性の契機としての「三」を数的な「三」から区別する思惟を、クザーヌスはボエティウス

（Boethius　四八〇頃―五二四年頃）とシャルトルのティエリー（Thierry de Chartres　一一五六年以降没）から受け継ぐ。

（48）*Ibid.*, n. 72.

（49）*Ibid.*, n. 75.

（50）*Ibid.*, c. 18, n. 80.

（51）*Ibid.*, n. 81: Quis igitur negare potest te deum trium, quando videt, quod neque tu nobilis neque naturalis et perfectus deus esses nec spiritus liberi arbitrii esse nec ipse ad tui fruitionem et felicitatem suam pertingere posset, si non fores trinus et unus.

（52）*Ibid.*, c. 19, n. 82: ... video humanam rationalem naturam tuae divinae naturae intelligibili et amabili tantum unibilem et quod homo te deum receptibilem capiens transit in nexum, qui ob sui strictitudinem filiationis nomen sortiri potest.

（53）*Ibid.*, c. 18, titulus: Quod nisi deus trinus esset, non esset felicitas.

（54）*Ibid.*, c. 18, n. 82; c. 19, n. 83.

（55）*Ibid.*, n. 83.

（56）*Ibid.*, n. 85.

（57）*Ibid.*, c. 20, n. 89.

（58）*Ibid.*, c. 19, n. 83.

（59）*Ibid.*, n. 84.

（60）*Ibid.*, c. 20, n. 89.

（61）*Ibid.*, c. 20, n. 90; c. 21, n. 91; c. 22, n. 100; c. 24, nn. 112-113. Cf. Augustinus, *De magistro*, XI, c. 38, nn. 46-48. マタ二三・一六、マコ一〇・一七参照。

（62）ヨハ一・一四参照。“anima intellectualis”, “intellectualis natura”, “intellectus”を同じ意味で捉えながら、クザーヌスは完成を知性の完成に置き換えて述べていく。Cf. *ibid.*, c. 23, nn. 102-103.

（63）*Ibid.*, c. 24, n. 112.

（64）*Ibid.*: Et haec perfectio, quae venit sic a verbo, a quo habuit esse, non est perfectio corruptibilis, sed est deiformis, sicut perfectio auri non est corruptibilis sed caelestiformis.

(65) *Ibid*., c. 25, n. 119. Ⅱ八六・四四参照。

(66) *Ibid*., c. 21, n. 93.

(67) *Ibid*., c. 25, n. 119: Trahe me, domine, quia nemo pervenire poterit ad te nisi a te tractus.

執筆者紹介（執筆順）

出村みや子（でむら・みやこ）　一九五五年生。東北学院大学文学部教授（キリスト教史〔古代・中世〕・教父学）。「古代キリスト教史」（『総説　キリスト教史1』日本基督教団出版局）、「古代アレクサンドリアの聖書解釈の系譜」（『エイコーン――東方キリスト教研究』第四一号）、『聖書解釈者オリゲネスとアレクサンドリア文献学』（知泉書館）、ほか。

土橋茂樹（つちはし・しげき）　一九五三年生。中央大学文学部教授（古代ギリシア哲学・教父学）。『哲学』（中央大学通信教育部）、「教父哲学」（『西洋哲学史Ⅱ』講談社選書メチエ）、「十三・十四世紀におけるアリストテレス『政治学』の受容」（『中世の社会思想』創文社）、"*Homotimia* and *synarithmesis* in Basil of Caesarea's *De Spiritu Sancto*"（*Studia Patristica* 47）、ほか。

出村和彦（でむら・かずひこ）　一九五六年生。岡山大学大学院社会文化科学研究科教授（古代哲学倫理学・教父学）。『アウグスティヌスの「心」の哲学：序説』（岡山大学文学部研究叢書）、「アウグスティヌスの「貧困」への関わりと「心」」（『東北学院大学キリスト教文化研究所紀要』第二八号）、ほか。

谷隆一郎（たに・りゅういちろう）　一九四五年生。九州大学名誉教授（教父学・中世哲学）。『人間と宇宙的神化――証聖者マクシモスにおける自然・本性のダイナミズムをめぐって』（知泉書館）、『アウグスティヌスと東方教父――キリスト教思想の源流に学ぶ』（九州大学出版会）、ニュッサのグレゴリオス『モーセの生涯』（翻訳、教文館）、『フィロカリアⅢ』、『同Ⅳ』（以上、翻訳、新世社）、『砂漠の師父の言葉』（共訳、知泉書館）、ほか。

今義博（こん・よしひろ）　一九四六年生。山梨大学名誉教授（新プラトン主義哲学）。「キリスト教神秘主義の源流と架橋――偽ディオニュシオス・アレオパギテスとエリウゲナ」（『イスラーム哲学とキリスト教中世Ⅲ　神秘哲学』岩波書店）、ほかプロティノス、アウグスティヌス、偽ディオニュシオス、エリウゲナに関する諸論文。

矢内義顕（やうち・よしあき）　一九五七年生。早稲田大学商学学術院教授（中世哲学）。『中世思想原典集成10　修道院神学』（監修、平凡社）、R・W・サザーン『カンタベリーのアンセルムス――風景の中の肖像』（翻訳、知泉書館、近刊）、「カンタベリーのアンセルムスにおけるスピリチュアリティ」（『スピリチュアリティの宗教史　下巻』リトン）、ほか。

リーゼンフーバー、クラウス（Klaus Riesenhuber）　一九三八年生。上智大学名誉教授（中世哲学・思想史）。『中世における自由と超越』、『中世哲学の源流』、『超越に貫かれた人間』（以上、創文社）、『西洋古代・中世哲学史』、『中世思想史』（以上、平凡社ライブラリー）、『中世における理性と霊性』（知泉書館）、ほか。

桑原直己（くわはら・なおき）　一九五四年生。筑波大学人文社会系教授（倫理学・中世哲学）。『トマス・アクィナスにおける愛と正義』（知泉書館）、『東西修道霊性の歴史——愛に捉えられた人々』（知泉書館）、「トマス・アクィナスの倫理学」（『イスラーム哲学とキリスト教中世Ⅱ　実践哲学』岩波書店）、ほか。

中村秀樹（なかむら・ひでき）　一九六三年生。上智大学文学部助教（中世思想・形而上学）。「一二世紀のプラトニズム」（『中世思想研究』第五四号）、»amor invisibilium« *Die Liebe im Denken Richards von Sankt Viktor* (Corpus Victorinum, Instrumenta 5, Aschendorff Verlag), *Vom Einen zum Vielen. Der neue Aufbruch der Metaphysik im 12. Jahrhundert*（共訳註、Vittorio Klostermann Verlag）,"*Scientia*" *und* "*Disciplina*": *Wissenstheorie und Wissenschaftspraxis im 12. und 13. Jahrhundert*（共著、Akademie Verlag）、ほか。

樋笠勝士（ひかさ・かつし）　一九五四年生。上智大学文学部教授（古代中世哲学・美学）。「『神の摂理』——ストア派と教父思想」（『中世思想研究』第五二号）「ストア派の『詩学』」（『ギリシャ哲学セミナー論集』第八号）、「アウグスティヌスにおける『音楽』の概念——『理論』としての『音楽論』」（『パトリスティカ』第一三号）、ほか。

山本芳久（やまもと・よしひさ）　一九七三年生。東京大学大学院総合文化研究科准教授（西洋中世哲学・イスラーム哲学）。『トマス・アクィナスにおける人格の存在論』（知泉書館）、「イスラーム哲学：ラテン・キリスト教世界との交錯」（『西洋哲学史Ⅱ』講談社選書メチエ）、"Thomas Aquinas on the Ontology of *Amicitia*: *Unio* and *Communicatio*"（*Proceedings of the American Catholic Philosophical Association*, Vol. 81）, "Yahy± ibn Adµ on Faith and Reason: A Structural Analysis of *The Reformation of Morals*"（*Parole de l'Orient*, Vol. 37）.

山内志朗（やまうち・しろう）　一九五七年生。慶應義塾大学文学部教授（スコラ哲学）。『普遍論争』（平凡社ライブラリー）、『天使の記号学』、『存在の一義性を求めて』（以上、岩波書店）、『イスラーム哲学とキリスト教Ⅰ　理論哲学』、『同Ⅱ　実践哲学』、『同Ⅲ　神秘哲学』（以上、共編、岩波書店）、『ライプニッツ——なぜ私は世界にひとりしかいないのか』（日本放送出版協会）、ほか。

田島照久（たじま・てるひさ）　一九四七年生。早稲田大学文学学術院教授（宗教哲学・ドイツ神秘思想）。『マイスター・エックハルト研究——思惟のトリアーデ構造 esse・creatio・generatio 論』（創文社）、『エックハルト説教集』（翻訳、岩波文庫）、『タウラー説教集』（翻訳、創文社）、『禅林句集』（共編、岩波文庫）、ほか。

小川量子（おがわ・りょうこ）　一九五九年生。立正大学非常勤講師(中世後期スコラ学)。「ヨハネス・ドゥンス・スコトゥスにおける罪の問題」(『フランシスコ会学派における自然と恩恵』教友社)、「ドゥンス・スコトゥスにおける個の問題」(『西洋思想における「個」の概念』慶應義塾大学出版会)、ほか。

稲垣良典(いながき・りょうすけ)　一九二八年生。九州大学名誉教授(中世哲学)。『習慣の哲学』、『抽象と直観』、『神学的言語の研究』、『人格〈ペルソナ〉の哲学』(以上、創文社)、『講義・経験主義と経験』(知泉書館)、『トマス・アクィナス《神学大全》』(講談社選書メチエ)、ほか。

佐藤直子(さとう・なおこ)　一九六〇年生。上智大学文学部教授(中世思想・宗教哲学)。"Cusanus's Epistemology in *Idiota de mente*" (*Nicholas of Cusa. A Medieval Thinker for the Modern Age*, Curzon)、ビンゲンのヒルデガルト『スキヴィアス(道を知れ)』(『中世思想原典集成15　女性の神秘家』翻訳、平凡社)、「クザーヌスにおける『絶対的同一者』の概念」(『哲学』第五六号)、「クザーヌスとプロクロス」(『新プラトン主義研究』第一一号)、ほか。

鈴木敦詞(すずき・あつし)　一九六七年生。ケルン大学修士課程修了(中世哲学・中世ラテン語文学)。翻訳家(中世思想・神学・他ドイツ語文献)。

人名索引

アヴィケブロン Avicebron; イブン・ガビロル Ibn Gabirol　325
アヴィセンナ Avicenna; イブン・シーナー Ibn Sīnā　322, 327, 339, 378–80, 392
アヴェロエス Averroes; イブン・ルシュド Ibn Rušd　317, 318, 322, 323, 326, 327, 339
アウグスティヌス Augustinus　51–53, 55–75, 108, 112, 114, 117, 122, 123, 126, 129, 132, 134, 146, 156, 157, 168, 176, 181, 182, 191, 230, 239–41, 243, 244, 256, 257, 260, 267, 268, 278–80, 282, 289, 291, 324, 332, 334, 376, 385, 432
アエギディウス・ロマヌス Aegidius Romanus　323
アカルドゥス Achardus（サン・ヴィクトールの de Sancto Victore）　240
アストララビウス Astralabius　155
アダム Adam　44, 45
アデオダトゥス Adeodatus　57
アナクサゴラス Anaxagoras　302
アブラハム Abraham　9, 281
アベラルドゥス　→ペトルス・アベラルドゥス
アポリナリオス Apollinarios（ラオディケイア Laodikeia の）　38
アリステイデス Aristeides　6
アルベルトゥス・マグヌス Albertus Magnus　318, 395, 414
アレイオス Areios　34
アレクサンデル4世 Alexander IV　318
アレクサンデル Alexander（ヘールズの Halensis）　414
アレクサンドロス Alexandros（アフロディシアス Aphrodisias の）　318
アンセルムス Anselmus（カンタベリー Canterbury の）　131–43, 145, 146, 148, 149, 153, 175, 176, 192, 269, 395
アンセルムス Anselmus（ラン Laon の）　151, 154
アントニヌス・ピウス Antoninus Pius　9
アンドレアス Andreas（サン・ヴィクトールの de Sancto Victore）　240
アンブロシウス Ambrosius　134, 282
イエス Jesus　33, 37, 89–92, 94, 100, 109, 169, 172, 187, 188, 194, 195, 245, 429, 430　→イエス・キリスト，キリスト
イエス・キリスト Jesus Christus　19, 23, 33, 35, 89–91, 95, 109, 228, 278, 279, 348, 349, 419, 429, 430　→イエス，キリスト
イブン・シーナー Ibn Sīnā　→アヴィセンナ
イブン・ルシュド Ibn Rušd　→アヴェロエス
ウィリアム・オッカム　→オッカム
ウェルギリウス Vergilius　170
エウノミオス Eunomios　31, 33, 34, 36–38, 42, 46, 49
エックハルト Meister Eckhart; Eckhart von Hochheim　335, 345, 347–54, 356–62, 365–67, 432
エピファニオス Epiphanios（サラミス Salamis の）　27, 30
エリウゲナ，ヨハネス Johannes Eriugena　105–14, 117–28
エロイーズ Héloise; ヘロイッサ Heloissa　151, 155, 156, 172, 196, 198
エンペドクレス Empedokles　302
オウィディウス Ovidius　170
オッカム William Ockham　373, 393, 395–99, 401, 404–13
オットー Otto（フライジング Freising の）　240, 259
オリゲネス Origenes　8, 27, 30, 34–36, 39, 43

ギヨーム Guillaume（サン＝ティエリ Saint-Thierry の）　152
ギョーム；ギヨーム Guillaume（シャンポー Champeaux の）　151, 174, 239
キリスト Christus　8–10, 12, 18, 19, 23, 26, 33, 37, 43, 56–58, 63, 66, 67, 71, 75, 88–95, 109, 110, 122, 135, 136, 138, 142, 148, 156–58, 169, 175, 184, 186, 190, 192–96, 221, 224–26, 228, 230, 242, 250, 256, 278, 279, 281, 283, 316, 345, 348, 359, 360, 385, 390, 412, 419, 429–31 →イエス，イエス・キリスト
ギルベルトゥス・クリスピヌス Gilbertus Crispinus　140
クザーヌス Nicolaus Cusanus　417–24, 427–29, 431–35
クセノフォン Xenophon　170
グレゴリウス１世　→大グレゴリウス
グレゴリオス Gregorios（ナジアンゾス Nazianzos の）　31
グレゴリオス Gregorios（ニュッサ Nyssa の）　31, 33, 34, 42–47, 50, 85, 99, 112, 282
グレゴリオス・タウマトゥルゴス Gregorios Thaumatourgos　39, 48
クレメンス Clemens（アレクサンドリア Alexandria の）　6, 20–27, 29, 32, 39, 158
グローステスト Robert Grossteste　267–72, 274–80, 282–84, 286–90, 292
ケルソス Kelsos　8
ゴドフロワ Godefroid（フォンテーヌ Fontaines の）　330
シゲルス Sigerus（ブラバン Brabantia の）　317, 319, 320, 337–39
シモン Simon　11
シモン Simon（ブリオン Brion の）；マルティヌス４世　Martinus IV　319
シンプリキオス Simplikios　321
スエトニウス Suetonius　170
スコトゥス，ヨハネス・ドゥンス Johannes Duns Scotus　373–84, 386–93, 395, 399, 401–06, 414, 415
スタティウス Statius　170
（偽）セネカ（Ps.）Seneca　170
ソクラテス Sokrates　9, 14, 59, 60
大グレゴリウス Gregorius Magnus　134, 145, 156
タレス Thales　14
タンピエ，エティエンヌ Étienne Tempier　319, 320, 322, 335, 338
（擬，偽）ディオニュシオス・アレオパギテス（Ps.）Dionysios Areopagites　77–85, 87–90, 92, 94, 97–99, 114, 126–28, 168, 235, 282, 432
ディデュモス Didymos（盲目の）　36
デカルト René Descartes　52
テミスティオス Themistios　170, 321, 325, 326, 329
テルトゥリアヌス Tertullianus　6, 12, 13, 15–20, 27, 28
ドゥランドゥス（サント・ポルチアーノの Durandus de Sancto Porciano）　331
トマス・アクィナス Thomas Aquinas　98, 137, 231, 235, 293–96, 298, 300–06, 308–11, 313–16, 318, 323, 328, 331, 333, 334, 338, 375, 376, 381, 383–85, 388, 395, 396, 399–405, 407–12, 415
ニコラウス・クザーヌス　→クザーヌス
ニフォ，アゴスティノ Agostino Nifo　339
ハイメリクス Haimericus　216
パウロ Paulos　6, 19, 22, 32, 41, 47, 57, 61, 64, 65, 88, 93, 95, 96, 108, 109, 119, 124, 156, 168, 185, 187, 190, 196, 230, 241, 311, 386, 390
バシレイオス Basileios（カイサレイア Kaisareia の）　31, 34–43, 45–50, 267, 278, 282, 283, 287, 288, 292
ハルナック Adolf von Harnack　32, 34
パンタイノス Pantainos　20, 22
ヒエロニュムス Hieronymus　73, 134, 156
ピュタゴラス Pythagoras　7
ヒルデベルトゥス Hildebertus（ル・マン Le Mans の）　142

ファーラービー al-Fārābī　321
フィロストルギオス Philostorgios　42
フィロポノス，ヨアンネス Ioannes Philoponos　321, 329
フィロン Philon（アレクサンドリア Alexandria の）　6, 10, 24–27, 32, 48
フーゴー Hugo（サン・ヴィクトールの de Sancto Victore）　239–42, 244–48, 256
プラトン Platon　5, 7, 10, 14, 43, 48, 59, 118, 129, 164, 165, 167, 168, 170, 187, 189, 302, 324, 327, 334
プリスキアヌス Priscianus　170
プロティノス Plotinos　39, 40, 42, 51, 170
フンベルトゥス Humbertus　143
ペトルス・アベラルドゥス Petrus Abaelardus　151–60, 162, 174, 176–83, 186–88, 190–93, 195–97, 204, 206, 239
ペトルス・ロンバルドゥス Petrus Lombardus　240, 259, 314
ベネディクトゥス Benedictus（ヌルシア Nursia の）　134
ベルナルドゥス Bernardus（クレルヴォー Clairvaux の）　152, 173, 176, 188, 215–18, 220–35
ベルナルドゥス Bernardus（ポルト Porto の）　220
ベレンガリウス Berengarius（トゥール Tours の）　146
ベレンガリウス Berengarius（ポワティエ Poitiers の）　204
ヘンリクス Henricus（ガン Gand の）　330, 383, 385–88, 390, 392
ボエティウス Boethius　146, 154, 346, 434
ボエティウス Boethius（ダキア Dacia の）　317, 319, 338
ボソー Boso　132, 141, 142
ボナヴェントゥラ Bonaventura　289, 373, 395, 414
ホラティウス Horatius　187
ポルフュリオス Porphyrios　154, 170
ポンポナッツィ，ピエトロ Pietro Pomponazzi　323
マクシモス Maximos（証聖者 Homologetes）　77, 79, 82, 88, 89, 93–95, 97, 98, 100, 101, 126
マクロビウス Macrobius　168, 170
マルキオン Markion　11
マルティヌス４世　→シモン（ブリオン Brion の）
メナンドロス Menandros　11
モーセ Mose　10, 45, 85, 86, 109, 245
ヤコブス Jacobus（ヴィテルボ Viterbo の）　330
ユスティノス Ioustinos　6–12, 22, 25, 27, 28, 48, 158
ヨアンネス・フィロポノス　→フィロポノス
ヨセフス，フラウィウス Flavius Josephus　6
ヨハネス Johannes（ソールズベリー Salisbury の）　6
ヨハネス・ドゥンス・スコトゥス　→スコトゥス
ヨハネ・パウロ２世 Johannes Paulus II　312
ライプニッツ Gottfried Wilhelm von Leibniz　323
ライムンドゥス・ルルス Raimundus Lullus　318
ランフランクス Lanfrancus　134
リカルドゥス Richardus（サン・ヴィクトールの，サン＝ヴィクトル学派の de Sancto Victore）　240, 241, 244, 247–57, 260, 263, 264
ルルス　→ライムンドゥス・ルルス
ロジャー・ベーコン Roger Bacon　267, 268, 318, 328
ロスケリヌス Roscelinus（コンピエーニュ Compiègne の）　140, 146, 148, 151, 154, 174
ロベルトゥス Robertus（ムラン Melun の）　240, 258

書名索引

事項索引

ア　行

カ　行

サ　行

タ　行

ナ　行

ハ　行

マ　行

ヤ　行

ラ・ワ　行

（索引作成：　鈴木敦詞）

中 世 研 究　第13号

〔中世における信仰と知〕　ISBN978-4-86285-151-2

2013年3月25日　第1刷印刷
2013年3月30日　第1刷発行

編者　上智大学中世思想研究所
発行者　小　山　光　夫
製　版　ジ　ャ　ッ　ト

発行所　〒113-0033 東京都文京区本郷1-13-2
電話03(3814)6161 振替00120-6-117170
http://www.chisen.co.jp
株式会社　知 泉 書 館

Printed in Japan　印刷・製本／藤原印刷